D1985522

Procesadvisering

PROCESADVISERING

over de ondersteunende rol van de adviseur
en de samenwerking tussen adviseur en cliënt

Edgar H. Schein

ACADEMIC SERVICE

Meer informatie over deze en andere uitgaven kunt u verkrijgen bij:
BIM Media B.V.
Postbus 16262
2500 BG Den Haag
tel.: (070) 304 67 77
www.bimmedia.nl

Oorspronkelijke titel: Process Consultation Revisited – Building the Helping Relationship, Pearson Education / Addison Wesley, 1999

Academic Service is een imprint van BIM Media B.V.

1e druk, 1e oplage februari 2000
12e oplage december 2013

Zetwerk: Holland Graphics, Amsterdam
Omslagontwerp: Marjo Starink, Amsterdam
Vertaling: Drs. Th.H.J. Tromp
Redactie: Ingrid Jacobs, Nijmegen
Druk- en bindwerk: Drukkerij Wilco, Amersfoort

ISBN: 978 90 5261 531 8
NUR: 801

Voorwoord

De eerste editie van *Procesadvisering* werd in 1969 eigenlijk geschreven uit frustratie over het feit dat mijn collega's niet echt begrepen wat mijn werk met cliënten in organisaties inhield. En nu voel ik mij opnieuw gefrustreerd, ditmaal omdat mijn collega's in het advieswerk en de managers die ik daarmee wil bereiken, nog steeds geen inzicht hebben in de essentie van procesadvisering. Dat is namelijk – anders dan het oorspronkelijke stereotype – geen techniek of verzameling interventies voor werken met groepen. En het is evenmin alleen maar een model voor nondirectieve counseling in organisaties. En een beroep of een fulltime baan is het ook al niet. Wel is het een visie op wat 'helpen' eigenlijk inhoudt, en een techniek of methode om hulp te kunnen bieden.

Vrienden, levenspartners, kinderen, collega's, superieuren, ondergeschikten en zelfs vreemden – allemaal hebben ze op verschillende momenten in ons bestaan hulp nodig. En juist wanneer wij voelen dat er hulp nodig is of wanneer ons expliciet om hulp wordt gevraagd, wordt die visie op procesadvisering relevant. Maar, zoals alle professionele dienstverleners inmiddels wel hebben geleerd, het blijkt helemaal niet zo gemakkelijk die hulp ook te bieden; het is net zo moeilijk als toe te geven dat je hulp nodig hebt en de aangeboden hulp te kunnen aanvaarden. Willen wij begrijpen wat procesadvisering inhoudt, dan is meer psychologisch en sociologisch inzicht in het hulpverleningsproces onontbeerlijk.

In mijn eerdere boeken over dit onderwerp ging ik er zonder meer van uit dat mijn lezers grotendeels begrepen wat het geven en ontvangen van hulp inhoudt, maar ik ben inmiddels tot de ontdekking gekomen dat dit bij mijn studenten, cliënten en collega's allesbehalve het geval is. Al nadenkend over dit nieuwe boek besefte ik dat mijn veertigjarige ervaring met pogingen mensen te helpen, mij enkele nieuwe inzichten had opgeleverd over het begeleidingsproces als zodanig. Daarom heb ik mijn denkbeelden op een nieuwe manier georganiseerd; in plaats van te volstaan met een derde druk van mijn beide voorgaande boeken over dit onderwerp, heb ik een nieuw boek geschreven waarin een algemener model van een begeleidingsrelatie centraal staat. Een groot gedeelte van het materiaal in dit boek is ontleend aan de beide voorgaande werken; dat materiaal is echter volledig herzien en laat ruimte voor dit nieuwe boek waarin het meeste materiaal op het terrein van organisatieverandering, leren, leiderschap, intergroepsprocessen en andere voor organisatieontwikkeling belangrijke onderwerpen, aan bod kunnen komen. Ik concentreer mij nu veel sterker op de relatie tussen adviseur en cliënt in zowel directe persoonlijke contacten als bij het werken met kleine groepen. Ik wil hier een model bieden voor alle mogelijke vormen van begeleiding of mentoring, dus niet alleen voor het werk van een organisatieadviseur. Dit boek biedt een aantal nuttige ideeën, richtlijnen en beginselen voor zowel therapeuten, maatschappelijk werkers, schooldecanen en begeleiders, als voor ouders, vrienden, managers en verder voor iedereen die probeert anderen te helpen.

Wanneer iemand hulp nodig heeft en daarom vraagt, ontwikkelt zich tussen begeleider en 'cliënt' een moeilijk proces; de begeleider wordt door zo'n verzoek namelijk automatisch gevraagd zich als expert op te stellen. In de hulpvraag ligt besloten dat de helpende persoon iets heeft wat de cliënt mist, en dat de hulpverlener de macht wordt toegekend om dat 'iets' al dan niet te verstrekken. Niet alleen wordt de hulpverlener hierdoor uitgenodigd zichzelf als deskundige te beschouwen, hij wordt tegenover zijn cliënt tevens automatisch in een machtspositie geplaatst. Deze reeds in het begin van de relatie ontstane ongelijkheid vormt de bron van het psychologische proces dat, om echt te kunnen helpen, moet worden begrepen, beoordeeld en op de juiste wijze gehanteerd.

Tegelijkertijd vereisen de culturele processen die te maken hebben met wat het betekent hulp te vragen, te aanvaarden en te bieden – vooral wanneer daarvoor een mate van openheid en vrijmoedigheid noodzakelijk is die in de regel niet cultureel wordt opgelegd – inzicht in de sociologische processen die zich in een hulpverleningsrelatie afspelen. In dit boek heb ik vanuit mijn eigen achtergrond, en niet alleen vanuit de klinische en de sociale psychologie maar ook vanuit de sociologie en de antropologie, een aantal breder georiënteerde zienswijzen kunnen opnemen.

In dit boek bied ik dus wat de begeleiding betreft zowel een algemene theorie als een methode, gebaseerd op inzicht in de psychologische en sociologische processen die daar een rol in spelen. In mijn keuze van de concepten en de wijze waarop ik deze aanbied, komen veertig jaar ervaring in allerlei begeleidingssituaties tot uiting. Ik koester daarbij de hoop dat ook de lezer bij de hier beschreven concepten en methoden baat zal vinden.

Cambridge, Massachussetts
E.H.S.

Dankbetuigingen

Uit de velen die in de loop der jaren mijn denken hebben beïnvloed, komen Douglas McGregor, Alex Bavelas en Richard Beckhard toch als belangrijksten naar voren. McGregor en Bavelas doceerden beiden aan het MIT toen ik daar in 1952 mijn eerste seminar volgde, en functioneerden in de wetenschappelijke staf als mijn mentor toen ik daar in 1956 terugkeerde als lector. Dick Beckhard ontmoette ik in 1957; mijn nauwe samenwerking met hem begon in Bethel en werd later voortgezet aan het MIT toen hij daar tot lector was benoemd. Warren Bennis kwam in 1958 bij ons MIT-groepje, en werd eveneens een collega waarmee ik nauw samenwerkte en publiceerde. Wat ik van deze collega's en mentoren nog het meest heb geleerd is dat het in het interpersoonlijke verkeer beter is anderen niet te voor te schrijven wat er moet gebeuren, maar hen te helpen zelf te ontdekken wat zij nodig hebben en hen dan al helpende die kant op te sturen. Je hebt niet echt greep op de motieven, attitudes en gedachten van de mensen; maar als je hen kunt helpen te ontdekken waar hun behoeften liggen, kun je op zijn minst je eigen behoeften in overeenstemming brengen met die van anderen en ze daar misschien zelfs in integreren.

Eén verhaal over Alex Bavelas is mij altijd bijgebleven. Toen hij begin jaren vijftig aan het MIT doceerde placht hij zijn eerste college aldus te beginnen: 'Ik ben Alex Bavelas; mijn kamer is beneden in de hal. Wanneer jullie er achter zijn wat jullie bij mij willen leren ben ik daar te vinden.' Vervolgens liep hij de deur uit, om pas terug te komen nadat een of andere afvaardiging van zijn studenten hem daarom had gevraagd. Na enkele weken van 'uitproberen' beseften de studenten dat hij het echt meende. Ze gingen bij zichzelf na wat ze nu eigenlijk wilden, en beleefden daarna tot aan het einde van het semester een opwindende studietijd. Ik ben altijd van mening geweest dat dit verhaal het prototype is van een zienswijze die terug ging tot Kurt Lewin en Carl Rogers; namelijk dat de lerende persoon moet worden betrokken bij zijn eigen leren, en dat mensen als het erop aankomt eigenlijk alleen maar zichzelf kunnen helpen. De geest die aan deze zienswijze ten grondslag ligt, is mij als organisatieadviseur bijgebleven, en ik ben vooral Dick Beckhard dankbaar omdat hij mij vele malen heeft laten zien hoe ze in praktijk moet worden gebracht.

Ik heb van Dick nog een andere, zeer belangrijke les geleerd, namelijk dat het managen van menselijke aangelegenheden grotendeels neerkomt op het *ontwerpen en managen van processen*. Dit is het terrein waarop begeleiders echt deskundig zullen moeten worden, en dan vooral in het *ontwerp*gedeelte. In mijn vijftien Bethel-jaren leerde ik drie-, twee- en eenweekse workshops en conferenties over interpersoonlijke verhoudingen te ontwerpen, en in mijn adviespraktijk breidde ik mijn ervaringen op dit terrein uit naar de onderwijssector. In mijn docententijd leerde ik groepsprocessen en leerervaringen te ontwerpen. Gebrek aan ontwerpvaardigheden is één van de grootste problemen waar managers, leraren en adviseurs mee kampen. Dick verwierf deze ontwerpvaardigheden op natuurlijke wijze, namelijk toen hij nog regisseur was. Meer dan wie ook leerde hij mij hoe belangrijk het ontwerp is om de juiste resultaten te kunnen bereiken. Gelukkig heeft hij uiteindelijk zijn eigen geschiedenis op schrift gesteld (*R. Beckhard, Agent of Change*, Jossey-Bass, 1997), waardoor anderen nu van zijn inzichten kunnen profiteren.

Tijdens de herziening van dit boek was ik zo gelukkig hulp te ontvangen van een geheel ander type collega, namelijk Otto Scharmer, die nog niet zo lang in onze professie werkzaam was. Hij was in *Process Consultation* geïnteresseerd en bood aan, de hoofdstukken waar ik mee bezig was door te lezen. Hij deed dit samen met zijn vrouw Katrin, eveneens een talentvol sociaal-wetenschapper; samen leverden zij gedetailleerd commentaar op de wijze waarop het boek zich ontwikkelde. Ik ben ze buitengewoon veel dank verschuldigd voor hun steun, en een groot deel van hun ideeën is in dit boek verwerkt.

Warner Burke, Michael Brimm en Dick Beckhard hebben het manuscript grondig bekeken, waardevolle aanbevelingen gedaan en mij gestimuleerd. Een andere collega en vriend, David Coghlan, hoogleraar aan de universiteit van Dublin, heeft het manuscript eveneens gelezen; veel van zijn waardevolle suggesties zijn in dit boek verwerkt. Hij heeft bij de ontwikkeling van deze ideeën een geheel eigen rol gespeeld, namelijk door zijn baanbrekende werk op het terrein van procesadvisering en organisatieontwikkeling, gepubliceerd in zijn pas verschenen boeken over deze materie (N.S. Rashford en D. Coghlan, *The Dynamics of Organizational Levels*, Addison-Wesley, 1994; en D. Coghlan, *Renewing Apostolic Religious Life*, Dublin, The Columba Press, 1997).

Ook heb ik vele uren – die van grote invloed bleken – geworsteld met de betekenis van 'leren', en wel samen met iemand die al bijna 50 jaar lang mijn vriend en collega is: Don Michael, wiens werk over leren in en door organisaties en het verband hiervan met planning, reeds lang voordat de wereld het besefte en zich ermee bezig ging houden, een nieuw terrein ontgon. (Zie D. Michael, *Learning to Plan and Planning to Learn*, tweede druk, Alexandria, VA, Miles River, Press 1997.)

De cliënten die ik in de loop der jaren mocht adviseren, hebben mij veel geleerd, en verscheidenen hebben mij op bijzondere wijze geholpen. Tot hen behoren Betty Duval van General Foods, Ken Olsen en John Sims van Digital Equipment Corporation, Jurg Leupold van Ciba-Geigy, en nog onlangs Peter Lanahan van ConEdison en Laura Lake van AMOCO. Het uitwisselen van ervaringen met deze mensen en het ontwerpen van toekomstige leerervaringen voor hun cliëntsystemen hebben mij altijd geweldig materiaal verschaft voor mijn eigen leren.

Een boek schrijven is altijd een activiteit die grote betrokkenheid vraagt en een zware belasting is. Ik ben mijn vrouw Mary uiterst dankbaar voor de wijze waarop zij wist om te gaan met de talloze uren waarin ik weliswaar lijfelijk aanwezig was maar al piekerend over een nog onopgelost formuleringsprobleem in de geest elders vertoefde. Zonder haar steun zou dit boek er nooit zijn gekomen.

Edgar H. Schein
Cambridge, MA

Inhoud

Deel I

De definitie van procesadvisering

In dit deel van het boek wordt het basisbegrip procesadvisering gedefinieerd en vergeleken met andere belangrijke adviseringsconcepten. Procesadvisering behelst de visie op, en de houding tegenover het proces van *begeleiding* aan personen, groepen, organisaties en menselijke gemeenschappen. Het is méér dan alleen een verzameling technieken die worden vergeleken met andere technieken en daar tegenover worden gesteld. Procesadvisering is de centrale filosofie die ten grondslag ligt aan het leren in en door organisaties en aan organisatieontwikkeling, en wel in die zin dat het merendeel van hetgeen de adviseur doet, berust op de centrale veronderstelling dat *je een menselijk systeem alleen kunt leren zichzelf te helpen*. De adviseur weet nooit voldoende over de cultuur van een organisatie en de omstandigheden waarin ze verkeert, om specifieke aanbevelingen te kunnen doen over wat de leden van de organisatie zouden moeten ondernemen om hun problemen op te lossen.

Anderzijds kunnen, wanneer eenmaal een effectieve begeleidingsrelatie met het cliëntsysteem tot stand is gekomen, cliënt en adviseur samen een diagnose van de situatie opstellen en vervolgens de juiste remedie ontwikkelen. Het uiteindelijke doel van procesadvisering is dan ook de totstandkoming van een effectieve *begeleidingsrelatie*. Centraal in dit boek staat wat de begeleider/mentor/adviseur moet weten, welke vaardigheden hij daarvoor moet ontwikkelen, welke attitudes hij nodig heeft om die effectieve hulpverleningsrelatie tot stand te brengen en in stand te houden, en wat hij nodig heeft om deze begeleidingsfilosofie in praktijk te brengen.

Het vermogen zo'n begeleidingsrelatie op te bouwen en te handhaven is geschikt voor een ruime verscheidenheid van menselijke situaties. Zo'n relatie staat centraal in een therapie, in een counselingsituatie en alle vormen van advisering, maar beperkt zich niet tot uitsluitend die situaties waarin de relatie voornamelijk op begeleiding is gericht. Het vermogen effectief hulp te bieden komt ook van pas in een relatie tussen echtgenoten, vrienden, managers en hun superieuren, ondergeschikten en collega's, maar ook tussen ouders, hun eigen ouders en hun kinderen, en tussen leraren en leerlingen. Soms wordt expliciet om hulp gevraagd, soms voelen we de noodzaak daartoe aan ook al wordt de vraag impliciet gesteld, en soms merken wij dat anderen hulp nodig hebben ook al zijn zij zich daar zelf nog niet van bewust. Het vermogen hierop in te spelen, de rol van begeleider te vervullen wanneer daarom wordt gevraagd of alleen maar omdat wij zelf de noodzaak daarvan inzien, is essentieel om als mens verantwoord en empathisch met anderen te kunnen omgaan. De filosofie en de methodiek van procesadvisering nemen daarom in alle menselijke relaties een centrale plaats in, en beperken zich niet alleen tot formele begeleider-cliëntrelaties.

De lezer moet de concepten die in dit boek worden behandeld beschouwen in het kader van zijn dagelijkse werk- en leefsituatie. Zelf ben ik tot de slotsom gekomen dat mijn belangrijkste inzichten in *begeleidingsrelaties* niet zijn ontsproten aan formele adviessituaties in organisaties, maar aan mijn relaties in gezin en vriendenkring. Ook heb ik gemerkt dat het in de formele hulpverleningssituatie disfunctioneel kan zijn te zeer te denken in het kader van 'technieken' of 'methoden', in plaats van mij te concentreren op de menselijke realiteit die bestaat uit de interactie van mensen die een bepaalde relatie tot stand willen brengen. Zoals een beeldend kunstenaar moet leren waarnemen alvorens iets te kunnen scheppen, zo moet de mentor of begeleider leren zien wat zich afspeelt tijdens de totstandkoming van een relatie waarin 'helpen' mogelijk wordt.

In de hierna volgende hoofdstukken wil ik de lezer helpen duidelijker te zien, en hem enkele concepten en modellen aanreiken die het hem gemakkelijker maken na te denken over wat er aan de hand is. In hoofdstuk 1 geef ik enkele basisdefinities en zet ik drie fundamenteel verschillende adviserings-/begeleidingsrollen tegenover elkaar. In hoofdstuk 2 ga ik dieper op de materie in en stel ik enkele psychodynamische kwesties aan de orde die in de relatie tussen hulpverlener en hulpontvanger een rol spelen. In hoofdstuk 3 behandel ik de implicaties van deze psychodynamische processen in verband met de vraag hoe een hulpverleningsrelatie tot stand te brengen en introduceer ik het begrip 'actief informeren'. In hoofdstuk 4 houden wij ons bezig met het begrip 'cliënt' en met de verschillende soorten cliëntsituaties die zich kunnen voordoen, vooral wanneer het gaat om advisering op organisatie- of gemeenschapsniveau. Daarna onderzoeken wij in deel II enkele concepten en vereenvoudigende modellen die de adviseur kunnen helpen inzicht te krijgen in de menselijke realiteit waarmee hij in het verloop van de advisering te maken krijgt.

Naar uit mijn ervaringen in de uiteenlopende situaties waarin hulp noodzakelijk was bleek, kon ik volstaan met enkele *algemene principes* die in al die situaties toepasbaar bleken. Deze principes komen in verschillende hoofdstukken aan de orde. Omdat ze voor het leren denken als begeleider van cruciaal belang zijn, zijn ze duidelijk herkenbaar afgedrukt.

1 Wat is procesadvisering?

Dit boek gaat over de psychologische en sociologische processen die zich afspelen wanneer de ene persoon probeert de andere te helpen. Of het nu gaat om een therapeut die hulp verleent aan een patiënt of met een groep werkt, een ouder die zijn kind helpt, vrienden die elkaar helpen of een organisatieadviseur die tracht samen met het management enkele aspecten van die organisatie te verbeteren, altijd spelen zich dezelfde fundamentele processen af. Wat zich tussen de hulpbiedende en de hulp ontvangende persoon of groep afspeelt, is wat ik *procesadvisering*, kortweg PA, heb genoemd.

De nadruk ligt op 'proces' omdat naar mijn overtuiging de *manier waarop* in de interactie tussen personen en groepen dingen worden gedaan even belangrijk of belangrijker is dan *wat* er wordt gedaan. Via het *hoe*, oftewel het 'proces', wordt doorgaans duidelijker overgebracht wat wij werkelijk bedoelen dan via de inhoud van wat wij zeggen. Met het proces zijn wij echter vaak minder vertrouwd. Wij zijn minder goed geschoold in het denken over processen, in het waarnemen van processen die zich afspelen, en evenmin in het ontwikkelen van processen die onze bedoelingen moeten verwezenlijken. In feite zetten wij vaak processen in gang die op de keper beschouwd ons eigen streven ondermijnen, of nemen wij aan zulke processen deel. De bewustwording van interpersoonlijke processen, groepsprocessen, organisatorische en samenlevingsprocessen is dan ook essentieel voor elke poging om menselijke relaties, groepen en organisaties beter te laten functioneren.

Ik wil u een beschrijving geven van wat PA inhoudt en van de rol die ze speelt in ons dagelijks leven en in organisatieontwikkeling, in veranderingen en in het leren. Elke vorm van advisering houdt in dat de ene persoon een andere persoon helpt; daarom zal het zoeken naar wat in elke menselijke situatie wel en wat daarin niet tot hulp strekt, in deze analyse centraal staan. Ook zal ik PA beschouwen als een van de belangrijkste eerste activiteiten in alle vormen van organisatieontwikkeling (OO) en van alles waarin het om leren gaat. Organisatieontwikkeling wordt in de regel gedefinieerd als een gepland programma voor de gehele organisatie, maar de onderdelen ervan worden doorgaans samen met personen of groepen uitgevoerd door de adviseur. De wijze waarop dit geschiedt, weerspiegelt de veronderstellingen die aan PA ten grondslag liggen. De nadruk die sinds kort wordt gelegd op organisatieverandering en lerende organisaties maakt het tevens noodzakelijk dat wij laten zien wat het verband daarvan is met procesadvisering, om zowel een model als een begeleidingstheorie te construeren die met al deze organisatieprocessen verband houden. De sterkste nadruk blijft echter liggen op OO, omdat ik organisatieontwikkeling beschouw als een algemeen proces dat zowel leren als verandering inhoudt.

Centraal in elk programma voor verbetering van een organisatie staat het creëren van een situatie waarin personen en groepen kunnen leren en veranderen. Hoe krijgt de adviseur de mensen dan zo ver dat zij inderdaad willen leren en veranderen? Hoe functioneert de adviseur als trainer, leraar, mentor of begeleider om dit leren en veranderen te bevorderen? Hoe werkt de adviseur samen met de sleutelfunctionarissen van een organisatie aan de planning van een programma voor de gehele organisatie, en/of schakelt hij over op counseling wanneer de angst en de bezorgdheid van sleutelfunctionarissen het welslagen van de gehele onderneming kunnen beïnvloeden?

Bij de behandeling van deze en andere vragen wil ik trachten aan te tonen dat de wijze waarop de adviseur van moment tot moment wil functioneren, van groot belang is voor het feitelijke succes van de advisering. De adviseur moet onderscheid kunnen maken tussen:

1. vanuit zijn positie als expert de cliënt vertellen wat er moet gebeuren;

2. het 'verkopen' van oplossingen die de voorkeur van de adviseur genieten of van het gebruik van middelen waarmee de adviseur vertrouwd is; of

3. bij de cliënt een proces op gang brengen dat aan het einde van de relatie volgens zowel adviseur als cliënt de laatstgenoemde heeft geholpen.

Zoals wij zullen zien, berusten deze drie werkwijzen op fundamenteel volkomen verschillende basismodellen van wat 'helpen' nu eigenlijk inhoudt, en deze modellen berusten op hun beurt weer op geheel verschillende onuitgesproken veronderstellingen over de aard van de werkelijkheid en het karakter van 'hulp'.

Het werkterrein van de organisatieadviseurs is de laatste jaren opmerkelijk groter geworden, en toch bestaat bij hen nogal wat begripsverwarring – over wat zij eigenlijk voor een organisatie doen, over de wijze waarop zij daarbij te werk gaan, en over de vraag welke onuitgesproken veronderstellingen zij er wat de begeleiding betreft op na houden. Zo zijn er zichzelf organisatieadviseur noemende lieden die informatie verschaffen, die met behulp van specifieke diagnostische middelen informatie analyseren, die complexe problemen opsporen en diagnosticeren, die oplossingen voor problemen aandragen, die managers helpen moeilijke of impopulaire beslissingen door te voeren, die managers steun en bemoediging bieden, of die een combinatie van al deze activiteiten in hun aanbod hebben opgenomen.

Veel onderzoekers van het adviseringsproces betogen dat dit uitsluitend werkt wanneer de cliënt precies weet wat hij wil bereiken en wanneer de adviseur specifieke aanbevelingen voor het probleem kan doen.[1] In zo'n model wordt *de cliënt* bij teleurstelling over de resultaten verweten dat hij niet duidelijk genoeg is geweest over wat hij wilde bereiken, dan wel dat hij de aanbevelingen van de adviseur niet heeft willen opvolgen. Uit mijn ervaringen is evenwel gebleken dat iemand die om hulp vraagt vaak zelf niet weet waarnaar hij op zoek is en dat je dat van zo iemand feitelijk ook niet mag verwachten. Zo'n persoon weet alleen maar dat er iets niet goed zit of dat een of ander ideaal niet wordt verwezenlijkt, en dat hij daarom hulp nodig heeft. Tot elk adviseringsproces behoort dan ook de belangrijke taak, de cliënt te helpen achterhalen wat het eigenlijke probleem is en – pas daarna – te beslissen welke verdere hulp nodig is. De leiding van een organisatie heeft vaak wel het gevoel dat het allemaal niet even lekker loopt of dat er dingen beter zouden kunnen gaan, maar ze beschikt dan niet over de middelen om die vage gevoelens om te zetten in heldere inzichten die tot concrete acties leiden.

De adviseringsmethode die ik in dit boek gedetailleerd zal bespreken, is specifiek gericht op de hierboven weergegeven situatie. De adviseur die de PA-methode volgt, gaat er niet van uit dat de manager weet wat er niet klopt, wat hij nodig heeft of wat de adviseur zou moeten doen. Het enige vereiste voor een goed begin van het proces is, dat iemand de gang van zaken wil verbeteren en daarvoor hulp wil zoeken. Het adviseringsproces zelf helpt de cliënt bij de vaststelling van diagnostische maatregelen die uiteindelijk zullen leiden tot activiteitenprogramma's en concrete veranderingen die de situatie verbeteren.

Adviseringsmodellen en hun onuitgesproken veronderstellingen

Adviserings- en begeleidingsmodellen kunnen het best van elkaar worden onderscheiden door analyse van hun onuitgesproken veronderstellingen over de cliënt, het karakter van de begeleiding, de rol van de adviseur, en de aard van de uiteindelijke werkelijkheid waarbinnen zowel de cliënt als de adviseur functioneren. De drie hieronder besproken basismodellen zijn te beschouwen als verschillende werkwijzen en worden bepaald door de drie verschillende rollen die de adviseur bij zijn begeleiding van de cliënt kan spelen. De modellen zijn eveneens toepasbaar op de verschillende manieren waarop wij in ons dagelijks leven desgevraagd hulp verlenen aan kinderen, echtgenoten of vrienden. De belangrijkste reden voor een duidelijk onderscheid tussen de drie modellen is dat *de begeleider of mentor van het ene moment op het andere moet kiezen welke rol hij of zij zal moeten spelen of welk begeleidingsmodel hij zal moeten gebruiken; alle drie modellen houden echter in dat de belangrijkste functie van de advisering helpen is.* De concentratie op het begrip *begeleiding* neemt in deze benadering van het advieswerk zo'n centrale plaats in dat dit moet worden genoemd als het eerste overkoepelende beginsel van de manier waarop wij met anderen moeten omgaan.

Principe 1 – Stel u altijd helpend op.

> Advisering is begeleiding. Wanneer ik niet van plan ben hulp te bieden en mij daarvoor in te spannen, is het duidelijk dat ik er waarschijnlijk niet in zal slagen een begeleidingsrelatie tot stand te brengen. Indien mogelijk moet elk contact op het verlenen van hulp gericht zijn.

De drie modellen berusten op zeer uiteenlopende veronderstellingen over het karakter van begeleiding in alle mogelijke situaties, en kunnen zeer verschillende gevolgen hebben. Wij moeten, ongeacht de situatie waarin hulp wordt gevraagd of aangeboden, duidelijkheid hebben over wat er echt aan de hand is en welke begeleidende rol wij zullen moeten spelen. Wij kunnen niet alle drie rollen tegelijk vervullen, en dus hebben wij geen andere keus dan te beseffen welke rol wij van moment tot moment willen spelen. Dit besef berust op ons vermogen de werkelijkheid van dat moment te onderkennen en te ervaren, alsmede op ons vermogen naar die werkelijkheid te handelen. Met *werkelijkheid* bedoel ik een bepaald idee van wat er in mij omgaat, van wat er omgaat in de andere persoon of personen in die situatie, en van de aard van de situatie. Wensdenken, stereotypen, projecties, verwachtingen, voorgaande plannen en alle overige invloeden die eerder zijn gebaseerd op vroegere opvattingen of psychologische behoeften dan op de gegevens van het hier en nu, staan een verstandige keuze voor de beste wijze van begeleiding alleen maar in de weg.

Dit werkelijkheidsconcept berust tevens op de epistemologische veronderstelling dat cultuur en denken de externe realiteit scheppen waarin wij functioneren, en dat wij daarom betrokken zijn in een continu verlopend proces waarin gezamenlijk wordt getracht te achterhalen wat er aan de hand is. De adviseur noch de hulp zoekende persoon kunnen een objectieve externe werkelijkheid vaststellen die ergens buiten hun relatie en culturele context zou bestaan. Samen kunnen zij echter komen tot een benadering van de wijze waarop hun huidige veronderstellingen en percepties die werkelijkheid creëren en van de wijze waarop zij met die werkelijkheid het best kunnen omgaan binnen het kader van de bedoelingen die de cliënt heeft om de situatie te verbeteren. Het tweede overkoepelende beginsel dat richtinggevend moet zijn voor het handelen van de adviseur/begeleider is dan ook: altijd bezig zijn met de werkelijkheid van het hier en nu.

Principe 2 – Houd altijd voeling met de huidige werkelijkheid.

> Ik kan geen hulp bieden zonder kennis van de werkelijkheden die bestaan in mijzelf en binnen het cliëntsysteem; daarom moet elk contact met wie dan ook in het cliëntsysteem voor zowel mijzelf als de cliënt diagnostische informatie opleveren over de hier-en-nu-situatie van het cliëntsysteem en van de relatie tussen de cliënt en mij.

Model 1: Het informatieaankoop- of expertisemodel: 'selling and telling'

Het telling-and-sellingmodel in de advieswereld berust op de veronderstelling dat de cliënt van de adviseur een bepaalde hoeveelheid informatie of expertise koopt waarover hij zelf niet beschikt. De koper, in de regel een manager of een vertegenwoordiger van een bepaalde groep binnen de organisatie, stelt vast dat ergens behoefte aan bestaat en concludeert dat de organisatie niet beschikt over de middelen of de tijd om zelf in die behoefte te voorzien. Vervolgens gaat men dan op zoek naar een organisatieadviseur die deze informatie of dienstverlening verschaft. Een manager wil bijvoorbeeld weten hoe een bepaalde categorie consumenten ergens over denkt, of hoe een bepaalde groep medewerkers zal reageren op een nieuwe vorm van personeelsbeleid, of hoe het moreel in een bepaalde afdeling is. Daarvoor wordt dan een organisatieadviseur ingehuurd die door middel van interviews of vragenlijsten een enquête houdt en de uitkomsten analyseert.

Zo'n manager kan ook willen weten hoe hij een bepaalde groep moet samenstellen en heeft misschien de organisatieadviseur nodig om er achter te komen hoe andere bedrijven zo'n groep samenstellen; bijvoorbeeld hoe, gezien de mogelijkheden die de huidige informatietechnologie biedt, de afdelingen boekhouding en interne controle eruit moeten zien. Of de manager wil bepaalde dingen over concurrerende ondernemingen te weten komen, zoals hun marketingstrategie, het aandeel van de productiekosten in hun prijsstelling, hoe hun onderzoeks- en ontwikkelingsafdeling in elkaar steekt, hoeveel medewerkers hun fabriek heeft, etc. Daarvoor neemt hij een adviseur in dienst die andere ondernemingen onderzoekt en hem de resultaten daarvan mededeelt. In al deze gevallen wordt ervan uitgegaan dat de manager weet welke soort informatie of dienstverlening hij zoekt, en dat de adviseur die informatie of dienst kan leveren.

De waarschijnlijkheid dat deze vorm van begeleiding het gewenste resultaat zal hebben, is dan afhankelijk van het antwoord op de onderstaande vragen:

1. of de manager zijn eigen behoeften wel goed heeft onderkend;

2. of hij die behoeften wel accuraat aan de adviseur heeft overgebracht;

3. of hij het vermogen van de adviseur om de gewenste informatie of dienst te kunnen leveren, wel juist heeft ingeschat;

4. of hij wel goed heeft nagedacht over de gevolgen van het feit dat hij de adviseur heeft gevraagd die informatie te verzamelen, of over de gevolgen van de implementatie van de veranderingen die uit deze informatie voortvloeien of door de adviseur worden aanbevolen;

5. of er wel een externe werkelijkheid bestaat die zich leent voor objectief onderzoek en kan worden gereduceerd tot voor de cliënt bruikbare kennis.

De vaak voorkomende ontevredenheid over de interventies van organisatieadviseurs, alsmede de geringe mate waarin hun aanbevelingen worden opgevolgd, zijn gemakkelijk te verklaren wanneer men in aanmerking neemt aan hoeveel van de hierboven genoemde aannames moet zijn voldaan om dit 'aankoopmodel' effectief te laten werken. Tevens moet worden opgemerkt dat in dit model de cliënt macht uit handen geeft. De adviseur wordt aangesteld of krijgt de bevoegdheid om namens de cliënt relevante informatie op te sporen en te leveren; maar nadat deze aanstelling is geschied, wordt de cliënt afhankelijk van hetgeen de adviseur hem vertelt. Een groot deel van de weerstand die de adviseur in de latere fasen ondervindt, zou wel eens het gevolg kunnen zijn van deze beginafhankelijkheid en van het onbehagen hierover dat bewust of onbewust bij de cliënt ontstaat.

In dit model loopt de adviseur ook het risico dat hij bezwijkt voor de verleiding de cliënt alles te verkopen wat hij weet en waar hij goed in is – wie een hamer in handen heeft ziet overal wel iets dat een klap ermee zou kunnen gebruiken. De cliënt kan daardoor worden misleid over het mogelijke nut van bepaalde soorten informatie of dienstverlening. En dan is er natuurlijk nog de subtiele veronderstelling dat 'daarbuiten' kennis bestaat die op het cliëntsysteem kan worden overgebracht, en dat deze informatie of kennis voor de cliënt begrijpelijk en bruikbaar zal zijn. Zo kopen organisaties vaak enquêtes om te kunnen vaststellen hoe hun medewerkers over bepaalde zaken denken of zelfs om hun cultuur te 'diagnosticeren'. Wanneer die 'expert'-informatie dan in kwantitatieve vorm werd aangeleverd, zag ik managers zich ijverig buigen over staafdiagrammen om er achter te komen wat zij nu eigenlijk *wisten* als zij zagen dat 62 procent van de werknemers vond dat de organisatie een slecht carrièreplanningsysteem had. Hoeveel informatiewaarde heeft zo'n vaststelling eigenlijk, gezien de problemen van de steekproef, de constructie van de vragenlijst, de semantiek van woorden zoals *carrière* en *planning*, de onzekerheid of binnen een ruimere context 62 procent feitelijk goed of slecht is, de moeilijkheid om te kunnen vaststellen wat de werknemers bij de beantwoording van de vraag voor ogen stond, etc.? 'Werkelijkheid' is in een situatie als deze een ondefinieerbaar begrip.

Het PA-alternatief. De PA-visie daarentegen houdt in dat zowel de cliënt als de adviseur al meteen worden betrokken bij een *gezamenlijke diagnosestelling*, waarin de werkelijkheid is dat de cliënt noch de adviseur bij het eerste contact voldoende weten om te kunnen bepalen welke soort expertise voor die situatie relevant zou kunnen zijn. De adviseur is bereid samen met een bepaalde cliënt of organisatie een begin te maken zonder nog te kunnen beschikken over een duidelijke opdracht, doelstelling of reeds gedefinieerd probleem; uitgaand van de veronderstelling dat iedere persoon, groep of organisatie altijd haar processen kan verbeteren en effectiever kan functioneren, wanneer eenmaal precies is vastgesteld welke processen van doorslaggevende invloed zijn op het totale resultaat. Geen enkele organisatiestructuur en geen enkel proces is volmaakt. Elke organisatie heeft haar sterke en zwakke punten. Daarom moet de manager die het gevoel heeft dat er iets niet deugt omdat de resultaten of het moreel niet aan zijn verwachtingen voldoen, niet op stel en sprong in actie komen of specifieke hulp gaan zoeken voordat hij een duidelijk idee heeft van de sterke en zwakke kanten van de huidige structuren en processen van de organisatie.

Het hoofddoel van PA is: de manager te helpen zo'n diagnose te stellen en daarop een zinvol actieplan te baseren. Deze doelstelling houdt de veronderstelling in dat cliënt en adviseur beiden hun macht behouden. Zij moeten samen de verantwoordelijkheid dragen voor de verworven inzichten en de geplande activiteiten. Vanuit PA-gezichtspunt moet de adviseur de cliënt niet verlossen van de last die op diens schouders drukt, maar moet hij juist inzien dat *het probleem uiteindelijk een zaak is van de cliënt* en van de cliënt alleen. Het enige wat de adviseur kan doen, is hem te voorzien van alle mogelijke hulp die de cliënt nodig heeft om zelf het probleem op te lossen.

Het belang van *gezamenlijke* diagnosestelling en activiteitenplanning komt voort uit het feit dat de adviseur zelden voldoende kan weten over de organisatie om echt te weten welke activiteiten beter zijn of zelfs maar welke informatie echt zou helpen; dit omdat de leden van de organisatie informatie waarnemen, er over nadenken en er op reageren binnen het kader van hun tradities, waarden en gemeenschappelijke onuitgesproken veronderstellingen – dus binnen hun organisatiecultuur en de specifieke stijlen en persoonlijkheden van hun belangrijkste leiders en leden.[2] De adviseur kan de cliënt echter wel helpen zelf een voldoende goed diagnosticus te worden, te leren de organisatieprocessen beter te managen en daardoor zijn problemen zelf op te lossen. In de PA-visie neemt de veronderstelling dat *problemen langer opgelost blijven en effectiever worden opgelost wanneer de organisatie leert die problemen zelf uit de weg te ruimen*, een cruciale plaats in. De adviseur heeft een functie waar het gaat om vaardigheden in het diagnosticeren en oplossen van problemen, maar moet niet proberen de problemen persoonlijk op te lossen – tenzij hij zeker weet dat hij beschikt over de daarvoor noodzakelijke informatie en expertise. De adviseur heeft altijd te maken met de werkelijkheid die aan het licht komt door de gezamenlijke diagnostische activiteiten en mag nooit afgaan op zijn eigen vooronderstellingen.

In de diverse andere contexten waarin hulp wordt gezocht, staan wij voor dezelfde keuze tussen de expertisemodus en de PA-modus. Wanneer een van de kinderen mijn hulp vraagt bij een wiskundig probleem, een student om specifieke informatie over een managementprobleem, een vreemde mij op straat de weg vraagt, een vriend welke film ik zou aanbevelen of mijn vrouw wat ze voor een feestje zou moeten aantrekken, moet ik onmiddellijk tot mij laten doordringen wat er wordt gevraagd en aan welke reactie de vrager echt iets zou hebben. In welke werkelijkheid ben ik zo'n moment bezig?

Het gemakkelijkst is elk verzoek te nemen voor wat het schijnt en het informatieaankoopmodel te hanteren: de vraag zoals ze is gesteld beantwoorden met gebruikmaking van de eigen deskundigheid. Vaak echter maskeert de vraag zoals die is gesteld een dieper liggend of verborgen probleem. Misschien wil het kind een beetje tijd met mij doorbrengen en is het wiskundeprobleem het enige dat het als aandachttrekkertje te binnen schoot. Misschien heeft de student een onderliggende vraag die hij niet durft te stellen. Misschien is de vreemdeling zonder het zelf te weten naar het verkeerde op zoek. Misschien wil mijn vriend in werkelijkheid aftasten of ik samen met hem naar de bioscoop zou willen gaan, en misschien wil mijn vrouw mij wel iets over haar garderobe duidelijk maken of voelt ze zich niet prettig over het vooruitzicht naar dat bepaalde feestje te moeten.

Het gevaar van beantwoording van de vraag zoals gesteld, is dat daarmee een eind wordt gemaakt aan het gesprek en dat de verborgen kwestie geen kans krijgt ooit nog aan de oppervlakte te komen. Om echt hulp te kunnen bieden moet ik voldoende doorvragen om te kunnen vaststellen waarvoor de hulp in werkelijkheid nodig is, en dat impliceert beginnen in de PA-modus. Pas nadat ik samen met de ander de situatie heb gediagnosticeerd kan ik vaststellen of mijn expertise of informatie ook echt relevant en nuttig is. De generalisatie die wij in dit stadium reeds kunnen maken, is dan ook dat *de PA-modus noodzakelijk is in de aanloopfase van welk proces ook, en wel omdat dit de enige modus is waarin duidelijk wordt wat er echt aan de hand is en welke soort hulp eigenlijk nodig is.*

Wij hebben namelijk al meteen te maken met de werkelijkheid dat in het begin van elke relatie de adviseur niet weet wat er eigenlijk wordt gevraagd of waar feitelijk behoefte aan bestaat. In dit stadium van *onwetendheid* is de belangrijkste richtlijn voor de adviseur in wezen dat hij moet beslissen welke vragen hij zal stellen, welk advies hij moet geven, of in het algemeen wat hem vervolgens te doen staat. De adviseur moet kunnen onderkennen wat hij feitelijk wel en niet weet, en dat proces moet bestaan uit *actief zoeken naar wat hij zelf niet weet*; wij zitten immers vol met vooropgezette ideeën, afweermechanismen, onuitgesproken aannames, hypothesen, stereotypen en verwachtingen. Het doorzoeken van onze eigen 'onwetendheidsdomeinen' kan moeizaam verlopen, want wij moeten daarbij afrekenen met al onze vooropgezette ideeën en een deel van onze eigen perceptuele afweer overwinnen. Het actieve woord *blootleggen* geeft dan ook het derde overkoepelende beginsel van hulp bieden of begeleiden weer. Door met succes het domein van onze onwetendheid bloot te leggen, kunnen wij overgaan tot echte gezamenlijke exploratie; en naarmate wij meer onwetendheid hebben weggegraven, komen er meer lagen werkelijkheid aan de oppervlakte, waardoor nauwkeuriger kan worden vastgesteld welke vorm van hulp het beste is.

Principe 3 – Leg uw onwetendheid bloot.

> De enige manier om mijn eigen werkelijkheid te ontdekken is leren onderscheid te maken tussen wat ik weet en wat ik meen te weten, en wat ik echt niet weet. Ik kan niet vaststellen hoe de huidige werkelijkheid er uitziet als ik geen contact krijg met wat ik niet over de situatie weet en ik niet zo verstandig ben om ernaar te vragen.

Model 2: Het arts-patiëntmodel

Een ander gebruikelijk generiek adviseringsmodel is het arts-patiëntmodel. Eén of meer managers van de organisatie besluiten een adviseur in te schakelen om 'de boel eens te laten nakijken', om te zien of ergens in de organisatie gebieden zijn waar het niet goed loopt en die misschien aandacht behoeven. Een manager ontwaart misschien wel symptomen van een of andere kwaal, zoals een dalende omzet, veel klachten van afnemers, of kwaliteitsproblemen, maar kan misschien geen diagnose stellen die de oorzaak van de problemen aan het licht brengt. De adviseur wordt er dan bijgehaald om uit te zoeken wat er in welk deel van de organisatie niet klopt. Van hem wordt vervolgens, net als van de arts, verwacht dat hij een bepaalde therapie aanbeveelt of een remedie voorschrijft. Misschien ontdekken de leiders van de organisatie dat in andere organisaties een nieuw geneesmiddel wordt toegepast, zoals Total Quality programma's, 'reengineering' of zelfsturende werkgroepen, waarna zij bepalen dat hun organisatie deze therapievorm ook maar eens moest proberen om de onderneming gezonder te maken. Vervolgens wordt de adviseur in het bedrijf gehaald om dat programma in te voeren. In dit model gaat de cliënt ervan uit dat de adviseur op grond van professionele normen werkt; dat de 'verkoop' van hetgeen hij te bieden heeft op verantwoorde wijze geschiedt; dat de adviseur beschikt over de diagnostische kennis om het programma alleen daar toe te passen waar dit zou helpen; en dat er inderdaad verbetering optreedt.

Merk op dat de adviseur in dit model nog meer macht wordt toegekend, in die zin dat hij de diagnose stelt, een recept uitschrijft en het medicijn toedient. De cliënt doet daarmee niet alleen afstand van de verantwoordelijkheid voor het zelf stellen van een diagnose – waardoor hij zich nog afhankelijker maakt van de adviseur – maar gaat er tevens van uit dat een buitenstaander in de bestaande situatie kan binnenkomen, vaststellen waarin de problemen schuilen en deze ook nog kan oplossen. Het ligt voor de hand dat dit model voor de adviseur aantrekkelijk is, omdat hij hierdoor macht krijgt en hem een soort röntgenblik wordt toegedicht. Het stellen van een op expertise gebaseerde diagnose en het voorschrijven van genezende activiteiten rechtvaardigen de hoge honoraria die de adviseurs kunnen afdwingen en maken de soort hulp die zij pretenderen te bieden heel zichtbaar en concreet. In dit model worden de rapportage, de presentatie van de bevindingen en de aanbevelingen van speciale betekenis voor wat de adviseur doet. Voor vele adviseurs is dit de essentie van hetgeen zij doen, en zij menen dat hun werk niet is afgerond voordat zij een grondige analyse hebben gemaakt en een diagnose hebben gesteld die leidt tot een gespecificeerde schriftelijke aanbeveling.

Zo werkt de adviseur in een bepaalde versie van dit voor managers aanbevolen model als onderdeel van diagnostische fase met diepte-interviews en psychologische tests, waarna een formele, schriftelijke diagnose volgt – vergezeld van een recept voor de daarna te nemen maatregelen. In een andere veel gebruikte versie verzorgt de adviseur het ontwerp en de uitvoering van opinie- en attitudeonderzoeken in delen van de organisatie, waarna mede op grond daarvan een diagnose wordt gesteld. De adviseur wordt geacht te weten wat hij moet vragen, welke percentages positieve en negatieve antwoorden een probleem vormen, en welke antwoordpatronen duiden op terreinen waar problemen kunnen optreden. Vaak worden verfijnde statistische technieken gehanteerd die de diagnose moeten onderbouwen en de cliënt duidelijk moeten maken dat de adviseur inderdaad een diagnostisch expert is.

De misschien wel meest in zwang zijnde versie van dit model is die waarin de adviseur met de senior executives een contract sluit voor grootschalige interviews in de cliëntorganisatie om te onderzoeken wat daar aan de hand is. Op grond van deze gegevens stelt de adviseur een diagnose, en vervolgens beveelt hij de cliënt/contractpartner projecten aan die een oplossing moeten bieden. In een momenteel populaire variant van dit proces wordt vastgesteld welke kerncapaciteiten in een bepaalde functiecategorie noodzakelijk zijn voor succes; de profielen van de bestaande capaciteiten worden vergeleken met uit een groot aantal organisaties samengestelde gegevensbestanden; vervolgens worden aan de hand van de waargenomen leemten, selectie-, opleidings- en carrièreplanningsprogramma's voorgeschreven die de ontbrekende capaciteiten moeten verbeteren.

Zoals de meeste lezers uit eigen ervaringen zullen herkennen, is dit model ondanks zijn populariteit doorspekt met moeilijkheden. Wij hebben als cliënt allemaal ervaren hoe irrelevant adviezen of aanbevelingen van een begeleider kunnen zijn of hoe krenkend het kan zijn te moeten horen wat je te doen staat, al heb je zelf om advies gevraagd. Ook hebben wij allemaal als adviseur vaker dan wij willen toegeven moeten ervaren dat ons verslag en onze aanbevelingen beleefd in ontvangst werden genomen om vervolgens in de kast te verdwijnen of, erger nog, in hun geheel te worden afgewezen met de implicatie dat wij van de cliëntsituatie niets maar dan ook niets hadden begrepen. Cliënten stellen zich vaak defensief op en kleineren onze aanbevelingen door te wijzen op sleutelfactoren die wij links hebben laten liggen of door ons te vertellen dat de aanbevolen maatregelen al eerder waren geprobeerd en dat ze toen niet bleken te werken. Adviseurs die werken volgens het arts/patiëntmodel vinden vaak dat schuld bij de cliënten ligt – dat die niet weten wat zij willen, de waarheid niet onder ogen willen zien, of zich verzetten tegen verandering en niet echt willen worden geholpen. Om inzicht te krijgen in deze moeilijkheden en het PA-model in het juiste perspectief te plaatsen, moeten wij enkele impliciete veronderstellingen van het arts/patiëntmodel aan een analyse onderwerpen.

Eén van de meest voor de hand liggende moeilijkheden van dit model is de veronderstelling dat de adviseur in zijn eentje accurate diagnostische informatie kan opdoen. Het als ziek bestempelde organisatieonderdeel kan terughoudend zijn bij de verstrekking van de soort informatie die de adviseur nodig heeft om een zuivere diagnose te kunnen stellen. Het is heel voorspelbaar dat antwoorden op vragenlijsten en in interviews systematische vervormingen zullen vertonen. De richting van deze vervormingen is afhankelijk van de sfeer in de organisatie. Als daar wantrouwen en onzekerheid heersen, zullen de respondenten naar alle waarschijnlijkheid uit vrees voor represailles de adviseur alle schadelijke informatie onthouden; de kwalijke gevolgen voor de carrière van zogenaamde 'klokkenluiders', mensen die aan de bel trokken omdat er iets niet deugde, hebben vaak genoeg aangetoond dat deze vrees bepaald niet irreëel is. Ook kunnen de respondenten de interviews, enquêtes of tests beschouwen als een aantasting van hun privacy, en daardoor ofwel minimale antwoorden produceren dan wel vervormingen teweeg brengen door 'verwachte' of 'veilige' antwoorden te geven. Heerst er veel vertrouwen dan zijn de respondenten geneigd het contact met de adviseur te beschouwen als een kans om eens goed te vertellen wat zij allemaal op hun lever hebben, wat leidt tot een overdreven voorstelling van eventuele problemen. In beide gevallen is het niet erg waarschijnlijk dat de adviseur, tenzij hij een grote hoeveelheid tijd besteedt aan persoonlijke waarnemingen in de desbetreffende afdeling, een zuiver beeld krijgt van wat er misschien aan de hand is.

Een even grote moeilijkheid van dit model is dat de cliënt waarschijnlijk niet bereid is de juistheid van de diagnose of het recept van de adviseur te aanvaarden. De meeste organisaties hebben waarschijnlijk laden vol met organisatieadviezen die of niet zijn begrepen of door de cliënt niet zijn aanvaard. Wat er natuurlijk niet aan deugt, is dat de arts heeft verzuimd samen met zijn patiënt een diagnostisch referentiekader te construeren. Zij hebben niet te maken met een gemeenschappelijke werkelijkheid. Als de adviseur al het diagnostische werk doet terwijl de cliënt passief op een recept zit te wachten, is het voorspelbaar dat de communicatievloedgolf die daarna op gang komt de diagnose en het recept irrelevant doet schijnen of onverteerbaar maakt.

Zelfs in de medische wereld zijn de artsen steeds meer gaan beseffen dat patiënten de diagnose van de arts niet als vanzelfsprekend accepteren en evenmin automatisch doen wat de dokter aanbeveelt. Wij zien dit het sterkst in de multiculturele context, waarin aannames over ziekte en de remedies daarvoor van cultuur tot cultuur verschillen. Wij zien dit ook steeds vaker bij de behandeling van borstkanker, waarbij de oncoloog de patiënte betrekt bij de cruciale keuze tussen borstamputatie, borstsparende operatie, chemotherapie of bestraling. Ook in de plastische chirurgie of bij de beslissing om al dan niet een herniaoperatie te ondergaan worden de doelstellingen van de patiënt en zijn zelfbeeld cruciale factoren in de besluitvorming over het uiteindelijke succes van de operatie. Als wij bij de advisering al willen werken volgens een bepaald medisch model, kunnen wij beter kijken naar de psychiatrische variant daarvan, waarin de analyse van weerstand en afweer één van de belangrijkste therapeutische instrumenten is.

Een derde moeilijkheid van dit model is dat in menselijke systemen en eigenlijk in alle systemen, het diagnoseproces op zichzelf reeds een interventie met onbekende gevolgen is. Wanneer de directie wordt onderworpen aan psychologisch onderzoek, in delen van de organisatie attitudeonderzoeken worden gehouden, en in interviews aan de medewerkers wordt gevraagd hoe zij tegen hun organisatie aankijken, beïnvloedt men de leden van die organisatie: zij gaan zich dan namelijk afvragen wat er in de organisatie toch aan de hand is dat om te beginnen al de inzet van adviseurs noodzakelijk maakt. Al stelt de adviseur zich nog zo onschuldig op, de medewerkers zouden wel eens tot de conclusie kunnen komen dat de leiding zich opmaakt voor een reorganisatie en ontslag van personeel. Misschien doet de adviseur bij die tests of enquêtes alleen maar zijn wetenschappelijke best, maar de betrokken medewerker kan toch het gevoel krijgen dat zijn privacy wordt aangetast of hij gaat samen met andere medewerkers defensieve coalities aan die de verhoudingen binnen de organisatie veranderen. De ironie van het geval is dat juist de uitgebreide voorzorgsmaatregelen die de antwoorden op de enquête echt anoniem moeten maken – door ze te laten opsturen naar een neutraal adres – reeds van tevoren een niveau van wantrouwen binnen de organisatie veronderstellen dat een veel significantere werkelijkheid kan zijn dan welke gegevens van de enquête ook zouden kunnen opleveren.

Een vierde moeilijkheid van het arts/patiëntmodel is dat zelfs als de diagnose en het recept valide zijn, de patiënt *wel eens niet in staat zou kunnen zijn* de aanbevolen veranderingen te implementeren. In de organisatorische context is dit misschien wel het meest voorkomende probleem. Voor de externe adviseur is vaak overduidelijk wat er moet gebeuren, maar beletten de cultuur, de structuur of het beleid van de organisatie de uitvoering van de aanbevelingen. In vele gevallen krijgt de adviseur pas weet van die culturele en politieke krachten wanneer zijn aanbevelingen worden afgewezen of ondergraven, maar dan kon het wel eens te laat zijn om nog echt van nut te kunnen zijn.

Met andere woorden, de mate waarin het arts/patiëntmodel succes zal hebben, is dan afhankelijk van het antwoord op de onderstaande vragen:

1. of de patiënt wel juist heeft aangegeven welke persoon, groep of afdeling in feite ziek is of een bepaalde therapie nodig heeft;

2. of de patiënt wel gemotiveerd is om de juiste informatie prijs te geven;

3. of de patiënt de diagnose waarmee de arts op de proppen komt gelooft en aanvaardt, en akkoord gaat met hetgeen de dokter voorschrijft;

4. of de patiënt de gevolgen van de beslissing een diagnose te laten stellen wel goed heeft begrepen en aanvaard;

5. of de patiënt wel in staat is de aanbevolen veranderingen tot stand te brengen.

Het PA-alternatief. De procesadviseringsmodus daarentegen, is niet alleen gericht op het *gezamenlijk* stellen van een diagnose, maar bedoelt tevens *de diagnostische en probleemoplossende vaardigheden van de adviseur over te brengen op de cliënt.* De adviseur heeft misschien al heel vroeg in de gaten waar de schoen wringt en welke oplossingen daarvoor mogelijk zijn. Niettemin zal hij dit inzicht in de regel niet reeds in een vroeg stadium bekend maken, en wel om twee redenen:

1. Hij zou er wel eens naast kunnen zitten. Als hij te vroeg komt aanzetten met een diagnose die bij nader inzien niet juist blijkt te zijn, schaadt hij mogelijk zijn geloofwaardigheid bij de cliënt en ondermijnt hij de relatie.

2. Hij beseft dat zelfs als hij gelijk heeft, er een gerede kans bestaat dat de cliënt zich defensief gaat opstellen, misschien niet wil luisteren, misschien wil ontkennen wat hij heeft gehoord, of misschien niet goed begrijpt wat de adviseur hem vertelt; dit alles met schadelijke gevolgen voor de pogingen om iets aan het probleem te doen.

Een van de essentiële veronderstellingen die aan PA ten grondslag liggen, is dat *de cliënt moet leren zelf het probleem te herkennen, en wel door deelname aan het diagnostische proces en actieve betrokkenheid bij het bedenken van een remedie*. De cliënt moet erbij worden betrokken omdat het diagnostische proces op zichzelf reeds een interventie is, en omdat elke interventie uiteindelijk de verantwoordelijkheid van de cliënt moet zijn en hij er zelf achter moet staan. Wanneer er tests moeten worden afgenomen of enquêtes of interviews moeten worden gehouden, moet de cliënt de beslissing daartoe begrijpen en voor zijn verantwoording nemen. De cliënt moet aan de eventueel wantrouwige ondergeschikte kunnen uitleggen waarom dit wordt gedaan en waarom hij de adviseur er bij heeft gehaald; zo niet dan kunnen alle hiervoor genoemde moeilijkheden zich alsnog voordoen.

De adviseur speelt dan misschien een sleutelrol door te helpen de diagnose aan te scherpen en aanbevelingen te doen voor alternatieve remedies die misschien nog niet bij de cliënt waren opgekomen; hij zet de cliënt aan tot de uiteindelijke beslissing over de te stellen diagnose en de te nemen herstelmaatregelen. Ook hier gaat de adviseur weer uit van de veronderstelling dat als hij de cliënt leert zelf situaties te diagnosticeren en de gebreken daarin te verhelpen, de problemen eerder blijvend worden opgelost en de cliënt de vaardigheden zal hebben verworven die noodzakelijk zijn voor het geval zich nieuwe problemen voordoen.

Tevens moet worden opgemerkt dat de adviseur wel of niet expert kan zijn in het oplossen van de eventueel opgespoorde problemen. Het belangrijke aspect van de toepassing van de PA-modus in de beginfase is, dat die inhoudelijke expertise minder relevant is dan de vaardigheden die nodig zijn om de cliënt te betrekken bij een zelfdiagnose en om hem te helpen een remedie te bedenken die past bij zijn unieke situatie en zijn unieke behoeften. De adviseur moet deskundigheid ten toon spreiden in het verlenen van steun en het aangaan van een relatie met de cliënt die het mogelijk maakt hem te helpen, en die een gemeenschappelijke werkelijkheid creëert waarin communicatie mogelijk is. De organisatieadviseur die in deze modus werkt, hoeft geen expert te zijn op het terrein van marketing, financiën of strategie. Wanneer op deze terreinen problemen blijken te bestaan, kan de adviseur de cliënt helpen daarvoor een expert aan te trekken en, belangrijker nog, de cliënt helpen na te denken over de beste manier om van die deskundigen de hulp te krijgen die hij nodig heeft.

Het arts/patiëntmodel wordt, net als het expertisemodel, door ons in het dagelijks leven voortdurend gehanteerd. Wanneer een van mijn kinderen mij vraagt een wiskundevraagstuk op te lossen, verkeer ik in de sterke verleiding om meteen vast te stellen wat er verkeerd is gegaan en daar iets aan te doen. Wanneer een vriend van mij iets vraagt over een bepaalde film, koester ik al meteen veronderstellingen over zijn amusementsbehoeften en adviseer ik hem welke film hij het best kan gaan zien. Wanneer een studente mij vraagt welke literatuur ik aanbeveel voor haar onderzoeksproject, meen ik meteen te weten welke soort informatie zij nodig heeft en som ik een aantal boeken en artikelen op. Wanneer mijn vrouw vraagt wat zij voor het feestje zal aantrekken, meen ik meteen te weten welk probleem zij tracht op te lossen en zijn mijn reacties en adviezen daarmee in overeenstemming. De verleiding om de macht te aanvaarden die de ander je toekent door om advies te vragen is overstelpend groot. Het vereist in zulke situaties buitengewoon veel zelfdiscipline om eerst even na te denken over wat er feitelijk aan de hand is (omgaan met de werkelijkheid dus) en een vraag te stellen die misschien meer aan het licht brengt, of de ander aan te moedigen meer te vertellen alvorens de doktersrol te aanvaarden (en dus je eigen onwetendheid bloot te leggen).

Als de adviseur echt van nut wil zijn, is het van essentieel belang dat zowel hijzelf als de cliënt begrijpen welk probleem zij trachten op te lossen, en moeten zij een communicatiekanaal hebben gecreëerd waardoor zij elkaar zodanig kunnen begrijpen dat zij gezamenlijk het probleem effectief kunnen oplossen. Het uiteindelijke doel van PA is: communicatiekanalen te creëren die een gezamenlijke diagnosestelling en een gezamenlijke probleemoplossing mogelijk maken.

Het feit dat *de wijze waarop* wij bij de diagnosestelling te werk gaan gevolgen heeft voor het cliëntsysteem wijst op een vierde overkoepelend beginsel. Wij moeten inzien dat *alles wat de adviseur doet een interventie is*. Er bestaat niet zoiets als een diagnose alleen. De in vele adviesmodellen gangbare beschrijving van een diagnostisch stadium gevolgd door aanbevelingen gaat volkomen voorbij aan de werkelijkheid dat zodra de diagnose enig contact met het cliëntsysteem inhoudt, het interventieproces al is begonnen. Bij de wijze waarop wij bij de diagnosestelling te werk gaan, moet dan ook rekening worden gehouden met de vraag welke gevolgen onze diagnostische interventies zullen hebben en of wij deze gevolgen voor onze rekening willen nemen.

Principe 4 – Alles wat u doet is een interventie.

Precies zoals elke interactie diagnostische informatie aan het licht brengt, heeft elke interactie ook consequenties voor zowel de cliënt als mijzelf. Daarom moet ik achter alles wat ik doe staan en daarvan de gevolgen inschatten, om er zeker van te zijn dat deze passen bij mijn doelstelling om een relatie tot stand te brengen waarin begeleiding mogelijk wordt.

Model 3: Het procesadviseringsmodel

Ik wil hier de belangrijkste veronderstellingen samenvatten van wat ik de visie op procesadvisering oftewel het PA-model noem. Die veronderstellingen blijken misschien niet altijd te kloppen, maar wanneer dit wel het geval is, wanneer wij zien of aanvoelen dat deze veronderstellingen de werkelijkheid het best weergeven, is het van essentieel belang in de begeleidingssituatie uit te gaan van de PA-modus.

1. Of het nu gaat om managers, vrienden, collega's, studenten, echtgenoten of kinderen, de cliënt weet vaak niet waar het in werkelijkheid aan schort en heeft hulp nodig om een diagnose te stellen die de eigenlijke problemen aan het licht brengt. Maar alleen de cliënt is 'eigenaar' van het probleem.

2. De cliënt weet vaak niet welke soort hulp de adviseur hem kan bieden; hij moet worden geholpen te ontdekken welke soort hulp hij moet zoeken. De cliënt is geen expert in theorie en praktijk van het begeleiden.

3. De meeste cliënten hebben de constructieve bedoeling om dingen te verbeteren, maar hebben hulp nodig om te kunnen achterhalen wat er moet worden verbeterd en hoe dat moet gebeuren.

4. De meeste organisaties kunnen effectiever functioneren wanneer zij hun managers en medewerkers leren hun eigen sterke en zwakke kanten te diagnosticeren en te managen. Geen enkele organisatievorm is volmaakt; daarom zal elke organisatievorm enkele zwakke punten kennen waarvoor compenserende mechanismen moeten worden bedacht.

5. Alleen de cliënten weten wat in hun organisatie uiteindelijk zal werken. De adviseur kan dan ook niet – zonder uitputtend en tijdrovend onderzoek of feitelijke participatie in de cliëntorganisatie – voldoende over de organisatiecultuur te weten komen om betrouwbare aanbevelingen te doen over nieuwe maatregelen. Als de remedies niet samen met leden van

de organisatie worden uitgewerkt, met mensen die weten wat in hun cultuur wel en niet zal werken, zullen dergelijke remedies naar alle waarschijnlijkheid ondeugdelijk blijken of worden afgewezen – alleen al omdat ze afkomstig zijn van een buitenstaander.

6. Als de cliënt niet leert zelf de problemen te onderkennen en daarvoor zelf remedies te bedenken, wordt implementatie van de oplossing minder waarschijnlijk en neemt tevens de kans af dat hij leert zulke problemen zelf op te lossen voor het geval ze zich weer voordoen. De procesadviseringsmodus kan alternatieven bieden, maar de beslissing over die alternatieven moet blijven berusten bij de cliënt; het is immers de cliënt, en niet de adviseur, die eigenaar is van het probleem.

7. De uiteindelijke functie van PA is: doorgifte van de vaardigheden in het diagnosticeren en constructief interveniëren, om de cliënt beter in staat te stellen zelf de organisatie te verbeteren. Zowel het expertise- als het arts/patiëntmodel zijn in zekere zin curatieve modellen, terwijl het PA-model zowel curatief als preventief is. Het gezegde 'je kunt mensen beter leren vissen dan hun zelf vis te geven' is goed op dit model van toepassing.

Het laatste punt onderscheidt de modellen duidelijk van elkaar, in die zin dat het expertise- en het doktersmodel kunnen worden vergeleken met single-loop of adaptief leren, terwijl PA de cliënt betrekt bij double-loop of generatief leren. Een van de doelstellingen van PA is, de cliënt in staat te stellen te leren iets te leren. Bij het expertise- en het doktersmodel gaat het erom het probleem op te lossen; het doel van PA is, in het cliëntsysteem te komen tot vergroting van het *leervermogen*, zodat de cliënt in de toekomst zijn eigen problemen kan oplossen.[3]

Het begeleidingsproces moet *altijd beginnen in de pa-modus*, omdat wij, totdat wij onze onwetendheid hebben blootgelegd en opgeheven, in feite niet weten of de bovenstaande veronderstellingen opgaan of dat het veiliger of wenselijker is over te schakelen op de expertise- of de doktersmodus. Wanneer wij eenmaal met deze verkenningsoperatie zijn begonnen, zullen wij merken dat een van de bruikbare manieren om te beslissen of wij binnen de PA-rol moeten blijven of moeten overgaan op een van de andere modellen, bestaat uit het vaststellen van enkele eigenschappen van het type probleem waar de hulpzoekende persoon mee worstelt.[4] Wanneer de definitie van het probleem en de aard van de oplossing voor beiden duidelijk zijn, is het expertisemodel de juiste keuze. Wanneer de probleemdefinitie wel duidelijk is maar de oplossing niet, dan moet de arts met gebruikmaking van zijn technische kennis samen met de patiënt het juiste type adaptieve reactie ontwikkelen. Wanneer het probleem noch de oplossing duidelijk zijn, dan zal de begeleider aanvankelijk moeten werken met procesadvisering, totdat duidelijk wordt wat er aan de hand is, welke hulp nodig is en hoe deze het best kan worden verkregen. De beslissing of een technische oplossing of een adaptieve reactie nodig zal zijn, is afhankelijk van de mate waarin de cliënt of de lerende zijn attitudes, waarden en gewoonten zal moeten veranderen.

Procesadvisering: definitie

Met deze veronderstellingen voor ogen kunnen wij nu definiëren wat PA is:

> Procesadvisering is het creëren van een relatie met de cliënt die het hem mogelijk maakt datgene wat zich in het proces in het interne en externe milieu van de cliënt voordoet te onderkennen, te begrijpen en ernaar te handelen; dit alles om verbetering te brengen in de situatie zoals deze door de cliënt is gedefinieerd.

Procesadvisering is er primair op gericht een relatie tot stand te brengen die het zowel de adviseur als de cliënt mogelijk maakt om te gaan met de werkelijkheid, waarin de adviseur zijn onwetendheid op bepaalde terreinen kan opheffen, en waarin het optreden van de adviseur altijd als interventie wordt beschouwd; dit alles om de cliënten inzicht te kunnen verschaffen in wat er om hen heen, in henzelf en tussen henzelf en anderen gaande is. Met dit inzicht als basis helpt de adviseur de cliënten te zoeken naar wat zij aan de situatie kunnen doen. De kern van dit model is echter de zienswijze dat de cliënten moeten worden geholpen proactief te zijn in die zin, dat zij zowel het diagnostische als het curatieve initiatief in handen houden. Immers, zij alleen zijn 'eigenaar' van het onderkende probleem, alleen zij kennen de werkelijke complexiteit van de situatie, en alleen zij weten wat in de cultuur waarmee zij te maken hebben zal werken. Dit kan het vijfde overkoepelende beginsel worden genoemd.

Principe 5 – De cliënt is eigenaar van het probleem en van de oplossing ervoor.

> Het is mijn taak een relatie tot stand te brengen waarin de cliënt hulp kan krijgen. Het is niet mijn taak het probleem van de cliënt op mijn eigen schouders te nemen, en evenmin om adviezen te geven en oplossingen aan te dragen voor situaties waarin ik zelf niet verkeer. De werkelijkheid is dat alleen de cliënt zal moeten leven met de consequenties van zowel

het probleem als de oplossing: dus moet ik de last niet van zijn schouders nemen.

De gebeurtenissen die moeten worden waargenomen, waarover informatie moet worden verzameld en waarvan moet worden geleerd, zijn gebeurtenissen tijdens het normale werk, tijdens vergaderingen, tijdens formele of informele ontmoetingen tussen leden van de organisatie, en in de meer formele organisatiestructuren. Van speciaal belang is het eigen optreden van de cliënt, evenals het effect ervan op anderen binnen de organisatie en op de adviseur. Zoals counselers en therapeuten op andere terreinen hebben ervaren, bestaat één van de rijkste bronnen van inzicht uit de interactie tussen cliënt en adviseur en de gevoelens die deze interactie bij beiden losmaakt.[5]

Dit model impliceert voorts de veronderstelling dat alle organisatieproblemen in wezen problemen zijn van interactie en processen tussen *mensen*. Ongeacht wat er op technisch, financieel of welk ander terrein ook aan te pas moge komen, bij ontwerp en implementatie van zulke technische processen komen altijd mensen te pas, en ook zullen er altijd mensen betrokken zijn bij de ontdekking in het begin dat er in technisch opzicht iets aan moet worden gedaan. Een grondig begrip van menselijke processen en het vermogen zulke processen te verbeteren is daarom voor elke organisatieverbetering van fundamenteel belang. Zolang organisaties netwerken zijn van mensen die bezig zijn met een of ander gemeenschappelijk doel, zullen zich tussen hen allerlei soorten processen afspelen. Dus hoe meer wij begrijpen van de manier waarop wij zulke processen moeten diagnosticeren en verbeteren, hoe groter onze kans is oplossingen te vinden voor de meer technische problemen, en om ervoor te kunnen zorgen dat zulke oplossingen ook door de leden van de organisatie worden aanvaard en toegepast.

Samenvatting, implicaties en conclusies

Procesadvisering is een concept dat zich moeilijk eenvoudig en helder laat beschrijven. Het is eerder een filosofie of een verzameling onderliggende veronderstellingen over het begeleidingsproces, die de adviseur ertoe brengen in zijn relatie met de cliënt een bepaalde houding aan te nemen. Procesadvisering kan nog het best worden beschouwd als een van de werkwijzen waaruit de adviseur in elke willekeurige situatie kan kiezen. PA is in het begin van de relatie uiterst noodzakelijk, omdat deze werkwijze de beste kansen biedt om aan het licht te brengen wat de cliënt nu werkelijk wil en welk type begeleidersgedrag feitelijk nuttig zal zijn. Als blijkt dat de cliënt alleen maar informatie en advies wil en de adviseur naar zijn eigen mening voldoende relevante informatie en adviezen te bieden heeft, kan hij met een gerust hart de expert- of artsenrol gaan spelen. Wel moet hij, wanneer hij op deze rol overschakelt, zich bewust zijn van de veronderstellingen die hij daarbij maakt en beseffen welke gevolgen het heeft wanneer de cliënt wordt gestimuleerd tot sterkere afhankelijkheid van de adviseur. Tevens moet hij ervoor waken het probleem van de cliënt op zijn eigen schouders te nemen.

De adviseur moet dan ook echt de expertise bezitten om van moment tot moment te kunnen aanvoelen wat er aan de hand is, en een manier van helpen kunnen kiezen die het best past bij de situatie van dat moment en bijdraagt aan de totstandkoming van een begeleidingsrelatie. *Geen van deze modellen zal in alle gevallen worden toegepast. Op elk willekeurig moment kan de adviseur slechts vanuit één model werken.* De ervaren adviseur zal even vaak van rol wisselen als hij veranderingen bespeurt in de processen die zich binnen de situationele context afspelen. Wij moeten dan ook afstand nemen van concepten zoals dat van '*de* procesadviseur' en meer gaan denken binnen kaders zoals *procesadvisering*, een dynamisch proces om alle adviseurs, en eigenlijk alle mensen, te helpen op bepaalde ogenblikken het daarbij passende gedrag te vertonen.

Hoewel PA in de huidige wereld van organisaties steeds relevanter wordt, is het belangrijk te zien hoe het model ook van toepassing is op onze dagelijkse relaties met vrienden, partners, kinderen en anderen die zo nu en dan onze hulp kunnen inroepen. Wat hier wordt beschreven, is een filosofie en een methode voor een begeleidingsproces en een poging om de relevantie ervan te laten zien voor zowel organisatieontwikkeling als leren. Centraal in deze filosofie staat een geheel van operationele beginselen. Alles bij elkaar genomen gaat het hier om tien principes, waarvan er tot dusverre vijf zijn benoemd en besproken:

1. Stel u altijd helpend op.
2. Houd altijd voeling met de huidige werkelijkheid.
3. Leg uw onwetendheid bloot.
4. Alles wat u doet, is een interventie.
5. De cliënt is eigenaar van het probleem en van de oplossing ervoor.

Als de adviseur/begeleider consistent op grond van deze beginselen kan werken, dienen de specifieke antwoorden op vragen zoals wanneer informatie te geven, wanneer de artsenrol te spelen en wanneer in het proces de adviseursrol op zich te nemen, zich vanzelf aan. Het blootleggen van de eigen onwetendheid is evenmin als het omgaan met de werkelijkheid een gemakkelijke taak. Het gaat hier om aangeleerde vaardigheden die begripsmodellen, opleiding en op ervaring gebaseerd inzicht vereisen. In de resterende hoofdstukken van dit boek zal ik mij vooral concentreren op enkele vereenvoudigende conceptuele modellen die de adviseur/begeleider helpen wijs te worden uit de werkelijkheden waarmee hij wordt geconfronteerd.

Over de cases

Op verschillende plaatsen in de tekst wordt gebruik gemaakt van cases. Soms worden, waar concrete voorbeelden nodig zijn, illustratieve voorbeelden en zelfs langere cases opgenomen. Op andere momenten zijn zij aan het eind van een hoofdstuk geplaatst, om de meer praktijkgerichte lezer gelegenheid te geven zich grondiger in de cases te verdiepen. Wanneer hij de materie in het algemeen voldoende duidelijk acht, kan de lezer deze cases overslaan.

Case 1.1 *Voorbereiding van de jaarlijkse bijeenkomst van International Oil, en de deelname daaraan*

Deze case is bedoeld ter illustratie van een aantal tactische complexiteiten die gepaard gaan met vasthouden aan de procesadviseringsmodus, en tevens om het contrast tussen de verschillende werkwijzen duidelijk te maken. De lezer zal ook opmerken dat de inhoud van deze case illustreert wat in werkelijkheid met proces wordt bedoeld, en wel in die zin dat de interventies vrijwel uitsluitend te maken hadden met de manier waarop te werk werd gegaan, en niet met de feitelijke inhoud van datgene waar de groep aan werkte.

Het gaat hier om een groot multinationaal olie- en chemieconcern met het hoofdkantoor in Europa. Ik kende een aantal leden van de management development group van het concern, en had jaren geleden tijdens een MIT-programma voor senior executives, Steve Sprague, een van hen, ontmoet. Mijn betrokkenheid was een gevolg van het feit dat enkele senior executives de wens hadden geuit eens nader naar hun eigen organisatiecultuur te kijken, om te bezien in welk opzicht deze al dan niet zou passen bij de strategische werkelijkheid van het volgende decennium. Verscheidene leden van de management development group van het concern wisten dat ik kort daarvoor enkele artikelen over organisatiecultuur had gepubliceerd en daarover ook een boek had geschreven.

Ik kreeg een telefoontje van iemand uit de staf die betrokken was bij de planning van de jaarlijkse driedaagse vergadering van de veertig hoogste directeuren van de afdeling, te houden op een locatie buiten het hoofdkantoor. Zijn voorstel was dat ik daar twee dagen aanwezig zou zijn, zou luisteren naar hun interne discussies, en daarna een voordracht zou houden over cultuur; in die voordracht zou ik dan bij wijze van feedback over hun eigen cultuur voorbeelden opnemen uit wat zij zelf in die discussies naar voren hadden gebracht. Ik zou niet actief worden betrokken bij de allereerste fase en bij het einde van de bijeenkomst, waardoor wat ik zou doen aanvankelijk was bedoeld als een educatieve interventie op de tweede dag. Hoewel het openlijk uitgesproken doel van deze educatieve interventie was de directeuren enig formeel materiaal in handen te geven, was het onuitgesproken doel hen ertoe te brengen meer realistisch te denken over hun eigen cultuur en de gevolgen daarvan.

Ik was wel geïnteresseerd in deze onderneming en wilde meer te weten komen over de diverse bedrijfsculturen, en dus leek dit een ideale combinatie. Ik ging akkoord met de voorwaarden zoals die in het begin waren aangegeven, en kreeg later te horen dat de vergadering zou worden voorgezeten door Sprague, die inmiddels plaatsvervangend president-directeur was geworden, rechtstreeks onder de voorzitter van de raad van bestuur. Wij spraken af elkaar te ontmoeten in New York, tijdens zijn eerstvolgende reis naar de Verenigde Staten. Sprague ging ermee akkoord dat vanaf dit moment mijn uren en mijn onkosten tegen het gangbare tarief voor rekening van de maatschappij kwamen.

Tijdens onze ontmoeting vertelde Sprague uitgebreid over de strategische situatie van de onderneming; hij zei dat het op de jaarvergadering van cruciaal belang was realistisch te beoordelen of de richting die de onderneming had ingeslagen nog steeds de juiste was, of men daarin al dan niet intensiever te werk moest gaan, en hoe men de top van de onderneming ertoe kon krijgen zich te stellen achter alles wat was besloten. Tevens hoorde ik wat dit betrof dat Sprague was belast met de algehele planning van deze bijeenkomst en dat hij mij niet alleen op de hoogte wilde brengen maar ook samen met mij de hele opzet ervan wilde doornemen.

Het eerste telefoontje had ertoe geleid dat ik mij op mijn voordracht was gaan concentreren, maar nu wilde Sprague mij als bron van expertise voor de voorbereiding van de jaarlijkse bijeenkomst en benoemde hij zichzelf tot primaire cliënt. Ik merkte dat ik hierbij van rol wisselde, namelijk van procesadviseur naar voorbereidingsexpert; wij bespraken namelijk de voorbereiding van een vergadering, een onderwerp waarvan ik kennelijk meer wist dan hij – een rolwisseling die wij beiden onderkenden en expliciet maakten.

Wij bespraken de opzet van elk onderdeel in het licht van hetgeen Sprague daarbij voor ogen stond, en daaruit ontstond het idee dat het nuttig zou zijn als ik tijdens de gehele bijeenkomst zou optreden als procesbegeleider. Aangezien mijn agenda voldoende ruimte liet om de gehele bijeenkomst te kunnen bijwonen, besloot Sprague met mijn instemming dat ik tijdens de gehele vergadering een aantal verschillende rollen zou spelen. In het begin van de bijeenkomst zou ik een korte inleiding houden over cultuur en strategie, en mijn rol definiëren als die van iemand die zou kijken hoe deze onderwerpen tijdens de bijeenkomst met elkaar in verband zouden komen te staan. Op de tweede dag zou ik mijn cultuurvoordracht houden, en wat belangrijker was, op de derde dag zou ik de leiding hebben; dan namelijk zou het hele gezelschap bespreken op welke terreinen men het eens was geworden over de toekomstige strategische keuzen.

Deze consensusterreinen zouden weliswaar betrekking hebben op de bedrijfsstrategie, maar voor mij zou het gemakkelijker zijn deze consensus op de keper te beschouwen dan voor welke insider ook, en tevens zou daardoor zou de voorzitter van de raad van bestuur de rol van pleitbezorger kunnen spelen. Het leek ons daarom allebei zinvol dat ik zou nagaan in hoeverre men overeenstemming had bereikt, en ik nam aan dat Sprague de persoonlijkheid van de bestuursvoorzitter goed genoeg kende om te weten of hij bereid was een buitenstaander die rol te laten spelen. Sprague overtuigde mij er tijdens ons hele gesprek van dat hij een goed inzicht had in de problemen en dat hij de sfeer binnen de organisatie goed kende. In elk geval ontbrak de gelegenheid om met de voorzitter zelf te spreken, dus moest ik deze rol maar in goed vertrouwen op mij nemen.

Mijn functioneren tijdens deze drie dagen durende bijeenkomst verliep zoals gepland. De bestuursvoorzitter kon zich vinden in mijn rol van externe procesdeskundige, omdat dit hem de kans bood zich meer op de inhoud te richten, namelijk de strategische kwesties waar het gezelschap zich over moest buigen. Mijn aanwezigheid verschafte hem een mate van vrijheid die hij gewoonlijk niet kende, omdat hij in voorgaande bijeenkomsten zowel de rol van adviseur als die van voorzitter moest vervullen. Hij legde aan de overige directieleden uit wat mijn rol was, en stelde zich achter het besluit dat ik tijdens de bijeenkomst verschillende rollen zou spelen.

Mijn eigen actieve interventies waren zeer sterk gericht op het taakproces. Zo probeerde ik nu en dan een kwestie te verduidelijken door te vertellen wat ik had gehoord, door te vragen om verduidelijking, door doelstellingen te herformuleren, door wanneer men een conclusie leek te hebben bereikt te toetsen of men het inderdaad met elkaar eens was, en door ten behoeve van mijn officiële bijdragen een overzicht bij te houden van de zaken waarover consensus was bereikt. Toen het tijd was geworden voor mijn feedback over de cultuur gaf ik enkele formele definities en beschrijvingen van een cultuur als een verzameling fundamentele veronderstellingen, maar verzocht de groep vervolgens daarvan de inhoud te leveren. Verscheidene groepsleden vroegen min of meer op de man af hoe ik hun cultuur had ervaren en hoe ik die beoordeelde, maar eerdere ervaringen hadden mij geleerd dat ik mij daarbij het best op de vlakte kon houden, omdat zelfs als ik een technisch juist antwoord gaf, afweer of ontkenning het gevolg zouden kunnen zijn. Ik bleef benadrukken dat alleen insiders echt de belangrijkste culturele veronderstellingen konden begrijpen, waarna ik de groep uitnodigde zelf de antwoorden te leveren.

Op de laatste dag toetste ik de overeenstemming officieel, en wel door de structuur aan te brengen in de terreinen die tijdens de discussie waren behandeld, en door de groep uit te nodigen conclusies te trekken; ik schreef die conclusies op een flip-over zodat ze voor iedereen duidelijk zichtbaar waren. Doordat ik zelf deze centrale rol speelde, kon de bestuursvoorzitter veel actiever zijn eigen conclusies naar voren brengen zonder gebruik te maken van zijn eigen officiële bevoegdheid de conclusies van anderen af te wijzen. Op grond van mijn ervaringen tijdens de afgelopen drie dagen scherpte ik een aantal problemen aan en daagde ik de groep uit waar het terreinen betrof waarop de deelnemers duidelijkheid uit de weg leken te gaan. In deze rol was ik, doordat ik zo nu en dan commentaar gaf op de conclusies die men had getrokken, deels procesadviseur en deels management-expert.

De groep sprak bijvoorbeeld over decentralisatie tot business units, maar zoiets zou wel macht wegtrekken bij de units in verschillende regio's. De hoofdkantoren van de business units stonden allemaal in dezelfde stad als die van het concernhoofdkantoor, waardoor ze dus evenveel centraliseerden als decentraliseerden. Ik wees op de implicaties van deze en diverse andere beleidsvormen, zoals de tewerkstelling van personeel buiten hun eigen divisie of regio.

De bijeenkomst werd in een opperbeste stemming afgesloten en men sprak af verscheidene maanden later de resultaten opnieuw te bekijken. Samen met Sprague nam ik de resultaten door, waarbij ik te horen kreeg dat zowel hij als de bestuursvoorzitter van mening waren dat alles naar verwachting was verlopen. Men had het idee dat mijn aanwezigheid als buitenstaander zowel wat het proces als wat de inhoud betrof zeer veel had geholpen.

Lessen. De adviseur moet bereid zijn te opereren binnen het model dat gezien de werkelijkheden van het moment het best bij de situatie past. In het begin van elke relatie met een cliënt moet de adviseur beginnen met het procesmodel, om te kunnen achterhalen met welke werkelijkheden de cliënt te maken heeft en welke vaardigheden van de adviseur zich daarvoor het best lenen. Naarmate de relatie zich ontwikkelt en het cliëntsysteem verandert, dienen zich nieuwe rollen aan. Diagnose en interventie zijn geheel en al met elkaar verweven.

Case 1.2 *Opschorting van teamvorming bij Ellison Manufacturing*

Deze case is bedoeld ter illustratie van verschillende elementen van de procesadvisering. Ik wil hier niet stilstaan bij de manier waarop ik in deze situatie terecht kwam, maar wel de aandacht vestigen op het probleem van gezamenlijk eigendom van het proces, op het feit dat de cliënt eigenaar van het probleem is, op het feit dat alles wat wij doen – zelfs de onschuldigste vragen stellen – interventies met onbekende gevolgen zijn, en op het belang van het blootleggen van onze eigen onwetendheid en op het omgaan met de werkelijkheid.

Ik had al enkele maanden lang in een directe persoonlijke adviesrelatie samengewerkt met de directeur van een plaatselijke fabriek. Hij wilde een strategie ontwikkelen om meer vertrouwen te kweken bij zijn managers en tussen de vakbonden en de leiding van de fabriek. Na verscheidene maandelijkse sessies kwam hij tot de conclusie dat de volgende logische stap zou zijn: het directieteam (zijn rechtstreekse ondergeschikten) op een externe locatie bijeen te laten komen om hen zo tot een team te vormen. Hij sprak een lunchvergadering met mij en zijn adviseur organisatieontwikkeling af, om daarin het verloop van die tweedaagse bijeenkomst vast te stellen en mijn eigen deelname daaraan in te plannen.

Bij de aanvang van deze lunch vond ik dat ik nog enige aanvullende informatie over zowel de opzet van de bijeenkomst als de deelnemers eraan nodig had, en dus vroeg ik: ‘Wie zijn er eigenlijk op de bijeenkomst zoals u die voor ogen hebt aanwezig, en welke rol spelen zij daar?’ (Deze vraag is een voorbeeld van wat ik bedoel met het blootleggen van mijn onwetendheid. Ik zou niet aan de planning kunnen meewerken als ik niet wist wie in welke rol aan de bijeenkomst zouden deelnemen.)

De fabrieksdirecteur begon aan zijn lijstje met ondergeschikten, maar hield bij de derde naam een slag om de arm: ‘Joe doet bij mij de financiën, maar ik weet niet of hij het wel redt; ik twijfel een beetje aan zijn capaciteiten en ik heb nog niet besloten of ik hem laat zitten of van zijn functie onthef.’ Daarna vroeg ik hem of hij ook wat anderen in de groep betrof de nodige bedenkingen had, waarop hij antwoordde dat er nog iemand was die zich nog niet had bewezen en misschien niet in het team zou worden opgenomen.

Op dit punt kwamen wij tijdens deze lunchbespreking alle drie tot hetzelfde inzicht, maar de fabrieksdirecteur verwoordde het: ‘Ik vraag mij af of ik deze teamvormingsessie wel moet houden als ik niet zeker ben van het lidmaatschap van twee leden.’ Ik vroeg wat er naar zijn mening zou zijn gebeurd als wij door waren gegaan en hij later twee deelnemers had ontslagen. Zijn conclusie was dat dit de teamvorming zou hebben ondermijnd en dat het ook niet echt eerlijk zou zijn geweest tegenover de twee waaraan hij had getwijfeld.

Na bespreking van de voors en tegens van het houden van de teamvormingsbijeenkomst voordat hij zeker wist wat hij met de twee ‘marginale’ personen aan moest, besloten wij die bijeenkomst uit te stellen totdat hij een besluit had genomen; wij slaakten allemaal een zucht van verlichting dat dit probleem nu, en niet pas later, ter tafel was gekomen.

Lessen. De cruciale informatie kwam aan het licht als antwoord op een onschuldige vraag, en het proces van doorvragen bracht de fabrieksdirecteur, door na te denken over de kwestie, tot de conclusie dat de bijeenkomst niet door moest gaan. Hij beschouwde de lunchbespreking als een uiterst nuttige interventie, ook al eindigde die met het voorlopig schrappen van de poging om tot teamvorming te komen.

Case 1.3 *De onnodige managementvergadering bij Global Electric*

Omgaan met bestaande en toekomstige werkelijkheden houdt in dat de adviseur zich erop moet voorbereiden zowel minder als meer te doen. Deze case laat zien hoe nutteloos het is, gezien de eventuele gebeurtenissen binnen het cliëntsysteem, te denken in ‘diensten verkopen’.

Mij werd gevraagd aanwezig te zijn op de jaarlijkse managementconferentie van een grote Zwitserse multinationale organisatie, om de president-directeur ervan te helpen bij de vorming van een senior management committee. De divisies opereerden te los van elkaar en als wij mijn educatieve bijdrage konden gebruiken als voorwendsel om regelmatig een kleine groep bijeen te laten komen, zou die zich dan geleidelijk aan gaan bezighouden met bedrijfsmatige problemen.

Contactcliënt was de directeur managementontwikkeling en -training, die mij gedurende verscheidene bijeenkomsten op de hoogte bracht van de situatie waarin de onderneming verkeerde. Men had dringend behoefte aan een middel om zo'n bijeenkomst van zelfstandige divisiedirecteuren van de grond te krijgen, maar had het gevoel dat zulke bijeenkomsten niet zouden werken zonder een buitenstaander die kon dienen als excuus voor de bijeenkomst – het geplande seminar dus – en als facilitator zou kunnen fungeren. Een educatieve interventie was dus zinvol, ook al was het werkelijke doel de vorming van een meer op samenwerking gericht managementteam.

Nadat wij met de planning een eind waren gevorderd en voor enkele maanden later een datum was geprikt, planden wij een vergadering met de president-directeur in het Europese hoofdkantoor om met hem de details van het project te bespreken. De vergadering met de president-directeur bracht echter een enigszins andere kwestie aan het licht. Hij maakte zich er zorgen over dat twee van zijn divisiedirecteuren de hele tijd met elkaar overhoop lagen en elkaar de loef afstaken. De een was te overheersend en de ander te meegaand. Wat hij hoopte te kunnen doen was, deze twee samen te brengen in een groepssituatie waarin enige feedback de zwakheden van beiden zou 'corrigeren'. Ik stond enigszins sceptisch tegenover het vermogen van de groep om dit te bereiken, maar hij was bereid om kalmpjes aan het werk te gaan. Wij besloten dat een seminar over carrièrestadia en verschillende managementstijlen – een vergelijkbaar seminar had bij een andere Zwitsers-Duitse onderneming gewerkt – in hun behoeften zou voorzien (Schein, 1985).

Twee maanden voor het seminar werd ik gebeld door mijn contactcliënt. Het speet hem verschrikkelijk, maar het feest ging niet door en hij zou later wel vertellen waarom. Ik moest hem maar de rekening sturen voor de tijd die ik er inmiddels aan had besteed; men wist niet of het seminar later alsnog door zou gaan. Bij een bezoek aan een andere cliënt die de leiding van de Zwitserse onderneming goed kende, kreeg ik te horen wat er feitelijk aan de hand was geweest; de avonturen van de Zwitserse onderneming waren bij collega's uit de bedrijfstak onderwerp van gesprek geworden.

Ik kreeg te horen dat de president-directeur van de onderneming zo genoeg had gekregen van de 'zwakkere' manager, dat hij hem had vervangen en dat dankzij die vervanging het merendeel van de moeilijkheden die de motivatie van het seminar hadden gevormd, van de baan leken te zijn. Ook hoorde ik van mijn contactcliënt dat mijn langdurige gesprek met de president-directeur in zekere zin de aanzet tot dit besluit had gegeven. Ons gesprek had hem ertoe gebracht nog eens goed na te denken over datgene waar hij mee bezig was en over de redenen daarvoor. Hij had gemerkt dat ik sceptisch was over wat de groep zou kunnen bereiken en koos daarom voor een andere manier om het probleem uit de wereld te helpen.

Lessen. Hoewel het adviseringsproces van korte duur was en ogenschijnlijk was geëindigd nog voordat het begon, lijkt het erop dat de interventies bij de president-directeur, die plaatsvonden tijdens de planning van de educatieve inbreng, hadden geleid tot een inzichtsniveau dat de president-directeur ertoe bracht het probleem op te lossen op een manier die daarvoor naar zijn mening beter geschikt was. De adviseur kan niet van het ene moment op het andere weten welke interventies van cruciaal belang zijn om de hulp te bieden die de cliënt nodig heeft. In dit geval echter hebben mijn expertise met groepen en mijn vraag of de groep wel of niet een interpersoonlijk probleem zou kunnen oplossen, kennelijk de doorslag gegeven.

Besluit: complexiteiten bij het definiëren van de adviseursrol

Wat deze voorbeelden hebben laten zien, is hoe moeilijk het is de zich aandienende werkelijkheden in een dynamische cliëntsituatie te definiëren, en de noodzaak van rol te veranderen wanneer er nieuwe gegevens boven water komen. Niet alleen verandert de cliënt op onvoorspelbare wijze, maar ook komen bij elke interventie nieuwe gegevens aan het licht die verandering brengen in wat als nuttig moet worden beschouwd. De adviseur zal vaak de rol van expert moeten spelen, maar moet daarna wel in staat zijn soepel over te schakelen op het procesadviseringsmodel.

In veel beschrijvingen van het adviseringsproces wordt de nadruk gelegd op de noodzaak vanaf het begin een duidelijk geformuleerd contract op tafel te hebben. Voor mij was de werkelijkheid dat de aard van het contract en de vraag wie de cliënt is met wie ik zo'n contract zou moeten afsluiten, voortdurend veranderen, waardoor contractering een vrijwel voortdurend proces is, in plaats van iets wat al meteen in het begin van de advisering zou moeten plaatsvinden.

De adviseur moet volgens vele modellen eveneens precies weten wie de cliënt is. Ik weet altijd heel goed wie bij het eerste telefoontje de contactcliënt is, maar zodra ik met de contactcliënt aan de slag ben gegaan en wij de volgende fase hebben afgesproken, verandert het cliëntenbestand op onvoorspelbare wijze.

Oefening 1.1

Nadenken over uw wijze van begeleiding

Het doel van deze oefening is, u bewust te maken van de mogelijkheid in uw functie van begeleider verschillende rollen te spelen. De fasen 1, 2 en 6 kunt u in uw eentje doen (20 minuten). In een workshopsituatie doet u alle zes fasen (1 uur).

1. Ga in gedachten een paar dagen terug en noem twee of drie gevallen waarin iemand u om hulp of advies heeft gevraagd.
2. Reconstrueer in gedachten die gesprekken en ga na welke rol u in reactie op de hulpvraag hebt gespeeld. Wat wilde de ander? Hoe reageerde u

daarop? Had u anders kunnen reageren dan u deed? Kan uw reactie worden ondergebracht in één van de eerder genoemde adviesmodellen – arts, expert, procesadviseur?

3. Als u zich in een workshopsituatie bevindt, ga dan samen met iemand anders die gevallen nog eens na, om te vernemen hoe hun perceptie van uw gedrag was.
4. Analyseer hun reactie op uw verhaal tegen de achtergrond van de rol die zij speelden in reactie op uw verhaal, en ga na hoe u daarop reageerde.
5. Keer nu de rollen om en reageer op het verhaal van uw partner, en analyseer vervolgens hoe u daarop reageerde en welke reacties dat bij uw partner losmaakte.
6. Denk na over de rollen die u naar het schijnt van nature en spontaan speelt wanneer iemand u om hulp vraagt, en vraag al terugkijkend uzelf af of die rollen pasten bij de situatie. Zijn er nog andere rollen die u zou moeten leren spelen?

2 De psychodynamica van de begeleidingsrelatie

'Consultatie' is gedefinieerd als *raadpleging of professioneel advies inwinnen*, een definitie die zeer wel past bij het in hoofdstuk I beschreven inkoop- of arts-patiëntmodel. Bij procesadvisering (PA) als filosofie wordt erkend dat het meer fundamentele doel van advies of raad vragen is, *hulp* te krijgen bij het oplossen van iets wat men als probleem ervaart. Wij vragen advies voor de oplossing van problemen die wij niet alleen aankunnen. Daarbij hopen wij dat die raad of dat advies ook nuttig is. Maar zoals wij allemaal wel uit onze eigen ervaring weten, advies en raad zijn vaak *niet* nuttig, wat bij de hulpzoekende resulteert in weerstand of afweer. Om deze weerstand te kunnen begrijpen, moeten wij ons verdiepen in de psychodynamica van de begeleidingsrelatie en nagaan aan welke voorwaarden moet worden voldaan wil de hulp succes hebben.

Ook moeten wij onderscheid maken tussen de begeleidingsrelatie en andere soorten relaties die tussen mensen kunnen ontstaan, zoals die tussen gever en ontvanger, leraar en leerling, tussen vrienden en echtgenoten onderling, en tussen superieuren en ondergeschikten. In al deze gevallen kan begeleiding slechts één van de vele aspecten in een relatie zijn, maar bij veel interacties tussen mensen spelen ook andere zaken dan hulp een rol.

Een manier om daar uit te komen, is nader te kijken naar het expliciete en impliciete psychologische contract tussen helper en geholpene – door ons 'cliënt' genoemd. Wat verwacht elk van beide partijen te geven respectievelijk te ontvangen, en aan welke psychologische voorwaarden moet zijn voldaan wil deze wisselwerking met succes worden bekroond? Zo kunnen wederzijds vertrouwen, wederzijdse aanvaarding en wederzijds respect voor het goed functioneren van een begeleidingsrelatie allemaal noodzakelijk zijn. Als dat het geval is, hoe wordt dan aan die voorwaarden voldaan? De eerste stap hiertoe is, een duidelijk inzicht bezitten in de psychologische krachten die werkzaam zijn wanneer de ene persoon de andere om 'hulp' vraagt.

Het aanvankelijke gebrek aan statusevenwicht in begeleidingsrelaties

In veel culturen ligt de nadruk op zelfvertrouwen en wordt waarde gehecht aan het zelf oplossen van de eigen problemen. Wanneer iemand hulp zoekt en zich daardoor tijdelijk afhankelijk maakt van iemand anders, is dat vooral in de westerse, competitiegerichte en individualistische samenlevingen een de facto bekentenis van zwakheid of mislukking. In het begin van een begeleidingsrelatie bevinden beide partijen zich in een scheve, onevenwichtige relatie, waarbij de helper 'boven' zit en de hulpzoekende 'onder'. Gezien deze ondergeschikte positie mogen wij verwachten dat de cliënt bewust of onbewust een of meer mogelijke reacties zal vertonen, die allemaal zijn bedoeld om het evenwicht te herstellen of dat 'op gelijk niveau' te brengen.[1]

Mogelijke reacties en gevoelens van de cliënt

1. *Wrevel en afweer (tegenafhankelijkheid)*, tot uiting komend in het zoeken door de cliënt naar gelegenheden om de adviseur omlaag te halen door zijn advies te bagatelliseren, de feiten aan te vallen en de adviseur te kleineren, acties die de cliënt een gevoel van gelijkheid moeten geven.

   'Dat idee van u zal niet werken, omdat...'
   'Daar heb ik al aan gedacht en dat werkt dus niet.'
   'U begrijpt het niet echt. De situatie is *veel* complexer.'

2. *Opluchting* doordat men eindelijk zijn probleem en zijn frustratie kwijt heeft gekund aan iemand die zou kunnen helpen.

   'Ik ben echt blij dat ik dit probleem bij iemand kwijt kan.'
   'Het geeft mij een geweldig gevoel te weten dat iemand mij zou kunnen helpen.'
   'Ik ben zo blij dat u echt begrijpt wat ik doormaak.'

3. *Afhankelijkheid en onderwerping*, tot uiting komend in het in eerste instantie zoeken naar geruststelling, advies en steun.

   'Wat moet ik nu doen?'
   'Wat ik van plan ben is... Vindt u ook niet dat dit de juiste manier is?'

'Ik ben zo blij dat er nu iemand is die mij kan adviseren wat mij te doen staat.'

4. *Overdracht* van percepties en gevoelens op de aanwezige adviseur, gebaseerd op ervaringen uit het verleden met begeleiders. Overdracht kan lijken op een van de hiervoor genoemde reacties, maar berust op dieper liggende en onbewuste projecties die door de adviseur noch door de cliënt worden beseft. Zo kan de adviseur worden waargenomen als een vriendelijke of onvriendelijke ouder, of als evenbeeld van een geliefde of gehate leraar uit het verleden.

Het gevoel de onderliggende partij te zijn, heeft niet alleen te maken met iemands zelfbeeld, maar kan nog sterker worden gevoeld in relatie tot anderen in de organisatie. In veel ondernemingen staat hulp zoeken bij een adviseur gelijk aan toegeven dat je je werk niet aankunt. Tijdens mijn kwartaalbezoeken aan een Europese onderneming waarvoor ik vijf jaar lang als adviseur heb gewerkt, lunchte ik zo nu en dan in het directierestaurant. Daar trof ik enkele directeuren met wie ik in het verleden bij verscheidene projecten heb samengewerkt; ik kwam tot de ontdekking dat zij het oogcontact met mij vermeden en langs mij heen liepen alsof ik een onbekende voor hen was. Mijn gastheer legde uit dat zij duidelijk niet wilden dat hun collega's zagen dat zij met mij hadden gewerkt, want daardoor zouden zij aan status inboeten. De tegenhanger van dit soort gevoel is de pijnlijke blik die soms wordt uitgewisseld tussen de patiënt die de spreekkamer van de psychiater verlaat, en de anderen in de wachtkamer. Dit heeft ertoe geleid dat sommige psychiaters een zijdeur hebben om de privacy van binnenkomende en vertrekkende bezoekers te beschermen.

Reacties en gevoelens bij de begeleider

De gevoelens van wrevel, opluchting, troost en afhankelijkheid bij de cliënt kunnen *de adviseur* zeer gemakkelijk *verleiden tot aanvaarding van de hogere status en de machtspositie die de cliënt hem toedicht*. De bovenpositie van de adviseur kan leiden tot verschillende soorten gevoelens en reacties.

1. *Gebruik maken van de macht en het gezag* dat hem is toegekend om *premature* wijsheden te verkondigen en daardoor de cliënt nog verder omlaag te drukken.

   'Het is heel eenvoudig, u moet gewoon het volgende doen...'
   'U hebt niet echt een probleem; laat mij u vertellen wat ik in een situatie als de uwe zelf heb gedaan; die was *echt* moeilijk.'

> 'Ik heb precies het antwoord dat u nodig hebt. Ik heb zo'n situatie al vele malen meegemaakt.'

2. *Aanvaarden van en overreageren op de afhankelijkheid* uit zich doorgaans door het geven van steun en geruststelling, zelfs wanneer dat niet bij de situatie past.

> 'Arme kerel; ik heb echt met je te doen; dit is een echt moeilijk probleem.'
> 'U zit echt in de problemen. Doe gewoon wat u het beste lijkt.'
> 'Ik weet zeker dat wat u van plan bent goed uitpakt; mocht dat niet zo zijn, dan ligt het echt niet aan u.'

3. *Op afweer reageren door nog meer druk uit te oefenen.*

> 'Ik denk niet dat u begrijpt wat ik bedoel; laat mij uitleggen wat ik in gedachten heb.'
> 'Ik begrijp uw aarzeling om het te proberen, maar laat mij nog eens uitleggen waarom mijn aanbeveling echt zal werken.'
> 'U luistert niet. Dit werkt. Geloof mij nu maar. Probeer het nou een keer.'

4. *Verzet tegen het aangaan van de relatie*, omdat opgeven van de macht die de bovenpositie verschaft met zich meebrengt dat de adviseur zich moet laten beïnvloeden en enkele veranderingen moet aanbrengen in zijn beeld van de situatie.

> 'Wel, ik weet niet echt precies hoe ik u moet helpen, maar u zou dit kunnen proberen...'
> 'U zou het volgende kunnen proberen..., maar als dat niet werkt moeten we de agenda er nog maar eens bij halen, want ik zit erg krap in mijn tijd.'
> 'Hebt u dit al besproken met...? Hij zou u misschien kunnen helpen.'

5. *Tegenoverdracht* of projectie door de begeleider op de cliënt van enkele gevoelens en percepties die een herbeleving zijn van eerdere adviseur-cliëntrelaties. De cliënt lijkt misschien op iemand uit een vorige relatie, waardoor de begeleider op de huidige cliënt onbewust reageert als op de vorige cliënt.

De begeleider begint in de relatie met een groot aantal psychologische predisposities en culturele stereotypen. Alleen al om hulp gevraagd worden, is een geweldige, macht verschaffende situatie waarin de cliënt de mentor begeleidend vermogen toedicht, de kennis van een expert, het verantwoordelijkheidsgevoel geen voordeel uit de situatie te willen trekken en, als voor de hulp wordt betaald, ook nog eens het vermogen iets waardevols te leveren. Tegelijkertijd kan de begeleider zich gefrustreerd voelen doordat hij zichzelf vaak in staat acht veel meer te kunnen bieden dan waar de cliënt om vraagt, en teleurstelling voelen wanneer wat in zijn ogen hulp is niet als nuttig wordt ervaren. Adviseurs voelen zich vaak gefrustreerd doordat zij wel als begeleider beschikbaar zijn maar door niemand worden gevraagd – een situatie waarin interne adviseurs van organisaties vaak verkeren. Wanneer dan eindelijk iemand om hulp verzoekt, is de opluchting zo groot dat de adviseur het risico loopt de situatie te overdrijven en veel meer 'hulp' biedt dan misschien nodig of gewenst is.

Naarmate de relatie zich ontwikkelt, ziet de begeleider vaak veel eerder dan de cliënt wat de mogelijke oplossing zou zijn, of, erger nog, hij krijgt het gevoel dat de cliënt echt stom is, er een zootje van maakt, niet ziet wat toch voor de hand ligt of niet snapt wat er bedoeld wordt. Dit resulteert dan in ongeduld, boosheid en minachting. Het meest verwarrende en frustrerende aspect van begeleiding is vaak dat wat je zelf beschouwt als een briljante inval of interventie nauwelijks wordt opgepakt, terwijl enkele van de routinematigste vragen of opmerkingen die je maakt, door de cliënt enorm worden opgeblazen tot cruciale interventies. Vaak blijkt dat toevallige gebeurtenissen veel meer verschil maken dan zorgvuldig uitgedachte interventies, zoals wordt geïllustreerd door de volgende korte geschiedenis:

> Enkele jaren geleden werkte ik met de top van een nog jonge onderneming; dat gebeurde tijdens hun wekelijkse stafvergadering op vrijdagmiddag. Mijn taak was hen te helpen die vergaderingen effectiever te maken. Wat ik waarnam, was een groep hard werkende mensen die tijdens hun twee uur durende vergadering nooit verder kwamen dan halverwege de tien punten tellende agenda. Ik probeerde verscheidene interventies die waren gericht op bekorting van vruchteloze debatten of van discussies buiten de agenda om, maar dat hielp allemaal niet. Ik besefte dat ik het moest doen met de werkelijkheid van de manier waarop deze groep te werk ging, maar besefte ook dat ik niet echt 'mijn onwetendheid had blootgelegd', in die zin dat ik niet echt wist waarom zij op die manier te werk gingen. Ik was uitgegaan van een stereotype opvatting over de manier waarop de vergadering zou moeten verlopen.
>
> Op een gegeven moment, nadat ik al vele frustrerende vergaderingen achter de rug had, vroeg ik in alle onschuld waar de agenda vandaan

> kwam. Ik kreeg te horen dat die werd opgesteld door de secretaresse van de president-directeur; en toen beseften wij plotseling allemaal dat niemand van ons wist hoe zij die opstelde. Haar werd gevraagd even binnen te komen, en toen vertelde zij dat ze de punten in volgorde van binnenkomst keurig netjes uittikte als agenda voor de vergadering. Zonder dat ik nog maar iets zei, besloot de groep onmiddellijk daar verandering in te brengen door haar een voorlopige agenda te laten opstellen waarin de groep zodanige prioriteiten zou aanbrengen zodat minder belangrijke zaken ofwel geagendeerd ofwel geschrapt zouden kunnen worden. De kwaliteit van de vergaderingen en het gevoel dat men op de goede weg was, namen hierdoor geweldig toe. Wat de groep nog het meest had geholpen, was mijn echt argeloze vraag over de oorsprong van de agenda.

Een van de moeilijkste dingen voor een begeleider is een publiek te vinden voor een bespreking van het begeleidingsproces zelf, waarin briljante interventies, doorslaggevende inzichten en rampzalige vergissingen kunnen worden besproken en geanalyseerd. Vaak is de cliënt volkomen onwetend van de wijze waarop de interventies van de adviseur de cliënt hebben gebracht tot inzichten van doorslaggevende aard, en het zou nauwelijks constructief werken als de adviseur hem daarop wees. Om toch nog enige voldoening en erkenning te oogsten en ook om zichzelf verder te helpen, gaan begeleiders vaak een samenwerkingsverband aan met andere begeleiders, waardoor zij in een veilige omgeving van collega's hun eigen gedrag kunnen analyseren. Daar kunnen zij elkaar vertellen over wat goed en wat niet goed werkt. Om dezelfde reden is het bij het werken met groepen of organisaties belangrijk te werken als onderdeel van een begeleidingsteam dat vaak bestaat uit insiders en outsiders, die worden betrokken bij de planning van de interventies en later de uitwerking daarvan beoordelen.

Gezien al deze invloeden is het nauwelijks verwonderlijk dat de meeste adviseurs onmiddellijk een of andere vorm van de arts- of expert-rol gaan spelen, omdat dit naar hun mening ook is wat de cliënt echt wil. Dan zeggen wij tegen onszelf: 'Als ik niet kom aanzetten met een briljante diagnose en behoorlijke adviezen geef, doe ik mijn werk niet en voldoe ik niet aan de verwachtingen van de cliënt.' En: 'Moet ik, als ik er voor word betaald, dan geen professionele diensten verlenen in de vorm van informatie, diagnose en aanbevelingen, en dat als bewijs van mijn dienstverlening bij voorkeur schriftelijk?'

Wat is dan nog het probleem? Wat is er dan mis met dit beeld? Waarom niet gewoon voor arts of expert blijven spelen? Van PA-standpunt uit gezien is daar verkeerd aan dat de cliënt door zijn bewuste of onbewuste gevoel van kwetsbaarheid vaak niet bereid is om de dieper liggende lagen of de volledige complexiteit van waar hij echt mee worstelt bloot te leggen, tenzij hij het gevoel heeft dat de begeleider zich accepterend, ondersteunend en, het belangrijkste van alles, luisterend zal opstellen. De eerste presentatie is vaak een test om te zien hoe de begeleider zal reageren, en het echte probleem komt pas aan de oppervlakte als er wederzijds vertrouwen is gegroeid. Tijdens de eerste besprekingen houdt de cliënt misschien nog zaken voor zich, en vele daarvan blijven onder de oppervlakte totdat de relatie is gebaseerd op wederzijds vertrouwen.

Wil de adviseur echt hulp kunnen bieden, dan zal hij eerst *een relatie tot stand moeten brengen die bij de cliënt het gevoel van zelfwaardering herstelt, waarin de status van de cliënt en de begeleider met elkaar in evenwicht worden gebracht, en waarin het eventueel bij de cliënt aanvankelijk aanwezige gevoel van afhankelijkheid of tegenafhankelijkheid wordt verminderd.* Als zo'n gelijkwaardige relatie achterwege blijft, houdt men het risico dat de cliënt niet alles vertelt, niet wil luisteren, zich afwijzend of defensief gaat opstellen en op andere manieren de geboden hulp gaat ondermijnen. In dat geval verliezen zowel de cliënt als de begeleiders daarbij.

Impliciete onderhandelingen over rol en status

Evenwicht brengen in de relatie vereist inzicht in de sociale dynamiek van status en rol. Een subtiele maar sterke kracht in elke begeleidingsrelatie bestaat uit de aanvankelijke status en de rol die beide partijen elkaar op basis van culturele normen en persoonlijke bedoelingen toekennen. Wanneer wij een probleem bespeuren en het gevoel hebben daarvoor hulp nodig te hebben, doorlopen wij een bewust of onbewust proces waarin wij nagaan of wij daarvoor een vriend, echtgenoot, chef, counselor, psychiater, maatschappelijk werker, arts, jurist of een ander type adviseur nodig hebben. Als wij besluiten ons tot een professional te wenden, moeten wij op grond van vroegere ervaringen nagaan of wij ons tot een vreemde of tot een bekende willen wenden. Wordt het een vreemde, hoe kiezen wij dan iemand waarvan wij erop kunnen vertrouwen dat die ons goed helpt? In dit selectieproces construeren wij een stereotype van wat een begeleider kan bieden, en dit stereotype kan hetgeen een begeleider feitelijk kan bieden in de weg staan.

Daarom wordt in zo'n groot deel van de adviseringsliteratuur de nadruk gelegd op 'contractering' reeds in het begin van de relatie. In de eerste fasen van de relatie beschikken echter begeleider noch cliënt over echt voldoende informatie om een hecht doortimmerd contract te kunnen opstellen. Een beter concept dan 'contractering' is dan ook het 'exploreren van de wederzijdse verwachtingen'. De begeleider moet inderdaad weten welke impliciete verwachtingen zijn cliënt heeft, maar helaas zijn sommige daarvan misschien onbewust en komen zij pas aan het licht wanneer zij worden beschaamd. Cliënten verwachten bijvoorbeeld vaak impliciet dat hun verhaal zonder meer wordt aanvaard en goedgekeurd. Wanneer de adviseur vragen stelt over iets wat de cliënt deed of van plan is te doen, kan dit al meteen schokkend en ontmoedigend werken. Pas dan beseffen beide partijen dat goedkeuring zowel verwacht als gewenst was.

Bij de adviseur kan de impliciete verwachting zijn dat de aanbevelingen die hij doet een eerlijke kans krijgen, en hij kan gechoqueerd of ontmoedigd raken wanneer de cliënt zich tegen hem keert met de implicatie dat de aanbeveling triviaal of gewoonweg onuitvoerbaar was. Voor het aangaan van een begeleidingsrelatie is het belangrijk dat zulke gevoelens worden behandeld als een bron van leermogelijkheden, en niet als bron van wederzijdse teleurstelling. Deze gevoelens moeten worden behandeld als normale processen bij het aangaan van een relatie en als een nieuwe bron van inzicht en leren.

Complicerend voor deze sociale krachten zijn de psychodynamische processen van overdracht en tegenoverdracht, die de adviseur dwingen voortdurend te letten op de projecties van de cliënt op de adviseur en op de neiging van de adviseur tot projectie op de cliënt, en op de mogelijkheid dat hij de werkelijkheid van de cliënt verkeerd beoordeelt. Voor de adviseur is leren in de beginfase de werkelijkheid te zien en daarmee om te gaan, een leerproces om zijn eigen interne vervormingen te zien en daarmee om te gaan. Het is voor adviseurs van cruciaal belang te leren hun onwetendheid bloot te leggen en hun eigen stereotypen de baas te worden.

De relatie begint productief te worden wanneer beide partijen zich wat hun status en rol betreft bij elkaar op hun gemak voelen. Culturele normen spelen hierbij een belangrijke rol, in die zin dat wij bepaalde vormen van afhankelijkheid legitiemer vinden dan andere. Wanneer je je wendt tot een zeer gerespecteerde counselor, psychiater, begeleider of organisatieadviseur, ben je meer bereid jezelf afhankelijk te maken dan wanneer je een probleem bespreekt met een vriend of een kennis. Als je met een werkprobleem naar je baas stapt ben je eerder bereid tot afhankelijkheid dan wanneer je met hetzelfde probleem naar een collega of ondergeschikte gaat.

In elke samenleving bestaan normen die bepalen welke soorten afhankelijkheid daar legitiem zijn en welke gezichtsverlies betekenen. In de competitieve en individualistische westerse samenleving wordt vrijwel elke vorm van afhankelijkheid als gezichtsverlies beschouwd, terwijl in veel Aziatische culturen wordt verwacht dat je afhankelijk bent van oudere of hoger geplaatste personen. Hoe egalitaristischer de samenleving, hoe moeilijker je er achter komt hoe iemand zich voelt wanneer hij zich afhankelijk maakt van iemand anders, en daarom is het in het Westen waarschijnlijk nog moeilijker om dat te weten te komen dan in sommige andere culturen.

Totstandkoming van relaties via wederzijdse acceptatieniveaus

Wanneer de hulp zoekende persoon en de begeleider elkaar voor het eerst ontmoeten, zijn alle tot dusverre genoemde verschillende factoren werkzaam. Hoe ontwikkelt het gesprek zich dan tot een relatie waarin beide partijen naar elkaar luisteren, elkaar begrijpen en elkaar geven wat zij nodig hebben? Het beste model voor een beschrijving van dit proces is het te beschouwen als *een reeks wederzijdse tests om te zien op welk niveau beide partijen elkaar kunnen aanvaarden.* Wanneer de cliënt met zijn verhaal begint, besteedt hij grote aandacht aan de mate waarin de begeleider actief luistert en begrijpt en dat wat hij te berde brengt ondersteunt. Wanneer die steun consistent is en de cliënt het gevoel heeft dat hij, ongeacht wat hij zegt, op zijn minst wordt begrepen, zal hij gaan experimenteren door verder te gaan op een meer privé-niveau, totdat hij het gevoel krijgt dat de onthullingen een niveau bereiken dat voor de begeleider of misschien wel voor hemzelf onaanvaardbaar wordt. De adviseur moet beseffen dat culturele normen altijd een zekere grens zullen stellen aan de 'openheid' die in een gesprek kan worden bereikt. Er bestaat niet zoiets als 'gooi alles er maar uit'. Altijd zullen in het bewustzijn lagen bestaan die de cliënt zelfs niet voor een vertrouwde adviseur wil blootleggen, en uiteindelijk bestaan in ons bewustzijn zelfs lagen die voor onszelf onaanvaardbaar zijn en die wij daarom blijven onderdrukken.

De begeleider daarentegen gaat na hoe de cliënt reageert op zijn aanwijzingen, zijn vragen, zijn suggesties en op zijn hele houding als begeleider. Hij toetst hoe afhankelijk de cliënt lijkt te willen zijn en in welke mate hij bereid is hem (de begeleider) op dat afhankelijkheidsniveau te accepteren. Naarmate de cliënt de begeleider meer accepteert, zal hij (de begeleider) meer van zijn eigen privé-gedachten tonen en de conversatie op een dieper liggend niveau brengen. Maar gedurende dit gehele proces proberen beide partijen elkaar voortdurend uit en letten zij scherp op elke negatieve feedback. Wanneer die plaatsvindt, moeten beide partijen zich opnieuw bezinnen op hun psychologisch contract – heeft een van beide partijen een bepaalde impliciete grens overschreden en aanstoot gegeven? Kan over het impliciete contract opnieuw worden onderhandeld of heeft de relatie haar maximale niveau bereikt? Of, erger nog, is de relatie zo geschaad dat de gevoelens boven of beneden te zitten zo sterk zijn geworden dat de cliënt of de adviseur haar voor gezien houdt? Zoals wij allemaal hebben ervaren, kost het veel meer tijd en energie om vertrouwen te winnen dan om het te verliezen. De essentie van het opbouwen van wederzijdse aanvaarding is daarom: voldoende behoedzaam verder te gaan om er zeker van te zijn dat men op weg is naar een hoger niveau van wederzijds vertrouwen en een meer gelijkwaardige status in de relatie. De cruciale interventies zijn: de cliënt zijn verhaal te laten vertellen en actief informatie te verwerven, om zodoende de onwetendheidsterreinen van de begeleider bloot te leggen.

Merk op dat dit proces kan worden beschouwd als een proces van *wederzijdse begeleiding*. De begeleider of mentor kan vertrouwen wekken door echte aanvaarding van wat de cliënt onthult, en mogelijk wijziging brengen in zijn eigen percepties van wat er aan de hand is. De begeleider is in zekere zin afhankelijk van de cliënt voor juiste informatie en gevoelens, en hij moet zich willen laten helpen om de cliënt in staat te stellen geleidelijk aan het vertrouwen te krijgen dat noodzakelijk is om dieper gelegen lagen bloot te leggen. Naarmate beide partijen hulp geven en ontvangen, wordt de relatie geleidelijk aan evenwichtiger.

Praktische implicaties

Om een klimaat te scheppen dat een effectieve begeleidingsrelatie mogelijk maakt, moet de begeleider zich eerst de eerder genoemde vijf overkoepelende beginselen weer voor de geest halen: 'Probeer altijd u helpend op te stellen', 'Blijf voeling houden met de huidige werkelijkheid', 'Leg uw onwetendheid bloot', 'Alles wat u doet, is een interventie' en 'Bedenk dat de cliënt het probleem en de oplossing daarvoor bezit'. Wij kunnen daar nu een zesde beginsel aan toevoegen dat te allen tijde moet worden gehanteerd.

Principe 6 – Zwem met de stroom mee.

> Alle cliëntsystemen ontwikkelen een cultuur en trachten hun stabiliteit te handhaven door die cultuur in stand te houden. Alle individuele cliënten ontwikkelen een eigen persoonlijkheid en een eigen stijl. Als ik van tevoren niet weet hoe die culturele en persoonlijke werkelijkheden er uitzien, moet ik zien vast te stellen op welke terreinen de cliënt gemotiveerd is en bereid tot verandering, en daarvan om te beginnen uitgaan.

De begeleider moet proberen aan te voelen waar het met de cliënt en de relatie heengaat, en proberen de situatie niet te belasten met te veel stereotypen of behoeften. Als ik echt probeer de werkelijkheid van de situatie te begrijpen, voeling houd met wat ik echt niet weet, besef dat elke vraag of optreden van mijn kant een interventie is en dat ik ook weet niet verplicht te zijn het probleem op mijn eigen schouders te nemen, zal het heel natuurlijk aandoen met de stroom mee te zwemmen, mij door de gevoelens van de cliënt en door mijn eigen reacties naar de volgende fasen te laten leiden, in plaats van terug te vallen op arbitraire regels voor de manier waarop een adviseringsproces zich zou moeten ontwikkelen.

Het helpt wanneer men zich bewust is van de eerder genoemde valkuilen en door zichzelf te blijven afvragen: werken wij samen als een team, is onze status evenwichtig, en geven wij elkaar wat wij verwachten? Procesgerichte vragen zoals 'Is dit gesprek nuttig', 'Krijg ik een idee van wat de aard van het probleem is?' en 'Praten wij wel over de juiste dingen?' kunnen zeer nuttig zijn om op het doel gericht te blijven.

Als wij de opvatting serieus nemen dat de cliëntsituatie waarschijnlijk complex is en dat de adviseur in het begin van de relatie grotendeels onwetend is van die complexiteit, behoedt dat de adviseur voor premature beoordelingen en oordelen; het komt er niet alleen maar op neer ze weg te poetsen, maar het is eerder een kwestie van beseffen hoe weinig er bekend is en hoe ongepast het is op die situatie te gokken of haar te beoordelen. Een redelijke mate van non-directief interviewen waarbij de cliënt het voortouw neemt om zijn verhaal te vertellen is de beste kans om zulke premature oordelen te voorkomen en al doende de cliënt zich waardevoller te laten voelen. Deze vorm van 'actief informeren' komt in het volgende hoofdstuk aan de orde.

Samenvatting en conclusies

Ik heb getracht een uiteenzetting te geven van de belangrijkste psychodynamische aspecten van een begeleidingsrelatie, en wel in de vorm van een beschrijving en een analyse van de aanvankelijke psychologische situatie van de hulp zoekende persoon, de potentiële begeleider, en van de aanvankelijke interactie tussen beiden. Het strategische doel is, een psychologische toestand te bereiken waarin sprake is van een werkbaar psychologisch contract, een situatie waarin beide partijen elkaar min of meer geven wat zij verwachten en waarin zij dat ook ontvangen, en waarin begeleider en cliënt het gevoel beginnen te krijgen dat zij bij het diagnosticeren van het probleem van de cliënt als team samenwerken, en vervolgens gezamenlijk kijken wat er moet gebeuren. Om zo'n werkbaar psychologisch contract te kunnen sluiten, moeten beide partijen enig inzicht krijgen in hun aanvankelijke stereotypen van de situatie en moeten zij een gesprek aangaan dat de elementen van die stereotypen aan de oppervlakte kan brengen. Tegelijkertijd moeten zij elkaar heel veel vertrouwen schenken en steun bieden.

Het dilemma dat zich voordoet bij het creëren van een werkbare begeleidingsrelatie is dat beide partijen moeten proberen te leren, en dat tegelijkertijd voor de cliënt een milieu moet worden geschapen waarin hij veilig zijn verhaal kan doen; dit omdat de cliënt in de beginfase kwetsbaarder en afhankelijker is dan de begeleider. De begeleider moet weerstand bieden aan zijn eerste impuls om het machtsvacuüm dat de cliënt creëert door toe te geven dat hij een probleem heeft, op te vullen; in plaats daarvan moet hij zich erop toeleggen evenwicht te brengen in de statusverhouding tussen hemzelf en zijn cliënt. De begeleider moet beseffen dat hij de hulp van de cliënt nodig heeft om een duidelijk beeld van diens werkelijkheid te krijgen, en dat de begeleidingsrelatie het best functioneert wanneer beide partijen het gevoel hebben dat zij elkaar helpen, ook al staan de problemen van de cliënt daarbij centraal.

De overkoepelende beginselen die wij te allen tijde voor ogen moeten houden zijn dus:

1. Stel u altijd helpend op.
2. Houd altijd voeling met de huidige werkelijkheid.
3. Leg uw onwetendheid bloot.
4. Alles wat u doet, is een interventie.
5. De cliënt is eigenaar van het probleem en van de oplossing ervoor.
6. Zwem met de stroom mee.

De cases die in het volgende hoofdstuk worden behandeld vormen evenzovele illustraties van hetgeen in dit hoofdstuk is behandeld.

Oefening 2.1

Hulp geven en ontvangen

Het doel van deze oefening is, de lezer ervaring te laten opdoen met (1) het expliciet spelen van een 'helpende' rol; (2) het waarnemen van de psychologische processen die zich afspelen tussen begeleider en cliënt; en (3) het zich concentreren op de vaardigheid die komt kijken bij het blootleggen van de eigen onwetendheid.

1. Vraag een vriend een probleem of een kwestie met u te bespreken.
2. Doe, wanneer die vriend het probleem uiteen gaat zetten, een bewuste poging om alles wat u in samenhang met dit probleem niet weet, mentaal of op een stuk papier op een rijtje te zetten.
3. Probeer een aantal vragen te formuleren die uw onwetendheid moeten verminderen en stel ze vervolgens.
4. Zorg ervoor, op hetgeen uw vriend vertelt niet te reageren met adviezen, oordelen of emotionele reacties – ook al vraagt hij er om.
5. Bespreek na een minuut of twintig samen de gevoelens die u gedurende de eerste twintig minuten had. Ga na of u, dan wel uw vriend een van de in dit hoofdstuk genoemde gevoelens had.

6. Loop de terreinen van 'onwetendheid' door om vast te stellen in hoeverre u er in bent geslaagd, uw stereotypen of vooronderstellingen te overwinnen.

3 Actief informeren en luisteren om statusevenwicht te bereiken

Het spreekt vanzelf dat zorgvuldig luisteren naar de cliënt een van de belangrijkste beginactiviteiten van de adviseur is. Luisteren is echter een nogal complexe activiteit die zeer actief of zeer passief kan worden verricht. Als wij met de stroom mee zwemmen en onze onwetendheid blootleggen, lijkt het er op het eerste gezicht misschien op dat wij tamelijk passief en aandachtig de cliënt op zijn eigen wijze zijn verhaal laten doen. In veel situaties stelt de cliënt echter juist een paar vragen, om daarna verwachtingsvol te zwijgen. Dit is dan het moment waarop de adviseur goed moet oppassen niet in de valkuil van de aangeboden macht te tuimelen.

Zo kan de cliënt na een lang verhaal over de strategische problemen waarmee de organisatie te kampen heeft, vragen: 'Hoe zou u dus mijn directieteam samenstellen?' De adviseur zou dan – maar al te bereid zijn deskundigheid ten toon te spreiden – in de verleiding kunnen komen te antwoorden: 'Waarom doet u met uw groep niet wat aan teamvorming? Ik zou daar wel een seminar voor kunnen organiseren.' Niet alleen begrijpt de cliënt misschien niet wat er precies wordt aangeboden maar hij zou ook nog, als zijn afhankelijkheid de overhand krijgt, daarmee kunnen instemmen en beginnen aan iets wat niets met zijn probleem te maken heeft. Of hij zou, als zijn gevoel de benedenpositie in te nemen te sterk is, stilletjes kunnen concluderen dat de adviseur probeert hem een van zijn favoriete confectieproducten te verkopen – ook al zou dit inderdaad de oplossing voor zijn probleem zijn. In beide gevallen wordt geen hulp geboden.

Vanuit de PA-gedachte zouden wij om te beginnen goed letten op de psychologische processen die een rol spelen als de cliënt voor de eerste maal zijn probleem naar voren brengt of een vraag stelt; daarna zouden wij beginnen aan het veelzijdige informatieproces met als belangrijkste doel de zelfwaardering van de cliënt weer op niveau te brengen en zijn status te verhogen. De cliënt een gevoel geven dat hij zijn eigen probleem beter begrijpt (en misschien zelfs ontdekt wat hij vervolgens moet doen), is de essentie van dit proces van relatievorming en statusverhoging. De veronderstelling die hieraan ten grondslag ligt, is dat de cliënt de eigenlijke elementen van zijn verhaal alleen prijsgeeft wanneer hij zich veilig voelt; is dat niet het geval, dan werkt de begeleider met onjuiste informatie. De kunst is, het proces actief te leiden en tegelijkertijd een ondersteunende, luisterende houding aan te nemen.

Actief informeren dient verscheidene doelen:

1. de status van de cliënt te verhogen en zijn zelfvertrouwen te vergroten;
2. zo veel mogelijk informatie over de situatie te vergaren;
3. de cliënt te betrekken bij de diagnosestelling en de activiteitenplanning;
4. een situatie te creëren waarin de cliënt veilig angst-veroorzakende informatie en gevoelens kan prijsgeven.

Het *strategische* doel is het bereiken van statusevenwicht en vorming van een team – samen met de cliënt – waardoor (1) diagnostische inzichten zinvol zijn omdat zowel cliënt als begeleider dezelfde taal spreken, en (2) maatregelen ter verbetering realistisch zijn omdat de cliënt de validiteit ervan vertaalt naar zijn eigen cultuur.

Het *tactische* doel van actief informeren houdt de erkenning in dat het verkrijgen van informatie zo moet worden gemanaged dat het verhaal van de cliënt volledig aan de orde komt en dat hij zelf diagnostisch begint te denken. Als de cliënt het verhaal niet in zijn eigen bewoordingen en met gebruikmaking van zijn eigen begrippen over het voetlicht kan brengen, kan de adviseur zich geen realistisch beeld vormen van wat er misschien aan de hand is. Het is maar al te gemakkelijk eigen vroegere ervaringen te projecteren op wat de cliënt te berde brengt. Het eerste gedrag van de begeleider moet dan ook zo zijn dat de cliënt ertoe wordt aangezet zijn verhaal zo volledig mogelijk te vertellen, en dat de begeleider zich al luisterend zo neutraal en oordeelsvrij mogelijk opstelt.

Actief maar oordeelsvrij luisteren legitimeert tevens de potentieel angst-opwekkende onthullingen die de cliënt doet. De relatie tussen begeleider en cliënt moet worden wat Bill Isaacs[1] een veilige 'container' noemt, waarin het mogelijk is kwesties te behandelen die 'onder andere omstandigheden misschien te heet zijn om te worden aangepakt'.

De wijze van actief informeren is samengevat in tabel 3.1.

Het proces kan worden bevorderd door middel van diverse soorten informatieve vragen, maar die moeten zorgvuldig worden ingekaderd om te voorkomen dat ze met het verhaal interfereren. 'Het verhaal' is de perceptie van de cliënt zelf van wat er gaande is en moet zo onbeïnvloed mogelijk naar voren komen.

Tabel 3.1 Soorten vragen die bij actief informeren passen

I. Neutraal informeren

De cliënt beheerst zowel het proces als de inhoud van de conversatie. De functie van de adviseur is het verhaal op gang brengen en zorgvuldig en neutraal luisteren.

Hoe is de situatie? Kunt u mij vertellen wat er speelt? Wat gebeurt er? Beschrijf de situatie. Vertelt u er eens wat meer over. Gaat u door.

II. Explorerend, actief diagnostisch informeren

De adviseur begint het *proces* te managen dat bepaalt hoe de inhoud wordt geanalyseerd en uitgewerkt, maar voegt er geen eigen inhoudelijke ideeën, suggesties, adviezen of keuzemogelijkheden aan toe.

1. *Exploreren van emotionele reacties*
   Wat voor gevoel kreeg u daardoor? Wat was uw reactie daarop? Hoe voelden anderen zich en hoe reageerden zij?

2. *Exploreren van redenen voor acties en gebeurtenissen*
   Waarom deed u dat? Waarom gebeurde dat naar uw mening? Waarom deed de ander dat?

3. *Exploreren van activiteiten: verleden, heden en toekomst*
   Wat hebt u daaraan gedaan? Wat gaat u er aan doen? Wat deed de ander? Wat zal de ander gaan doen? Welke keuzemogelijkheden heeft u? Wat zou u moeten doen?

III. Confronterend informeren

De adviseur geeft aan wat zijn *eigen ideeën en reacties* op het proces en het verhaal van de cliënt zijn. Door te vertellen wat hij er zelf van vindt, 'dwingt' de adviseur de cliënt de situatie vanuit een nieuw standpunt te overdenken, en daarom zijn deze vragen per definitie confronterend.

1. *Procesideeën*
   Had u misschien het volgende kunnen doen...? Hebt u er over gedacht om ... te doen? Waarom hebt u niet ... gedaan? Hebt u deze andere opties overwogen? U zou ook ... kunnen doen.

2. *Inhoudelijke ideeën*
   Hebt u gedacht aan de mogelijkheid dat u te sterk reageerde? Werd u daar niet boos (angstig, opgetogen, etc.) over? Misschien was er wel iets heel anders aan de hand dan u dacht...

Vormen van actief informeren

Neutraal informeren. Neutraal informeren begint met *stilte*. De begeleider moet door lichaamstaal en oogcontact aangeven bereid zijn te luisteren, maar hoeft zelf niets te *zeggen*. De cliënt is mogelijk bereid gewoonweg te beginnen met zijn verhaal. Als de stilte het verhaal niet op gang brengt, kan de adviseur – al naargelang hij ze passend vindt – een van de onderstaande signalen geven:

'Vertelt u maar wat er aan de hand is.'
'Hoe kan ik u helpen?'
'Wel...' (Gevolgd door een verwachtingsvolle blik.)
'Waar bent u voor gekomen?'
'Kunt u mij daarvan enkele voorbeelden geven?'
'Kunt u mij wat details geven van wat er gaande was?'
'Wanneer gebeurde dit voor het laatst?'

Het belangrijke punt is, geen signalen te gebruiken waarin reeds een probleem wordt verondersteld, omdat dit nu net datgene is wat de cliënt misschien wil ontkennen. In het begin moet de aandacht alleen maar zijn gericht op *wat* er gebeurt, zodat de cliënt het verhaal op alle door hem gewenste manieren kan structuren. Zoals wij zullen zien, stimuleren de *waarom*-vragen het diagnostisch denken, en daarmee zouden wij vooruit kunnen lopen op het verhaal dat aangeeft waarom de cliënt eigenlijk kwam. Zo kan de cliënt in een poging om met zijn gevoelens de benedenpositie in te nemen in het reine te komen, zelfs beginnen met de adviseur te ondervragen over waar hij allemaal op kan bogen om zich die rol te kunnen aanmeten, zonder te vertellen waarom hij eigenlijk naar de adviseur is gekomen. Vragen zoals 'Wat is het probleem?' veronderstellen reeds een probleem, en misschien is de cliënt nog helemaal niet zo ver dat hij daarmee voor de dag wil komen voordat hij zich in de relatie op zijn gemak voelt.

Bij wijze van reactie op wat de cliënt ook naar voren brengt, houdt actief informeren doorgaans het gebruikelijke hoofdknikje in, zo en dan nu een 'hm' of een andere vorm van bevestiging dat de adviseur het verhaal volgt, en indien noodzakelijk verdere stimulansen als 'Gaat u door', 'Kunt u daar wat meer over vertellen?' en 'Wat gebeurde er toen?' Het doel is niet de wijze waarop de cliënt zijn verhaal vertelt te structureren, maar te bevorderen dat het volledig wordt verteld zodat de adviseur zijn onwetendheid kan elimineren en zijn begrip kan vergroten. Vooral het vragen naar voorbeelden is een belangrijke keuzemogelijkheid, omdat het verhaal vaak zo abstract wordt verteld dat het maar al te gemakkelijk is de eigen hypothesen over de gang van zaken daarop te projecteren en daardoor te missen wat de cliënt probeert te zeggen.

Al luisterend kan de begeleider, zoals Robert Fritz[2] bepleit, zich de plaats van handeling voorstellen, evenals de betrokkenen, de situatie en de actie zelf, en aan de hand daarvan kan hij zich een mentaal beeld vormen van wat er gebeurt. Zo'n actieve visualisering voorkomt dat de adviseur wegglijdt in zijn eigen dromerijen of door andere gedachten wordt afgeleid, en het helpt hem een groot aantal details te onthouden van wat de cliënt vertelt. Volgens Fritz helpt actieve visualisering de luisteraar de werkelijkheden te zien van de structuren waarbinnen de cliënt zijn bestaan leidt.

Onvermijdelijk komt dan het ogenblik waarop het verhaal van de cliënt ten einde loopt en nieuwe signalen het niet opnieuw op gang kunnen brengen. In feite kan de cliënt zelfs abrupt ophouden en zonder omwegen vragen: 'Wat denkt u er van?' of 'Wat zou ik daaraan moeten doen?' Op zo'n moment moet de adviseur oppassen niet in de val te trappen, door zo'n vraag te beantwoorden zichzelf ogenblikkelijk tot expert te benoemen. Als de adviseur het gevoel krijgt dat de cliënt er nog niet aan toe is adviezen of aanbevelingen aan te horen, heeft hij verscheidene mogelijkheden die de cliënt ertoe dwingen aan zijn eigen probleem te werken. Een van de opties is, het gesprek te sturen in de richting van diagnostisch informeren.

Explorerend diagnostisch informeren. Bij deze vorm van informatieverwerving begint de adviseur het mentale proces van de cliënt te beïnvloeden door zich welbewust te concentreren op andere kwesties dan die welke de cliënt in zijn verhaal naar voren heeft willen brengen. Merk op dat deze vragen geen invloed hebben op de *inhoud* van het verhaal, maar eerder op datgene waar het in het verhaal om gaat. Daarvoor staan de adviseur drie fundamenteel verschillende versies van deze richtingverandering ter beschikking:

1. *Gevoelens en reacties* – om de cliënt zich in reactie op de door hem beschreven gebeurtenissen te laten concentreren op zijn gevoelens en reacties.

> 'Wat *voelt (voelde)* u daarbij?'
> 'Leidt (leidde) dat bij u tot bepaalde *reacties*?'
> 'Wat was (is) uw emotionele *reactie* daarop?'

2. *Hypothesen over oorzaken* – om de cliënt zich te laten concentreren op zijn eigen hypothesen over de vraag waardoor de dingen gebeurden zoals ze gebeurden.

   '*Waarom* denkt u dat dit gebeurde?'
   '*Waarom* reageerde u (hij, zij) op die manier?' (Nadat de cliënt heeft verteld over zijn reactie.)
   '*Waarom* deed u (hij, zij) dat?' (Nadat de cliënt heeft verteld over iets wat hij heeft gedaan.)

3. *Ondernomen of overwogen acties* – om de cliënt zich te laten concentreren op wat hij of anderen uit het verhaal deden, overwogen te doen, of van plan zijn in de toekomst te doen. Als de cliënt reeds over enkele acties heeft verteld, kan de adviseur daarop voortborduren, maar vaak wordt in het 'verhaal' niets gezegd over vroegere, huidige of toekomstige acties van de cliënt of anderen uit het verhaal.

   'Wat *deed* u (hij, zij) daaraan?'
   'Wat gaat u vervolgens *doen*?'
   'Wat *deed/deden* hij (zij) toen?'

Het ligt voor de hand dat deze categorieën elkaar bij elk verhaal kunnen overlappen en afhankelijk van wat in de gegeven situatie passend wordt geacht, na elkaar of door elkaar heen kunnen worden gesteld. De adviseur moet er evenwel voor waken dat elke vraag de cliënt van zijn eigen denkproces wegtrekt naar dat van de adviseur; daarom is dit een veel sterkere interventie dan zuiver explorerend informeren. Elke vraag in de vorm van 'Hoe *voelde* u zich daarbij?', '*Waarom* denkt u dat dit gebeurde?' of 'Wat gaat u daaraan *doen*?' *verandert de richting waarin de mentale processen van de cliënt verlopen*, doordat de cliënt daarin wordt gevraagd vanuit in een nieuw perspectief en vanuit een ander gezichtspunt een bepaalde gebeurtenis te onderzoeken.

Confronterend informeren. De essentie van confronterend informeren is dat de adviseur hier zijn *eigen ideeën* over het proces of de inhoud van het verhaal ter tafel brengt. In plaats van te volstaan met de cliënt te dwingen zijn verhaal verder uit te werken, komt de adviseur nu met suggesties of biedt hij keuzemogelijkheden aan die misschien bij de cliënt nog niet waren opgekomen.

'Hebt u hem (hen) daarmee geconfronteerd?'
'Kunt u misschien...?'
'Kwam het niet bij u op dat u (hij, zij) dit uit angst deed/deden?' (In de situatie waarin de cliënt niet heeft laten blijken zich van die emotionele mogelijkheid bewust te zijn.)

In al deze gevallen krijgt de interventie een confronterend karakter doordat de adviseur de cliënt er nu toe verleidt dan wel dwingt het conceptuele territorium van de adviseur binnen te treden. Terwijl de eerdere informatieve vragen de cliënt slechts leidden door *zijn eigen* conceptuele en emotionele territorium, komen in de confronterende interventie nieuwe ideeën, concepten, hypothesen en keuzemogelijkheden aan de orde waarmee de cliënt zich nu bezig zal moeten houden. De begeleider bemoeit zich nu met de inhoud van de cliënt, en niet alleen maar met het proces.

De grootte van deze stap kan niet genoeg worden benadrukt, ook al bestaat de interventie slechts uit een gewoon lijkende vraag zoals 'Hebt u al nagedacht over uw eigen rol in deze reeks van gebeurtenissen?' of 'Werd u daar boos over?' De cliënt krijgt nu immers de gelegenheid – of wordt daartoe gedwongen – zijn eigen verhaal te laten voor wat het is en verder te gaan binnen het door de adviseur aangegeven kader. Dit proces houdt bovendien het grote risico in dat nadere informatie over de werkelijkheid van de cliëntsituatie verloren gaat, doordat hij nu druk bezig is met de nieuwe concepten in plaats van naar boven te halen wat zich nog in zijn geheugen bevindt. Bij confronterend informeren gaat het erom *wanneer* en *hoe* het wordt gedaan.

Constructief opportunisme

Voor het besluit *wanneer* wij van neutraal informeren moeten overschakelen op de diagnostische of de confronterende aanpak is de keuze van het juiste moment van cruciaal belang. Soms is zo'n overschakeling al enkele minuten na het begin van het gesprek op haar plaats, en soms heb je het gevoel dat je je tijdens de gehele interactie moet beperken tot zuiver informeren. Vaak is het gepast tussen de drie modellen heen en weer te schakelen, afhankelijk van wat wij horen en van de sterkte van de eigen reacties en ideeën. Er bestaan geen simpele criteria aan de hand waarvan wij kunnen besluiten wanneer het juiste ogenblik is aangebroken om het accent te verleggen. In het ideale geval moet het accent komen te liggen op gebeurtenissen uit het verhaal die de mogelijkheid bieden voor een beter inzicht in het probleem van de cliënt. Of op de kwestie die hij in het gesprek heeft aangekaart dan wel, indien het probleem overduidelijk is, in de mogelijke remedies. Het gevaar bestaat dat de voorgaande beginselen daarbij – de noodzaak zich helpend op te stellen, te beseffen dat elke vraag de facto een interventie is, de cliënt te beschouwen als eigenaar van het probleem, en met de stroom mee te zwemmen – uit het oog worden verloren. De verleiding is ongelooflijk groot er tussen te komen met inzichten en suggesties, en de eigen versie van de werkelijkheid te projecteren op de cliënt.

Tegelijkertijd moeten wij er echter voor waken, niet te verworden tot meer dan een passief luisterapparaat, en wel omdat terwijl wij luisteren sterke gevoelens en opvattingen aan de oppervlakte kunnen komen. Daar komt nog bij dat die eigen gevoelens en ideeën uiterst relevant kunnen zijn om de cliënt te helpen zijn eigen werkelijkheid te begrijpen. Met de stroom meezwemmen, moet dan ook worden gecompenseerd door een ander beginsel, dat van 'constructief opportunisme'. Mijn belangrijkste criterium om te bepalen wanneer ik de gelegenheid moet benutten om het accent te verleggen, is als de cliënt iets heeft gezegd wat duidelijk van belang is voor zijn verhaal, en levendig genoeg is om door hem te worden herinnerd. Met andere woorden, de interventie moet duidelijk worden gekoppeld aan iets wat de cliënt heeft gezegd, en niet alleen maar aan mijn eigen gedachten en gevoelens.

Wanneer het juiste moment lijkt te zijn aangebroken moet de adviseur enig risico nemen en de gelegenheid aangrijpen om nieuwe inzichten op te doen, een nieuw alternatief aan te dragen of een nieuwe manier te suggereren om naar de dingen te kijken. Zoals blijkt uit de hierna volgende case begaat de adviseur die zo'n gelegenheid aangrijpt, met betrekking tot het tijdstip of het niveau van de interventie, soms een vergissing – wat leidt tot afwijzing door de cliënt en een gespannen periode in de relatie. Op zulke ogenblikken moet de adviseur inzien dat de reactie van de cliënt niet alleen betekent dat de adviseur zich heeft vergist, maar ook dat dit nieuwe gegevens oplevert over de manier waarop de cliënt reageert wanneer hij bepaalde dingen te horen krijgt. Met andere woorden, alles wat er gebeurt levert gegevens op waarvan iets kan worden geleerd.

Wij maken in gesprekken altijd wel de nodige fouten: bij wat wij zeggen, hoe wij het zeggen of het tijdstip waarop wij het zeggen. In plaats van ons door zulke vergissingen te laten ontmoedigen, moeten wij inzien dat ze mogelijkheden tot leren bieden en daarom zouden moeten worden verwelkomd.[3] Wij kunnen er een les uit trekken zoals 'wees zorgvuldiger in de manier waarop je iets formuleert' of 'ga niet uit van veronderstellingen, maar leg eerst je onwetendheid bloot'. Wij moeten echter altijd verder gaan dan de les die er uit kan worden getrokken en onszelf afvragen wat die nieuwe gegevens vertellen over de situatie. Het leren vindt dus op plaats op twee terreinen; de reactie op de vergissing verschaft ons gegevens over *onszelf* en over wat wij anders hadden kunnen doen, en ook gegevens over de *cliënt* voor wat betreft zijn kijk op de zaak en datgene waar hij klaar voor is. Dit alles kan worden samengevat in drie nieuwe beginselen.

Principe 7 – De timing is van cruciaal belang.

Elke interventie kan op het ene moment werken en op een ander tijdstip mislukken. Daarom moet ik voortdurend een diagnose stellen en alert zijn op die momenten waarop de cliënt ontvankelijk schijnt te zijn.

Principe 8 – Wees constructief opportunistisch met confronterende interventies.

Alle cliëntsystemen kennen gebieden met instabiliteit en openheid waar sprake is van motivatie tot verandering. Ik moet de bestaande motivaties en cultureel sterke kanten opsporen en daarop voortbouwen (met de stroom mee zwemmen), en tegelijkertijd de kansen die zich voordoen aangrijpen om nieuwe inzichten en alternatieven aan te dragen. Met de stroom mee zwemmen moet worden gecompenseerd door bij de interventies enig risico te nemen.

Principe 9 – Alles levert gegevens op; er zullen zich altijd vergissingen voordoen en die vormen een uitgelezen kans om te leren.

Hoe zorgvuldig ik bovenstaande principes ook in acht neem, toch zal ik dingen zeggen en doen die bij de cliënt onverwachte en onwenselijke reacties oproepen. Ik moet daarvan leren en ten koste van alles gevoelens van afweer, schaamte of schuld vermijden. Ik zal van de werkelijkheid van de cliënt nooit genoeg kunnen weten om vergissingen te vermijden, maar elke misslag levert reacties op waardoor ik over de werkelijkheid van de cliënt heel veel te weten kan komen.

Elementen van het keuzeproces

De volgende case illustreert enkele elementen van dit keuzeproces, het belang van de timing, en het leren van fouten.

Een case ter illustratie

Collega Jim vroeg om hulp, omdat hij wilde achterhalen waarom hij in zijn kwaliteit van managementadviseur vier maal achtereen had moeten ervaren dat zijn rapportage door de leiding van organisaties slecht was ontvangen, wat bij deze vier cliënten had geleid tot beëindiging van de relatie. Jims taak was hen te adviseren over de gewenste organisatie van het functiegebied informatieverwerking in deze ondernemingen. Het gesprek begon met mijn vraag aan Jim, mij over deze gebeurtenissen een en ander te vertellen, waarbij ik hem met zuiver informatieve vragen op gang bracht. Na ongeveer een kwartier werd mij duidelijk dat hij bij zijn cliënten uitsluitend had gewerkt volgens het arts/patiëntmodel. Hij meende een zorgvuldige diagnose te hebben gesteld en behoorlijke adviezen te hebben gegeven; daarom kon hij maar niet begrijpen waarom deze toch zo zorgvuldig doordachte diagnoses en aanbevelingen zo snel van de hand werden gewezen.

Terwijl hij zijn verhaal deed, had hij al een behoorlijk aantal van zijn reacties laten merken, en dus hoefde ik hem niet meer naar zijn gevoelens te vragen. Hij voelde zich gefrustreerd en incompetent, en wist echt niet meer wat hem nu te doen stond. De verleiding was op dit moment sterk om het informatieproces kort te sluiten en met mijn eigen reacties en hypothesen te komen, namelijk dat hij door zijn eigen aanpak die afweerreacties over zich had afgeroepen. Hij had officiële en algemeen beschikbare (public) rapportages geschreven waarin hij sterke kritiek had geuit op managementgroepen die vaak meer dan één hiërarchisch niveau omvatten. Ik besefte evenwel dat ik nu hetzelfde zou doen als hij had gedaan: zijn gedrag bekritiseren waar hij bij zat. Zulke feedback zou zijn gevoel onder te liggen versterken, met het gevaar dat hij zich defensief zou gaan opstellen.

Ik hield mijn impulsen in bedwang en stelde in plaats daarvan een diagnostische vraag: 'Wat is jouw eigen theorie over de redenen waarom deze rapportages slecht werden ontvangen?' Feitelijk vroeg ik: 'Waarom denk je dat dat gebeurde?' – daardoor het accent leggend op de algemene gang van zaken en hem ertoe aanzettend samen met mij een diagnose te stellen. Hij onderkende al snel de mogelijkheid dat de cliënten geen negatieve dingen over zichzelf wilden horen en dat hun afweer waarschijnlijk legitiem was. Hij trok dit echter niet door naar de mogelijkheid dat zijn eigen beslissingen over wat hij in zijn rapport zou opnemen, en hoe hij dat zou doen, deze afweerreacties konden hebben gestimuleerd. Zijn analyse verschafte mij evenwel meer informatie over de locatie van zijn blinde vlekken en bracht hem ertoe, uit te zoeken wat er aan de hand zou kunnen zijn.

De 'waarom'-vraag is een krachtige interventie, omdat ze in veel gevallen de cliënt ertoe dwingt zich te concentreren op iets wat hij als volkomen vanzelfsprekend had aangenomen en dit vanuit een ander standpunt te bezien. Door de inhoud van de 'waarom'-vraag zorgvuldig te kiezen, kan de adviseur een ander mentaal proces op gang brengen dat tot volkomen andere inzichten leidt. Een belangrijke keuze is in dit geval, of de cliënt zich moet richten op de vraag waarom *hij* deed wat hij deed, waarom *iemand anders* uit het verhaal deed wat hij deed, of waarom *een bepaalde gebeurtenis* zich voordeed waarbij de cliënt noch een bepaalde andere persoon uit het verhaal was betrokken.

Al speculerend over het antwoord op de vraag waarom hij negatieve reacties had ontvangen noemde Jim een bijzonder pijnlijke vergadering waarin zijn presentatie aan de directie de president-directeur ertoe bracht hem tijdens die bijeenkomst rechtstreeks aan te vallen, en hem dwong toe te geven dat hij zijn mandaat had overschreden door erop te wijzen dat de cultuur van de onderneming niet strookte met de lange-termijndoelstellingen voor het functiegebied informatieverwerking. De president-directeur stelde dat Jim geen enkel moment was gevraagd iets te zeggen over de cultuur – een cultuur waarmee de president-directeur als medeoprichter van de onderneming zich had vereenzelvigd. Jim zei dat hij zich daar heel schuldig over voelde en bood de president-directeur openlijk zijn verontschuldigingen aan. Tot zijn verbazing werd hij echter bijgevallen door verscheidene andere leden van de directie, die zeiden dat zowel zijn uitstapje naar de cultuur als het feit dat hij daarover had gerapporteerd, gerechtvaardigd waren en zelfs werden verwelkomd.

De diagnostische vraag bracht enkele nieuwe gegevens aan het licht die tot dan toe niet aan de orde waren geweest en duidelijk belangrijk waren. Op dit moment besloot ik mij door middel van *actiegerichte vragen* te concentreren op nader onderzoek van de diverse activiteiten die hij had ondernomen. Zulke vragen dwingen niet alleen tot een verdergaande diagnose, maar onthullen ook meer over de mentale processen die zich binnen de cliënt afspelen, en over eventueel te overwegen actiemogelijkheden. Actiegerichte vragen kunnen aanwijzingen zijn zoals 'wat deed u toen?', in tegenstelling dus tot de zuiver informatieve vraag 'wat gebeurde er toen?' Ook kunnen ze de cliënt vragen te vertellen wat anderen deden. Het accent kan, om het verhaal te stimuleren, blijven liggen op het verleden dan wel op het heden of de toekomst, bijvoorbeeld: 'Wat bent u van plan straks te doen?' of 'Wat denkt u te doen?' Ook kan worden gevraagd naar andere personen: 'Wat zal die-en-die doen?' of, om het proces nog verder te compliceren, over te stappen op wat gezinstherapeuten 'wat-als'-vragen noemen: vragen wat anderen zouden doen in reactie op wat de cliënt zou doen.[4] Ik had bijvoorbeeld mijn collega kunnen vragen wat er zou zijn gebeurd als hij zich tegen de president-directeur had verzet in plaats van hem zijn excuus aan te bieden. In dit geval besloot ik mij te concentreren op de president-directeur, omdat diens gedrag het raadselachtigst leek.

Ik vroeg Jim waarom de president-directeur zich zo zou hebben gedragen. Verrassend genoeg kon Jim uit het gedrag van de president-directeur niet wijs worden. Daarom gooide ik het over een andere boeg en vroeg hem waarom hij meende de president-directeur zijn verontschuldigingen te moeten aanbieden; wat had hij dan verkeerd gedaan? Ik testte hiermee in feite mijn eigen hypothese dat Jim de president-directeur eerst persoonlijk een voorlopig exemplaar van het rapport had moeten geven, om zodoende na te gaan hoe deze zou reageren op de kritische opmerkingen over de cultuur. De verklaring die Jim gaf, was een herhaling van zijn schuldgevoel en van zijn idee een fout te hebben gemaakt, wat voor mij reden was om het eens met een meer confronterende interventie te proberen. Ik vroeg Jim op de man af waarom hij met zijn analyse niet eerst naar de president-directeur was gestapt.

Merk op dat ik met deze vraag voor het eerst liet merken hoe ik zelf dacht over wat er was gebeurd en over wat er had kunnen gebeuren. Dit soort vragen dwingt de cliënt na te denken over andere inhoudselementen van het verhaal, een reden waarom ze terecht als 'confronterend' worden bestempeld. Zulke confrontaties kunnen nog steeds worden verpakt in vragen zoals: 'Had je er over gedacht met de president-directeur onder vier ogen de cultuurgegevens te bespreken?' of, om de cliënt bij de les te houden, meer dan één alternatief aan te bieden, zoals: 'Had je met een voorlopig rapport eerst naar de president-directeur of eerst naar de groep kunnen gaan?'

Het gevaar dat ontstaat wanneer men niet zijn eigen onwetendheid blootlegt, werd duidelijk door Jims reactie op mijn vraag. Hij antwoordde fel: 'Ik ben *wel degelijk* voor een persoonlijk gesprek naar de president-directeur gegaan, en wel met hetzelfde materiaal; maar kennelijk heb ik het niet goed gedaan of is de boodschap niet tot hem doorgedrongen.' Jim was dus in feite ondersteboven doordat de president-directeur in het openbaar negatief had gereageerd terwijl hij in het persoonlijk onderhoud niets had gezegd.

Op dit moment besefte ik wat de vorm betrof een retorische vraag te hebben gesteld. Ik had in werkelijkheid gezegd dat hij naar de president-directeur had moeten gaan, in de veronderstelling dat hij dat had verzuimd. Dit was een fout van mij, want ik *had aangenomen* dat hij iets achterwege had gelaten in plaats van simpelweg te vragen of hij het wel of niet had gedaan. Jims reactie bracht mijn vergissing aan het licht, doordat hij een defensieve houding ging aannemen en wederom de schuld bij zichzelf zocht. Er waren echter wel enkele belangrijke gegevens aan het licht gekomen, wat mij voor de vraag stelde welke richting ik vervolgens moest inslaan. Ik besloot zorgvuldiger te zijn in mijn manier van vragen en dacht na over de oorzaak van mijn vergissing – tijdgebrek, ongeduld of arrogantie. Tegelijkertijd kwam ik heel veel meer te weten over wat zich in dit geval had afgespeeld en over Jims neiging zichzelf ervan te beschuldigen zijn werk niet perfect te hebben gedaan. Ik vroeg mij tevens af waarom hij dit cruciale deel van het verhaal had weggelaten en dacht na over wat dit mij zei over zijn eigen mentale schema van wat wel en wat niet belangrijk was. Het patroon van zelfbeschuldiging leidde tot een situatie waarin een meer confronterende interventie echt nuttig zou blijken.

Nadat Jim had aangegeven een persoonlijk gesprek met de president-directeur te hebben gehad dat echter niettemin resulteerde in een publiekelijke uitbarsting, formuleerde ik een nieuwe hypothese, namelijk dat het probleem misschien was geweest dat de president-directeur het gevoel had gehad, door de kritiek op de cultuur *ten overstaan van zijn directie* voor schut te zijn gezet.

Jim antwoordde dat dit misschien wel het geval was geweest, maar dat hij ervan was uitgegaan dat de directie 'samen' met dit project bezig was. Jim leek ongevoelig voor het status- en machtsverschil tussen de president-directeur en de rest van de directie. Ook zei hij met nadruk dat hij als adviseur *verplicht was* zo duidelijk en valide mogelijk te rapporteren wat hij in zijn interviews te weten was gekomen, ongeacht de samenstelling van zijn gehoor. Zijn eigen idee over professionele deskundigheid leek sterker dan zijn vermogen om aan te voelen wat in zijn cliëntsysteem aan de hand was.

De les die hieruit tot dusverre kan worden getrokken, is dat vergissingen mogelijk zijn, dat fouten er zijn om van te leren, en dat inhoudelijke fouten duidelijk moeten worden onderscheiden van fouten in timing en presentatie. Ik had het misschien bij het rechte eind met mijn veronderstelling dat er iets met de president-directeur aan de hand was, maar sloeg de plank mis voor wat betreft het tijdstip en de manier waarop ik mijn gedachten naar voren bracht. Ik maakte mijn interventie confronterender dan nodig was, en wel door over wat er tussen Jim en de president-directeur zou hebben gespeeld te komen aanzetten met een enkele hypothese, in plaats van daarvoor verscheidene mogelijkheden te noemen. Ook kreeg ik het sterke gevoel dat ik er niet ver naast zat met mijn hypothese dat het probleem mogelijk school in openbaarmaking van de kritiek ten overstaan van ondergeschikten.

Het statusevenwicht aanvoelen

Naarmate het gesprek vorderde, merkte ik dat Jim zich meer op zijn gemak ging voelen wanneer hij samen met mij speculeerde over wat er misschien aan de hand was geweest. Hij begon meer in het algemeen na te denken over de afgelopen gebeurtenissen, ook al stelde hij zich defensief op toen zijn ervaring met de president-directeur ter sprake kwam. Ik kreeg het gevoel dat wij in onze relatie meer op gelijke voet waren gekomen en dat Jim zich minder afhankelijk en minder kwetsbaar ging voelen, waardoor ik mij confronterender kon opstellen. Zodra de adviseur het gevoel krijgt dat de relatie in evenwicht is, kan het gesprek zich zonder het risico te lopen afweer op te roepen, sterk verdiepen; immers, de cliënt is nu een actieve leerling en is blij met nieuwe gegevens. 'Op gelijke voet' betekent overigens niet noodzakelijkerwijs dat beide partijen letterlijk dezelfde status hebben gekregen; wel, dat het impliciete contract tussen beiden, het afhankelijkheidsniveau – de rol van de adviseur en de mate waarin de cliënt zich geaccepteerd voelt – aan beider verwachtingen voldoet. Beide partijen voelen zich op hun gemak met wat zij kunnen geven en ontvangen.

De signalen dat dit plaatsvindt zijn subtiel. De cliënt wordt actiever bij het diagnosticeren van zijn eigen verhaal, de intonatie van zijn stem verandert, en de inhoud krijgt een assertiever karakter. De zelfbeschuldigingen of de beschuldigingen van anderen worden minder, en de objectieve analyses nemen toe. Tijdens het zoeken naar wat er verkeerd ging en wat daarvan de oorzaken kunnen zijn, ontstaat het gevoel samen met de cliënt een team te vormen. Jim ging tijdens onze gesprekken minder zorgelijk klinken en begon objectiever na te gaan wat er met zijn vier cliënten aan de hand zou zijn geweest. Zoals hieronder wordt geïllustreerd, werd het mij hierdoor mogelijk een nog confronterender houding aan te nemen.

Case (vervolg)

Het patroon in Jims verhaal versterkte in grote mate mijn gevoel dat hij zich in zijn werk opstelde als 'super-expert/alwetende arts/diagnosticus' en zozeer in beslag werd genomen door zijn uiterste inspanning om deze rol zo geloofwaardig mogelijk te spelen, dat hij behoorlijk ongevoelig was geworden voor alles wat met het proces te maken had. Ik besloot zijn bereidheid om zijn zelfbenoeming tot expert onder ogen te zien, op de proef te stellen, door verder te gaan dan alleen te informeren en hem enige rechtstreekse en confronterende feedback te geven. Ik wist dat hij mijn onderscheid tussen de verschillende soorten adviseursrollen begreep, waardoor ik direct kon zijn.

Ik zei het volgende: 'Ging jij in deze vier situaties waarin je werd afgewezen feitelijk niet te werk als een arts die de patiënt zijn diagnose medeedeelt en een recept meegeeft, en dat in een situatie die eerder om een procesrol zou hebben gevraagd? Waarom heb je eigenlijk niet het procesprobleem, namelijk wat je in je verslag moest opnemen en aan wie je dat had moeten geven, met één of meer insiders, en zelfs met de president-directeur, besproken? Waarom vond je dat jij zelf alle beslissingen moest nemen over wat en aan wie te rapporteren, en dat nog wel schriftelijk, met een officiële presentatie?

Tijdens deze nogal langdurige reactie van mij bespeurde ik mijn eigen frustratie over het feit dat Jim, die toch heel goed wist wat procesadvisering inhield, niets met die kennis deed. Ik voegde er nog aan toe: 'Waarom vinden organisatieadviseurs toch nog steeds dat zij alle procesbeslissingen zelf moeten nemen en bespreken zij die beslissingen nooit eens met het cliëntsysteem? Wanneer wij ons het hoofd breken over de vraag hoe wij verder moeten, zouden wij dit probleem aan de orde moeten stellen in plaats van het gevoel te hebben dat zulke procesbeslissingen uitsluitend onze zaak zijn.' Dit zei ik allemaal hoewel ik het riskant vond, want we hadden nog maar weinig tijd en tot de realiteit van dit gesprek behoorde dat ik mijn kijk op de zaak overgebracht wilde hebben voordat de tijd om was.

Jim reageerde positief op deze uitbarsting en dacht meteen na over de vraag waarom hij eigenlijk meende zich als arts te moeten gedragen. Hij werd uiteindelijk betaald om een diagnose te stellen en wilde door zijn expertise te gebruiken goed werk leveren. Hij had echter ook het cruciale besef dat de wijze waarop hij zijn verslag inrichtte, aan wie hij dat zou geven en in welke vorm hij dat zou doen, keuzen waren die hij had moeten bespreken met enkele van zijn vertrouwelingen in de organisatie. Jim was nu in staat onderscheid te maken tussen:

1. de inhoudelijke expert zijn op het gebied van de organisatie van de informatieverwerking – en speciaal in relatie tot de organisatiecultuur, en
2. deskundig te zijn in management van het proces waarin de gegevens om zo'n manier aan de man worden gebracht dat ze door de sleutelfunctionarissen van het cliëntsysteem worden aanvaard en als nuttig worden beschouwd.

Dit inzicht werd onmiddellijk toegepast op de overige drie gevallen, doordat Jim nu inzag hoe hij in al deze gevallen de 'perfecte' presentatie zelf had uitgedacht, en zich weinig had beziggehouden met de vraag hoe deze presentaties zouden passen bij de culturele en politieke processen van de cliëntsystemen.

Wij namen afscheid met het wederzijds gevoel dat het uur dat wij aan deze kwestie hadden besteed enkele nieuwe inzichten had opgeleverd. Ik bleef verbaasd en gefrustreerd over het feit dat Jim, die heel goed wist wat procesadvisering was, niettemin volledig was vervallen in de doktersrol, dat niet zelf had kunnen inzien en zich er ook niet aan had kunnen onttrekken.

Een belangrijk beginsel dat uit de feedback naar voren kwam en aan onze negen andere principes moet worden toegevoegd, is *stel het probleem aan de orde*. De adviseur verkeert vaak in een situatie waarin hij niet weet wat hem vervolgens te doen staat of wat iets betekent. Het is vanuit PA-standpunt dan heel legitiem om dit probleem te bespreken met enkele goed gekozen insiders of onderdelen van het cliëntsysteem. In Jims geval had hij tijdens de persoonlijke overhandiging van het rapport de president-directeur gemakkelijk kunnen vragen wat volgens hem een goede volgende stap zou kunnen zijn om andere leden van organisatie van de onderzoeksgegevens op de hoogte te stellen. Wij worden echter zo vaak in beslag genomen door onze eigen expertise, dat wij vergeten onze onwetendheid bloot te leggen: Jim was van deze organisatie onvoldoende op de hoogte om te weten hoe daarin het verslag aan de orde te stellen. Hij had het probleem met anderen moeten bespreken en er informatie over moeten verzamelen, zodat hij daarna had kunnen omgaan met de werkelijkheid zoals die nu eenmaal bestond.

Principe 10 – Stel bij twijfel het probleem aan de orde.

Ik verkeer vaak in een situatie waarin ik niet weet wat mij vervolgens te doen staat, welke soort interventie de juiste zou zijn. In zulke omstandigheden is het vaak juist, het probleem met de cliënt te bespreken en hem te betrekken bij de beslissing over de volgende stap.

Het begrip 'waarderend informeren'

Het begeleidingsproces is tot dusverre beschouwd in het kader van problemen of aangelegenheden die de cliënt de begeleider voorlegt. Een aantal schrijvers/organisatieadviseurs heeft een belangrijke wijziging van dit gezichtspunt naar voren gebracht, en wel door te pleiten voor een proces van 'waarderend informeren', waardoor 'problemen' positiever worden ingekaderd.[5] In tabel 3.2 zien wij de essentie van hun betoog, namelijk het feit dat een probleem er vanuit de waarderende benadering anders uitziet. Wij worden ons er steeds meer van bewust dat onze mentale modellen en de metaforen die wij gebruiken om uit de werkelijkheid wijs te kunnen worden en haar te benoemen, structuur verlenen aan hetgeen wij zien en aan onze manier van denken daarover. Cooperrider maakte de zinvolle opmerking dat 'probleemgerichtheid' op zichzelf al een metafoor is die ons er reeds van tevoren toe brengt het mentaal in een negatief kader te plaatsen, het te zien als iets wat er niet hoort te zijn. Vaak is het nuttiger te denken in meer positieve groeitermen, waarbij wij ons richten op wat goed werkt, op de idealen die wij willen bereiken en op onze visie voor de toekomst. Waarderend informeren vestigt in zekere zin de aandacht op het verschil tussen 'adaptief leren', dat wil zeggen het probleem van het moment uit de weg ruimen, en 'generatief leren', oftewel *leervermogen* op te bouwen om te voorkomen dat soortgelijke problemen zich wederom zullen voordoen.[6] De basis van PA is duidelijk gericht op generatief leren, maar zulk leren begint vaak met wat de cliënt ervaart als onmiddellijk probleem waar iets aan moet worden gedaan.

Tabel 3.2 Het begrip waarderend informeren

Probleemoplossing	**Waarderend informeren**
'Gevoelde behoefte'	Nagaan wat er aan de hand is
Vaststelling van het probleem	Waarderen wat er aan de hand is
Analyse van de oorzaken	Zich voorstellen wat er zou kunnen zijn
Analyse van mogelijke oplossingen	Bespreken wat er zou moeten zijn
Actieplannen	Bedenken wat er zal zijn

Probleemoplossing is gebaseerd op de veronderstelling dat 'de werkelijkheid' bestaat uit een aantal op te lossen problemen; waarderend informeren daarentegen op de veronderstelling dat 'de werkelijkheid' een wonder is dat moet worden verwelkomd en verbeterd.[7]

Een soortgelijke opmerking is gemaakt door Marshak, die op zijn minst vier verschillende manieren noemde waarop wij kunnen denken over verandering (zie tabel 3.3).[8] De tabel laat zien hoe wij impliciet kunnen werken vanuit een fysisch-technologisch gezichtspunt, binnen kaders zoals het repareren, verplaatsen of construeren van dingen; of vanuit een chemisch-technologisch gezichtspunt binnen kaders zoals katalyseren of veranderen van de manier waarop de dingen verlopen door de juiste mensen bij elkaar te zetten 'zodat de "chemie" tussen hen klopt'; of binnen een agrarisch-biologisch kader, waarin groei en ontwikkeling grotendeels worden beheerst door de individuele personen of groepen mensen die worden geholpen, maar waarbij de begeleider beschikt over de sporenelementen, zonneschijn en meststoffen die de natuurlijke ontwikkeling een handje moeten helpen.

Tabel 3.3 Veranderingsmetaforen[9]

Fysische/chemische metaforen (repareren en opnieuw in elkaar zetten)	
Machinemetafoor	Probleem verhelpen; nieuw technisch ontwerp maken
Reismetafoor	Het ergens anders zoeken; zorgen voor een ommekeer
Constructiemetafoor	Iets nieuws in elkaar zetten; herstructureren
Chemische metafoor	Katalyseren, mengen, versmelten, laten uitkristalliseren
Biologische/medische metaforen (groei en genezing)	
Agrarische metafoor	Groei, herstel, vrucht dragen, oogsten
Medische metafoor	Genezen, immuniseren, snijden, wegsnijden
Psychologische/spirituele metaforen (wedergeboorte, revitalisering)	
Psychologische metafoor	Inzicht verschaffen, mentale modellen veranderen
Spirituele metafoor	Bekeren, bevrijden, scheppen, transformeren
Sociologische metaforen (hergroeperen, reorganiseren)	
Rolwisseling, normverandering, cultuurverandering	

Deze impliciete modellen tasten misschien niet het eerste informatieproces aan, maar in elk geval wel de wijze waarop de adviseur bij het diagnostisch en het confronterend informeren te werk gaat. Daarom is het zo belangrijk dat de adviseur zich bewust is van zijn eigen metaforen en veronderstellingen. Wanneer wij beginnen met ons te oriënteren op een probleem, is de kans levensgroot dat wij beginnen met vragen die het accent leggen op wat er verkeerd is; beginnen wij daarentegen met een meer waarderende oriëntatie dan is de kans groot dat wij komen met vragen waarin het accent ligt op wat er wel werkt, op wat de cliënt een goed gevoel geeft, op wat zijn doelstellingen en idealen zijn en waar hij naar streeft. Op dezelfde wijze is onze gerichtheid op machinemodellen, of op reparatie- dan wel groeibevorderende biologische modellen, bepalend voor de wijze waarop wij de cliënt helpen zijn eigen situatie te diagnosticeren en voor het soort mentale modellen dat wij aanbieden voor het denken over verandering.

De tegenstelling tussen de diverse benaderingen is op zijn minst relevant in het begin van een begeleidingsrelatie, omdat daar *de metafoor van de cliënt* de situatie bepaalt. Gezien hetgeen wij hebben gezegd over de wijze waarop in onze cultuur het zoeken van hulp wordt beleefd, is het waarschijnlijk dat de meeste cliënten zullen beginnen met een technologische probleemgerichtheid. Zij verlangen een reparatie, en graag een beetje vlug ook. Als de adviseur meer waarderend-informerend, capaciteiten-opbouwend te werk gaat, zal hij naarmate de relatie zich verder ontwikkelt met meer positieve, gezondheidsgerichte vragen komen, en de cliënt helpen de waarde te zien van waarderen wat er wel werkt in plaats van te treuren over wat er niet functioneert. Cooperrider[10] gaf tijdens een onlangs gehouden bijeenkomst daarvan een uitstekend voorbeeld.

Een vriendin van hem, werkzaam als intern bedrijfsadviseur, vroeg hem om hulp omdat zij na jarenlang trainingen te hebben gehouden als onderdeel van een programma tegen seksuele intimidatie, het gevoel begon te krijgen dat het niet echt iets uithaalde. In plaats van gedetailleerd na te gaan waarom de training misschien niet werkte, vroeg hij haar wat zij eigenlijk wilde bereiken. Zij gaf toe dat wat zij echt wilde, goed functionerende arbeidsverhoudingen waren zonder dat daarbij naar geslacht werd gekeken. Hij vroeg haar toen of zij ergens gemengde groepjes of groepen kende die het gevoel hadden goed samen te kunnen werken. Daarop besloot zij in de gehele organisatie alle gemengde groepen die naar hun eigen gevoel goed konden samenwerken, uit te nodigen met haar te praten over hun positieve ervaringen. Die groepen kwamen met tientallen tegelijk om hun ervaringen te vertellen, waardoor zij voor het onderwerp seksuele intimidatie een geheel nieuwe benadering kon ontwikkelen. Door analyse van de gemeenschappelijke kenmerken van goed functionerende relaties ontstond een volkomen andere opzet van het trainingsprogramma, die veel beter werkte.

Samenvatting en conclusies

Ik heb geprobeerd te laten zien hoe sommige problematische processen die zich in een begeleidingsrelatie afspelen van hun scherpe kanten kunnen worden ontdaan door middel van een actief informatieproces waarbij de cliënt het heft in handen houdt. Door vanuit zichzelf een actief probleemoplosser te worden, herwint hij zijn status en krijgt hij vertrouwen in zijn eigen vermogen tot op zekere hoogte wijs te worden uit de situatie waarin hij verkeert. Hij geeft zoveel mogelijk gegevens prijs zo dat hijzelf en de adviseur er mee aan de slag kunnen. Actief informeren is méér dan goed luisteren alleen. Het omvat ook begrip van de psychologische processen die een rol spelen wanneer iemand hulp zoekt, en inzicht in het effect dat de verschillende soorten vragen hebben op de mentale en emotionele processen die zich binnen de cliënt afspelen.

Er moeten drie niveaus van informatieverwerving worden onderscheiden:

1. neutraal informeren, waarbij men zich geheel en al concentreert op het verhaal van de cliënt;

2. diagnostisch informeren, waaraan gevoelens, diagnostische vragen en actiegerichte vragen te pas komen;

3. confronterend informeren, waarbij de adviseur zijn eigen opvattingen over wat er mogelijk aan de hand is naar voren brengt.

De keuze van het ogenblik waarop men een bepaald informatieniveau moet gaan hanteren, is afhankelijk van de situatie van het moment, van de gebeurtenissen zoals die uit het verhaal naar voren komen en, wat het belangrijkste is, van het tijdstip waarop de cliënt naar het oordeel van de adviseur zich niet langer de ondergeschikte partij voelt. De feitelijke rollen voor de cliënt en de begeleider zullen variëren met de situatie, maar de relatie zal pas in evenwicht zijn wanneer het proces van informatieverwerving begeleider en cliënt heeft geholpen uit te zoeken wie welke rol speelt, wanneer beide partijen elkaars rol accepteren, en beiden daardoor een werkbaar psychologisch contract hebben kunnen sluiten. In de eerste fasen van de relatie is het relevanter zuiver informerend te werk te gaan, omdat de verwachtingen van de cliënt hierdoor beter naar voren komen en de begeleider zijn aanvaarding en steun kan laten blijken. Zodra de cliënt eenmaal actief problemen kan oplossen, worden diagnostische en confronterende vragen op dieper liggende niveaus mogelijk.

De timing is voor het managen van de informatieverwerving van cruciaal belang, waarbij de adviseur het evenwicht moet zien te bewaren tussen meezwemmen met de stroom van de cliënt, en constructief opportunisme. In dat proces loopt de adviseur enig risico en zal hij ongetwijfeld fouten maken, maar die moeten worden verwelkomd als leermogelijkheden over de adviseur en over de algehele situatie waarin de cliënt verkeert en over zijn reacties op interventies.

Informatieverwerving staat onvermijdelijk onder invloed van de metaforen voor verandering, leren, problemen oplossen en groei, die de cliënt en de adviseur in de situatie ter tafel brengen. Het is voor de adviseur belangrijk, zich bewust te zijn van zijn impliciete metaforen en daaruit keuzen te maken die zijn gebaseerd op de werkelijkheden van hun situatie. Welke metaforen de adviseur echter ook zal gebruiken, één van de centrale functies van de informatieverwerving is (afgezien van wat er allemaal al gezegd is), de voorwaarden te scheppen waaronder de cliënt zich veilig voelt en in staat is angst-inducerende gegevens prijs te geven. Voor ons als begeleiders is het nu eenmaal zo dat, of wij dat nu leuk vinden of niet, onze allereerste interventies de toon zetten en de verdere ontwikkeling van de relatie bepalen. Door bij het zuiver informeren zo veel mogelijk van onze eigen onwetendheid bloot te leggen, maken wij de grootste kans de werkelijkheden waarmee wij bij het vorderen van de relatie te maken zullen krijgen, naar de oppervlakte te halen.

Wij kunnen nu de tien algemene PA-beginselen die wij tot dusverre hebben ontdekt, op een rijtje zetten:

1. Stel u altijd helpend op.
2. Houd altijd voeling met de huidige werkelijkheid.
3. Leg uw onwetendheid bloot.
4. Alles wat u doet, is een interventie.
5. De cliënt is eigenaar van het probleem en van de oplossing ervoor.
6. Zwem met de stroom mee.
7. De timing is cruciaal.
8. Wees constructief opportunistisch met confronterende interventies.
9. Alles levert gegevens op; er zullen zich altijd vergissingen voordoen, en die vormen een uitgelezen kans om te leren.
10. Stel bij twijfel het probleem aan de orde.

Terugkijkend op de diverse adviserings-/begeleidingscontacten die vanuit mijn standpunt bezien niet goed verliepen, kom ik telkens weer tot de conclusie dat ik dan tegen één van deze beginselen heb gezondigd. En wanneer ik vastloop en niet weet wat mij vervolgens te doen staat, laat ik deze principes nog eens de revue passeren om vroeg of laat te ontdekken wat ik wel had moeten maar niet had gedaan, en wat mij daarom nu te doen staat. En als dat het probleem niet uit de wereld helpt, haal ik principe numero 10 uit de kast en stel ik het probleem aan de orde.

Case 3.1 *Mijn weigering om bij Hansen Laboratories de doktersrol te spelen*

Deze case illustreert een duidelijk conflict in de verwachtingen, en de noodzaak dat de adviseur niet alleen zijn eigen rol zorgvuldig in de hand houdt, maar zich tevens houdt aan duidelijke professionele normen. Datgene wat ik bereid was te accepteren als strategische doelstelling van het project, kwam duidelijk niet overeen met wat de cliënt van mij verwachtte; de adviesrelatie werd dan ook snel beëindigd.

Een van mijn vroegere studenten was directielid van een kleine onderneming die jaarlijks haar sleutelfunctionarissen uit de gehele wereld bij elkaar bracht. De onderneming werd geleid door een oom van hem en een broer van die oom, de president-directeur. Mijn voormalige student had mij en zijn oom voorgesteld dat een organisatieadviseur zoals ik (waarbij hij zei te hopen dat ik er tijd voor had) hun volgende jaarlijkse bijeenkomst zou bijwonen om tijdens de discussies als facilitator op te treden.

Mijn taak was – naar men zei – deelnemers die niet zo veel zeiden 'uit hun tent te lokken' door confronterende vragen te stellen over de presentaties die het topmanagement zou houden over de toekomststrategie. De gedachte hierachter was dat een expert zoals ik deze zwijgende deelnemers wel aan het praten zou kunnen krijgen – iets waar zij zelf geen kans toe zagen.

Ik stelde een aantal explorerend-informatieve vragen – waarom zij meenden een buitenstaander zoals ik daarvoor nodig te hebben – en kreeg te horen dat de laatste jaren de bijeenkomsten 'slecht' waren verlopen, in die zin dat de inbreng van de directeuren van de buitenlandse vestigingen doorgaans te wensen overliet. Ik vroeg hem om een beschrijving van het verloop van deze vergaderingen. Deze algemene vraag dwong mijn contactcliënt diagnostisch te denken, waardoor ik te weten kwam dat het senior management voordrachten hield over de toekomstige strategie en daarop reacties verwachtte, maar dat de sfeer die zij creëerden alleen instemming opleverde. Bovendien hadden veel van de managers die geacht werden te reageren en kritiek te leveren, taalproblemen en waren zij in verschillende mate elkaars concurrenten. Ik vermoedde dat het wel eens niet veilig zou kunnen zijn om tijdens die jaarlijkse vergadering te zeggen wat je op je lever had, omdat zoiets bij het senior management en de eigen collega's een slechte indruk zou kunnen achterlaten. Verder was het niet duidelijk of het senior management wel echt wilde horen wat anderen ervan vonden.

Op dit punt meende ik dat het zeer nuttig zou kunnen zijn als de contactcliënt zelf zou inzien dat de voor daadwerkelijke participatie noodzakelijke omstandigheden niet aanwezig waren en dat de aanwezigheid van een buitenstaander dit probleem niet zou oplossen. Daarom stelde ik een aantal confronterende vragen over de ernst van de bedoelingen van het senior management waar het de deelname betrof, en over de sfeer die zij tijdens de bijeenkomst creëerden. Ik vroeg mij af of zij niet eerst eens bij zichzelf na moesten gaan of zij wel echte participatie wilden, alvorens mechanismen te bedenken om die bij anderen tot stand te brengen. Ik zei dat als zij echt participatie wensten, zij dat zeker duidelijk zouden kunnen maken en hun eigen methoden konden bedenken om de zwijgende deelnemers aan het praten te krijgen. Ik bood aan ze te helpen bij het bedenken van die methoden, maar deelde niet hun mening dat een externe facilitator in deze situatie iets zou uithalen.

De contactcliënt, mijn voormalige student dus, dacht dat zijn oom die verantwoordelijkheid niet wenste te dragen en dat de president-directeur mogelijk niet de aangewezen persoon was om mensen tot participatie te verleiden, en dat men daarom op een buitenstaander wilde leunen. Hij meende echter dat ze allebei echt wel participatie wilden. Ik kwam tot de conclusie dat ik niets met die bijeenkomst te maken wilde hebben, omdat er onvoldoende helderheid was over wat daar aan de hand was, en evenmin over de wijze waarop de gevoelens van sommige leden van het senior management zich zouden manifesteren. Wilde mijn aanwezigheid in deze situatie zinvol zijn, dan zou naar mijn mening de familie eerst haar eigen problemen duidelijker moeten inzien.

Ik vroeg mijn voormalige student zijn oom te vertellen dat ik bereid was met hem te praten over zowel de vergadering als over de vraag of de aanwezigheid van een buitenstaander daar van nut zou zijn, maar dat dit een adviesgesprek zou zijn tegen mijn gebruikelijke uurtarief. Op deze manier wilde ik uitproberen of zij wel echt gemotiveerd waren om iets aan dit probleem te doen, en tevens iets meer over die oom te weten komen.

De oom belde inderdaad op voor een afspraak van twee uur. In dit gesprek herhaalde hij alles wat zijn neef al had verteld en drong hij er bij mij op aan die jaarlijkse bijeenkomst bij te wonen. Wij zouden dan met zijn allen per bus vertrekken naar een hotel ergens op het platteland, daar drie dagen blijven en vervolgens weer per bus terugkeren. Ik zou dan tijdens de busreis de mensen alvast wat losser maken, tijdens de vergadering vragen stellen aan mensen die hun mond niet of te weinig open deden, en op de terugreis het proces verder faciliteren. Toen ik vroeg waarom zij meenden niet zelf een participatiebevorderend klimaat te kunnen scheppen, hield de oom de boot af door te zeggen dat men de daarvoor nodige vaardigheden miste, en ook hij verwees daarvoor naar zijn broer.

Mijn emotionele reactie was er een van toenemende spanning en weerstand. De situatie deugde voor mijn gevoel van geen kanten, omdat hun motieven niet pasten bij de voorgestelde methode. Gebaseerd op de gesprekken met de oom was mijn indruk dat men feitelijk niet wist wat men wilde en dat men waarschijnlijk onduidelijke signalen uitzond, of misschien juist heel duidelijke signalen dat men alleen instemming wenste te horen. Ik meende dat in zo'n situatie de adviseur die een participatieniveau bevorderde dat men eigenlijk niet wenste, de zaak alleen maar erger zou maken. Ik confronteerde de oom voorzichtig met deze gedachten, wat bij hem een verrassend grote hoeveelheid ontkenning en afweer losmaakte. Hij had zich nu eenmaal in het hoofd gehaald dat een externe facilitator de oplossing was. Ik zei hem dat ik het voor mijn gevoel niet kon doen en hoopte dat hij zou proberen het probleem intern op te lossen.

Voorzover ik het kon overzien, zou hetgeen daar aan de hand was het onverstandig en mogelijk zelfs schadelijk hebben gemaakt akkoord te gaan met de volgende stappen die de cliënt voorstelde. Eigenlijk wilde men een arts die een diagnose stelde en een probleem oploste dat zij mogelijk verkeerd hadden beoordeeld, en waren zij niet bereid de verantwoordelijkheid voor de voorgestelde interventie te delen door zelf een groter deel van het procesmanagement voor hun rekening te nemen. Op geen enkele manier kon worden vastgesteld of de senior managers het op prijs zou stellen als de junior managers hun mond open zouden doen – en of dat dan wel in het belang van deze junior managers zou zijn.

Mijn hulp bestond er in dit geval uit, dit alles boven water te krijgen zodat de neef en zijn oom zelf enig inzicht in deze problemen kregen. Ik vulde mijn mondelinge analyse aan met een lange brief waarin ik mijn analyse en mijn bezorgdheid nog eens uiteenzette. Ik kreeg wel een cheque voor mijn twee uur durende adviesgesprek, maar hoorde er verder niets meer van; ik weet dus niet of mijn interventie uiteindelijk wel of niet heeft geholpen. Ik vond dat ik er goed aan had gedaan reeds in het begin confronterend te werk te zijn gegaan, omdat dit meer gegevens had opgeleverd over de impliciete verwachtingen van de cliënt.

Oefening 3.1

Soorten informatieve vragen

1. Vraag aan een vriend of collega of hij met u een probleem wil bespreken of, als dat vervelend is, u gewoon iets wil vertellen over iets wat hem onlangs is overkomen.
2. Probeer zodra de 'cliënt' met zijn verhaal begint, bewust uitsluitend zuiver informatieve vragen te stellen.
3. Ga bij uzelf na hoe vaak u in de verleiding komt te vragen waarom iemand iets deed of wat hij deed, ook al gaat u ervan uit dat u nog steeds probeert het verhaal in de eigen bewoordingen van de cliënt te vernemen.

4. Doe uw best niet over te gaan tot diagnostische of confronterende vragen, hoe groot de verleiding daartoe ook is, totdat u het gevoel hebt gekregen dat de cliënt u zo veel mogelijk in zijn eigen bewoordingen heeft verteld.
5. Neem op een gegeven ogenblik het besluit over te schakelen op diagnostisch-informatieve vragen, en kijk wat het effect daarvan is.
6. Besluit daarna over te gaan op confronterend-informatieve vragen, en kijk wat het effect daarvan is.
7. Bespreek na een minuut of twintig de gedachten en gevoelens die u beiden tijdens de eerste twintig minuten hebt gehad. Bespreek het effect dat de verschillende soorten informatieve vragen op het gesprek hebben gehad.

Oefening 3.2

Waarderend informeren

1. Vraag een vriend of collega met u te praten over een probleem waar hij op dat moment mee worstelt.
2. Laat, met gebruikmaking van de eerder beschreven actief-informatieve vragen, het verhaal ter tafel komen.
3. Doe, wanneer u bent toegekomen aan de confronterend-informatieve vragen waarbij u uw eigen gedachten naar voren brengt, een welbewuste poging om uw eigen gedachten in een positieve vorm te gieten; doe dit door vragen te stellen die de cliënt helpen minder te kijken naar het 'probleem' en naar wat niet werkt, en meer naar wat wel werkt, naar de positieve doelen waarnaar men op weg is, en naar de sterke punten die er zijn om ze te bereiken.
4. Bespreek de oefening in het kader van (a) het effect dat de overschakeling op positieve aspecten op de cliënt had, en (b) wat er toen u probeerde over te schakelen van een probleem op een meer positieve zienswijze, met uw eigen mentale proces gebeurde.

4 Het begrip 'cliënt'

Elk begeleidingsproces is altijd gericht op een doel of een cliënt. Tot dusverre heb ik over cliënten altijd gesproken alsof die duidelijk identificeerbaar zijn, maar in werkelijkheid is vaak moeilijk te zeggen wie nu eigenlijk de cliënt is. Soms betrap ik mijzelf erop dat ik niet weet voor wie ik nu eigenlijk werk, of werk ik met verscheidene cliënten die er tegenstrijdige doelstellingen op na houden. Vaak kan ik wel veranderingsdoelstellingen zien, en ook kom ik wel mensen tegen met voor mij duidelijk zichtbare problemen en zou ik hen graag willen helpen, maar zien die mensen zelf hun problemen niet en willen ze ook absoluut niet als 'cliënt' worden beschouwd. Ook komt het voor dat ik werk met een persoon of een kleine of grote groep, of in een grote vergadering met een deel van de totale organisatie. In sommige gevallen ben ik mij bewust van het feit dat het werk dat ik met iemand of met een groep doe, gevolgen heeft voor andere personen of groepen die niet eens weten dat er iets aan de hand is. Als het erop aankomt heeft alles wat wij tijdens een interventie doen, bepaalde gevolgen voor de grotere gemeenschap en de samenleving waarin wij leven.

De onduidelijkheid over de vraag met wie je werkt, is niet iets wat uitsluitend organisatieadviseurs aangaat. De manager en zijn ondergeschikten of collega's, de vriend en het gezin van zijn buurman, en de leraar en zijn klas – allemaal worden ze in de praktijk geconfronteerd met dezelfde vraag: op wie moet mijn invloed feitelijk zijn gericht? Wie heeft welke hulp nodig? De PA-*filosofie* blijft in al deze gevallen dezelfde, namelijk *proberen hulp te verlenen*, maar zoals wij zullen zien, verschillen de strategie en de daarvoor te gebruiken tactieken met de vaststelling wie de cliënt is. Ook wordt, naarmate het adviseringsproces zich in de loop van de tijd ontwikkelt, het antwoord op de vraag wie de *echte* cliënt is en wat het probleem of de kwestie is waaraan wordt gewerkt, steeds gecompliceerder. Een van de manieren om deze complexiteit te vereenvoudigen is van moment tot moment duidelijk voor ogen te hebben *met wie je probeert wat te doen.*[1]

Wie? Basistypen cliënten

1. Contactcliënten. De persoon (personen) die als eerste(n) met de adviseur *contact* opneemt (opnemen) met een verzoek, een vraag of een kwestie.

2. Betrokken cliënten. De persoon (personen) die *wordt (worden) betrokken* bij de diverse interviews, bijeenkomsten en andere activiteiten die uit het project voortvloeien.

3. Primaire cliënten. De persoon (personen) die uiteindelijk *eigenaar is (zijn)* van het probleem of de kwestie waar het om draait; in de regel zijn dit tevens degenen die de declaratie van de adviseur *betalen* of uit wier budget het adviseringsproject wordt betaald.

4. Onwetende cliënten. Leden van de organisatie of van het cliëntsysteem die als superieur, ondergeschikte of gelijke in relatie met de primaire cliënt(en) staan en *waarop de interventies van invloed zullen zijn, maar die niet weten dat zij er de gevolgen van zullen ondervinden.*

5. Uiteindelijke cliënten. De groep mensen waarmee men te maken heeft, de totale organisatie, een beroepsgroep of elke andere groep die de adviseur zich aantrekt, en waarvan bij elke interventie die de adviseur pleegt *het welzijn mede in beschouwing moet worden genomen.*

6. Betrokken 'niet-cliënten'. Bij elke poging tot verandering zullen er uiteindelijk altijd personen of groepen zijn die weten wat er gaande is, die niet passen in een van de bovengenoemde cliëntcategorieën en die er belang bij kunnen hebben de poging tot begeleiding te vertragen of tot stilstand te brengen. In elk sociaal en organisatorisch milieu zullen politieke kwesties bestaan, worden machtsspelletjes gespeeld, wordt met dubbele agenda's gewerkt en bestaan tegenstrijdige doelstellingen; allemaal zaken waarvan de begeleider zich bij de planning en uitvoering van de diverse interventies bewust moet zijn.

De contactcliënt, de persoon die de adviseur als eerste heeft benaderd, brengt hem meestal in aanraking met andere leden van de organisatie die op hun beurt misschien wel met de adviseur zullen samenwerken om activiteiten te plannen voor weer andere leden van de organisatie. Naarmate het project vordert, moet de adviseur de soorten cliënten zorgvuldig uit elkaar houden, vooral de primaire cliënten die voor zijn werk betalen, de onwetende en de uiteindelijke cliënten die er de gevolgen van zullen ondervinden, en de niet-cliënten die zich zullen verzetten en zullen proberen het project te ondermijnen. De vaststelling van wat nuttig is, kan veranderen naarmate we te maken hebben met betrokken, primaire, onwetende en uiteindelijke cliënten, wat de adviseur noopt tot gebruikmaking van meeromvattende mentale modellen die het mogelijk maken te denken over netwerken, lijnen van beïnvloeding, machtsrelaties en de dynamiek van grotere sociale systemen.

'Wat': probleemniveaus en cliëntrollen

Naarmate het begeleidingsproces zich ontwikkelt, moet de adviseur ook gaan denken over een andere classificatie van cliëntrollen, gebaseerd op het probleem dat moet worden aangepakt. Dit punt is het duidelijkst besproken door Rasford en Coghlan in *The Dynamics of Organizational Levels* (1994). Binnen het door hen beschreven kader kunnen wij onderscheid maken tussen zeven niveaus van problemen of kwesties, die ieder voor zich te maken hebben met enigszins andere personen of groepen als cliënt.

1. Het individuele niveau. Dit niveau kan worden beschouwd als dat van de 'intrapsychische' problemen die iemand in de begeleidingsrelatie hebben gebracht. In een groeps- of organisatiesituatie gaat het om wat Rashford en Coghlan zien als het fundamentele probleem van de binding aan andere personen, of van het lidmaatschap van een organisatie of een bepaalde gemeenschap.

De relevantste interventies hebben in de regel te maken met iemands carrière of andere persoonlijke kwesties, en vinden doorgaans plaats tijdens persoonlijke advies-, begeleidings- of supervisiegesprekken en individuele trainingssessies. In de organisatorische context is mentoring of begeleiding er vaak op gericht de individuele medewerker te helpen een effectiever lid van de organisatie te worden. Individuele hulp in een van deze vormen kan worden verleend aan de contactcliënt, aan personen behorende tot de betrokken of de primaire cliëntsystemen, of zelfs aan leden van de populaties onwetende of uiteindelijke cliënten.

2. Het interpersoonlijke niveau. Hier gaat het om problemen of aangelegenheden die te maken hebben met de relatie tussen een persoon en andere leden van de organisatie of het cliëntsysteem. In zulke gevallen werkt de adviseur met meer dan één persoon tegelijk of houdt hij zich als hij met één persoon werkt, bezig met de *relatie* in plaats van uitsluitend met de intrapsychische aangelegenheden van die persoon. De persoonlijke context moge dan dezelfde blijven, de informatieverwerving zal in dit geval gericht zijn op de relatie die wordt onderzocht, op de rollen die de cliënt in diverse groepen vervult, en op zijn effectiviteit als teamlid. De interventies die zijn beschreven voor het individuele niveau kunnen heel goed de interventies voor dit niveau overlappen, maar in het individuele geval zal de adviseur eerder kijken naar de gevolgen die de relaties hebben voor de persoon, terwijl hij zich in het laatstgenoemde geval meer richt op de gevolgen die het gedrag van de persoon heeft voor anderen.

Sommige interventies die speciaal op dit niveau zijn afgestemd, zijn onder meer rolonderhandeling, een 'derde partij' voor het oplossen van conflicten inzetten en relatiebemiddeling zoals die gebruikelijk is bij huwelijks-of gezinstherapie. Meer gerichte en officiële interventies van deze aard worden vanzelfsprekend alleen toegepast wanneer de relatie tussen adviseur en cliënt een zodanig niveau heeft bereikt dat zij samen hebben besloten zich officieel te gaan richten op interpersoonlijke aangelegenheden.

*3. **Het interpersoonlijke groepsniveau.*** In dit geval gaat het om problemen of aangelegenheden die te maken hebben met de wijze waarop een groep of een team *als groep* functioneert. 'Interpersoonlijk' impliceert hier dat de groep zich als groep beschouwt, ook bevinden de leden ervan zich niet allemaal op dezelfde plaats of komen zij niet regelmatig in persoon bij elkaar. Als de leden zichzelf zien als mensen die met elkaar samenwerken, kan elektronische communicatie dienen als surrogaat voor interpersoonlijke communicatie. In gevallen als deze vervult de adviseur een diversiteit van begeleidende functies, uiteenlopend van nondirectieve facilitator van vergaderingen en manager van de agenda, tot zelfs begeleider bij het structureren van het werk dat de groep te verrichten heeft. De adviseur spreekt eventueel met de leden afzonderlijk om problemen of zorgen over de werkverdeling of de prioriteiten op het spoor te komen; deze personen kunnen behoren tot elk van de hiervoor genoemde typen cliënten, maar in dit geval is de aandacht gericht op de wijze waarop de groep als groep functioneert. Een groot deel van het werk dat wordt verricht onder de naam 'teamvorming' (Dyer, 1995) valt in deze categorie, en het begrip 'cliënt' kan nu worden verbreed tot de gehele groep.

*4. **Het intergroepsniveau.*** Hier gaat het om problemen of aangelegenheden die voortkomen uit de manier waarop groepen, teams, afdelingen en andere soorten organisatieonderdelen zich tot elkaar verhouden en ten behoeve van de organisatie of een groter cliëntsysteem hun werkzaamheden coördineren. De adviseur moet nu op systeemniveau interveniëren en kunnen denken in grotere interventies waarbij meer eenheden zijn betrokken.[2] Blake's *Intergroup Exercises* (Blake *et al.*, 1989) en Beckhards *Confrontation Meeting* (Beckhard, 1967) zijn voorbeelden waarin complete eenheden als 'cliëntsysteem' worden behandeld. Anderzijds kan de adviseur ook werken met de afzonderlijke leiders van de diverse afdelingen of groepen, of met een kleinere groep waarvan de leden functioneren als vertegenwoordigers van hun eenheid. De samenstelling van de cliënten zal weliswaar uiteenlopen, maar de aangelegenheden die op dit niveau aan de orde zijn, zullen altijd te maken hebben met de *coördinatie* tussen de betrokken eenheden en *de mate waarin zij met elkaar op één lijn zitten.*

Ook hier moet worden benadrukt dat bij zulke interventies wordt verondersteld dat reeds eerder relaties met leden van het cliëntsysteem tot stand zijn gekomen, waardoor de cliënten weten en begrijpen waar zij met deze meeromvattende systeeminterventies aan beginnen.

5. Het organisatorische niveau. Hier gaat het om problemen of aangelegenheden die te maken hebben met de missie, de strategie en het algeheel welzijn van het gehele cliëntsysteem, of dat nu een gezin is, een afdeling, een organisatie of een gehele gemeenschap. Ook hier weer is, ongeacht of de adviseur nu werkt met individuele leiders, groepen of combinaties van groepen, de aandacht gericht op problemen die het totale systeem aangaan. Voorbeelden hiervan zijn te vinden in een deel van de *Survey Feedback Projects* (Likert, 1961) voor de gehele organisatie, in *Weisbord's Future Search Conferences* (Weisbord en Janoff, 1995), *Open Systems Planning* (Beckhard en Harris, 1987), *Blake and Mouton's Grid od* (1969, 1989), *Ross's Integrated Strategic Change* (Worley, Hitchin en Ross, 1996), en in enkele vormen van culturele analyse – mits uitgevoerd door het topmanagement (Schein, 1992).

6. Het interorganisatorische niveau. Op dit niveau gaat het om zaken die te maken hebben met coördinatie, samenwerking en een gemeenschappelijke koers; problemen op dit terrein dienen zich aan wanneer complete onderdelen van organisaties of gemeenten samenwerkingsverbanden aangaan of interorganisatorische netwerken gaan vormen (Chisholm, 1997). De adviseur werkt dan in de regel met grote of kleine groepen vertegenwoordigers daarvan en concentreert zich, ook al werkt hij met afzonderlijke personen, op aangelegenheden die in ruimere zin het gehele netwerk betreffen. Wat deze categorie problemen onderscheidt van die tussen groepen, is dat de bovengenoemde onderdelen zelfstandig zijn en niet noodzakelijkerwijs zijn verbonden door één, meeromvattend doel of een politieke entiteit. De adviseur kan bijvoorbeeld werken met een VN-commissie, een consortium van bedrijven die zijn samengebracht voor een doel zoals 'de lerende organisatie', of een netwerk van gemeenten die samen een regionaal ontwikkelingsplan van de grond willen krijgen.

7. Het niveau van de grotere systemen. Op dit niveau ten slotte hebben wij te maken met problemen of aangelegenheden die betrekking hebben op een grotere gemeenschap of een hele samenleving, waarbij de adviseur mogelijk werkt met sociale netwerken, verzamelingen van organisaties of maatschappelijke groeperingen; het kan daarbij gaan om het welbevinden van grotere systemen en zelfs, in het geval van milieuprojecten zoals 'The Natural Step'[3] om de hele aarde.

De reden waarom ik deze typen cliëntrollen noem, is de aandacht te vestigen op de complexiteit die eigen is aan de vaststelling met welke cliënt(en) wij feitelijk te maken hebben, en tevens om erop te wijzen dat zelfs al werkt de adviseur meestentijds met afzonderlijke personen of kleine groepen, de kern van het probleem drastisch verandert wanneer bepaalde cliënten een andere rol gaan spelen. De verschillende probleemniveaus attenderen ons tevens op het feit dat de latere en vaak 'dieper gaande' interventies die voortvloeien uit de aanvankelijke diagnostische interventies, aanzienlijk andere gevolgen zullen hebben wanneer daar grotere cliëntsystemen bij worden betrokken. De reden waarom een organisatiebreed attitudeonderzoek in de meeste adviseringsmodellen als een 'interventie' worden beschouwd terwijl 'diagnostische interviews' van enkele sleutelfunctionarissen uit de directie in de regel als 'alleen maar diagnostisch' gelden, is dat de gevolgen van zo'n ruimer opgezet onderzoek en van de problemen die daarin doorgaans aan de orde worden gesteld, over een groter gebied merkbaar zijn. Het psychodynamische proces dat zich afspeelt in de relatie tussen adviseur en cliënt blijft echter in wezen hetzelfde, ook al verandert het niveau van de problematiek. Wat verandert er dan wanneer de aandacht op verandering is gericht?

Wanneer de adviseur/begeleider verder gaat dan counseling van personen of facilitering van groepsprocessen, krijgt de beantwoording van de vragen met wie hij moet werken, waarop hij zich moet richten, en wiens belangen hij in beschouwing moet nemen bij het plannen van de volgende fasen of van ingrijpende interventies, een zeer complex karakter. Om binnen het PA-model te blijven zal men over zijn taak moeten communiceren met het deel van het cliëntsysteem waarmee de adviseur op dat moment bezig is – welk deel dat ook moge zijn. De adviseur mag zich niet terugtrekken om op eigen houtje uit te zoeken wat hem vervolgens te doen staat, omdat hij voor zulke beslissingen nooit voldoende zal weten over de cultuur en de politiek van het grotere systeem. In plaats daarvan moet hij voor de beantwoording van de vraag op welk niveau hij zijn hulp moet voortzetten en welke middelen hij daarbij zal gebruiken, zo veel mogelijk betrokken en primaire cliënten bij zijn planning betrekken. Juist op dit terrein is, in plaats van zelf te proberen alles in zijn eentje te bedenken, het beginsel 'stel het probleem aan de orde' in het bijzonder van toepassing.

Een van de ethische dilemma's bij begeleiding of mentoring is – of het nu gaat om een organisatieadviseur, een manager die een ondergeschikte helpt, of iemand die een vriend tot steun wil zijn – een uitvloeisel van het feit dat de begeleider altijd te maken heeft met meer dan slechts een gedeelte van het cliëntsysteem; en daarvan kunnen sommige delen andere behoeften hebben of verwachtingen koesteren dan andere (Schein, 1996). In de managementcontext gelden deze als verschillende 'belanghebbenden' en wij erkennen dat handhaving van het evenwicht tussen deze groepsbelangen een van de kerntaken van de manager is. Managers en organisatieadviseurs kunnen dan ook van elkaar leren hoe men zich zulke meervoudige relaties kan voorstellen en hoe ze bij interventies in complexe systemen kunnen worden gemanaged.

Na deze beschrijving van de algemene cliëntcategorieën en de niveaus van cliëntproblemen, wil ik nu aandacht besteden aan enkele specifieke kwesties die zich bij elk type cliënt kunnen voordoen.

Problemen van contactcliënten en betrokken cliënten

Elk begeleidingsproces begint met een contactcliënt, die wij ons kunnen voorstellen als de eerste persoon die de adviseur ontmoet voor een bespreking van het probleem of een bepaalde aangelegenheid; daarbij doet het er niet toe of die persoon al dan niet aangeeft dat het zijn eigen probleem is waaraan iets moet worden gedaan. Om binnen het kader van de veronderstellingen die aan de PA ten grondslag liggen inderdaad hulp te kunnen bieden, moet ik zo snel mogelijk te weten komen hoe deze contactcliënt en anderen in zijn organisatie mij en mijn opvattingen over advisering zien en wat zij van mij verwachten. Ik wil vooral niet te vroeg in de arts- of expert-rol worden gedrukt, maar tegelijkertijd wil ik de contactcliënt het gevoel geven dat hij wordt geholpen, ook al hadden wij niet meer dan een kort telefoongesprek. Hier geldt het beginsel dat elk gesprek door de ander als nuttig moet worden ervaren.

Gezien deze overwegingen moet ik beginnen met algemeen explorerende vragen die de werkelijkheden van de situatie aan het licht moeten brengen en mijn onwetendheid over wat er gaande is moeten verminderen (zie hoofdstuk 3). Wat speelt zich in het hoofd van de cliënt af? Waarom heeft hij opgebeld of is hij bij mij gekomen? Waarom deed hij dat op dit moment? De redenen die de contactcliënt daarvoor opgeeft, bevatten aanwijzingen over zijn percepties, die ik kan versterken dan wel 'corrigeren':

- De contactcliënt heeft over mijn manier van adviseren een boek of een artikel gelezen.

- Hij werd door een vroegere of huidige cliënt naar mij verwezen.

- Hij werd naar mij verwezen door een collega die weet hoe ik te werk ga en weet waar mijn belangstelling naar uitgaat.

- Hij leerde mij kennen tijdens een workshop waar ik een voordracht heb gehouden.

- Hij hoorde een lezing of las een boek over een onderwerp waar ik iets over heb geschreven, zoals 'Career Anchors' (1990), of 'Organizational Culture and Leadership' (1992), en zag daarin enig verband met zijn probleemgebied.

Luisterend naar de antwoorden ga ik zo goed mogelijk bij mijzelf na of de situatie een verdergaande relatie rechtvaardigt; dat wil zeggen, of ik in de gegeven situatie uiteindelijk wel of niet kan helpen. Ik moet vaststellen of de contactcliënt en andere leden van zijn organisatie bereid en in staat zijn mee te gaan met het type gezamenlijke informatieverwerving en probleemoplossing die bij het PA-model passen, en zo niet of ik over nog andere soorten expertise beschik waaraan de cliënt behoefte heeft. Ik moet er achter komen of de bedoeling van de cliënt al dan niet constructief is, om te voorkomen dat ik onbewust een pion word in andermans politieke schaakspel.

Vanzelfsprekend kan ik op die vragen alleen maar antwoord krijgen via een reeks zorgvuldig uitgedachte vragen die zowel explorerend als nuttig zijn. Ik zal altijd moeten werken volgens het overkoepelende beginsel dat alles wat ik zeg of doe een interventie is die (zo veel mogelijk) moet worden beschouwd als nuttig voor de situatie van het moment. Mijn doel is, degene die mij opbelt het gevoel te geven dat hij niet alleen de informatie krijgt die hij wilde, maar ook enige hulp bij het denken over het probleem zelf. In de meeste gevallen zal deze hulp bestaan uit vragen waarover de contactcliënt zelf nog niet had nagedacht, of uit suggesties of aanwijzingen die de contactcliënt samen met zijn eigen nuttige interventies en aanbevelingen mee terug kan nemen naar zijn organisatie. Eén daarvan kan zijn de suggestie dat ik, als andere mogelijke cliënten in zijn organisatie de situatie verder willen onderzoeken, bereid ben met hen een uurtje te praten om te zien of het zin heeft verder te gaan, en dat ik voor dat uur een declaratie zal sturen.

Een declaratie voor zo'n oriënterend gesprek is gerechtvaardigd omdat zulke eerste besprekingen in de regel nuttige inzichten opleveren en er daarna vaak geen reden is om door te gaan. De contactcliënt en wie er nog meer bij zo'n bespreking aanwezig zijn, kunnen daarvan leren wat hun verder te doen staat, en daarbij hebben zij vaak geen verdere hulp van een buitenstaander nodig. Bovendien is het sturen van een declaratie voor zulke verkennende besprekingen een test voor de motivatie van de cliënt om hulp te ontvangen, en ten derde maak je daardoor duidelijk dat de hulp verkrijgbaar is tegen een 'uurtarief' en dat die niet tot langdurige projecten hoeft te leiden of officiële gedetailleerde contracten vereist.

Wordt het eerste contact als nuttig ervaren, dan stellen contactcliënt en adviseur *samen* een plan op voor de volgende fase, die in de regel leidt tot contacten met betrokken cliënten of rechtstreekse contacten met de primaire cliënt. In de ideale situatie is de contactcliënt tevens de primaire cliënt, maar primaire cliënten willen vaak hun problemen pas op tafel leggen wanneer de adviseur door de eerste contacten is 'gelegitimeerd'. Misschien probeert de contactcliënt uit of de adviseur al dan niet goed met de primaire cliënt zou kunnen samenwerken, en/of de primaire cliënt vraagt om een eerste gesprek om, alvorens te besluiten verder te gaan, te kijken of het tussen de adviseur en hemzelf wel 'klikt'.

Wat het probleemniveau betreft, moet de adviseur op elk niveau willen werken en de eerste contacten gebruiken om te kunnen vaststellen of het probleem op individueel niveau ligt, dan wel op interpersoonlijk, groeps- of intergroepsniveau, dan wel op het niveau van het totale systeem. Tijdens de gesprekken moet de adviseur niet alleen trachten zijn onwetendheid te verminderen, maar hij moet tevens voortdurend werken aan de relatie met elke cliënt met wie hij werkt; dit om een gemeenschappelijk diagnostisch team te vormen dat zich gezamenlijk verantwoordelijk voelt voor de volgende fasen.

De contactcliënt kan wel of niet de persoon zijn aan wiens probleem iets moet worden gedaan en die uiteindelijk de adviseur voor zijn diensten betaalt. Misschien is hij alleen maar gestuurd door iemand anders uit zijn organisatie die ofwel daarvoor geen tijd wil vrijmaken dan wel zich te ongemakkelijk voelt of te zeer in de problemen zit om rechtstreeks om hulp te vragen. Zo krijg ik nogal eens telefoontjes van personeels- of opleidingsafdelingen van ondernemingen, die namens lijnmanagers vragen of ik al dan niet bepaalde soorten advieswerk doe. Degene die opbelt, erkent dat hij een lijstje met namen voor zich heeft en aan iedereen op die lijst dezelfde vragen stelt. Wil ik op de vraag of ik al dan niet zou kunnen helpen een zinnig antwoord kunnen geven, dan zal ik toch moeten weten om wat voor soort organisatie het gaat, wat voor type lijnmanager zo'n opdracht aan een staffunctionaris zou geven, en waarom hij dat doet. Daarom beschouw ik de beller als contactcliënt en probeer ik met allerlei explorerende interventies te kunnen vaststellen of ik al dan niet door moet gaan om te achterhalen wie de betrokken of de primaire cliënt is:

'Kunt u mij over deze manager en de situatie iets meer vertellen?'
'Maakt wat er momenteel aan de hand is, inschakeling van een externe adviseur gewenst?'
'Welke positie bekleedt u in uw organisatie ten opzichte van deze manager?'

Kunt mij vertellen hoe u aan mijn naam komt, of waarom u juist mij belt?'

Mijn bedoeling bij dergelijke vragen is:

1. informatie te krijgen om verder te kunnen gaan;
2. voor de contactcliënt nuttig te zijn door vragen te stellen die misschien niet bij hem zijn opgekomen; en
3. hem een juiste eerste indruk te geven van de manier waarop ik in de advisering te werk zal gaan.

Daarom bevatten de vragen altijd enige aanwijzingen die de cliënt zelf verder kan uitwerken. Ze kunnen hem helpen bij de structurering van zijn volgende fasen. De meest voorkomende versie van deze tactiek is, de contactcliënt te vragen zelf te bedenken waarom de lijnmanager om steun vraagt en waarom hij heeft gekozen voor deze specifieke werkwijze, namelijk iemand anders een lijstje van mogelijke adviseurs te geven. Die vraag brengt de contactcliënt ertoe diagnostisch te denken en draagt ertoe bij dat hij zich eigenaar voelt van zijn deel van het probleem.

Naarmate het gesprek vordert, beveel ik de beller misschien alternatieve maatregelen aan, die hij aan de mogelijke primaire cliënt kan voorleggen: een gesprek tussen mij en de betrokken manager, een rechtstreeks telefoongesprek met die manager, of misschien gewoon nog wat vragen voor de manager over wat hem voor ogen staat. Wanneer de contactcliënt en ikzelf het er over eens zijn dat de volgende fase eruit bestaat dat deze 'betrokken cliënt' mij zelf opbelt of een gesprek met mij heeft, concentreer ik mij op het aangaan en managen van een relatie met de betrokken cliënt. Dit omvat het opstellen van een schema, tijd vrij maken voor een telefonisch of persoonlijk gesprek, besluiten waar dat gesprek zal plaatsvinden, wie daarbij moet(en) zijn, hoe lang het gesprek mag duren, en wat het doel ervan moet zijn. Merk op dat de vragen zelf de contactcliënt betrekken bij zaken van diagnostische aard en er niet alleen aan bijdragen dat hij zich verantwoordelijk voelt voor wat daarna komt, maar hem tevens helpen diagnostisch te denken.

Problemen van primaire cliënten

Een primaire cliënt is een persoon of groep met een bepaald probleem dat aanleiding was voor een hulpvraag. Een van de werkwijzen om te bepalen wie de primaire cliënt is, bestaat uit de vraag wie de kosten van de advisering draagt. Die vraag brengt in veel gevallen een complexiteit aan het licht waar de adviseur bij zijn diagnose goed over moet nadenken. Ik heb meegemaakt dat de ene hogere manager bereid was mij te betalen om *iemand anders* in de organisatie te helpen. Een specifiek geval, feitelijk mijn eerste ervaring in het organisatieadvieswerk, illustreert dit probleem.

Tijdens mijn tweede jaar als lector aan het MIT vroeg Douglas McGregor, mijn mentor, of ik samen met een collega advieswerk wilde doen bij een onderneming in de buurt. Doug had zelf geen tijd en was erop gebrand alle leden van de wetenschappelijke staf op dit terrein ervaring te laten opdoen. (Doug was volgens mijn definitie dus de contactcliënt, omdat hij door het bedrijf was benaderd.)

De opdracht was interviews te houden met het technisch personeel van het onderzoekslaboratorium van het bedrijf. Volgens de directeur Industrial Relations and Personnel schortte daar het nodige aan het moreel en wilde de directeur van het lab om iets aan de problemen te kunnen doen, weten wat er in zijn medewerkers omging. Deze directeur Personeel kende McGregor persoonlijk en had hem gevraagd zelf dat onderzoek te doen of daarvoor iemand te zoeken. De directeur Personeel had het onderzoek niet alleen goedgekeurd maar daarvoor ook zijn budget opengesteld. Hij verzekerde Doug dat de directeur van het onderzoekslaboratorium van het onderzoek op de hoogte was en er blij mee was. Al deze informatie was afkomstig van Doug, onze contactcliënt. Wij hebben de directeur Personeel zelf nooit gezien, maar spraken wel kort met de directeur van het lab; hij gaf daarbij aan met de interviews in te stemmen en zou samen met zijn technische medewerkers de procedure in gang zetten.

Na enkele maanden van zorgvuldig interviewen legden mijn collega en ik de gegevens naast elkaar en stelden wij een behoorlijk compleet rapport op over alle problemen die wij bij het technisch personeel op het spoor waren gekomen. Zoals verwacht gingen veel klachten over de wijze van leidinggeven van de directeur. Wij namen deze klachten op in een apart deel van het rapport. Op de agenda stond een feedbackvergadering met de directeur, waarbij mijn collega en ik alle gegevens uit het rapport zouden doorlopen. Wij vroegen daar twee uur voor, omdat er een hoop informatie aan de orde zou komen en wij aan de hand van diverse statistische bewerkingen heel duidelijk wilden maken hoe valide onze informatie wel was.

Mijn collega en ik stapten het bureau van de directeur binnen, overhandigden hem een exemplaar van het rapport (hij was in het bedrijf de eerste die het te zien kreeg) en begonnen terwijl hij het rapport doorbladerde aan onze presentatie. Hij zag onmiddellijk waar in het rapport zijn managementstijl aan de orde kwam, las het snel door, en onderbrak ons toen nogal nors met 'dank u' en stuurde ons vervolgens de deur uit. Wij waren krap een kwartier binnen geweest en werden door hem noch door de directeur Personeel ooit terug gevraagd. Wij zijn er nooit achter gekomen wat er na ons afscheid van de directeur, van het rapport terecht is gekomen.

Dit geval illustreert een aantal verschillende fouten die wij toe vanuit PA-standpunt hadden gemaakt, vooral waar het gaat om de vaststelling wie nu eigenlijk de cliënt is. Was dat de directeur Personeel, de directeur van het laboratorium, of misschien zelfs Doug McGregor? Allemaal hadden ze belang bij het resultaat, en allemaal hadden ze te kampen met een probleem dat moest worden opgelost. Door alvorens in actie te komen niet grondiger te informeren, kwamen wij nooit te weten welk probleem wij in ons onderzoek eigenlijk moesten behandelen. Wij wisten niet echt *waarom* Doug wilde dat wij die opdracht aannamen, en al evenmin *wat* de directeur Personeel, die ons onderzoek wilde betalen, daar in werkelijkheid mee voorhad. Was hij, om maar iets te noemen, misschien van plan de directeur van het lab te lozen en rook hij hier zijn kans? Probeerde hij invloed uit te oefenen op de wijze van leidinggeven van deze directeur en beschouwde hij het onderzoek door een buitenstaander als een uitgelezen kans om daar greep op te krijgen? Of wilde hij alleen maar een stukje organisatieontwikkeling steunen dat iemand anders hem had aangeraden?

Wij zijn er nooit achter gekomen of de directeur van het lab het project inderdaad toejuichte, ertoe was overgehaald of door de personeelsdirecteur zelfs ertoe was 'gedwongen'. Het belangrijkste van dit alles was dat wij nooit te weten zijn gekomen wat de directeur in werkelijkheid van het onderzoek had verwacht. Duidelijk was wel dat hij geen negatieve opmerkingen over zijn wijze van leidinggeven wilde horen. Wij zijn, door niet eerst uit te zoeken wie onze primaire cliënt was en deze bij de opzet van het project te betrekken, zonder enige zekerheid over de gevolgen in een hele reeks valkuilen getrapt. Ook hebben wij nooit kunnen achterhalen wat er is gebeurd met het rapport, met de directeur of met de relatie tussen de directeur Personeel en McGregor. Achteraf gezien hadden wij – door aandacht te besteden aan het feit dat het project werd betaald door de directeur Personeel – een gesprek met hem moeten forceren; dan hadden wij misschien geweten wat zijn motieven waren en waarom hij bereid was de rekening te betalen. Wij hadden moeten vragen waarom dat niet voor rekening van het lab kwam. Onze onwetendheid en ons verzuim om die bloot te leggen brachten ons tot een reeks interventies waarvan wij het effect nooit konden inschatten.

Wanneer eenmaal duidelijk is wie de primaire cliënt is, moet de adviseur met die persoon of groep actief, explorerend beginnen te informeren. Zoals uit het hiervoor besproken geval blijkt, kun je voor wat de primaire cliënt eventueel wil of nodig heeft, niet zonder meer afgaan op wat de contactcliënt of betrokken cliënten daarover zeggen. Door rechtstreeks informatie te betrekken bij de primaire cliënt wordt niet alleen de nauwkeurigheid verzekerd maar, en dat is nog belangrijker, ook een begin gemaakt met een relatie die het zowel de adviseur als de primaire cliënt mogelijk maakt gezamenlijk een diagnose van de situatie op te stellen en verdere interventies te plannen. Met in ons achterhoofd het beginsel dat de cliënt de eigenaar van het probleem is, kunnen wij de valkuil vermijden waarin de adviseur terechtkomt die op grond van informatie uit de tweede hand aanbevelingen doet en interventies pleegt. Wanneer de adviseur op eigen houtje aan de gang gaat, voelt de primaire cliënt zich misschien van een last bevrijd, wordt hij afhankelijk en ontstaat de onjuiste situatie dat het uiteindelijk een probleem van de adviseur wordt. Daarom laat ik mij alleen verwijzen naar nieuwe primaire cliënten, als de huidige met wie ik werk samen met mij daarvoor de verantwoordelijkheid neemt, en als de methode die wij samen hebben uitgewerkt om de nieuwe cliënt er bij te betrekken, ons beiden zinvol lijkt.

Problemen van onwetende en uiteindelijke cliënten

Onwetende en uiteindelijke cliënten zijn de belanghebbenden wier belangen als het erop aankomt, moeten worden beschermd, ook al hebben zij met de adviseur geen rechtstreeks contact. Het begeleidingsproces mag dus niet een primaire cliënt ten goede komen als dat duidelijk kwalijke gevolgen heeft voor enige andere groepering waar de adviseur zorg voor hoort te dragen. Wanneer mij wordt gevraagd een manager te helpen een politiek gevecht met een andere manager te winnen, behoor ik mijzelf af te vragen wat uiteindelijk het beste zal zijn voor de gehele afdeling of de gehele organisatie. Alleen wanneer ik voor mijzelf kan verantwoorden dat de uiteindelijke cliënt binnen het kader van mijn eigen waarden beter af zal zijn, zal ik deze manager kunnen helpen.

Het onderscheid dat hier wordt gemaakt tussen onwetende en uiteindelijke cliënten berust grotendeels op de mate van betrokkenheid. De onwetende cliënt is de collega, de chef of de ondergeschikte van de primaire cliënt met wie ik werk; de gevolgen van ons handelen moeten we vanwege hun (de onwetende cliënten) nabijheid direct ernstig nemen. De uiteindelijke cliënt kunnen wij ons het best voorstellen als de gehele organisatie, gemeenschap of zelfs samenleving, in die zin dat wij geen advieswerk zullen verrichten voor potentiële misdadigers of terroristen. Waar het extreme gevallen betreft, is het waardenvraagstuk gemakkelijk op te lossen, maar waar het gaat om rechtstreeks betrokken onwetende cliënten is de situatie onduidelijker en complexer. Zo hadden in het voorgaande geval mijn collega noch ik ooit serieus de mogelijkheid overwogen dat de directeur een onwetende cliënt zou kunnen zijn en dat een ongunstig onderzoeksresultaat voor hem kwalijke gevolgen zou kunnen hebben. Evenmin hadden wij er over nagedacht hoe de directeur tegen zijn technisch personeel zou optreden uit woede over de negatieve opmerkingen over zijn manier van leidinggeven. Wij hadden de interviews geanonimiseerd en dus hadden wij weliswaar op een bepaalde manier aan de bescherming van het personeel gedacht, maar zij waren in deze situatie niet de enige onwetende cliënten.

Primaire cliënten betalen rechtstreeks voor de verleende diensten. Uiteindelijke cliënten ondervinden wel de gevolgen van het onderzoeksresultaat, maar weten misschien niet eens dat er iets gaande is. Daarom moet de adviseur aan de hand van zijn eigen professionele criteria vaststellen wie de onwetende en uiteindelijke cliënten zijn. Het probleem dient zich nog sterker aan bij een manager die als adviseur optreedt. Moet bijvoorbeeld een manager op een hoger niveau een ondergeschikte manager helpen zijn ondergeschikten uit te buiten? Moet een verkoopmanager zijn vertegenwoordigers helpen ten koste van hun klanten betere transacties af te sluiten? Moet een organisatieadviseur een onderneming helpen bij een voor de plaatselijke gemeenschap duidelijk schadelijke sluiting van een fabriek?

Vragen als deze zijn nooit gemakkelijk te beantwoorden, maar belangrijk is wel ze bij alle begeleidingsrelaties serieus te nemen. Het komt dus hier op neer dat wij, telkens wanneer wij mensen helpen, ons in feite aansluiten bij de doelstellingen en waarden waar *zij* voor staan. Wij kunnen ons dan ook later, wanneer onze hulp kwalijke gevolgen blijkt te hebben voor andere delen van de organisatie of voor andere groepen, niet onttrekken aan de verantwoordelijkheid daarvoor.

In mijn eigen functie van manager, namelijk als vakgroepvoorzitter, kreeg ik vaak met deze vraagstukken te maken wanneer het ging om de belangen van de vakgroep en de studenten. Wanneer leden van de wetenschappelijke staf mij vroegen hen te helpen bij de organisatie van projecten, onderwijsschema's of adviesbezoeken die in mijn ogen schadelijk waren voor de belangen van de studenten, moest ik besluiten wanneer de studenten als uiteindelijke cliënten belangrijker waren dan de faculteitscollega's die mijn primaire cliënten waren. Wanneer zulke problemen zich aan mij opdrongen, bleek de beste interventie altijd te zijn, ze meteen ter tafel te brengen zodat ook de cliënt het probleem op zijn bord kreeg. In dat geval konden wij samen nagaan hoe wij tegemoet konden komen aan zowel de behoeften van de primaire cliënt als de belangen van de onwetende en uiteindelijke cliënten.

Doelen van cliëntbeïnvloeding, en de impact van niet-cliënten

In veel adviseringsprojecten doet zich een groot dilemma voor wanneer een persoon, groep of afdeling het doel is van pogingen tot verandering, maar als die persoon of de leden van zo'n onderdeel bij zichzelf helemaal geen behoefte aan hulp onderkennen. Zij kunnen zelfs onwetende cliënten zijn in die zin, dat zij niet eens weten dat iemand zijn aandacht op hen heeft gericht. Zo'n situatie doet zich doorgaans voor wanneer de informatieverwerving bij betrokken, primaire en zelfs contactcliënten aan het licht brengt dat het probleem schuilt bij persoon A of afdeling B, waar wij geen rechtstreeks contact mee hebben.

Wanneer deze doelen van beïnvloeding zich op een lager hiërarchisch niveau bevinden dan dat van de cliënt, verwacht men vaak dat de adviseur daar uit eigen beweging naar toe gaat en op een of andere manier contact opneemt. Zo hadden wij ons in het hierboven genoemde geval nooit afgevraagd hoe het kwam dat het technisch personeel met ons wilde praten, en wij dachten er evenmin aan dat zij door hun betrokkenheid bij het onderzoek, eveneens cliënt werden. Wanneer het doel zich op een hoger niveau bevindt of door zijn geografische positie niet kan worden bereikt, lopen wij vaak vast en moeten wij concluderen dat het project niet uitvoerbaar is. Interne consultants zijn soms zeer creatief in het omgaan met zulke situaties, zoals blijkt uit de onderstaande beschrijving van een grote bankinstelling.

Frank, directeur Organisatieontwikkeling (OO) bij de Apex-bank, wilde een nieuw teambuilding programma introduceren dat bij andere banken zeer succesvol was gebleken. De president-directeur (CEO) van de Apex-bank was echter zeer conservatief en uiterst terughoudend, wat Frank deed concluderen dat hij een rechtstreeks voorstel voor het programma wel kon vergeten. Het had echter ook geen zin, te proberen het programma zonder instemming en steun van de president-directeur van de grond te krijgen.

Het probleem was dus, hoe de president-directeur, het 'doel' van de verandering, tot meedoen te bewegen en cliënt te worden. Frank bestudeerde een tijd lang het gedrag van de president-directeur en kwam tot de conclusie dat die zeer geïnteresseerd was in de prestaties van Apex vergeleken met die van andere banken. Ook kende Frank Mary, directeur OO van de Beta-bank, waar het teambuilding programma goed vorderde maakte. Hij wist tevens dat de president-directeuren van Apex en Beta elkaar vaak ontmoetten, en dus sprak Frank met Mary af dat tijdens een van de volgende CEO-lunches van de beide president-directeuren de CEO van Beta het teambuilding programma van zijn bank ter sprake zou brengen en zou vertellen hoeveel succes dat had gehad. Er vonden nog meer van zulke lunches plaats, en na enige tijd vroeg de CEO van Apex Frank ook zo'n teambuilding programma bij zijn bank op te zetten.

Als de situatie zich niet voor dit soort managementmanipulatie leent, moeten de adviseur en zijn rechtstreekse cliënt het probleem samen zien op te lossen en uitzoeken hoe zij de persoon die zij op het oog hebben tot cliënt kunnen maken. Vanuit PA-standpunt kan dit alleen worden gedaan door zich op een of andere wijze voor de doelpersoon of doelgroep nuttig te maken, en dat vereist een proces van informatieverwerving waaruit moet blijken of het 'doel' van deze operatie hulp kan gebruiken en zo ja welke. Voor het eerste contact dat noodzakelijk is om die informatie te krijgen heeft de adviseur vaak de hulp van de cliënt nodig. Zo kan de interne consultant de manager die het doel vormt vragen of hij de adviseur ergens aan wil laten werken en zo ja waaraan. Een aanbod om iets te doen aan de problemen van degene om wie het in wezen gaat, schept de mogelijkheid een relatie op te bouwen die het in een later stadium mogelijk maakt informatie te krijgen over andere terreinen waarvan de betrokkene zich aanvankelijk misschien niet bewust was of geen zin had daar eens grondig naar te kijken.

En hoe staat het dan met de niet-cliënten, de leden van de organisatie die wel zien wat er gebeurt maar zich ertegen willen verzetten? De meest voorkomende versie van dit probleem doet zich voor wanneer adviseurs worden binnengehaald om te helpen een technische of culturele verandering te implementeren, die door sommige leden van de organisatie wordt gezien als een verkapte manier om hen van hun macht of zelfs hun functie te beroven. In dergelijke gevallen zijn de adviseurs misschien productief en met een voldaan gevoel bezig de ene groep te helpen met de opzet en uitvoering van een programma dat hun uiterst zinnig voorkomt, om vervolgens tot de ontdekking te komen dat ze van een andere groep niets dan weerstand en tegenwerking te verwachten hebben. Een productiviteitsprogramma waarin plaats is ingeruimd voor de betrokkenheid van de medewerkers bij de inrichting van hun werkzaamheden, wordt misschien bestreden door de vakbonden omdat die het beschouwen als een manier om het personeel voor hetzelfde loon harder te laten werken. Veel 'job enlargement programma's' ondervinden verzet van het personeel omdat men eigenlijk best tevreden is met het huidige routinewerk. Veel onderzoeken of pogingen tot teamvorming stuiten op weerstand omdat ze eerder worden opgevat als pogingen om mensen uit te buiten dan om hen te helpen.

In al die gevallen moet de adviseur nagaan wat op den duur nuttig zou kunnen zijn en moet hij met de categorie niet-cliënten op een constructieve manier omgaan. Dat kan inhouden dat hij een beter communicatiekanaal moet zijn, de dialoog en het wederzijds begrip tussen de tegenstanders moet bevorderen, moet verduidelijken waar het feitelijk om gaat, en er voor moet zorgen dat de huidige primaire cliënt de gevolgen van de tegenstand volledig begrijpt. Wanneer dit eenmaal duidelijk is, kunnen adviseur en primaire cliënt gezamenlijk besluiten hoe verder te gaan.

De kennis van en de ervaring met zulke organisatieprocessen spelen bij de oplossing van dergelijke problemen een belangrijke rol, omdat oppositiegroepen vaak reeds voor het plegen van ingrijpende interventies kunnen worden opgespoord. Een van de belangrijkste functies die ik zelf vervul wanneer managers ingrijpende veranderingen voorstellen, is die waarin ik hen 'dwing' na te denken over wie ervan zullen profiteren, wie zich erdoor bedreigd zouden kunnen voelen en wie zich tegen de veranderingen zouden kunnen verzetten. Op grond van zulke analyses kunnen wij dan interventies voorbereiden waarbij met al die groepen belanghebbenden rekening wordt gehouden.

Conclusies en implicaties

Het belangrijkste wat over cliënten kan worden gezegd, is dat de adviseur altijd duidelijk voor ogen moet hebben wie op elk willekeurig moment de cliënt is, daarbij onderscheid makend tussen contactcliënten en betrokken cliënten, en tussen primaire, onwetende en uiteindelijke cliënten, en niet-cliënten. Je vergeet maar al te gemakkelijk wie je cliënt is, vooral wanneer je als adviseur al enige tijd in een organisatie werkt of met verschillende business units bezig bent.

Ten tweede moet de adviseur altijd beseffen dat vooral de onwetende en uiteindelijke cliënten en de niet-cliënten al naargelang het niveau van het probleem dat aan de orde is, van categorie kunnen veranderen. Zo kan persoonlijke samenwerking met de president-directeur het karakter hebben van counseling in een privé-aangelegenheid waaraan voor anderen nauwelijks consequenties zijn verbonden, of hulp inhouden bij de implementatie van een belangrijke strategische maatregel die gevolgen heeft voor alle leden van de organisatie en de gemeenschap daaromheen.

Ten derde is het in beide gevallen noodzakelijk dat, wanneer naar de mening van de adviseur de volgende fasen implicaties hebben die belangrijk zijn voor anderen, deze implicaties ook aan de orde komen en er voor wordt gezorgd dat de primaire cliënt zich daarvan volledig bewust is en bereid is ze voor zijn rekening te nemen. Het is volkomen gepast om bij contactcliënten, primaire en betrokken cliënten de vraag te stellen 'Wie is hier de *echte* cliënt?' Uiteindelijk is het voor zowel henzelf als de adviseur nuttig wanneer zij over deze vraag helder kunnen nadenken.

Case 4.1 *Cliëntcomplexiteit in Multi Company*

De cliëntcomplexiteit in een lopend project wordt het best geïllustreerd met een samenvatting van mijn werk voor Multi Company, een Europees chemieconcern met een aantal divisies waarvoor ik verscheidene jaren lang diverse advieswerkzaamheden heb verricht (Schein, 1985). Dit geval illustreert niet alleen de problemen van de cliënt, maar ook de verschillende functies die de adviseur moet vervullen en de manier waarop het advieswerk verschuift van persoonlijke kwesties via groepsproblemen tot zaken die de gehele organisatie betreffen.

Het begon met een telefoontje van dr. Peter Stern, de directeur managementontwikkeling, die mij vroeg op de over een half jaar te houden jaarlijkse bijeenkomst van de vijfenveertig topmanagers van Multi een seminar te houden. Ik zei voorlopig ja, omdat ik Stern op een eerder seminar van mij had ontmoet. Hij overtuigde mij ervan dat een soortgelijke presentatie voor de onderneming zeer relevant zou zijn, en mijn belangstelling werd gewekt omdat dit een mogelijkheid bood in contact te komen met de topmanagers van een grote multinationale organisatie.

Voordat de zaak rond was, moest ik echter nog een gesprek hebben met president-directeur Richard Maier, om te zien of wij het eens konden worden over het doel van de presentatie en omdat ik wilde weten of Maier kon instemmen met de wijze waarop ik tegen de bijeenkomst aankeek. Er werd een aparte reis georganiseerd waarop ik Maier zou ontmoeten, die nu dus de betrokken cliënt zou worden. Wij bereikten overeenstemming over de doelstellingen, constateerden dat wij met elkaar overweg konden en vonden daarom allebei dat de zaak kon doorgaan.

De volgende fase was een gesprek een maand later met de directeur opleidingen, Otto Kunz, verantwoordelijk voor de opzet en de leiding van de jaarvergaderingen. Hij werd tevens de primaire cliënt voor de ontwikkeling van een gedetailleerd plan waarin de tijd en de vorm van mijn presentaties werden vastgelegd, alsmede de juiste plaats ervan in de jaarvergadering. Zijn verlangens moesten echter in overeenstemming worden gebracht met wat Maier mij had genoemd als het fundamentele doel van mijn voordrachten. Tevens werd Kunz mijn adviseur voor de organisatie van mijn sessies, om ervoor te zorgen dat ze relevant zouden zijn voor de problemen die in die periode bij Multi aan de orde waren, en om de presentatie een vorm te geven die paste binnen de cultuur van Multi.

Tijdens die jaarvergadering sprak ik met een groot aantal andere managers. De leden van de raad van bestuur waren duidelijk potentiële primaire cliënten, evenals enkele divisiedirecteuren en regiodirecteuren. In al deze relaties waren de beide doelstellingen, namelijk informatieverwerving en een helpende houding, mijn criteria om te bepalen hoe ik met iedere nieuwe persoon zou omgaan. Tijdens de jaarvergadering lette een planningsgroep onder leiding van Stern – waarvan de president-directeur en verscheidene leden van de raad van bestuur deel uitmaakten – op het verloop van de bijeenkomst en bracht zo nodig wijzigingen aan. Mij werd gevraagd erbij te komen om hen hierbij te helpen, waardoor zij voor dit doel als groep mijn primaire cliënt werden.

Wat mijn feitelijke presentatie betrof, was de gehele vijfenveertig man sterke groep mijn primaire cliënt in die zin, dat zij eigenaar waren van het probleem waar mijn seminar op was gericht. Tijdens deze jaarlijkse bijeenkomst schoten afzonderlijke deelnemers mij aan, waardoor zij stuk voor stuk voor hun specifieke probleem eveneens primaire cliënt werden. Na de bijeenkomst vroeg Maier mij de onderneming te blijven adviseren om haar meer innovatief te maken. Hij noemde zichzelf, de raad van bestuur en Stern als mijn primaire cliënten, en vroeg Stern tijdens mijn bezoeken de tijd in te delen, waardoor Stern wederom contactcliënt werd.

Naarmate dit scenario zich verder ontrolde, werkte ik op den duur met het topmanagement, diverse leden van de raad van bestuur afzonderlijk, en met de deelnemers aan de twee volgende jaarvergaderingen. De onderneming als geheel was duidelijk één uiteindelijke-cliëntniveau, terwijl verscheidene afdelingen die de gevolgen van bepaalde projecten zouden ondervinden onwetende cliënten waren – vooral toen de onderneming begon met de afslanking van verschillende divisies. Stern en Kunz behielden hun beide rollen van primaire cliënt en contactcliënt, doordat zaken als managementontwikkeling en opleidingen in de latere adviseringsfasen centraal kwamen te staan. Ook diverse andere managers werden zowel contactcliënt als primaire cliënt, doordat zij rechtstreeks met mij spraken over het bijwonen van vergaderingen of hulp vroegen voor specifieke problemen.

De jaarvergadering leidde tot de oprichting van een stuurgroep die een plan moest ontwikkelen om de onderneming weer goed op de rails te zetten; een van de onderdelen daarvan was de afslanking van een aantal divisies met gelijktijdige verhoging van de winstgevendheid van andere divisies. De stuurgroep stelde vijfentwintig verschillende taakgroepen in, en sommige voorzitters daarvan vroegen mij om steun bij de organisatie van hun project. In deze relaties stond de gehele onderneming als cliënt duidelijk centraal, ook al werkte ik bij een bepaalde opdracht samen met de taakgroepvoorzitter.

Stern wilde eveneens het gehele loopbaanontwikkelingssysteem herzien en riep mij als expert te hulp voor de opzet van een onderzoeksproject, bedoeld om de loopbaan van de top 200 executives te bestuderen om zo te bepalen welke patronen van internationale en cross-functionele overplaatsingen binnen de onderneming het meest succesvol waren. Zorgvuldige documentatie van deze gevallen leidde tot enkele opmerkelijke inzichten over het belang van internationale overplaatsingen, wat weer tot een ingrijpende verandering in het overplaatsingsbeleid van executives leidde.

De les die ik uit deze onderneming kon trekken, was dat ik steeds opnieuw moest kijken naar mijn relatie met iedere persoon met wie ik bij Multi te maken kreeg, en dat ik moest blijven letten op de verschillende gevolgen die mijn interventies konden hebben voor andere delen van het cliëntsysteem. Als ik die gevolgen niet helder voor ogen kreeg, legde ik het probleem op tafel, en wel door insiders bij de vragen of problemen te betrekken in plaats van zelfstandig beslissingen te nemen.

Ook leerde ik dat ik tegenover de diverse cliënten met wie ik te maken had vele rollen moest spelen. De ontdekking dat samen met een adviseur gezien worden voor de betrokkenen verlies aan status betekende, heb ik in deze organisatie opgedaan. Ook kwam ik er in al die jaren dat ik met hen werkte achter hoe sterk de norm kan zijn dat de adviseur een expert/arts is; men gaf er altijd de voorkeur aan dat ik mijn mening gaf en aanbevelingen deed. Pas na vele ervaringen met het PA-model begon men de waarde van procesinterventies, gezamenlijke informatieverwerving en gezamenlijke diagnosestelling in te zien.

Case 4.2 *Advisering van adviseurs – de adviseurs van Jackson Strategy Consultants*

Een interessant voorbeeld van een uiteindelijke cliënt deed zich voor tijdens een project waarin ik deel uitmaakte van een groep faculteitsleden. Onze taak was, door onze deelname aan vormingsseminars voor adviseurs een advieskantoor voor strategiebepaling effectiever te laten functioneren. Een aantal faculteitsleden werkte met verscheidene senioradviseurs samen op terreinen zoals marketing, financiën, personeelsaangelegenheden en adviseringstechnieken. De faculteitsmedewerkers zouden daarvoor onderzoeksinformatie leveren en de adviesgroep helpen deze informatie te gebruiken ter verbetering van het instrumentarium dat zij hanteerden bij de analyse van de cliëntproblemen.

Ik moest binnenkomen als expert op het gebied van advieswerk en processen. Tijdens mijn afzonderlijke gesprekken met leden van dit kantoor en in groepsseminars behandelden wij zaken als hoe te achterhalen wat de cliënt echt wil, hoe de organisatiecultuur van de cliënt eruit ziet, en hoe de adviseur de relatie kan optimaliseren. Ik droeg de concepten aan en zij zorgden voor cases, die wij gebruikten om nieuwe analyse-instrumenten te bespreken.

De basisregels waren duidelijk, namelijk dat de faculteitsmedewerkers alleen rechtstreeks met de cliënten in contact zouden komen als daar zeer speciale redenen voor waren. Als gevolg hiervan zou elke hulp aan de uiteindelijke cliënten (de ondernemingen waar Jackson voor werkte) plaatsvinden via de adviseurs van Jackson. Oppervlakkig gezien leek dit overduidelijk, maar het onopgeloste probleem was de vraag, of de wetenschappelijk medewerkers die de adviseurs trainden iets te zeggen hadden over de soort cliënten die Jackson zou aannemen en of wij daarin wel iets te zeggen zouden moeten hebben. Ik volgde deze gang van zaken door te letten op mijn eigen reacties op de voorbeelden die de adviseurs van Jackson naar voren brachten. Hun cases en de wijze waarop zij deze in het algemeen benaderden, voldeden in het algemeen aan mijn criteria voor adequate begeleiding, waardoor het vraagstuk dan ook zonder conflicten werd opgelost.

Deze case verschilt van de vaker voorkomende situatie waarin een trainingsadviseur of 'schaduwadviseur' optreedt; de faculteitsgroep sprak af het hele adviesbureau te helpen effectiever te functioneren. Als het bureau daarna mensen zou aannemen met andere waarden dan de onze, of cliënten zou aannemen die onze instemming niet hebben, zouden wij op wat daarna gebeurde geen greep meer hebben. Ik hield de gang van zaken van moment tot moment in de gaten, totdat de Jackson-adviseurs voldoende cliëntenmateriaal hadden geleverd om zo'n beoordeling mogelijk te maken.

Oefening 4.1

Wie is de cliënt (tijd: een tot twee uur)

1. Organiseer een gesprek met een of twee anderen, collega-adviseurs of, als u manager bent, collega-managers.
2. Laat de afgelopen twee jaar de revue passeren en laat ieder van de groepsleden een of twee situaties noemen waarin u anderen hebt geholpen.
3. Neem elk geval stuk voor stuk door en probeer het te reconstrueren; daarbij gaat het om de vraag wie de contactcliënten, de betrokken cliënten, de primaire cliënten, de onwetende en de uiteindelijke cliënten (of doelpersonen) waren. Hebt u problemen met de onderbrenging in de juiste categorie, ga dan na welke implicaties deze onduidelijkheden hebben.
4. Ga voor elk geval na in welke mate u rekening hield met de behoeften van de onwetende en de uiteindelijke cliënten (of doelpersonen), en op welke wijze dit uw gedrag heeft beïnvloed.
5. Welke lessen trekt u uit een analyse van deze gevallen?

Deel II

Het blootleggen van verborgen krachten en processen

Een effectief begeleider worden, vereist een filosofie zoals beschreven in deel I, heel veel praktijk en een werkzame *theorie*. Met theorie bedoel ik mentale modellen van de manier waarop de wereld in elkaar zit, modellen die ons helpen hetgeen er gebeurt te zien, te begrijpen, te vereenvoudigen, te verklaren, te voorspellen en te beheersen. Goede bedoelingen en motivatie alleen zijn onvoldoende. De bekwame begeleider/adviseur moet enig inzicht hebben in psychologische, interpersoonlijke, organisatorische, interorganisatorische en groepsprocessen die invloed hebben op alles wat met mensen te maken heeft. Een van die modellen zagen wij in hoofdstuk 2, waarin wij enkele van de psychologische processen in een begeleidingsrelatie bespraken. Inzicht ontstaat uit een combinatie van zo'n 'theorie' en de praktijk, door het leren van concepten en door te leren hoe deze concepten uitwerken in de feitelijke begeleiding aan personen, groepen en grotere organisatieonderdelen of hele gemeenschappen. Met alleen praktijk kunnen wij echter niet volstaan.

Een groot deel van de krachten die invloed uitoefenen op het resultaat van een relatie is verborgen of moeilijk zichtbaar te maken. Wie een effectiever begeleider wil worden moet, om deze verborgen krachten op te sporen en zichtbaar te maken, niet alleen beschikken over een groter vermogen om te zien en te horen wat er gaande is maar ook over een grotere persoonlijke flexibiliteit om daarop in te spelen beschikken. Een van de belangrijkste functies van procesadvisering is: het onzichtbare zichtbaar te maken – maar dat is allesbehalve simpel en er bestaat ook geen voor de hand liggende methode voor. Volstaan met de cliënt te vertellen wat er aan de hand is, werkt bijna nooit, omdat onze culturele veronderstellingen, onze afweer en onze perceptuele voorkeuren ons beletten te zien wat buiten ons is en wat zich in onszelf afspeelt. De expert of de arts kan een briljante diagnose stellen met daarin alles wat er gebeurt, die toch door de cliënt volkomen verkeerd wordt begrepen doordat zowel de mogelijkheid als de bekwaamheid ontbreken om eruit wijs te worden.

De eerste maatregel om dingen zichtbaar te maken is dan ook:
1. de omstandigheden scheppen die de cliënt *motiveren* grondiger te kijken, en
2. de cliënt te helpen *hoe hij moet kijken*.

Zoals beeldend kunstenaars moeten leren zien wat zij op anderen willen overbrengen, zo moeten wij als probleemoplossers leren zien wat wij willen creëren, verbeteren of herstellen. Wij hebben allemaal behoefte aan het gevoel greep op ons eigen bestaan te hebben, en toch hebben wij vaak het gevoel dat de dingen tussen onze vingers doorglippen, dat wij het slachtoffer zijn van sociale omstandigheden of het optreden van anderen – onderhevig zijn aan iets wat wij niet kunnen beïnvloeden. Bij het gevoel de zaken niet in de hand te hebben, geven wij vaak onszelf de schuld, in plaats van te beseffen dat een groot deel van wat met ons gebeurt het resultaat is van krachten en structuren waarvan wij geen notie hebben. Sommige van deze krachten zijn uitvloeisels van culturele veronderstellingen die wij hebben geleerd en die nu structuur geven aan ons denken; wij hebben evenwel vergeten dat wij ze hadden *geleerd* en dat ze niet reeds van nature in ons aanwezig waren. Andere krachten zijn het gevolg van de sociale structuren en systemen waarbinnen wij zijn opgenomen. Ook zijn enkele systemen het gevolg van de structurele complexiteit van ons denken en onze persoonlijkheid, van ons onderbewustzijn, en van de wijze waarop ons brein en ons lichaam nu eenmaal in elkaar zitten.

In de twee volgende hoofdstukken zal ik een aantal concepten en modellen bespreken die mij hebben geholpen te begrijpen wat er, wanneer twee of meer mensen een bepaalde relatie aangaan, onder de oppervlakte gebeurt. Deze 'verborgen krachten' worden vooral relevant wanneer de ene persoon probeert de andere te helpen. In hoofdstuk 5 richten wij onze aandacht om te beginnen op wat er *in ons hoofd* gebeurt. Vervolgens analyseer ik in hoofdstuk 6 de *culturele* krachten die bepalend zijn voor de essentiële patronen en regels volgens welke persoonlijke relaties verlopen, en verklaar ik enkele van de psychodynamische processen van de begeleidingsrelatie zoals die in hoofdstuk 2 aan de orde zijn gekomen.

5 Intrapsychische processen

Het belangrijkste wat in elke relatie moet worden begrepen, is wat zich *in iemands hoofd, en vooral in ons eigen hoofd*, afspeelt. Als in een relatie de betrokkenen hun eigen gevoelens, voorkeuren, percepties, vervormingen en impulsen niet kunnen waarnemen en determineren, kunnen zij ook niet zeggen of hun acties en interventies zijn gebaseerd op waarnemingen van de werkelijkheid of alleen maar op hun eigen behoefte om zichzelf te beschermen of te verdedigen. Om te begrijpen wat er in ons hoofd gebeurt en hoe dit ons waarneembare gedrag beïnvloedt, hebben wij behoefte aan een vereenvoudigend model van in wezen uiterst ingewikkelde processen. De complexiteit van intrapsychische processen is een gevolg van het feit dat ons zenuwstelsel tegelijkertijd een gegevens verzamelend systeem, een verwerkingssysteem en een proactief opererend managementsysteem is. Dat wil zeggen, wij observeren (O), reageren emotioneel op hetgeen wij hebben waargenomen (R), analyseren, verwerken en komen op grond van waarnemingen en gevoelens tot een beoordeling (B), en wij vertonen waarneembaar gedrag om iets te laten gebeuren: wij interveniëren (I).[1] (In het Engels: Observation (O), Emotional Reaction, (R), Judgment (J) en Intervention (I). Afkorting in het Nederlands levert ORBI op.)

In zijn eenvoudigste vorm kunnen wij dit laten zien als een sequentieel circulair model, zoals weergegeven in figuur 5.1. Hoewel echte intrapsychische processen zich niet volgens zo'n simpele, logische volgorde voltrekken, maakt dit model het ons mogelijk gedetailleerder de complexiteit te analyseren van wat zich in ons brein afspeelt, in welke valkuilen wij terechtkomen en hoe dit onze interventies meer of minder effectief maakt.

Figuur 5.1
De basis van de ORBI-cyclus

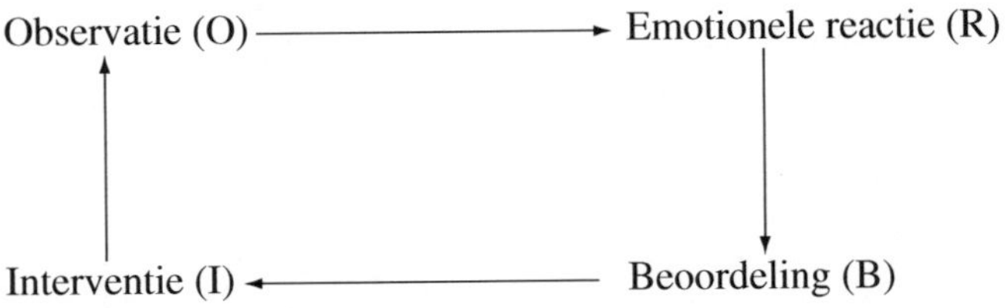

Observatie (O)

Observatie behoort een nauwgezette registratie via al onze zintuigen te zijn van hetgeen zich in onze omgeving feitelijk afspeelt. Het zenuwstelsel is in werkelijkheid proactief, door vele voorgaande ervaringen geprogrammeerd om de binnenkomende gegevens te filteren. Wij zien en horen min of meer wat wij ‘verwachten’ of waarop wij op grond van eerdere ervaringen ‘anticiperen’, en wij houden een groot gedeelte van de potentieel beschikbare informatie tegen als die niet past bij onze verwachtingen, vooronderstellingen en reeds klaar liggende beoordelingen. Wij zijn geen passieve registreerders van informatie, maar selecteren uit de beschikbare gegevens de dingen die wij kunnen verwerken en classificeren; dit zowel gebaseerd op onze taal en onze cultureel geleerde concepten als op wat wij wensen en wat wij nodig hebben. Wat dramatischer uitgedrukt: wij denken en spreken niet over hetgeen wij hebben gezien, maar wij zien waarover wij kunnen denken en spreken.

Psychoanalytische en cognitieve theorieën hebben ons laten zien hoe uitgebreid perceptuele vervormingen kunnen zijn. De afweermechanismen van *ontkenning* (weigeren bepaalde categorieën informatie die betrekking op onszelf hebben waar te nemen) en *projectie* (in anderen dingen zien die feitelijk op onszelf van toepassing zijn) zijn daarvan misschien wel de duidelijkste voorbeelden. Ook is echter aangetoond dat onze behoeften onze waarnemingen vervormen, zoals wanneer onze dorst ons in de woestijn allerlei verschijnselen als oase laat zien. Teneinde te kunnen omgaan met de ‘werkelijkheid’, naar objectiviteit te streven, te proberen de dingen te zien zoals ze werkelijk zijn (wat beeldend kunstenaars trachten te doen wanneer zij realistisch willen tekenen of schilderen), moeten wij de aanvankelijke vervormingen waartoe ons waarnemingssysteem in staat is en waarschijnlijk ook zal aanbrengen, begrijpen en moeten wij proberen ze te verminderen.

Sommige psychologen schrijven dit ‘vermogen om te zien’ toe aan de verschillen in functioneren tussen de rechter- en de linkerhersenhelft, en voeren aan dat de ‘kritische’ linkerhersenhelft voor een groot deel van die verkeerde percepties verantwoordelijk is. Die theorie past bij hetgeen veel leraren beeldende kunst zeggen, namelijk dat wij niet beter kunnen tekenen doordat wij in feite niet zien wat wij tekenen; wij tekenen zoals wij denken dat de dingen er uit moeten zien.[2] Zo ook betogen sommige sportpsychologen dat ons kritische brein verstorend werkt op ons 'natuurlijke' vermogen om dingen te doen, zoals dat gebeurt wanneer een tennisser zichzelf ervan overtuigt dat hij een bepaalde slag niet haalt en die dus inderdaad mist.[3] Leren waarnemen is dus: leren welke valkuilen een heel verleden van ervaringen en leren voor ons heeft gegraven, en te leren deze te vermijden. De adviseur kan niet met de werkelijkheid omgaan als hij niet kan leren nauwkeurig waar te nemen wat er gaande is; hetgeen betekent dat hij, om zijn eigen vooroordelen, stereotypen en vooronderstellingen te identificeren, in contact moet komen met zijn eigen verleden.

Reactie (R)

Het moeilijkste aspect van het leren over onze eigen emotionele reacties is, dat wij ze vaak helemaal niet in de gaten hebben. Wij ontkennen gevoelens of vinden ze zo doodgewoon dat wij ze in feite al hebben kortgesloten en rechtstreeks overgaan tot beoordelingen en acties. Wij voelen ons misschien angstig, boos, schuldig, verlegen, vrolijk, agressief of gelukkig – en toch beseffen wij pas dat wij ons zo voelen wanneer iemand anders vraagt hoe wij ons voelen of wanneer wij de tijd nemen om na te denken over wat er met ons aan de hand is.

Gevoelens spelen op elk moment van ons leven een grote rol, maar wij leren al vroeg in ons bestaan dat er veel situaties zijn waarin gevoelens moeten worden beheerst, onderdrukt, overwonnen en op allerlei andere manieren moeten worden uitgeschakeld of ontkend. Wanneer wij leren welke rollen passen bij ons geslacht en ons werk, en wanneer wij in een bepaalde cultuur worden gesocialiseerd, leren wij welke gevoelens aanvaardbaar zijn en welke niet, wanneer het gepast is om zijn gevoelens te uiten en wanneer niet, wanneer gevoelens 'goed' zijn en wanneer ze 'slecht' zijn.

In onze cultuur leren wij eveneens dat gevoelens geen invloed behoren te hebben op ons oordeel, dat gevoelens een bron zijn van vervormingen; en krijgen wij te horen dat wij niet impulsief op onze gevoelens mogen afgaan. Paradoxaal genoeg draait het er echter vaak op uit dat wij *het sterkst* gevoelsmatig handelen wanneer wij ons het minst van onze gevoelens bewust zijn, terwijl wij onszelf al die tijd om de tuin leiden met de gedachte dat wij uitsluitend zorgvuldig op ons oordeel afgaan. Ook zijn wij maar al te vaak volkomen blind voor de invloed die onze gevoelens op ons oordeel hebben.

Krachten waarvan wij ons niet bewust zijn, kunnen niet worden beheerst of gemanaged. Als wij kunnen leren te achterhalen wat onze echte gevoelens zijn en waar ze vandaan komen, hebben wij de keuze er al of niet aan toe te geven. Als wij ze niet kennen of niet weten waardoor ze worden veroorzaakt zijn wij er de facto het slachtoffer van. Niet de impulsiviteit als zodanig leidt tot moeilijkheden, maar het handelen naar impulsen die niet bewust worden begrepen en daardoor niet worden beoordeeld voordat wij de handeling plegen die ons in moeilijkheden brengt. Bij gevoelens gaat het er dan ook vooral om, manieren te vinden om ermee in contact te komen om het gebied van onze keuzevrijheid te kunnen uitbreiden. Het is voor adviseurs essentieel dat zij kunnen vaststellen welke gevoelens zij koesteren – dit zowel om eenzijdige reacties te voorkomen als om deze gevoelens te kunnen gebruiken als diagnostische indicatoren voor wat er in de cliëntrelatie misschien aan de hand is.

Beoordeling (B)

Wij zijn voortdurend bezig met gegevensverwerking en analyse, waardebepaling en beoordeling van informatie. Dit vermogen tot analyseren alvorens in actie te komen, is wat mensen in staat stelt uitgekiend gedrag voor het bereiken van complexe doelstellingen te vertonen, en deze gedragingen tot ver in de toekomst vol te houden. Het plannen maken voor wat nog komen moet en onze acties daarop af te stemmen is een van de cruciaalste aspecten van de menselijke intelligentie.[4]

Essentieel is natuurlijk het vermogen tot logisch redeneren. Alle analyses en beoordelingen die wij maken, zijn echter niet meer waard dan de gegevens waarop ze zijn gebaseerd. Als de gegevens waarvan wij gebruik maken verkeerd zijn waargenomen of door onze gevoelens zijn vervormd, gaan wij met al onze analyses en beoordelingen toch nog de mist in. Het heeft dus weinig zin verfijnde plannen en analyses op te stellen, als wij geen aandacht besteden aan de manier waarop de informatie die wij daarbij gebruiken wordt verkregen en welke vertekeningen er in kunnen zitten. Analyses helpen ons evenmin wanneer wij onbewust onze redeneringen verdraaien in de richting van onze emotionele reacties. Aangetoond is dat wij zelfs onder de best mogelijke condities slechts beperkt rationeel kunnen functioneren en systematisch cognitieve fouten maken; wij zullen dus op zijn minst moeten trachten de informatie die het eerst bij ons binnenkomt zo min mogelijk te vervormen.[5] Voor adviseurs is de belangrijkste implicatie hiervan, dat zij al vanaf het begin moeten beseffen dat ons vermogen tot redeneren beperkt is en nooit beter kan zijn dan de gegevens waarmee wordt gewerkt.

Interventie (I)

Nadat wij eenmaal een beoordeling hebben gemaakt, gaan wij tot handelen over. De beoordeling hoeft daarvoor niet meer te zijn dan het 'besluit' tot handelen op grond van een emotionele impuls, maar toch is het een beoordeling en het is gevaarlijk zich dat niet te realiseren. Met andere woorden, wanneer wij impulsief handelen, wanneer wij als het ware reflexmatige reacties vertonen, lijkt het wel alsof wij het rationele redeneerproces kortsluiten. Wat wij in feite doen is niet kortsluiten, maar te veel geloof hechten aan een eerste waarneming en onze emotionele reactie daarop. Reflexmatige reacties die ons in problemen brengen, zijn interventies die het gevolg zijn van beoordelingen op grond van onjuiste gegevens – maar daarom hoeven de beoordelingen zelf niet onjuist te zijn. Als iemand mij aanvalt en ik reageer daarop met een onmiddellijke tegenaanval, kan dat een zeer valide en gepaste interventie zijn. Maar als ik het verkeerd heb gezien en de betrokken persoon mij helemaal niet aanviel, lijk ik door mijn tegenaanval de agressor, wat kan leiden tot een ernstige verstoring van de communicatie tussen ons. Als adviseur moet ik mijzelf herhaaldelijk voorhouden dat alles wat ik zeg of doe een interventie is die gevolgen met zich meebrengt.

Laten we eens kijken naar een typisch voorbeeld dat zich vaak in groepsbijeenkomsten voordoet.

In de groepsbijeenkomst waaraan ik deelneem, zit ook Steve, iemand die mij tijdens vorige bijeenkomsten voortdurend dwars zat of het met mij oneens was. Als ik ergens iets over zei, had Steve daar onmiddellijk iets tegenin te brengen. De cyclus zou nu als volgt kunnen verlopen:

Observatie – Steve valt mij aan door in te gaan tegen wat ik te berde bracht. Misschien ben ik mij er niet van bewust dat ik hetgeen Steve zegt als tegenwerping beschouw omdat ik dat verwacht, en ik beschouw een tegenwerping als een aanval omdat ik ook verwacht te worden aangevallen.

Reactie – Ik voel mij gespannen en als gevolg daarvan word ik kwaad omdat ik altijd wordt aangevallen of tegenwerpingen te horen krijg. Ik krijg het gevoel echt terug te vechten om mijn eigen positie heel duidelijk te maken. Waar ik mij misschien niet van bewust ben, is dat mijn emotionele reactie nu gebaseerd is op de motieven die ik Steve toeschreef, en niet op wat zijn motieven misschien feitelijk waren. En misschien ben ik mij er evenmin van bewust dat mijn gespannen reactie op mijn perceptie te worden aangevallen, weliswaar valide is maar dat er naast kwaadheid en tegenaanvallen nog andere manieren zijn om daarmee om te gaan. Ik besef misschien niet dat die kwaadheid in zekere zin een keuze van mij is, en geen automatisme.

Beoordeling – Ik kom tot het oordeel dat Steve ongetwijfeld met mij concurreert om de status in deze groep, en dat ik hem niet kan toestaan mij naar beneden te halen. Ik zal mijzelf moeten laten gelden om mijn positie te verdedigen. Maar misschien heb ik wat dit betreft niet in de gaten hoe deze ogenschijnlijk geheel logische conclusie is gebaseerd op de aanname die het gevolg is van mijn eerdere interpretatie van wat ik meende te zien en van mijn specifieke emotionele reactie daarop. Als ik nu naar deze beoordeling handel, kan dat wel of niet gepast zijn, want ik weet feitelijk niet of mijn aanvankelijke observatie juist was.

Interventie – Ik boor Steve's opmerking meedogenloos de grond in, waarna hij zich afvraagt wat er aan de hand is en nu maar moet zien wat hij met zijn eigen ORBI-cyclus aan moet. Als zijn reactie ook onvoorspelbaar is, kom ik er nooit meer achter wat er is gebeurd, doordat ik mij er niet van bewust ben hoe mijn eigen vooronderstelling heeft geleid tot een interventie die misschien helemaal niets met Steve's bedoelingen te maken had.

Reconstructie achteraf van de ORBI-cyclus brengt vaak aan het licht dat iemands oordeel weliswaar logisch is, maar berust op 'feiten' die al dan niet juist kunnen zijn, waardoor het resultaat misschien helemaal niet logisch is. Hieruit volgt dan ook dat de eerste fase het gevaarlijkste deel van de cyclus is, omdat wij daarin attributies en vooroordelen creëren in plaats van ons zo veel mogelijk te concentreren op wat er echt gebeurde. Wanneer wij zeggen dat iemand 'emotioneel' in plaats van logisch handelde, bedoelen wij doorgaans dat zijn optreden niet paste bij de situatie zoals wij die zien. Wij hadden geen kennis van de gegevens die het door ons waargenomen gedrag van deze persoon rechtvaardigden. Wanneer wij later met die 'emotionele' persoon spreken, komen wij vaak tot de slotsom dat dit gedrag vanuit zijn standpunt bezien rationeel en logisch was, dat die persoon iets 'waarnam' wat hem gepast deed reageren. Als het gedrag al niet passend was, kwam dit niet doordat het niet rationeel was, maar doordat het was gebaseerd op onjuiste waarnemingen in de beginfase.

Een sprekend voorbeeld van dit proces werd onlangs genoemd door een manager tijdens een van onze intensieve managementontwikkelingsprogramma's. Dave (de manager) was intensief bezig met de voorbereiding op een financieel examen dat hij de volgende ochtend moest afleggen. Hij sloot zich thuis op in zijn eigen 'hok' en vroeg zijn zesjarige kind hem niet te storen. Een half uur later kwam het toch binnen en stoorde Dave bij zijn studie. Dave werd meteen nijdig omdat hij had gezegd dat hij niet gestoord wilde worden en zijn 'waarneming' van die binnenkomst was dat het kind iets deed wat hij had verboden. Dave vond zijn boosheid volkomen gepast (beoordeling) en strafte het kind door te schreeuwen dat hij niet gestoord mocht worden (interventie).

Later merkte Dave dat het kind volkomen van streek was, zich terug trok en op andere manieren sterker reageerde dan Dave gerechtvaardigd achtte. Deze nieuwe waarneming bezorgde hem een nieuw gevoel, ditmaal van spanning en bezorgdheid over zijn kind, wat hem tot het oordeel bracht dat hij moest zien te achterhalen wat er aan de hand was. Dave besloot zijn vrouw een paar dingen te vragen (interventie). Deze vragen maakten de tweede cyclus rond.

Dave hoorde nu dat het kind op verzoek van zijn vrouw hem was komen vragen of hij koffie wilde en om hem welterusten te zeggen (nieuwe observatie). Het horen van deze verklaring bezorgde Dave een schuldgevoel en hij schaamde zich nu omdat hij zo uit zijn vel was gesprongen. Hij kwam tot het oordeel dat hij toen verkeerd had gedaan door zo overhaast te handelen en besloot nu dus om zich tegenover het kind te excuseren en het weer goed te maken.

In dit geval kreeg Dave de kans om zijn eerdere fout goed te maken en, toen hij merkte hoezeer hij de situatie verkeerd had beoordeeld en hoe dit had geleid tot zijn onjuiste interventie, zichzelf er in te oefenen voortaan eerst de juistheid van zijn observatie te controleren alvorens in situaties 'emotioneel' te reageren. Hij ontdekte dat emoties niet automatisch tot uiting komen, maar dat zij zijn gebaseerd op wat wij waarnemen en dat als wij onze waarnemingen kunnen controleren wij in zulke gevallen ook onze emoties in de hand kunnen houden. Merk echter op dat wij vaak niet net als Dave een tweede kans krijgen. Dan ontdekken wij niet dat wij het verkeerd hebben gezien en komen wij er mogelijk *nooit* achter waardoor ons optreden niet tot de gewenste reacties heeft geleid. De belangrijke les die wij hieruit kunnen trekken is in de eerste plaats een realistischer kijk op de ORBI-cyclus, en een beter vermogen om te 'zien' en na te denken over wat wij zien, alvorens oordelen te vellen en meteen in actie te komen. Adviseurs moeten zich niet alleen geestelijk van dit proces bewust zijn, zij moeten ook hun cliënten helpen begrijpen hoe zulke processen hen misschien hebben gebracht tot niet bij de situatie passend gedrag; daarnaast moeten zij hen helpen realistischer te denken over het verband tussen perceptie en gedachten enerzijds, en gevoelens en gedrag anderzijds.

De meer realistische ORBI-cyclus

Als wij het zojuist besprokene nu in beeld brengen ziet dat er meer uit zoals in figuur 5.2.

Valkuil nummer 1. Onjuiste perceptie. Tengevolge van vooronderstellingen, verwachtingen, afweermechanismen of onterechte attributies nemen wij niet juist waar wat er gebeurde of waardoor het gebeurde.

Valkuil nummer 2. Onjuiste emotionele reactie. Een onjuiste reactie kan twee oorzaken hebben: (1) een onjuiste perceptie van hetgeen er gebeurde of waarom het gebeurde (valkuil nummer 1), en onszelf 'toestaan' op onze interpretatie emotioneel te reageren zonder te beseffen dat dit is gebaseerd op onjuiste gegevens; of (2) wij hebben geleerd emotioneel te sterk te reageren op valide gegevens of een emotionele reactie te vertonen die op zichzelf onjuist is, zoals op een liefdevol gebaar te reageren met angstige gespannenheid of met woede.

Valkuil nummer 3. Analyse en beoordeling op grond van onjuiste gegevens of verkeerde logica. Ook hiervan bestaan twee versies. (1) Na eenmaal onze waarneming en onze emotionele reactie als juist te hebben aanvaard (valkuilen 1 en 2), kunnen wij nog steeds correct redeneren maar wanneer de gegevens

Figuur 5.2 Een meer realistischer beschrijving van de ORBI-cyclus

Doel: 1. leren *binnen jezelf* onderscheid te maken tussen observatie, reactie, beoordeling en handelingsimpulsen (interventies plegen);
2. de *vooringenomenheden* onderkennen in de manier waarop je in elk van deze processen te werk gaat.

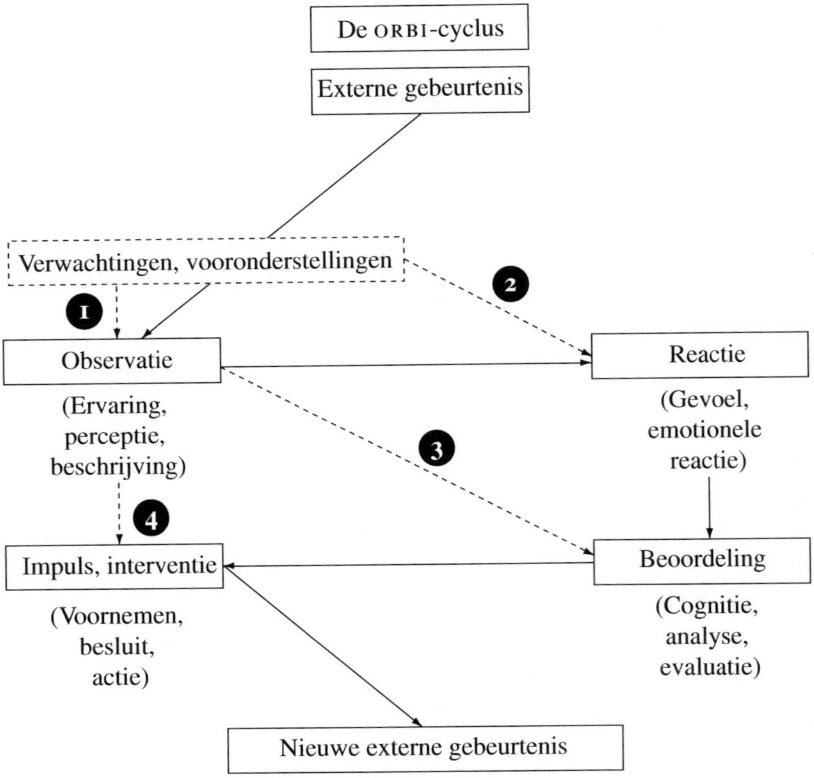

Valkuilen:

1 Onjuiste perceptie

2 Onjuiste emotionele reactie

3 Rationele analyse op grond van onjuiste gegevens

4 Interventie op grond van onjuiste gegevens

onjuist waren toch nog met een verkeerd resultaat uit de bus komen. Of (2) onze redenering kan onjuist of onlogisch zijn doordat wij ons niet bewust zijn van onze cognitieve vertekening of onze redeneerfouten.

Valkuil nummer 4. Interventie op grond van ogenschijnlijk juiste, maar in feite ondeugdelijke gegevens. Als wij onszelf toestaan in actie te komen zonder de hele cyclus nog eens te controleren en er over na te denken – dus na te gaan of onze observatie en onze emotionele reactie juist en adequaat waren – kunnen wij weliswaar rationeel handelen maar toch de situatie verergeren.

Merk op dat de valkuilen cumulatief werken en dat wij na in de eerste te zijn beland, vanzelf in de overige terechtkomen. Wij moeten echter leren onze eigen besluitvorming en ons handelen voldoende te overdenken en te ontrafelen, om de gehele cyclus te kunnen zien en te kunnen vaststellen op welke punten daar iets aan moet worden gedaan. Ook hier moet de adviseur deze processen weer mentaal kunnen volgen en zijn cliënten kunnen helpen zulke valkuilen in hun eigen mentale processen te ontdekken.

Hoe valkuilen te vermijden

Communicatiestoornissen, gekwetste gevoelens en verstoorde relaties zijn vaker het gevolg van het terechtkomen in de hiervoor genoemde valkuilen, dan van kwaadaardige bedoelingen. De manager die omgaat met zijn ondergeschikten, de adviseur met zijn cliënten en het groepslid met zijn collega's – allemaal moeten zij zich scherp bewust zijn van de valkuilen die in intrapsychische processen op hen liggen te wachten, en allemaal moeten zij zich enkele procedures eigen maken om deze valkuilen te vermijden of te dichten.

Onderkennen van mogelijke oorzaken van verkeerde percepties

Er zijn op zijn minst drie verschillende soorten verkeerde perceptie waar wij zeker naar moeten kijken:

1. Als vanzelfsprekend ervaren culturele veronderstellingen. In verschillende culturele contexten kan een en hetzelfde gedrag verschillende dingen betekenen. In de ene organisatie kan het cultureel gepast zijn om over van alles en nog wat te discussiëren; in een andere organisatie is het cultureel aanvaardbaar om het in het openbaar altijd eens te zijn met een hoger geplaatste. Wanneer ik als adviseur een van deze beide gedragingen interpreteer binnen het kader van mijn eigen culturele veronderstellingen in plaats van die van hen, kom ik tot een verkeerde interpretatie van de betekenis ervan, reageer ik verkeerd en pleeg ik verkeerde interventies. Case 5.1 aan het eind van dit hoofdstuk illustreert dit nog eens.

2. Eigen defensieve filters of vertekeningen. Bepaalde soorten gedrag van anderen kunnen vanwege mijn eigen waarneming altijd worden voorzien van een bepaalde betekenis. Zo kan ik elke tegenwerping opvatten als een aanval, of elk stilzwijgen als blijk van instemming, omdat ik 'er behoefte aan heb' om het zo te zien. Als adviseur moet ik mijn gedrag gedurende enige tijd volgen en moet ik proberen van anderen corrigerende feedback te krijgen om de systematische vertekeningen op te sporen in de manier waarop ik de dingen waarneem. Wanneer ik eenmaal weet welke die vertekeningen zijn, kan ik er meer op bedacht zijn de dingen eerst te controleren voordat ik erop reageer.

3. Situatieverwachtingen op basis van voorgaande ervaringen. Wanneer ik een bepaalde situatie of persoon al vele malen eerder heb meegemaakt, kan ik gaan geloven dat ik weet wat ik kan verwachten. In dit geval bestaat de potentiële bron van verkeerde percepties voornamelijk uit wat iemand uit het verleden heeft geleerd, en dat is misschien wel het moeilijkst vatbaar voor correctie omdat dit het 'ontleren' of negeren van eerder opgedane 'kennis' vereist. Om helpend adviseur te kunnen zijn, is voor mij een zo objectief mogelijke instelling essentieel en moet ik rekening houden met de mogelijkheid dat situaties en mensen inderdaad kunnen veranderen. Daarom moet ik zo goed mogelijk blijven waarnemen, zelfs in situaties waarin ik al 'weet' wat ik te verwachten heb. *Ik moet leren mijn onwetendheid bloot te leggen.*

De eenzijdigheid van de eigen emotionele reacties aan het licht brengen

Wanneer ik systematisch de neiging vertoon om op een bepaalde emotionele manier te reageren op bepaalde soorten gegevens moet ik, om in elke willekeurige situatie de juistheid ervan te kunnen beoordelen, weten waar die eenzijdigheid in schuilt. Wanneer ik bijvoorbeeld de neiging heb om telkens wanneer een cliënt het met mij oneens is of mij vertelt dat ik er helemaal naast zit defensief en kwaad te reageren, moet ik inzien dat dit een eenzijdige neiging is en moet ik leren dat gevoel te beheersen of te compenseren door iets anders. Dat is vooral belangrijk wanneer mijn oordeel mij vertelt dat het adviseringsproces niet bepaald wordt geholpen door een ruzie met de cliënt. Een defensieve opstelling en kwaadheid zijn echter niet altijd verkeerd. Soms is zoiets een adequate reactie, maar om een keuze te kunnen maken en te kunnen besluiten wat in een gegeven situatie het gunstigst is, zullen wij moeten weten waar onze eenzijdigheid schuilt.

Opsporen waar in onze beoordelingen en redeneringen culturele veronderstellingen een rol spelen

Redeneren en oordelen vellen is geen cultuurvrij proces. De cultuur voorziet ons van aannames die ons vertellen hoe wij moeten redeneren en welke conclusies wij uit welke gegevens moeten trekken. Als wij onze veronderstellingen niet kennen, is onze redenering misschien vanuit ons standpunt gezien wel juist, maar kunnen wij vanuit andermans standpunt bezien de plank toch nog misslaan. Zulke fouten zijn vaak het gevolg van onze stilzwijgende veronderstellingen over tijd en ruimte.[6] Ik kan bijvoorbeeld met een cliënt een gesprek 'onder vier ogen' willen hebben. In mijn culturele context kan de privacy worden gegarandeerd door een stil hoekje in een groot kantoorgebouw, maar mijn cliënt kan privacy definiëren als iets wat plaatsvindt achter gesloten deuren en buiten het zicht van wie ook. Als ik zijn definitie van privacy niet ken, begrijp ik mogelijk niet waarom hij zich nog steeds niet op zijn gemak voelt wanneer ik probeer met hem in een open kantooromgeving een gesprek aan te knopen, ook al kan geen mens ons horen.

Een ander voorbeeld. Als in mijn cultuur op tijd komen een kenmerk is van efficiëntie en respect voor de volle agenda van anderen, voel ik mij misschien beledigd als mijn cliënt mij na het afgesproken tijdstip nog een kwartier laat wachten. In de cultuur van mijn cliënt kan een kwartier later dan afgesproken echter nog steeds correct zijn. Hij gaat er misschien van uit dat wij allebei anderen net zo lang laten wachten als wij willen, en dit (kwartier) is dan zijn manier om zijn respect voor het belang van onze bespreking uit te drukken. Dergelijke culturele valkuilen komen zo vaak voor en zijn zo moeilijk op te sporen, dat we in elk begeleidingsproces er goed voor moeten zorgen samen te werken met anderen die de plaatselijke cultuur kennen.

Zo organiseerde ik in Mexico eens een seminar voor twee groepen bankemployés. Een van de managers daar was mijn cliënt. Tijdens het seminar vroeg hij mij of ik een beschrijving wilde geven van de diverse soorten interventies in de organisatieontwikkeling. Nadat ik een beschrijving had gegeven van een oefening met twee groepen waarbij elke groep haar eigen zelfbeeld moest ontwikkelen en een beeld moest geven van de andere groep, vroegen zowel mijn cliënt als een van zijn collega's of ik hen wilde laten zien hoe dat feitelijk in zijn werk ging. Ik ging ervan uit dat zij een duidelijker illustratie wilden door het zelf te proberen, en was mij er niet van bewust dat zij deze oefening wilden om een belangrijke kwestie tussen hen op te lossen.

De oefening bracht aan het licht dat de groep van mijn cliënt allesbehalve weg was van zijn manier van leiding geven; toen dit duidelijk werd bracht dit de andere manager tot het voorstel, een groot aantal functies van mijn cliënt aan hem over te dragen. Dat leidde tot een fikse ruzie en ik verloor mijn greep op de bijeenkomst doordat de groep plotseling overschakelde op het Spaans en weigerde zich te houden aan de afspraak uitsluitend Engels te spreken. Het eind van het liedje was dat mijn cliënt door deze oefening zowel zijn gezicht als zijn politieke macht had verloren; ik had te laat in de gaten gekregen dat ik bij hun voorstel om die oefening te doen, hun motieven volkomen verkeerd had ingeschat.

Wat logisch en rationeel is, hangt zeer sterk af van stilzwijgende veronderstellingen die ergens diep in ons zijn opgeslagen, veronderstellingen die zo ingebakken zijn dat wij ze vanzelfsprekend vinden. Het is daarom zeer noodzakelijk en ook juist, overdenkingsprocedures te ontwikkelen die ons ertoe brengen de dingen die wij doodgewoon vinden nog eens onder de loep te nemen en zelfs ter discussie te stellen.

Zorg voor systematische controleprocedures

Expliciet doorvragen. De belangrijkste manier om valkuilen te vermijden is zo goed mogelijk te controleren of onze observaties, reacties en redeneringen al dan niet juist zijn. Dit kan door meer vragen te stellen, meer waarnemingen te doen alvorens een interventie te plegen, door de eigen waarnemingen te vergelijken met die van anderen, en door de cliënt te laten weten wat men heeft waargenomen. Hoewel het vaak vervelend kan zijn te moeten zeggen: 'Laat ik eens even kijken of ik u goed begrijp. U zegt nu...' of 'Ik hoor u zeggen dat... Heb ik u zo goed begrepen?' is dit soms absoluut noodzakelijk.

Zwijgen als interventie. Een van de belangrijkste interventies waartoe men kan besluiten, is te blijven zwijgen en te blijven waarnemen wat er gebeurt. Actief luisterend blijven zwijgen lijkt dan misschien geen interventie, het kan in feite cruciaal zijn om het risico van verkeerde percepties, onjuiste emotionele reacties en eenzijdige oordelen zo gering mogelijk te maken. Terwijl wij moeite doen om niets te zeggen maakt hetgeen wij horen en zien vaak duidelijk welke nadere gegevens wij nodig hebben om een reactie te vertonen die het proces beter vooruit helpt. De vader uit het eerdere voorbeeld die bij zijn studie werd gestoord, had slechts enkele seconden hoeven wachten om te ontdekken dat het kind alleen maar kwam om hem welterusten te zeggen en koffie aan te bieden.

Zwijgen is vaak zelfs adequaat wanneer een rechtstreekse vraag wordt gesteld. Ik heb meer dan eens gemerkt dat als ik treuzelde met mijn antwoord of zogenaamd in gedachten met mijn pijp bezig was, de ander weer doorging en soms zelfs zijn eigen vraag beantwoordde of zijn verhaal voortzette op een manier waaruit bleek dat hij niet echt op een antwoord van mij zat te wachten.

Een onderzoekende instelling behouden. De beste algemene bescherming tegen het gevaar van valkuilen is een onderzoekende instelling, de wens om uit te zoeken wat er nu echt aan de hand is, de vastbeslotenheid te luisteren en te helpen, in plaats van actief de eigen impulsen en gevoelens te volgen voordat je weet of die al dan niet juist zijn. Een van de belangrijkste verschillen tussen de drie adviseringsmodellen is, dat in het expertisemodel en het arts/patiëntmodel minder nadruk wordt gelegd op een naar informatie zoekende attitude en de verleiding groter is ervan uit te gaan dat men de oplossing wel weet. In het PA-model wordt ervan uitgegaan dat, omdat uiteindelijk alleen de cliënt het probleem kan oplossen, de adviseur of de manager die dit model hanteert met een gerust hart een informerende opstelling kan en moet blijven innemen; hij weet immers dat deze rol op den duur tot de beste oplossing zal leiden.

Conclusie

Adviseurs moeten om in een situatie te kunnen helpen, interventies plegen. *Geen* interventie plegen is onmogelijk, want ook zwijgen is op zichzelf al een interventie. Willen die interventies bij de situatie passen en nuttig zijn, dan moeten ze berusten op accurate observatie, gepaste emotionele reacties, en een wijze van redeneren die een weerspiegeling is van wat de cliënt waarneemt en van de wijze waarop de cliënt redeneert (of deze beide aspecten ten minste tot op zekere hoogte in de interventie betrekken). Dit alles vereist enig zelfinzicht, dat het best wordt verkregen door tegenover zichzelf en anderen een waarachtige informatiegerichte houding te handhaven. Zelfinzicht ontstaat niet vanzelf. Het vereist conceptuele instrumenten zoals het ORBI-model, een informatiegerichte instelling, en tijd om al dan niet met behulp van anderen na te denken en de dingen te analyseren.

Het aanleren van vaardigheden in het waarnemen en overdenken vereist de nodige discipline: je moet de tijd nemen om te leren zien en na te denken over wat je ziet. Zoals een beeldend kunstenaar een studie moet maken van de kenmerken van hetgeen hij straks gaat tekenen of schilderen, zo moet de begeleider, om zich een zo getrouw mogelijk beeld van zijn werkelijkheden te vormen, zowel zijn cliënten als de situatie en zijn eigen reacties bestuderen. Zorgvuldig luisteren en zich actief van het waargenomene een mentaal beeld vormen, zijn van deze actieve informatieverwerving belangrijke elementen; en wel in die zin dat daardoor onze aandacht geconcentreerd wordt op hetgeen werkelijk gaande is, en zo veel mogelijk wordt voorkomen dat wij door irrelevante zaken worden afgeleid. De eigen onwetendheid blootleggen door *actief* te zoeken naar wat je niet weet, is als het erop aankomt een van de belangrijkste procesinstrumenten waarover wij beschikken.

Case 5.1 *Selectie van managers bij Esso Chem Europe*

In dit voorbeeld kan ik met een gerust hart de naam van het bedrijf noemen, omdat niemand er schade van ondervindt en hetgeen hieronder wordt beschreven meer dan twintig jaar geleden plaatsvond. Wij zien hier enkele dramatische gevolgen van het onvermogen zowel de eigen culturele vervormingen als de gevolgen daarvan voor managementbesluiten te 'zien'.

Een intern consultant vroeg mij hem te helpen met een project om te onderzoeken hoe het kwam dat de prestatiebeoordelingen van oudere managers systematisch teruggang vertoonden met de leeftijd. Ter voorbereiding op dit project zou ik de maandelijkse vergaderingen van het topmanagement van deze onderneming bijwonen, omdat daarin de veelbelovende kandidaten werden besproken en loopbaanplannen voor hen werden opgesteld. (De leeftijdgebonden resultaten komen later aan bod; hier gaat het om de wijze waarop het topmanagement omging met de vraag welke veelbelovende managers geschikt waren om later in hun midden te worden opgenomen.)

In verscheidene vergaderingen ging het met name om het probleem dat men geen Europese managers kon vinden die goed genoeg werden geacht om tot het topmanagement te worden toegelaten. Deze situatie was des te vreemder als men bedenkt dat deze dochteronderneming al haar activiteiten in Europa ondernam. Het topmanagement, de eigen raad van bestuur dus waarin men enkele Europeanen wilde opnemen, bestond uit twaalf – allemaal Amerikaanse – managers. De bespreking van de kandidaten verliep volgens een systematische procedure waarbij elke veelbelovende manager grondig onder de loep werd genomen. Mijn rol was die van toehoorder, om te leren hoe het proces functioneerde.

Een aantal kandidaten was Amerikaan, en hun beoordeling verliep routinematig. Toen men aan de eerste Europese kandidaat toekwam, begon ik door te krijgen wat er aan de hand was. Deze kandidaat was de directeur van de Italiaanse dochteronderneming van het bedrijf. Het topmanagement besprak zijn beoordelingen, en het potentieel dat daaruit kwam was zeer hoog; toch aarzelde men om hem een goede kandidaat te noemen. Terwijl men zo worstelde met de eigen aarzelingen bracht een van de leden naar voren dat deze kandidaat weliswaar zeer bekwaam maar ook 'zeer emotioneel' was. Hij liet zich bij zijn beslissingen soms door zijn emoties leiden en gaf ook tijdens directievergaderingen te vaak blijk van zijn gevoelens. De implicatie hiervan was dat hij vanwege zijn 'emotionaliteit' onvoldoende 'objectief' zou zijn om in een senior managementfunctie adequaat te kunnen functioneren. De Amerikanen in deze groep hechtten zeer veel waarde aan hun eigen 'emotievrije objectiviteit' en beschouwden die als een van de belangrijkste capaciteiten waarover een lid van het topmanagement diende te beschikken.

Het kwam nooit bij hen op om eens kritisch na te denken over hun aanname dat voor zo'n functie iemand nodig was die on-emotioneel was, en evenmin dat hun onvermogen een Europeaan te vinden die voor hun niveau goed genoeg was, een rechtstreeks gevolg was van de wijze waarop zij de functie-eisen hadden vastgesteld. De groep was terechtgekomen in de valkuil van twee culturele veronderstellingen waarvan zij zich niet bewust was:

1. dat je om lid van het topmanagement te kunnen zijn geen emoties mag hebben, en

2. dat Europese managers die emoties toonden minder bekwaam waren dan hun on-emotionele Amerikaanse collega's.

Ik werd niet geacht in dit proces tussenbeide te komen en moest dus volstaan met waar te nemen wat er gebeurde. Het is echter interessant te speculeren over de vraag wat ik zou hebben gezegd of had moeten zeggen wanneer de groep mij had gevraagd iets over dit proces te zeggen. Wat zou in deze situatie een nuttige interventie zijn geweest?

Oefening 5.1

De valkuilen in de eigen ORBI-cyclus opsporen

1. Denk terug aan een recente gebeurtenis uit het verleden waarin uw eigen gedrag leidde tot een ongewenst of onvoorzien resultaat.
2. Reconstrueer tot in details wat u voorafgaand aan uw interventie had waargenomen, welke emotionele reactie u daarop vertoonde, hoe uw beoordeling eruit zag, en via welke redenering u kwam tot de door u gekozen interventie (datgene dus wat u feitelijk deed). Zet, om uzelf te dwingen concreet te worden, elk van deze fasen op papier.
3. Probeer te achterhalen waar u in deze cyclus mogelijk bent uitgegleden.
4. Vraag als u geen fouten kunt vinden een collega naar u te luisteren terwijl u stap voor stap de gebeurtenis doorloopt, en kijk of uw collega in hetgeen u zag, voelde, dacht of deed een fout kan ontdekken.
5. Doe dit met verscheidene gebeurtenissen waarbij u een bepaald gedrag vertoonde, om op deze wijze systematische fouten in uw percepties, uw gevoelens, uw beoordelingen en uw interventies op het spoor te komen.

6 Interpersoonlijke dynamiek: culturele regels voor communicatie en interactie

In dit hoofdstuk besteden wij aandacht aan een andere categorie onzichtbare krachten die hun invloed doen gelden tijdens het directe contact van mensen die met elkaar trachten te communiceren en een relatie op te bouwen. Oppervlakkig beschouwd is dat niet meer dan een uitwisseling van informatie en meningen. In werkelijkheid echter is de persoonlijke communicatie tussen mensen een enorm ingewikkeld, interactief ballet waarin via verschillende kanalen en met verschillende bedoelingen verschillende betekenissen worden overgebracht. Sommige aspecten van deze complexiteit bespraken wij reeds in hoofdstuk 2, waarin wij de psychodynamica van het begeleidingsproces analyseerden. Het begeleidingsproces is echter slechts één van de interactie- en communicatievormen; daarom moeten wij nu kijken naar de meeromvattende aspecten van het communicatieproces en naar de verborgen culturele krachten die daarin een rol spelen, en moeten wij bovendien proberen ze ook nog te begrijpen.

Waarom communiceren mensen eigenlijk met elkaar?

In onze ogen zijn communicatie en menselijke interactie vanzelfsprekend en beschouwen wij mensen die geen zin hebben in communicatie of interactie als zonderlinge kluizenaars die zelfs als bedreigend worden ervaren. Waarom communiceren wij en waarom is dat voor ons een normaal onderdeel van het mens-zijn? Tabel 6.1 bevat een overzicht van verscheidene afzonderlijke functies van de communicatie.

Tabel 6.1 Zes functies van de menselijke communicatie

1. Om onze behoeften te vervullen
2. Om te weten hoe anderen in elkaar zitten
3. Om wijs te worden uit onduidelijke situaties
4. Om voordelen te behalen
5. Om samenwerkingsrelaties aan te gaan
6. Om onszelf te manifesteren en te begrijpen

1. *Om onszelf en onze behoeften aan anderen bekend te maken en daardoor onze behoeften en aspiraties te kunnen bevredigen.* Wij hebben al van kindsbeen af in de gaten dat wij afhankelijk zijn van anderen en dat wij, om onze behoeften te kunnen bevredigen, moeten leren met hen te communiceren.

2. *Om er achter te komen hoe anderen in elkaar zitten, om hen te leren kennen.* Eveneens in onze vroegste jeugd leren wij al dat anderen een bron van behoeftenvervulling en bedreiging en, misschien wel het belangrijkste van al, een mysterie zijn. Wij proberen met hen te communiceren om dat mysterie te lossen, om hen te begrijpen en om op grond van dat inzicht te kunnen bepalen hoe wij op hen moeten reageren. Dit thema speelt een zeer grote rol in verhalen over buitenaardse wezens en het onlosmakelijk aan hen verbonden probleem hoe met hen te communiceren.

3. *Om door uitwisseling van percepties en gedachten wijs te worden uit onduidelijke situaties.* Het leven confronteert ons met een onophoudelijke stroom nieuwe gegevens die om zingeving vragen. Zodra wij met anderen een gemeenschappelijke taal hebben, gebruiken wij die om gezamenlijk te achterhalen wat er gebeurt en wat dit voor ons betekent. Waar moet ik op stemmen? Is die afdeling voor ons wel of niet bedreigend? Wat bedoelde Jane met haar opmerkingen? Wat betekenen die lagere omzetcijfers? Wanneer wij de gesprekken tussen mensen analyseren, ontdekken wij dat een groot deel daarvan is gewijd aan een gemeenschappelijke poging ergens wijs uit te worden, te achterhalen wat er aan de hand is, en de situatie zo te definiëren dat wij weten hoe daarin te handelen.

4. *Om voordelen te behalen door situaties aan te passen aan onze eigen behoeften, om anderen ergens toe over te halen, hun iets te verkopen, hen te overtuigen of hun iets te leren.* Wij communiceren niet alleen om de zin

van iets te ontdekken maar ook om situaties zo te structureren dat wij er voordeel uit kunnen trekken. Wij weten vaak wat wij willen en dus communiceren wij op een manier om onze wensen zo goed mogelijk te verwezenlijken. Misschien gebruiken wij daarvoor formele retorische methodieken of manipuleren wij de situatie op allerlei manieren om onze verborgen agenda afgewerkt te krijgen, maar om onze doelstellingen te realiseren bedienen wij ons in elk geval van een of andere vorm van communicatie.

5. *Om via voor onszelf nuttige samenwerkingsrelaties met anderen, meer voor elkaar te krijgen dan wij in ons eentje zouden kunnen klaarspelen.* Wij communiceren om samenwerkingsrelaties tot stand te brengen, om hulp te zoeken, hulp aan te bieden, en teams te vormen; wij beseffen namelijk dat wij, om een taak afgerond te krijgen die een vervulling van onze eigen behoeften oplevert, moeten samenwerken met anderen. Wanneer het alleen maar gaat om de vervulling van onze eigen behoeften, communiceren wij door die bekend te maken of eisen te stellen; wanneer wij voordelen willen behalen maken wij gebruik van overtuigings-, verleidings- of manipulatietechnieken. Wanneer wij trachten een samenwerkingsrelatie of, zoals in de procesadvisering, een 'begeleidingsrelatie' op te bouwen, dan communiceren wij op een manier die het wederzijds begrip bevordert.

6. *Om via zelfexpressie en door te luisteren naar wat wij zeggen, onszelf volkomen te manifesteren en te leren kennen.* Communicatie is voor een deel zuiver expressief; wij doen dit omdat wij het leuk vinden en omdat het voor onszelf verhelderend werkt te horen wat wij zeggen. Sommigen drukken dit als volgt uit: 'Ik weet pas wat ik denk of voel wanneer ik hoor wat ik zeg.' Wanneer het gaat om zuiver expressieve communicatie kunnen wij ons eigen gehoor zijn, al wordt het gevoel dat wij onszelf kennen versterkt door te zien hoe anderen op onze zelfexpressie reageren en door van hen 'feedback' te krijgen.

De vervulling van al deze functies vereist (afgezien van de fundamenteelste uitdrukking van behoeften wanneer wij nog heel klein zijn) een bepaalde taal, een fundamenteel stelsel van symbolen waarvan de betekenis door anderen in de situatie wordt begrepen.

De rol van de taal

Een van de krachtigste instrumenten die de menselijke soort zich eigen heeft gemaakt, is de ontwikkeling van een gemeenschappelijke taal die abstracte communicatie mogelijk maakt. Sommige communicatieve functies kunnen worden vervuld door gegrom en gebaren, maar om echt wijs te kunnen worden uit onduidelijke situaties, om voordeel te behalen, hulp te vragen, tot samenwerking leidende vriendschappen te sluiten en om onszelf te manifesteren, hebben wij voor een analyse van die situaties allereerst een gemeenschappelijk systeem van symbolen nodig. De taal maakte het menselijke gemeenschappen mogelijk harmonieus met elkaar om te gaan en als samenleving voordelen te behalen. Met de taal kwamen de abstracte gedachtepatronen en symbolen die groepen mensen in staat stelden normen en veronderstellingen te ontwikkelen over de wereld waarin zij leefden. Met de taal ontstaat ook wat wij cultuur noemen: de accumulatie van wat een groep mensen tijdens het bereiken van haar externe doelstellingen en haar interne harmonie heeft geleerd. Ten slotte is een taal het belangrijkste cultuurproduct in die zin, dat ze zowel de externe werkelijkheid vertegenwoordigt zoals de groep die in de loop van haar geschiedenis heeft ervaren, en tevens die werkelijkheid voortzet door nieuwelingen te leren hoe zij hun omgeving moeten zien en hoe zij erover moeten denken.

Alle culturen zijn tot de ontdekking gekomen dat, om haar leden veilig met elkaar te laten samenleven, voor directe contacten enkele regels en normen moeten worden ontwikkeld. Zo moeten wij voor het bevredigen van onze biologisch verankerde behoeften en aandriften een aantal regels en normen in acht nemen. Wij hebben met name regels nodig die sturing geven aan de wijze waarop wij omgaan met onze gevoelens van agressiviteit, onze seksuele behoeften en ons liefdesleven. Samenlevingen ontwikkelden niet alleen diverse gezinsmodellen die bepalen met wie je wel en met wie je niet seksueel actief mag zijn en tegenover wie agressief gedrag wel geoorloofd is en tegenover wie niet, maar tevens een subtieler stelsel van regels die bepalend zijn voor *alle persoonlijke relaties* en deze veilig en voorspelbaar maken. Deze regels zijn in de meeste samenlevingen zo grondig geleerd dat wij ons van de werking ervan in het geheel niet bewust zijn – behalve wanneer er tegen wordt gezondigd. Zulke regels dragen vaak namen als 'goede manieren', 'etiquette' of 'tact', maar onder zo'n etiket bevinden zich veel fundamentelere zaken die te maken hebben met manieren om de sociale omgeving voor ons allemaal veiliger te maken. Gelukkig heeft een aantal sociologen enkele van deze regels ontrafeld waardoor wij ze kunnen analyseren.[1]

Culturele regels voor persoonlijke communicatie

Om een idee te krijgen van de culturele interactieregels in onze eigen samenleving, moeten wij aandacht schenken aan de wijze waarop onze taal ons aanwijzingen geeft over wat er in een persoonlijke relatie 'echt' aan de hand is. Wat bedoelen wij bijvoorbeeld met uitdrukkingen als goede manieren, tact, houding, achting, minachting, vernedering, verlegenheid, gezicht redden en gezicht verliezen? Waarom zijn etiquette en diplomatie in het menselijk verkeer zo belangrijk? Waarom spreken wij van 'ten tonele komen' en van – al dan niet goed – 'een rol spelen'? Waarom zeggen wij soms dat wij ons in een of andere sociale relatie 'bedrogen voelen' of dat wij aandacht moeten 'besteden' aan iemand die tegen ons spreekt? Waarom zeggen wij dat wij in relaties 'investeren' en dat wij mensen 'recht' moeten doen?

Onze taal laat zien dat de modellen die de beste verklaring geven voor een groot gedeelte van wat tussen mensen gebeurt, gericht zijn op:

1. *sociaal-economische aangelegenheden en sociale rechtvaardigheid*, en
2. *sociaal theater of toneel.*

Wanneer wij leren hoe wij ons in de diverse levensfasen moeten gedragen, leren wij wat daarin het gepaste spelers- en publieksgedrag is, en leren wij welke soorten onderling gedrag eerlijk en oneerlijk zijn. Onze emotionele reacties worden zeer sterk bepaald door wat wij beschouwen als bij de situatie passend en 'billijk' of 'rechtvaardig' wederzijds sociaal gedrag.

De relevantie van dit alles voor de adviseur of manager is een gevolg van het feit dat hulp moet worden verleend binnen de beperkingen die deze culturele regels daaraan stellen. Zelfs de definitie van 'nut' is cultureel bepaald, waardoor de begeleider alleen dan kan functioneren wanneer hij behoorlijk op de hoogte is van de cultuur waarbinnen hij werkt. Denk nog eens aan het seminar in Mexico (uit het vorige hoofdstuk), waarin mijn primaire cliënt zich gekwetst voelde doordat ik niet had begrepen volgens welke regels hij en zijn collega's te werk gingen en ik, nadat zij eenmaal op het Spaans waren overgegaan, niet eens meer kon waarnemen wat er gebeurde. Daarom gaat het in dit hoofdstuk uit pure noodzaak uitsluitend over de westerse (en Amerikaanse) cultuur.

Sociale rechtvaardigheid: de communicatie moet berusten op een eerlijke verdeling

Al vroeg in ons bestaan leren wij dat menselijke interactie wederkerig is. Wanneer iemand tegen je spreekt luister je; wanneer iemand je iets geeft bedank je daarvoor; wanneer iemand je beledigt verdedig je je daar op een of andere manier tegen. Ook leren wij welk wederkerig optreden gepast is en wanneer het wordt verwacht, en daar hebben wij een soort kwantitatief gevoel voor. Wanneer wij iets zeggen dat voor ons gevoel belangrijk is en dat door lichaamstaal, intonatie of stemvolume laten merken, verwachten wij meer aandacht en raken wij ontstemd wanneer de luisteraar daaraan onvoldoende aandacht lijkt te schenken. Wanneer wij een aanzienlijk cadeau geven of een geweldig feest, verwachten wij daarbij passende bedankjes en kunnen wij behoorlijk ontstemd raken als de ontvanger of de gasten dat doodgewoon lijken te vinden. Wanneer iemand ons beledigt en wij ons daar niet afdoende tegen kunnen verdedigen, voelen wij ons daardoor gekwetst en gaan wij wraakgevoelens koesteren. Wij verwachten een verontschuldiging die genoegdoening biedt voor de mate waarin wij ons beledigd of gekwetst hebben gevoeld. Wanneer wij in een relatie veel hebben 'geïnvesteerd' en de andere partij het er gewoon bij laat zitten, voelen wij ons bedrogen, kwaad en gekwetst. Zo'n relatie kan alleen nog worden voortgezet als daar een soort genoegdoening tegenover staat.

Reacties als deze laten zien dat wij een sterk, aangeleerd gevoel hebben voor wat een gepaste en eerlijke interactie is en dat de berekening daarvoor automatisch en stilzwijgend geschiedt. Wij 'voelen' deze resultaten alleen, in die zin dat wanneer alles evenwichtig is verlopen wij de situatie als normaal ervaren en tevreden zijn; wanneer wij menen dat het evenwicht zoek is, voelen wij dat er iets niet klopt en zijn wij ontevreden; en wanneer wij van plan waren van de relatie te 'profiteren' en daarin zijn geslaagd, voelen wij ons opgetogen.

Voor interactie die de grenzen tussen rangen en standen overschrijdt, hebben wij nog extra regels geleerd. Deze regels maken ons duidelijk wat de gepaste manier is om aan een superieur de juiste hoeveelheid *eerbied* te bewijzen, en ook hoe we tegenover ondergeschikten de juiste hoeveelheid *superioriteit* laten blijken. De ondergeschikte laat zijn eerbied blijken door op te staan wanneer de superieur binnenkomt, vragen te stellen in plaats van beweringen te uiten, de gepaste ondergeschikte lichaamshouding aan te nemen, opdrachten uit te voeren en op allerlei manieren zijn respect te betuigen, bijvoorbeeld door de superieur niet in de rede te vallen, aandachtig te luisteren, niet openlijk te laten blijken het met hem oneens te zijn, en de superieur publiekelijk te steunen.

Anderzijds geeft de superieur blijk van de gepaste hoeveelheid superioriteit door de situatie te beheersen, duidelijk te communiceren zodat zijn aanwijzingen of bevelen kunnen worden opgevolgd, door in zijn handelen zekerheid uit te stralen, door niet op ongepaste wijze angstig of defensief over te komen, door de juiste houding aan te nemen en geen dingen te doen die volgelingen die zich met de superieur identificeren in verlegenheid kunnen brengen. Ondergeschikten kunnen hun zelfbeheersing verliezen, superieuren moeten zichzelf steeds in de hand weten te houden. Ondergeschikten kunnen toegeven aan menselijke zwakheden en tactloos optreden, superieuren moeten in het openbaar tactloosheid vermijden. Hoe hoger de superieur, hoe meer het beeld van hem wat houding, kleding en andere aspecten van publiekelijk gedrag daarbij moet passen. Hooggeplaatste leiders moeten het beeld dat het publiek van hen heeft dan ook zeer zorgvuldig managen, anders zijn hun ondergeschikten in hen 'teleurgesteld' en voelen zij zich bedrogen. Een directie-toilet beschouwen wij als iets wat nu eenmaal bij hun status hoort, maar vergeten daarbij dat een de belangrijkste functies daarvan is, leiders te voorzien van een soort 'eigen kleedkamer' waarin zij zich kunnen 'schminken' voor hun rol op het publieke toneel om zo de mythe van bovenmenselijkheid – van iemand die geen ordinaire lichamelijke behoeften heeft – in stand te kunnen houden.

Telkens dus wanneer wij in een interactiesituatie terechtkomen en met anderen communiceren, volgen wij onmiddellijk en onbewust de regels die naar ons idee de gang van zaken in die situatie bepalen. Het zijn de rolteksten die wij van kindsbeen af hebben geleerd door te kijken wat anderen doen, via formele instructies door ouders en leraren, via de begeleiding en feedback die anderen ons gaven, en door de pijnlijke manier waarop wij te weten leerden komen wat er in situaties waarin onze behoeften niet werden gehonoreerd of wij anderen beledigden en kwaad maakten, verkeerd was gegaan. Kortom, een van de verborgen krachten die de menselijke interactie bepalen is ons stilzwijgende gevoel voor wat een rechtvaardige en eerlijke interactie is.

Menselijke interactie als toneelvoorstelling

De interactieregels en hetgeen wij hebben geleerd als rechtvaardig en evenwichtig te beschouwen, zijn niet in alle situaties en relaties op dezelfde wijze van toepassing. Integendeel, wij leren al vroeg in ons bestaan in verschillende stukken ook verschillende rollen te spelen. De specifieke regels voor gepastheid en gelijke verdeling zijn aan die stukken en de daarbij behorende rollen gekoppeld. Een van de verbazingwekkendste capaciteiten waarover de mens beschikt, is wel zijn vermogen de verschillende rolteksten te onthouden die horen bij de vele verschillende menselijke toneelstukken waarin wij een rol spelen. Wij weten hoe wij kind moeten zijn, hoe wij ons moeten gedragen als vriend, leraar, echtgenoot, ondergeschikte, baas, klant leider, ouder, gastheer, gast, etc.; ons brein trekt bij elke sociale situatie waarin wij komen te verkeren, onmiddellijk de daarbij passende rol uit de la.

Begeleiding als toneelstuk

Een van de complexiteiten van advisering, begeleiding of mentoring komt voort uit het feit dat het idee van 'hulp bieden' in onze samenleving niet zo goed is gedefinieerd of voorgeschreven. Voor wat 'hulp' nu eigenlijk is, bestaat een veelheid van definities en begrippen. Om het allemaal nog onduidelijker te maken is begeleiding een van de toneelstukken waarin het spel sterker wordt bepaald door de reactie van het publiek dan door de tekst van de schrijver of het spel van de hoofdrolspeler (in casu de adviseur). Wat hulp is wordt dus bepaald door het gevoel van de cliënt al dan niet te zijn geholpen, en niet door de mate waarin de begeleider zelf vindt dat hij hulp heeft geboden. Daarom moeten aspirant-mentoren hun eigen gedrag variëren al naargelang de reeks feedbacksignalen die zij van hun publiek – hun cliënten – ontvangen, en bereid en in staat zijn hun teksten voortdurend aan te passen. Helpen impliceert 'publieksdeelname', en de begeleider heeft de hulp nodig van zijn publiek, de cliënt, om te weten te komen hoe hij zich nuttig kan maken.

Managers en adviseurs moeten, wanneer zij willen helpen, weliswaar een aantal algemene beginselen huldigen, maar bij de toepassing daarvan in de situatie waarmee zij te maken hebben innovatief te werk gaan. Helpen is een vorm van acteren die dichter ligt bij het geïmproviseerde theater dan bij de officiële toneelkunst; maar zoals bij alle vormen van kunst moeten de esthetische elementen die een bepaalde kunstenaar daaraan toevoegt nog steeds in overeenstemming zijn met de fundamentele beginselen van compositie, kleur en harmonie. Om deze analogie nog verder door te trekken: voor begeleiding als geïmproviseerd toneelspel is niet alleen nodig dat men de basisvaardigheden van het acteren beheerst en de reacties van zijn publiek enigszins kent, maar ook beschikt over improvisatievermogen en spontaniteit. De adviseur moet zoals eerder gezegd niet alleen 'met de stroom kunnen meezwemmen', maar tegelijkertijd ook 'de gelegenheid kunnen uitbuiten'.

Wanneer wij verder kijken dan deze algemene sociale definities en nagaan wat er in de loop van de tijd tussen cliënt en begeleider gebeurt, dan zien wij dat het begeleidingsproces een complex, interactief toneelstuk is waarin aanvankelijk de hulpzoekende de acteur is en de potentiële begeleider het publiek. De cliënt betreedt het podium en zet, vaak tot in de pijnlijkste details, zijn probleem uiteen terwijl de potentiële begeleider hem aandachtig aanhoort. Wanneer de cliënt zijn tekst eenmaal heeft uitgesproken, wordt van de begeleider verwacht dat hij nu het podium betreedt om daar zelf enkele eigen tekstregels uit te spreken. Dit is de druk die op ons wordt uitgeoefend om een bepaalde rol te spelen; wij hebben het hier al eerder over gehad en erop gewezen hoezeer en hoe vaak wij daardoor worden verleid om meteen in de huid van de expert of de arts te kruipen. De valkuil waarvoor wij moeten oppassen, is in dit geval dat de cliënt niet weet wat hem te wachten staat wanneer wij voor deskundige of dokter spelen; vaak vindt hij onze tekst helemaal niet leuk, waardoor hij niets moet hebben van hetgeen wij hem aanbieden en hem dus ook geen hulp wordt verleend.

Wanneer de begeleider zich blijft houden aan het procesadviseringsmodel, ontrolt zich een ander scenario. Het PA-model blijven hanteren komt erop neer dat men weigert het podium te betreden en in plaats daarvan de rol speelt van begeleider achter de schermen. De procesadviseur houdt de cliënt midden op het podium en helpt hem door te spelen, hem daarbij 'dwingend' aan zijn eigen probleem te werken, of hem met zachte hand in die richting te sturen; de cliënt moet dus zijn eigen scenario gaan schrijven. De begeleider blijft in zijn rol als publiek, ziet met belangstelling toe hoe de cliënt als speler zijn eigen probleem oplost, en steunt hem daarbij. Een van de cruciale vaardigheden die effectieve adviseurs moeten leren is dan ook, te zorgen voor de juiste scènes, en het toneelstuk zo te regisseren dat het eindigt met een gewenst slot. En dit alles moet gebeuren zonder de hierboven genoemde culturele interactieregels geweld aan te doen.[2]

Wanneer de cliënt zijn roltekst bijvoorbeeld eindigt met: 'Ed, wat zou jij in mijn situatie doen?' is een van de nuttigste dingen die ik dan kan zeggen: 'Wel, dat klinkt allemaal behoorlijk duidelijk als een probleem; vertel eens wat jij daar tot nu toe aan hebt gedaan of wat je daar naar jouw idee aan zou kunnen doen.' Wanneer de druk op mij om met nieuwe aanbevelingen te komen toeneemt, kan ik zeggen: 'Als ik in jouw schoenen stond zou ik eens kijken naar de alternatieven *x, y* en *z* – maar ik sta nu eenmaal niet in jouw schoenen, dus hoe denk jij dat die alternatieven voor jou zouden uitwerken?' Door meer dan één alternatief aan te bieden en de cliënt erop te wijzen dat wat *jij* zou doen misschien niet bij zijn situatie past, houd je de cliënt midden op het podium.

De heiligheid van de persoon: de psychodynamica van gezichtsverlies en gezichtsbehoud

Een van de culturele veronderstellingen die een zeer centrale plaats innemen, is dat relaties afhankelijk zijn van een wederzijdse samenwerking waarin alle betrokkenen zo veel mogelijk ontvangen van hetgeen zij beweren nodig te hebben. Het menselijk schouwspel moet eindigen met een gelijke verdeling tussen spelers en publiek, maar beide partijen hebben behoefte aan een of andere manier om de 'waarde' in menselijke interacties te meten, zodat de mate van evenwicht in de verdeling kan worden beoordeeld. Waarde in menselijke interacties kan men zich voorstellen als de hoeveelheid status die iedere willekeurige persoon opeist van wat hem binnen de extern toegewezen sociale rollen en statussen is toegestaan. Zo kan de manager in een bepaalde situatie meer waarde opeisen dan de ondergeschikte, omdat de samenleving heeft bepaald dat de rol van de manager 'superieur' is aan die van de ondergeschikte. Daarom kan de manager zijn ondergeschikte gemakkelijker in de rede vallen en zijn aandacht opeisen, dan dat de ondergeschikte de manager kan interrumperen.

Subjectief gezien is die opgeëiste waarde zoiets als wat wij zelfrespect noemen, de waarde die wij onszelf in een bepaalde situatie toekennen. Wanneer anderen ons niet geven wat wij voor onszelf opeisen of wanneer wij ons zo gedragen dat anderen daaruit kunnen afleiden dat wij heel weinig voor onszelf opeisen, voelen wij ons 'vernederd': 'Ze gaven mij het gevoel dat ik niet goed bij mijn hoofd was' of 'Ik heb mijzelf voor schut gezet'. Vernedering kan sociologisch worden gedefinieerd als: *te verstaan krijgen dat men in een bepaalde situatie veel minder waarde heeft dan men zichzelf had toegekend.* Wanneer wij iemand vernederen, vernietigen wij zijn gevoel van zelfwaardering en moeten wij niet verbaasd zijn over de sterke emotionele reactie die zoiets oproept.

> Een helder voorbeeld van een dubbele vernedering die het gevolg was van onbekendheid met de plaatselijke culturele regels, is wat er gebeurde toen ik in een klein plaatselijk postkantoor ergens in de Provence een paar zegels wilde kopen. Ik stond geduldig in de rij te wachten, en net toen ik aan de beurt was kwam er een man binnen die op het loket toestapte, mijn verzoek aan de loketbeambte onderbrak en zijn eigen bestelling deed. Ik verwachtte dat de loketbeambte hem zou negeren en eerst mijn bestelling zou afhandelen, maar tot mijn grote schrik was zij voor deze man een en al oor en was zij verscheidene minuten lang met hem bezig voordat zij zich weer aan mijn bestelling wijdde. Onnodig te zeggen dat ik door deze ogenschijnlijke schending van de regels behoorlijk van de kook was, maar toen ik later op die dag mijn Franse collega het verhaal vertelde zei hij glimlachend: 'Ed, het is nog erger dan jij denkt. Door toe te staan dat deze man de aandacht van de loketbeambte kreeg en door jouw eis geen kracht bij te zetten, liet jij aan iedereen in het postkantoor zien dat je naar eigen idee weinig voorstelde. Als je jezelf meer waarde had toegekend, zou je deze man hebben onderbroken en met nadruk hebben geëist dat jij eerst werd geholpen.' Dit dus voor wat betreft het effectief managen van een situatie in een cultuur waarin de regels voor gezichtsverlies en gezichtsbehoud enigszins anders zijn.

De hoeveelheid waarde die in een bepaalde situatie kan worden opgeëist is afhankelijk van de institutionele omstandigheden, het formele statusstelsel, en van de motieven van de persoon die een bepaalde rol speelt. De reacties van het publiek rechtvaardigen deze eisen of wijzen ze af. 'Gezicht' ('face') kan dus worden beschouwd als de sociale waarde die iemand in een bepaalde situatie en een bepaalde rol impliciet opeist. Deze eisen worden door middel van verbale aanwijzingen al in het begin van een bepaalde situatie op anderen overgebracht. De anderen in deze situatie, die het publiek vormen, voelen zich automatisch verplicht om indien mogelijk die claims te honoreren (dat wil zeggen, die persoon te helpen 'zijn gezicht te behouden', hem 'in zijn waarde te laten'). Hun bereidheid en hun vermogen om die eisen te honoreren zijn afhankelijk van de mate waarin die eisen vallen binnen de geïnstitutionaliseerde grenzen van een bepaalde status of een bepaalde rol.

Nemen wij een alledaags voorbeeld: wanneer ik tegen u zeg: 'Moet je horen wat ik onlangs voor leuks heb meegemaakt', schakelt u over op 'aandacht schenken' en bent u bereid om geamuseerd te reageren zodra ik u door mijn stemvolume, mijn intonatie of mijn bewoordingen laat weten wanneer u geacht wordt daarop een reactie te vertonen. Wanneer het om een interessant en grappig voorval gaat, verloopt dit proces soepel en lacht u op het juiste moment. Maar als mijn bewering dat ik in staat ben u te amuseren niet wordt ondersteund, als u zich er in feite door verveeld of beledigd voelt, dan krijgt u te maken met wat Goffman 'gezichtsbehoud' ('face work') noemt.

Gezichtsbehoud is wat wij *beiden* moeten doen wanneer de eisen op de korte termijn niet kunnen worden gehonoreerd, omdat de culturele regels voorschrijven dat in ruimere zin mijn sociale zelf en onze relatie ondanks de teleurstellend verlopen interactie op een of andere manier toch in stand moeten worden gehouden. Uiteindelijk hangt de leefbaarheid van onze samenleving er vanaf, dat wij allemaal proberen elkaars opgeëiste waarde zo veel mogelijk te honoreren, elkaar zo weinig mogelijk vernederen, en vermijden elkaars gevoel van eigenwaarde opzettelijk de grond in te boren. De culturele regels bepalen daarom dat u toch aandacht moet schenken aan mijn melige verhaal en dat u, ook al vindt u er niets aan, toch waarderend moet glimlachen en lachen. Als u wenkbrauwfronsend hardop zou zeggen dat mijn verhaal niet interessant en grappig was, zou u mijn eis niet hebben gehonoreerd en zou ik daardoor 'mijn gezicht hebben verloren'. U hebt mij namelijk op dat moment medegedeeld dat mijn sociale waarde in onze relatie minder was dan ik voor mij opeiste. De culturele regels schrijven voor dat u, behalve in uitzonderlijke omstandigheden of wanneer u welbewust probeert mij te vernederen, zoiets nu eenmaal niet doet. U moet doen alsof u het leuk vindt en uw best doen mij te helpen zelf te geloven in wat ik beweer te zijn. Anderzijds zal ik alles in het werk stellen om amusant en interessant te zijn en u te helpen mij mijn gezicht te laten behouden. Merk op dat zelfs in situaties waarin ik veel meer eis dan feitelijk gerechtvaardigd is, u mij niet zult vernederen maar geleidelijk aan zult leren mij wegens mijn meligheid of te grote arrogantie uit de weg te gaan. Iemand welbewust zijn gezicht laten verliezen is als sociale gebeurtenis zeldzaam.

Wij verkeren dagelijks in letterlijk honderden soortgelijke situaties waarin wij elkaar eisen stellen en in onze reacties eisen van anderen honoreren, ook al voelen wij misschien met onze klompen aan dat de gewenste reactie niet gemeend was. Hoe vaak hebben wij niet na een bepaalde ontmoeting gezegd dat wij ons eigenlijk voor de gek gehouden voelden maar dat toch maar niet eerlijk hebben gezegd, dat wij wat iemand deed helemaal niet prettig vonden, dat hij zichzelf voor schut had gezet en ons daardoor had teleurgesteld, maar dat wij de daarbij passende reacties tijdens die ontmoeting voor ons hebben gehouden. Cultureel leren houdt in feite in dat emotionele reacties routinematig worden onderdrukt, waardoor een groot deel van het gezichtsbehoud door alle spelers in het sociale toneelstuk automatisch wordt verricht – door iets wat wij zelfbeheersing noemen of tact, gepast gedrag of goede manieren. Wat wij voelen en hoe wij voelen, is per situatie vastgelegd, waardoor wij in vele situaties geen conflict bespeuren tussen wat wij worden geacht te voelen en wat wij 'werkelijk' voelen.[3]

Wanneer mensen meer eisen dan hun status of hun vermogen iets van waarde te leveren rechtvaardigt (zoals wanneer wij van iemand zeggen dat hij 'pretenties heeft' of 'zich te veel verbeeldt'), halen wij hem niet omlaag, ontnemen wij hem niet zijn illusies en proberen wij ook niet hem op andere manieren zijn gezicht te laten verliezen. Maar wanneer iemand voortdurend eisen stelt die het niveau van zijn status duidelijk te boven gaan – zoals een collega die probeert ons te 'commanderen' en 'zich gedraagt alsof hij de baas is', of de moppentapper die nooit erg leuk is, plegen wij die persoon uit de weg te gaan en proberen wij elke interactie met zo iemand te vermijden. Wij zeggen hem in de regel niet recht in zijn gezicht dat hij 'naar de maan kan lopen' – in elk geval niet in het openbaar, waar zijn gezichtsverlies voor iedereen zichtbaar zou zijn en waar wij, door blijk te geven van gebrek aan goede manieren of aan tact, eveneens gezichtsverlies zouden lijden. Wat wij van dit alles in elk geval moeten begrijpen, is dat wij altijd proberen de eisen van anderen te honoreren en alle mogelijke moeite doen om niet alleen voor onszelf gezichtsverlies te voorkomen maar ook anderen daarvoor te behoeden. Wij passen er wel voor op in welke situatie dan ook te veel te eisen, en zorgen er voor binnen de begrenzingen van onze eigen status en rol te blijven, opdat anderen zich niet al te zeer moeten inspannen om ons gezicht te redden.

De uiteindelijke reden van gezichtsbehoud is dat, tenzij wij elkaar dagelijks kunnen verzekeren dat ons sociale zelf aanvaardbaar is, het leven anders veel te onvoorspelbaar en gevaarlijk wordt en de samenleving uiteen valt. De samenleving draait helemaal om het impliciete contract dat wij met elkaar hebben gesloten en waarin iedereen de ander belooft zijn sociale zelf zo goed hij kan overeind te houden. In deze zin zijn personen 'heilige objecten' en komt de opzettelijke vernietiging van iemands gezicht neer op sociale moord. Wanneer ik dat met u doe, geef ik daardoor u en anderen toestemming hetzelfde met mij te doen, en daardoor wordt elke vorm van met elkaar samenleven onmogelijk.

De enige omstandigheid waarin opzettelijke vernietiging van andermans gezicht cultureel wordt gesanctioneerd is die van het socialiseringsproces, waarin het zelf moet worden opgegeven om te worden gereconstrueerd. Wanneer bijvoorbeeld iemand van de ene organisatie of van de ene status naar de andere gaat, wordt die persoon tijdens het proces waarin hem een nieuwe rol wordt aangeleerd, vaak onderworpen aan welbewuste afbraak en vernedering, een 'ontgroening'.[4] Maar dit toebrengen van gezichtsverlies vindt alleen plaats tijdens de overgangsperiode en geschiedt doorgaans door ouders, leraren, trainers, 'drillers' en andere van een vergunning daarvoor voorziene 'veranderaars'. Degene die wordt opgeleid voor een nieuwe rol wordt in de regel tijdens de opleidingsperiode beschermd, waarna in de vorm van een soort 'initiatierite' de status van de opgeleide en zijn waarde in de sociale groep worden hersteld. Initiatieriten en andere formele beschermingsrituelen vormen manieren waarop de samenleving een individu formeel en publiekelijk een hogere waarde toekent.

Gezichtsbehoud in begeleidingsrelaties

Wat heeft dit allemaal te maken met advieswerk en begeleiding? Welnu, alles. Zoals in het hoofdstuk over de psychodynamica van de begeleidingsrelatie reeds is uiteengezet, is voor de persoon met een probleem niets gevaarlijker dan te worden vernederd doordat de begeleider hem op een of andere manier laat blijken dat het probleem triviaal is, dan wel een blijk is van het onvermogen of van de zwakheid van de betrokkene. Wie met een probleem zit, loopt door dat toe te geven de kans op gezichtsverlies. Hij zegt daarmee dat hij niet zo goed is als hij meende te zijn, maakt zich daardoor kwetsbaar en eist minder sociale waarde op dan hij feitelijk waard is. Hij voelt zich 'de onderliggende partij'.

Vanwege deze kwetsbaarheid geven cliënten vaak niet toe wat hun 'echte' probleem is, ontkennen zij feitelijk een probleem te hebben, beweren zij alles alweer in de hand te hebben en 'toetsen' zij de bereidheid van de begeleider om zich in de relatie echt sympathiek en vertrouwelijk op te stellen. Zoals elke begeleider steeds weer heeft geleerd, komt het ware probleem pas na veel luisteren en ondersteunend gedrag ter tafel. Vanuit dit standpunt bezien, is de reactie van de cliënt normaal en te verwachten – iets wat de begeleider moet aanvaarden.

Wanneer de luisteraar blijk geeft van ongeduld of lacht, impliceert dat dat de cliënt stom of niet goed wijs is doordat hij niet zelf heeft kunnen bedenken wat hem te doen staat, of wanneer hij kwaad is op de cliënt omdat die een probleem heeft, is hij hoe dan ook bezig de cliënt te vernederen en hem daardoor zijn gezicht te laten verliezen. Volgens de culturele regels voor gezichtsverlies en gezichtsbehoud heeft hij de cliënt dan het recht verschaft vanwege deze vernedering en het daardoor veroorzaakte gezichtsverlies zijn eigen kwaadheid te tonen. De cliënt voelt zich dan gerechtigd de begeleider op alle mogelijke manieren terug te pakken. De wraakneming komt nu vóór de probleemoplossing, waardoor de situatie weer in evenwicht wordt gebracht.

Niets van dit alles gebeurt waarschijnlijk bewust. Culturele regels zijn er bij ons zo grondig ingehamerd en worden zo automatisch nageleefd, dat het hierboven beschreven proces buiten ons bewustzijn om verloopt. De vernederde cliënt vindt de aanbeveling van de adviseur belachelijk of bezijden de werkelijkheid, of hij is van mening de adviseur reeds alle redenen te hebben genoemd waarom diens oplossing niet werkt – dit alles zonder daarbij per se te moeten beseffen dat hij dit doet omdat hij kwaad is over een vernedering en daarom de adviseur terug wil pakken, en niet omdat de aanbevolen oplossing niet zou deugen.

In managementrelaties moeten wij daarnaast ook kijken naar de regels voor respect en wijze van optreden. Het is voor een superieur gemakkelijk zijn ondergeschikten te vernederen, en chefs moeten zich dan ook later niet verbaasd afvragen waarom hun ondergeschikten misschien zo'n diep gevoelde woede jegens hen koesteren. Anderzijds moeten ondergeschikten die zonder het te beseffen hun baas zijn gezicht hebben laten verliezen, evenmin vreemd opkijken van de krachtige repercussies die dat voor hen heeft in de vorm van minder goede functies, verkeken promotiekansen, of gelegenheden waarbij hun de mantel wordt uitgeveegd. Een van de sociologische oorzaken van het feit dat 'klokkenluiders' daarvoor zo vaak worden gestraft, is dat zij door te onthullen wat er in hun organisatie allemaal niet deugt onvermijdelijk de kans lopen dat hun diverse superieuren hun gezicht verliezen. In zulke gevallen kan hetgeen noodzakelijk is om de taak efficiënt te kunnen uitvoeren indruisen tegen wat de culturele regels voor gezichtsbehoud voorschrijven.

Wie in een begeleidingsrelatie voor expert of arts gaat spelen, vergroot het risico dat de cliënt zich vernederd voelt en gezichtsverlies lijdt. Dit gebeurde naar mijn eigen ervaring het vaakst met diagnoses en aanbevelingen die neerkwamen op wat de cliënt zelf al bedacht en weer verworpen had. De cliënt voelt zich dan door mijn aanbevelingen voor gek gezet en de grond in geboord, omdat die impliceerden dat de cliënt daar niet zelf aan had gedacht of aan had kunnen denken. Het helpt meer wanneer wij beginnen met het procesadviseringsmodel, omdat dit ervan uitgaat dat de cliënt in staat is zichzelf te helpen en waarschijnlijk al een paar alternatieven heeft bedacht. Wanneer een voor de hand liggend alternatief nog niet ter sprake is gekomen, moet de adviseur zich afvragen waarom dat niet is gebeurd, in plaats van dat alternatief met veel poeha als een mogelijkheid aan te kondigen. Een van de kernvragen die altijd moeten worden gesteld alvorens met suggesties of adviezen te komen, is wat de cliënt reeds zelf heeft bedacht of gedaan.

Wanneer de begeleider de boodschap 'U hebt een echt probleem, maar u kunt uzelf helpen en ik zal u helpen uzelf te helpen' tot zijn cliënt kan laten doordringen, *laat hij hem in zijn waarde*, laat hij de cliënt weten meer waarde te hebben dan hij misschien heeft opgeëist. Iemand in zijn waarde laten is het sociologische equivalent van wat ik in hoofdstuk 3 bedoelde met 'statusevenwicht bereiken'. De boodschap is in dit geval dat het aanvaardbaar is problemen te hebben. Een van mijn gebruikelijkste interventies in het begin van de relatie met een cliënt is, dat ik uit mijn praktijk enkele overeenkomstige problemen noem; dit om te controleren of ik de cliënt wel goed heb begrepen, maar ook om hem duidelijk te maken dat zijn probleem niet uniek is en evenmin iets is om zich voor te generen. Ter nadere illustratie geef ik hieronder twee voorbeelden.

Gezichtsbehoud bij Allen en Billing

Een van de drastische verschillen tussen Ralston, de divisiedirecteur van Allen Company, en Stone, oprichter en president-directeur van Billings Company, is de volkomen andere wijze waarop zij zichzelf manifesteren. Ralston is iemand met een flinke hoeveelheid trots. Hij gedraagt zich tegenover zijn ondergeschikten zeer paternalistisch. Het valt niet mee hem tegen te spreken, doordat hij in interpersoonlijke relaties veel voor zichzelf opeist en een aanzienlijke hoeveelheid respect verwacht. Hij manifesteert zichzelf als leraar, en laat dit merken door langdurige toespraken tijdens stafvergaderingen.

Wanneer mensen het met hem oneens zijn, doet hij alle mogelijke moeite om zijn standpunt aan de man te brengen en eraan vast te houden. Hij is ogenschijnlijk voorstander van participatie, maar laat door zijn houding, zijn lichaamstaal en zijn wijze van communiceren zijn ondergeschikten vaak weten dat zijn besluit al vast staat. Openlijk verzet daartegen houdt dus het gevaar in dat hij daardoor zijn gezicht zou verliezen. Als gevolg hiervan 'omzeilen' zijn ondergeschikten hem liever dan zich rechtstreeks tot hem te wenden, en raken ze vaak gefrustreerd doordat zij geen kans zien een praktische opmerking te maken die ingaat tegen het standpunt van Ralston.

De relatie tussen Ralston en zijn afdelingshoofden werd door de meesten van hen beschouwd als ongelijkwaardig en zij voelden zich vaak onterecht bejegend. Zij meenden de zware doelstellingen die Ralston hun had opgelegd niet alleen te hebben aanvaard maar ook bereikt, zonder daarvoor voldoende waardering te hebben gekregen. In plaats van hen te belonen en een adempauze te gunnen, werd voor hun gevoel de ene opdracht op de andere gestapeld. Vanuit hun standpunt bezien konden ze eigenlijk alleen maar verliezen. Zij hadden het gevoel dat hun baas op de een of andere manier altijd in hen teleurgesteld was.

Zulke gevoelens van ongelijkheid en onvermogen zijn op den duur gevaarlijk. Een van de eerste doelstellingen van de advisering bij Allen was dan ook, dit probleem uit de wereld te helpen; ofwel door Ralston ertoe te brengen minder te eisen of door hem de successen meer te laten belonen. Ik kon deze problemen bij hem aankaarten doordat hij mij met veel respect en eerbied tegemoet trad en vaak om hulp en feedback vroeg. Niettemin moesten de problemen op een manier aan de orde worden gesteld die altijd de waarde van wat hij als zijn grote leiderschapsvaardigheid beschouwde erkende en waardeerde. Hij zou zijn gedrag alleen dan veranderen – bijvoorbeeld door minder bestraffend over te komen – als hij inzag dat zulk gedrag niet noodzakelijk was om zijn doel te bereiken. Hij zou een gedeelte van zijn gedrag kunnen veranderen wanneer hij meende dat zijn ego en zijn sociale waardigheid intact konden blijven – en dat hij dan nog steeds de grote leider bleef die hij zo graag wilde te zijn.

Stone, de oprichter van Billings, manifesteert zich bij zijn mensen daarentegen als één van hen. Hij kan er goed tegen als iemand het niet hem eens is, je kunt gemakkelijk met hem in discussie gaan, hij is bereid met wie dan ook een robbertje te vechten, maar bezit door zijn positie voldoende macht om te kunnen zeggen: 'Het is nu mooi geweest, ik heb mijn besluit genomen.' Hij kan duidelijk laten merken wanneer hij het welletjes vindt, al klagen zijn ondergeschikten soms dat hij zijn eenmaal genomen besluiten onvoldoende toelicht.

Stone bewaart minder afstand tussen zichzelf en zijn ondergeschikten en trekt tijdens vergaderingen voldoende tijd uit om te luisteren naar wat anderen te zeggen hebben. Hij beschouwt zichzelf als een procesgerichte manager en vroeg mij na vergaderingen altijd of ik nog feedback had die hem zou kunnen helpen zijn functie effectiever te vervullen. Daarom waren de rituelen voor het betonen van respect bij Billings minder zichtbaar, hoewel er aanwijzingen voor waren dat bepaalde terreinen voor Stone onbespreekbaar waren waardoor zijn ondergeschikten daarover niet met hem in discussie gingen.

Dankzij de wijze waarop Stone zich manifesteerde, kon ik hem rechtstreeks forse feedback geven en kritiek uitoefenen op zijn gedrag. Anderzijds voelde hij zich net zo vrij anderen te bekritiseren, vaak en public, wat leidde tot andere regels voor gezichtsbehoud tijdens vergaderingen. Openlijke vernedering van ondergeschikten was gewoon en werd tot norm verheven doordat het werd gerationaliseerd tot 'geen echte vernedering'. Je kon in het bijzijn van je collega's zwaar worden bekritiseerd en toch niet aan status inboeten omdat het betekende dat Stone voldoende voor je voelde om je beter te laten functioneren. Door Stone te worden genegeerd, was een veel zwaardere vernedering: je was kennelijk niet genoeg waard om van hem op je bliksem te krijgen!!!

Wie de vergaderingen van beide organisaties zou bijwonen, zou meteen in de gaten hebben hoeveel aandacht groepsleden hadden voor pogingen elkaar gezichtsverlies te besparen. Een van die methoden bij Allen was, af te spreken dat verschillen van inzicht konden blijven bestaan. De afspraak het met elkaar oneens te blijven in plaats van dergelijke kwesties uit de wereld te helpen werd een manier om te voorkomen dat iemand zijn gezicht zou verliezen door hem te dwingen van standpunt te veranderen. Wanneer de afdelingshoofden zonder Ralston bij elkaar kwamen, gingen ze vaker tegen elkaar in en losten zij problemen op, maar zij voorkwamen gezichtsverlies door risico's te vermijden. Zij brachten hun ideeën naar voren als proefballonnetjes of vroegen een taakgroep om aanbevelingen, zodat niemand ten aanzien van een bepaald besluit gezichtsverlies behoefde te lijden. De groep had geleerd om te gaan met taakconflicten zonder dat wie ook zijn gezicht dreigde te verliezen.

De vergaderingen bij Billings daarentegen waren sprekende voorbeelden van menselijk theater van hoge kwaliteit; soms een blijspel, soms een tragedie, maar altijd inhoudelijk sterk. Stone en de algemeen directeur waren daarin de hoofdrolspelers en de rest van het gezelschap kreeg vaak min of meer de rol van publiek toegewezen. Confrontaties, ruzies en elkaar de grond in boren waren normale verschijnselen, waarbij Stone de hoofdrol speelde. Na elke vergadering was men uren bezig om er achter te komen wat er nu eigenlijk was bedoeld, en om de wonden te likken. Een groot gedeelte van deze zingevingsgesprekken na de vergadering had tot doel het geleden gezichtsverlies ongedaan te maken en te rationaliseren dat de openlijke vernedering door Stone in werkelijkheid een poging van hem was om hen te helpen. Zij vonden het niet prettig wat er gebeurde, maar wisten niet hoe de situatie op een andere manier aan te pakken. Stone's sterke persoonlijkheid en zijn confronterende wijze van optreden trainde de stafleden en ook mij in het werken volgens zijn communicatieregels, maar de meer traditionele culturele regels functioneerden tijdens de nabesprekingen, waarin verstoring van relaties, verlies van status en gezichtsverlies met veel moeite ongedaan werden gemaakt.

Deze twee voorbeelden uit de realiteit laten zien dat twee verschillende groepen en organisaties geheel verschillende methoden kunnen volgen om gezichtsverlies te voorkomen, maar de culturele regels zijn zo krachtig dat elke groep op straffe van uiteenvallen een manier bedenkt om te blijven bestaan. Wij kunnen als menselijke spelers op het schouwtoneel van het leven niet blijven bestaan in taferelen waarin de waarde die wij onszelf toekennen nooit wordt gehonoreerd. Als het erop aankomt, moeten relaties worden geïnterpreteerd als gelijkwaardig en rechtvaardig, anders spatten ze uiteen.

Filtering

De culturele interactieregels verklaren een groot deel van het gemeenschappelijke karakter van de communicatie en in feite ook de manier waarop wij überhaupt met elkaar kunnen communiceren. Ze verklaren echter niet de verscheidenheid in de communicatie zoals wij die elke dag opnieuw ervaren. Met andere woorden, binnen de culturele begrenzingen blijft ruimte over voor een enorme variatie in wat wij zeggen, tegen wie wij dat zeggen, de manier waarop wij dat zeggen, de lichaamstaal die onze woorden vergezelt, het tijdstip waarop wij iets zeggen, de intonatie ervan en onze eigen, specifieke woordkeus. Deze variatie vindt haar oorsprong in het unieke persoonlijke verleden van ieder van ons, dat feitelijk zorgt voor een apparaat dat onze communicatie met anderen en de wijze waarop wij hen horen en waarnemen filtert. In elke persoonlijke ontmoeting zetten zowel zender als ontvanger dit filter automatisch en onbewust in werking, aldus selecterend wat zij zenden en wat zij ontvangen. Daarmee wil ik overigens niet suggereren dat dit bewuste censuur is, al komt dat ook wel voor. Wel bedoel ik dat wij allemaal selecteren wat wij zeggen, hoe wij het zeggen en wanneer wij het zeggen; dit als onderdeel van een complex stelsel van beslisregels die wij tijdens ons bestaan hebben geleerd en die onze unieke voorgeschiedenis weerspiegelen. Over vijf van deze filters bestaat de nodige helderheid.

1. ***Mijn zelfbeeld.*** Zender en ontvanger beschikken ieder over een bepaald concept of beeld van zichzelf en over bepaalde gevoelens van eigenwaarde of zelfrespect. Hun communicatie wordt gedeeltelijk bepaald door hun zelfconcept op een bepaald tijdstip en door de waarde die zij zichzelf in een bepaalde situatie toekennen. Wanneer ik mij bijvoorbeeld beschouw als expert op een bepaald terrein en in een bepaalde situatie over een groot zelfvertrouwen beschik (zoals wanneer ik mijzelf van grote waarde acht), ben ik om te beginnen meer geneigd tot communicatie, kies ik waarschijnlijk eerder voor een assertieve en docerende dan voor een bescheiden wijze van communiceren, is de kans kleiner dat ik luister naar anderen die iets zeggen over hetzelfde onderwerp, en word ik eerder defensief wanneer anderen tegen mijn standpunt ingaan – *ik* ben hier uiteindelijk de expert. Wanneer ik niet zeker ben van mijn status in een bepaalde groep is de kans groter dat ik mij gedeisd houd, neutraal informerende vragen stel en op allerlei manieren tracht te vermijden dat ik iemand beledig van wie ik aanvankelijk niet weet hoe zijn status zich tot de mijne verhoudt.

2. ***Het beeld dat ik heb van de andere persoon of personen.*** Zowel zender als ontvanger hebben een beeld of een concept van de anderen in de situatie en kennen hun bepaalde waarden toe. Deze beelden van de anderen en de waarde die wij hun willen toekennen zijn tevens gedeeltelijk bepalend voor onze stijl van communiceren. Wanneer ik bijvoorbeeld anderen in de situatie een lagere status toeken en minder deskundig acht, is de kans groter dat ik hen 'vanuit de hoogte' benader, hen in de rede val wanneer ik meen dat ze ernaast zitten, minder luister naar hun oorspronkelijke standpunt en meer naar hen luister wanneer zij mij begrijpen en/of het met mij eens zijn. Wanneer ik meen dat zij een hogere status hebben, zeg ik minder, luister ik intensiever, en zoek ik naar mogelijkheden om in deze situatie aan status te winnen. (Overigens kan ook dit het goed luisteren in de weg staan, omdat hierdoor mijn aandacht wordt verlegd van de zaak waar het om gaat naar de relatie.) Uitdrukkingen zoals arrogantie of vernedering betrekking hebbend op een persoon zijn een weergave van deze vormen van zelfbeeld en andere percepties.

3. ***Mijn 'definitie van de situatie'.*** Zender en ontvanger hebben beiden een bepaald beeld van de situatie waarin zij samen ergens mee bezig zijn, zoals het toneel, de rollen en het stuk waarin zij optreden. Is het een vergadering om een bepaald probleem op te lossen? Is het een informele bespreking? Zitten wij hier bij elkaar om de baas een kans te geven zijn ideeën uiteen te zetten? Vaak wordt dit proces waarin 'de situatie wordt gedefinieerd' pas verwoord wanneer iemand vraagt 'Waarom zitten wij hier eigenlijk?' of 'Wat is onze taak?' De definitie van de situatie gaat verder dan het bepalen van de doelstellingen of de taken die aan de orde zijn. Ze omvat alle percepties die te maken hebben met de eigen rol en die van anderen in de situatie, de duur en de grenzen ervan, en de normen die de gang van zaken bepalen. Het is duidelijk dat hetgeen wij zeggen en de manier waarop wij dat zeggen grotendeels worden bepaald door de wijze waarop wij de situatie definiëren. Een belangrijke oorzaak van de communicatieproblemen binnen relaties of groepen is dat de betrokkenen de situatie verschillend definiëren en dat verschil niet doorhebben of opheffen.

Een gemeenschappelijke definitie van de situatie is een voorwaarde voor bijna elk effectief functioneren van een groep mensen.

*4. **Mijn motieven, gevoelens, bedoelingen en attitudes.*** Een ander stelsel van filters voor het communicatieproces tussen zender en ontvanger bestaat uit de diverse behoeften en motieven die zij in de situatie meebrengen, en uit hun bedoelingen en attitudes jegens anderen. Wanneer mijn behoefte eruit bestaat anderen te beïnvloeden of mijn voorstel te laten steunen, communiceer ik anders dan wanneer ik ergens nieuwsgierig naar ben en daarvoor informatie nodig heb. Wanneer ik probeer invloed te verwerven let ik al luisterend sterker op instemming of tegenwerpingen dan op nieuwe ideeën. Voorzover communicatie een groot aantal verschillende functies vervult, uiteenlopend van behoeftenvervulling en zelfexpressie tot beïnvloeding van anderen en gezamenlijke zingeving, zullen zender en ontvanger voor die verschillende functies ook verschillende middelen gebruiken.

*5. **Mijn verwachtingen.*** De laatste categorie psychologische factoren die als filter functioneert wordt gevormd door hetgeen wij, op grond van onze feitelijke ervaringen of vooronderstellingen en stereotypen, van onszelf en van anderen in de situatie verwachten. Wanneer ik verwacht dat mijn gehoor nogal traag van begrip is, gebruik ik eenvoudiger bewoordingen; wanneer ik een ontvankelijk gehoor verwacht spreek ik meer ontspannen; wanneer ik een kritisch gehoor verwacht, zal ik hetgeen ik te zeggen heb zorgvuldig en nauwkeurig inkaderen. Wanneer ik als luisteraar verwacht een zeer intelligente spreker voor mij te hebben, ken ik zijn boodschap misschien meer betekenis toe dan ze heeft; wanneer ik verwacht dat de spreker zich moeilijk uitdrukt of niet erg slim is, mis ik misschien de goede punten in zijn verhaal; wanneer ik tegenwerpingen verwacht, interpreteer ik hetgeen de spreker zegt misschien als vijandigheid; en wanneer ik steun verwacht hoor ik misschien de tegenwerpingen niet.

Gezien alle genoemde filters wekt het geen verbazing dat het communicatieproces tussen mensen met zo veel moeilijkheden gepaard gaat. Zoals ik reeds stelde in hoofdstuk 5 over het ORBI-proces zijn het deze reeds bestaande verwachtingen die ons waarnemingsvermogen en onze luistervaardigheid verstoren en ons blootstellen aan onjuiste redeneringen en niet bij de situatie passende emotionele reacties. Wanneer wij het PA-model hanteren, zijn wij nog niet immuun geworden voor de zojuist beschreven psychologische factoren. Wij hebben nog steeds ons eigen filterapparaat, bestaande uit onze behoeften, verwachtingen, beelden en bedoelingen. Wij zijn beter getraind in het waarnemen en ons beter bewust van de noodzaak nauwkeurig waar te nemen wat er gebeurt, waardoor wij in de situatie de filtereffecten eerder zullen opmerken dan anderen; maar *zeker is wel dat wij niet beter dan anderen in de situatie kunnen zien wat de absolute waarheid is.* Gedeeltelijk daarom moeten wij onze cliënten helpen zelf een diagnose te stellen in plaats van simpelweg, alsof het om de absolute waarheid gaat, met onze eigen diagnose aan te komen. Alleen dankzij de gezamenlijke inspanning van alle betrokkenen kunnen wij een diagnose stellen die waarschijnlijk dicht genoeg bij de waarheid ligt om een actie tot verbetering te rechtvaardigen.

Het zichzelf versterkend proces en self-fulfilling prophecies

De diverse hierboven onder de categorie filters genoemde factoren maken het mogelijk dat de communicatie op een uiterst gevaarlijke manier uit de hand loopt. Wanneer zender en ontvanger beiden sterke verwachtingen koesteren, bestaat de mogelijkheid dat zij beiden de signalen van de ander zodanig interpreteren dat hun stereotypen worden bevestigd en zij elkaar zodoende opsluiten in een rol waaruit moeilijk valt te ontsnappen. Persoon A heeft bijvoorbeeld op grond van vroegere ervaringen een positief zelfbeeld, zelfvertrouwen, de behoefte anderen te beïnvloeden en de verwachting daarin te zullen slagen. Hij communiceert daardoor assertief, duidelijk en vol zelfvertrouwen. Zijn luisteraars reageren op deze duidelijkheid en assertiviteit door aandacht te schenken aan hetgeen hij te zeggen heeft, daardoor A's zelfbeeld als invloedrijk persoon bevestigend. Dat versterkt zijn zelfvertrouwen en zijn positie in de groep.

Persoon B daarentegen is vanwege *zijn* vroegere ervaringen niet zelfverzekerd, het ontbreekt hem in het bijzijn van anderen aan zelfvertrouwen, hij weet niet zeker of hij anderen wel kan beïnvloeden al zou hij dat wel willen, en hij gaat ervan uit dat het niet mee zal vallen zich in de groep een bepaalde positie te verwerven. Hij communiceert, hoewel inhoudelijk mogelijk even duidelijk als A, daardoor aarzelend, bescheiden en met weinig nadruk. De kans bestaat dat zijn gehoor op die aarzeling en bescheidenheid reageert met de veronderstelling dat ze van B niet zo heel veel zinvols te verwachten hebben; de aandacht voor hetgeen hij te zeggen heeft, kan daardoor afnemen, wat voor B de zoveelste bevestiging is van de indruk die hij al van het begin af van zichzelf had, namelijk dat zijn bijdrage weinig voorstelt. Het zelfvertrouwen van B neemt af, hij communiceert steeds minder – wat de anderen sterkt in hun overtuiging dat hij weinig te bieden heeft – en kruipt geleidelijk aan in de huid van iemand die er niet zo toe doet.

In beide gevallen is het uiteindelijke resultaat het gevolg van de aanvankelijke verwachtingen, die leiden tot een bepaalde wijze van communiceren die op zijn beurt deze verwachtingen weer versterkt. Het gevaar bestaat dat die aanvankelijke verwachtingen misschien maar weinig te maken hebben met wat A of B feitelijk aan het product van de groep zouden kunnen bijdragen; toch is A na afloop iemand die een belangrijke bijdrage levert en B iemand die minder bijdraagt. Alleen door gevoelig te worden voor dit soort self-fulfilling prophecies kan de groep zich vrijwaren van een allegaartje van bijdragen die niets te maken hebben met de feitelijke capaciteiten van de betrokkenen.

Voor de procesadviseur is het van groot belang dat hij zich, wanneer hij in een groep verschillende niveaus van deelname en bijdragen waarneemt, afvraagt of deze een getrouwe weergave vormen van iemands vermogen een bijdrage te leveren of dat ze het gevolg zijn van een zichzelf versterkend proces zoals hierboven beschreven. Wanneer de adviseur bespeurt dat dit laatste het geval is, moet hij de groep helpen haar eigen werkwijze nog eens onder de loep te nemen, nog eens goed te kijken naar haar stereotype opvattingen over wie welke bijdrage kan leveren, en normen te stellen die het mogelijk maken dat deelnemers met weinig zelfvertrouwen daar verbetering in kunnen brengen door te zien dat anderen naar hen luisteren. De adviseur kan bijvoorbeeld hetgeen B te berde heeft gebracht herhalen of, wanneer aan B's bijdrage voorbij was gegaan, de aandacht van de groep daar weer op richten.

Conclusie

Culturele interactieregels zijn uiterst moeilijk boven water te krijgen maar zijn tevens in potentie de factoren die het sterkst bepalen of al dan niet een werkbare begeleidingsrelatie tot stand zal komen. De cliënten lijken het meest tevreden te zijn wanneer zij het gevoel hebben te zijn geholpen zonder aan status te hebben ingeboet. Hun waardigheid is intact gebleven en zij voelen zich in feite na het begeleidingsproces sterker dan daarvoor. Dit wordt nog duidelijker wanneer wij managers als begeleiders of mentoren beschouwen. Ondergeschikten geven altijd de voorkeur aan een baas die hun het gevoel geeft dat zij hun eigen problemen aankunnen, aan iemand die hen wel helpt en begeleidt maar niet hun werk doet. Een baas die te slim en te bekwaam is en tegenover zijn ondergeschikten altijd blijk geeft van zijn superioriteit boekt weliswaar resultaten, maar kweekt bij hen ook afkeer en eindigt op den duur met een zwakkere en afhankelijke organisatie.

Voorkomen dat iemand zijn gezicht verliest, neemt in het sociale functioneren een centrale plaats in. Wanneer iemand in een relatie zijn gezicht verliest, voelt die persoon zich niet alleen voor schut gezet, vernederd en wordt uiteindelijk wraakzuchtig, maar maakt ook degene die hem dat gezichtsverlies heeft bezorgd zich daardoor kenbaar als een speler die op het menselijk schouwtoneel niet te vertrouwen is. Iemand van wie men er niet op aan kan dat hij de hem passende rol zal spelen, wordt op den duur genegeerd en raakt geïsoleerd. Adviseurs en managers moeten deze regels dan ook respecteren en zelf een actieve rol spelen waar het erom gaat anderen te helpen inzien hoe belangrijk zij zijn. Zij moeten positieve rolmodellen zijn als het erom gaat anderen in hun waarde te laten.

Binnen het kader van deze culturele regels moeten begeleiders zich bewust zijn van hun eigen filters en die van anderen, omdat ze bepalend zijn voor het verloop van de communicatie. De procesadviseur moet zich bewust worden van zijn eigen filters en trachten voor de cliënt een rolmodel te zijn waar het gaat om minimalisering van de perceptuele vervormingen die zich tijdens de communicatie kunnen voordoen. Al deze factoren doen vooral hun invloed gelden wanneer wij communicatie als leermiddel gebruiken – een onderwerp waarmee wij ons in de twee volgende hoofdstukken zullen bezighouden.

Oefening 6.1

Toetsing van culturele interactieregels (20 minuten)

Deze korte oefening moet alleen worden uitgevoerd wanneer er voldoende tijd is om te analyseren wat er na de eigenlijke oefening gebeurde.

Kies een gelegenheid waarin u een gesprek hebt met een vriend of collega, en besluit op een willekeurig moment uw eigen rol van toehoorder te laten varen:

1. 'Bevries' uw gelaatsuitdrukking en houd dit zo veel mogelijk seconden vol.
2. Bevries uw lichaamshouding; houd bijvoorbeeld op met knikken en leun niet meer voorover.
3. Zwijg; zeg bijvoorbeeld niet meer 'hm' en geef ook geen andere blijken van bevestiging dat de ander iets zegt.

U zult zien dat na hoogstens tien tot twintig seconden u en de andere persoon zich ongemakkelijk gaan voelen, dat het moeilijk wordt de fasen 1, 2 en 3 vol te houden, en dat de andere partij ophoudt met hetgeen hij vertelde en vragen gaat stellen zoals 'Is er iets niet goed?', 'Wat is er aan de hand?' en 'Hallo, ben je er nog?'

Bespreek welke gevoelens u opriep door op te houden een aandachtig gehoor te zijn, en ga na hoe automatisch wij ons feitelijk houden aan de culturele interactieregels.

Draai nu de rollen om, zodat u weet hoe het voelt wanneer uw gehoor niet meer reageert.

Deel III

Interventies ten behoeve van het leren

Een van de fundamentele PA-beginselen is dat alles wat de adviseur doet een interventie is. Zoals alle adviseurs echter wel zullen inzien, hebben interventies die zijn bedoeld om een begeleidingsrelatie tot stand te brengen, evenals diagnostische interventies een enigszins ander karakter dan interventies die zijn bedoeld om inzicht te wekken en te bevorderen – en die uiteindelijk moeten leiden tot veranderingen in gedrag, overtuigingen en onderliggende veronderstellingen. Tot dusverre heb ik de nadruk gelegd op het tot stand brengen van een relatie en op diagnostische interventies, waarbij het zwaartepunt lag op diverse vormen van actieve informatieverwerving. Wij gaan ons nu bezighouden met interventies die welbewust zijn ontworpen om het leerproces bij de cliënt te ondersteunen. Deze interventies kunnen worden verdeeld in twee hoofdgroepen en worden in de hierna volgende hoofdstukken verder uitgewerkt.

Eén categorie kan algemeen worden gedefinieerd als 'bewuste feedback': dingen die de adviseur zegt of doet, met als doel de cliënt enkele gegevens te verschaffen over de wijze waarop hij bij anderen overkomt. Wij krijgen in ons dagelijks leven de hele tijd feedback. Een deel daarvan ontvangen wij door interpretatie van het gedrag van anderen, maar feedbackprocessen ten behoeve van het leren hebben een ander karakter, en wel in die zin dat de feedbackgever van zijn cliënt expliciet of impliciet toestemming heeft gekregen die feedback te verschaffen en geacht wordt de professionele deskundigheid te bezitten om deze zo te geven dat de ontvanger er iets aan heeft. Hoofdstuk 7 is gewijd aan wat in deze meer bewust verlopende feedbackprocessen plaatsvindt, het bevat enkele vereenvoudigende modellen van interpersoonlijke communicatie, alsmede richtlijnen voor zo nuttig mogelijke feedbackinterventies.

Een andere categorie opzettelijke interventies ten behoeve van het leren kan 'procesinterventies' worden genoemd. Hiermee bedoel ik waarnemingen, vragen, opmerkingen en suggesties die te maken hebben met de *processen* die bij een lerende persoon of een groep worden waargenomen. Procesinterventies bestrijken een groot aantal verschillende groepsprocessen die te maken hebben met de wijze waarop een groep haar identiteit bepaalt, met haar beperkingen omgaat, aan haar belangrijkste taak werkt en haar eigen interpersoonlijke verhoudingen regelt. Ik presenteer daarbij enkele vereenvoudigende modellen van de wijze waarop groepen functioneren, alsmede voorbeelden van de soorten interventies die mij voor deze processen nuttig zijn gebleken.

Door mij op processen te concentreren, besteed ik minder aandacht aan twee andere mogelijke zaken waarop de waarnemer zich zou kunnen richten, namelijk de inhoud van de taak waaraan wordt gewerkt en de relatief stabielere bestaande structuren. Wat die structuren betreft, heb ik altijd gemeend dat deze vanzelf duidelijk worden wanneer je processen waarneemt en leert hoe ze werken. Structuren kan men zich in zekere zin voorstellen als processen die zich onder bepaalde omstandigheden op voorspelbare wijze herhalen en een zekere stabiliteit vertonen. De belangrijkste categorie onder die structuren is wat wij de organisatiecultuur hebben genoemd, de als vanzelfsprekend gehuldigde stilzwijgende veronderstellingen over de manier waarop groepsleden hetgeen zij meemaken behoren te zien, en hoe zij daarover moeten denken en wat zij daarbij behoren te voelen. Organogrammen, gezagsverhoudingen, hiërarchische paden en andere verbanden die gewoonlijk als 'structuur' worden beschouwd maken deel uit van de cultuurcategorie, en wel omdat zij een weerspiegeling vormen van hetgeen de groep al eerder had geleerd en zij berusten op stilzwijgende veronderstellingen die als vanzelfsprekend worden beschouwd. Natuurlijk functioneert het merendeel van deze veronderstellingen het sterkst waar het processen betreft, want onze veronderstellingen over de wijze waarop dingen behoren te verlopen zijn vaak de stabielste elementen van het functioneren van een groep.

Wat de inhoud betreft, heb ik veel groepen en organisaties zien functioneren en daarbij vielen mij twee zaken op:

1. De processen waarvan de groep zich bedient maken veel beter dan de inhoud duidelijk wat er gaande is.

2. Cliënten hebben bij processen meer hulp nodig.

De meesten van ons zijn tamelijk goed getraind waar het gaat om inhoudelijke communicatie en onderhandelingen. Wanneer het om processen gaat zijn wij echter als een kat in een vreemd pakhuis. Wij merken ze niet op, onderschatten de invloed ervan op de kwaliteit van inhoudelijke discussies, en missen de vaardigheden om effectievere processen te bedenken. Ik pleit er dus voor dat wij ons in de eerste plaats richten op procesfenomenen, natuurlijk zonder de inhoudelijke kant uit het oog te verliezen; tevens moeten wij bij dit alles blijven letten op de structuren die door de waargenomen processen aan het licht komen.

Op inhoudelijk niveau hebben wij bijvoorbeeld geleerd naar elkaar te luisteren, soms iets te herhalen om er zeker van te zijn dat wij de cliënt goed hebben begrepen, alsmede te onderhandelen en compromissen te sluiten om tot een oplossing te geraken. Wij hanteren daarvoor procesinstrumenten zoals het vaststellen van de agenda, de volgorderegels van Roberts, brainstorming en toetsen of men het inderdaad met elkaar eens is; dit alles om ervoor te zorgen dat de inhoudelijke kwesties goed worden behandeld. Wij hebben veel minder ervaring met procesgebeurtenissen als voortdurende interrupties, monopolisering van het gesprek door enkele leden van de groep, groepsleden die op belangrijke momenten de ruimte verlaten, afdwalen van het onderwerp, etc. In de regel beklagen wij ons over zulke zaken en maken de algemene opmerking: 'Aan commissies heb je niks.' Wij beschikken niet over de interventie- en ontwerpvaardigheden om iets aan dergelijke situaties te doen.

Een dramatisch voorbeeld wat de structuur betreft, is het automatisch volgen van de 'meerderheidsregel', de stilzwijgende veronderstelling dat de wil van de meerderheid bepalend is en dat de minderheid die 'als brave padvinders' maar heeft te volgen, al is de stemmenverhouding niet meer dan 8 tegen 7. Ook heb ik in groepen in het Westen de structurele aanname opgemerkt dat voor iedereen een behoorlijke hoeveelheid tijd moet worden ingeruimd en dat men verplicht is die te vullen – wat tot uiting komt in de bereidheid van de voorzitter mensen daartoe persoonlijk op te roepen. De stilzwijgende culturele veronderstelling is in dit geval dat wij allemaal recht hebben op eenzelfde hoeveelheid spreektijd, dat mensen zich op een vergadering voorbereiden, dat voorzitters het recht hebben mensen te vragen ook hun zegje te doen, etc. Zulke aannames spelen doorgaans ook een rol bij de vaststelling van het tijdstip van vergaderingen, de lengte ervan, de soorten besluitvormingsprocessen die worden gevolgd, etc.

In de hierna volgende hoofdstukken heb ik vereenvoudigende modellen opgenomen die mij, wanneer ik als deelnemer waarnam hoe een groep in een organisatie te werk ging, het meest hebben geholpen te ontdekken wat er nu eigenlijk aan de hand was. In hoofdstuk 8 gaat het over *taak*processen in groepen, over de wijze waarop groepen proberen problemen op te lossen en besluiten te nemen. In hoofdstuk 9 ligt het accent op *interpersoonlijke* processen in groepen en op de manier waarop groepen ten behoeve van hun instandhouding en hun groei omgaan met hun onderlinge verhoudingen. In hoofdstuk 10 bespreken we hoe verschillende van zulke processen tezamen komen in het concept van de *dialoog*, alsmede de rol die zo'n dialoog kan spelen om het leren te vergemakkelijken.

De lezer moet al deze modellen, de principes die eraan ten grondslag liggen en de aanbevolen technieken voor gerichte, opzettelijk gepleegde interventies beschouwen als bouwstenen; bouwstenen voor de totstandkoming van begeleidingsrelaties in nog complexere situaties waarin grotere groepen, organisatieonderdelen of delen van grotere systemen zoals menselijke gemeenschappen als cliënt betrokken raken. Deze concepten en modellen vormen een cumulatief systeem, daarom is het belangrijk eerst te lezen over relaties en groepen alvorens te trachten de complexe processen in grotere systemen te doorgronden.

7 Communicatie en bewuste feedback

In hoofdstuk 6 beschreven wij de verborgen krachten die voortkomen uit stilzwijgende culturele veronderstellingen over persoonlijke relaties en namen wij onze persoonlijke filters onder de loep. Deze stilzwijgende veronderstellingen zijn bepalend voor het communicatieproces en stellen daar tevens beperkingen aan. Binnen deze begrenzingen kunnen wij echter kiezen uit een enorm aantal mogelijkheden waar het er om gaat wanneer, met wie en hoe wij willen communiceren. Die keuzen hebben gevolgen voor de wijze waarop relaties en groepen zich ontwikkelen en moeten daarom worden begrepen door adviseurs, managers en verder iedereen die probeert begeleidingsrelaties tot stand te brengen en te managen. In het bijzonder moeten begeleiders bij hun pogingen communicatieprocessen te ontwikkelen die *leer*processen ten goede moeten komen, inzicht hebben in de onzichtbare dynamiek daarvan. Tot de fundamenteelste leerprocessen behoort het geven en ontvangen van *bewuste* feedback. Bewuste feedback is een specifieke manier om te komen tot verandering van wat wij ons kunnen voorstellen als het 'niveau' of de diepgang van de interpersoonlijke communicatie; wij beginnen daarom met een bespreking van de 'Johari-window'[1] als een vereenvoudigend model van dergelijke niveaus.

Niveaus van communicatie

Zoals de meesten van ons door waarneming van ons eigen gedrag weten, plegen wij niet alleen te reageren op de manifeste inhoud van wat anderen tegen ons zeggen, maar interpreteren wij tevens diverse andere, subtiele aanwijzingen voor de 'echte' bedoeling van de boodschap: lichaamstaal, intonatie, stembuigingen, de emotionele lading, de vorm van de boodschap en het tijdstip waarop iets wordt gezegd. Dezelfde boodschap brengt zowel een manifeste als een latente betekenis over. Zo nu en dan spreken deze beide betekenissen elkaar tegen. Een simpel voorbeeld hiervan is dat van iemand die je uitnodigt met de woorden: 'Kom gewoon eens een keertje langs', maar door de toon waarop dat wordt gezegd deze uitnodiging voldoende dubbelzinnigheid meegeeft om je te laten beseffen dat hij niet echt wil dat je komt en alleen maar beleefd wil zijn. Soms geeft hij daardoor blijk van een bepaald gevoel dat hij tegelijkertijd woordelijk ontkent. In werkgroepen is het niet ongewoon dat iemand zich verzet tegen een bepaald voorstel omdat hij meent aan een vroeger standpunt te moeten vasthouden of zich moet opstellen achter de groep die hij vertegenwoordigt, maar tevens zijn betoog inricht op een manier die anderen duidelijk maakt dat hij persoonlijk bereid is zich te laten overtuigen en uiteindelijk wel akkoord zal gaan. Vaak zeggen wij het één om ons gezicht te redden en communiceren wij iets anders. Dubbele boodschappen leveren geen ongewone problemen op wanneer de afzender zich dat realiseert en misverstanden uit de wereld kan helpen. Moeilijker wordt het wanneer een dubbele boodschap een deel van een persoon weergeeft waarvan de betrokkene geen weet heeft.

Ter illustratie hiervan helpt het als wij ons de persoon voorstellen als bestaande uit verscheidene delen, zoals weergegeven in figuur 7.1. Rechts in het venster zien wij de kwadranten 1 en 3, die gedeelten van onszelf die wij anderen laten zien. De kwadranten 1 en 2 bovenin het venster zijn de delen van onze persoon die wij zelf kennen. Kwadrant 1 bevat dus ons *openbare zelf*, die delen waarvan wij ons bewust zijn en die anderen, zelfs vreemden, van ons mogen zien. Kwadrant 2 bevat ons *verborgen of geheime zelf*, de delen die wij weloverwogen en opzettelijk voor anderen verborgen trachten te houden. Wanneer wij een groep mensen vragen anoniem iets prijs te geven van wat zij voor anderen verbergen, wijzen de reacties die wij daarop binnenkrijgen op onzekerheidsterreinen waarvan wij uit schaamte het bestaan niet willen toegeven, op gevoelens en impulsen die wij als asociaal beschouwen of die wij niet bij ons zelfbeeld vinden passen, op herinneringen aan gelegenheden waarin wij hebben gefaald of bij lange na niet aan onze eigen normen hebben voldaan en – als belangrijkste – op gevoelens jegens en reacties op anderen die wij te onbeleefd of pijnlijk vinden om te onthullen. Juliew denkt bijvoorbeeld dat haar baas tijdens een belangrijke bijeenkomst een volstrekt waardeloze presentatie heeft gehouden waardoor een order niet doorging, maar meent deze reactie voor zich te moeten houden en haar baas een compliment te moeten geven 'om zijn gevoelens niet te kwetsen of hem niet in de gordijnen te jagen'. Geslaagde wederzijdse pogingen tot gezichtsbehoud vereisen dat wij het merendeel van onze interpersoonlijke reacties voor ons houden, zodat wij kunnen blijven functioneren als de persoon die anderen in ons moeten zien. Bewuste feedback komt, zoals wij zullen zien, in het begin dan ook neer op schending van de eerder genoemde diepgewortelde culturele regels.

Kwadrant 3 in figuur 7.1 is onze *blinde vlek* en bevat dingen die wij onbewust voor onszelf verborgen houden, die niettemin deel van ons uitmaken en naar anderen worden gecommuniceerd. 'Ik ben helemaal niet kwaad', schreeuwt de rood aangelopen baas terwijl hij met de vuist op tafel slaat. 'Ik voel mij in dit soort vergaderingen erg op mijn gemak', zegt de manager terwijl zijn handen beven, zijn stem bijna breekt en hij stiekem probeert een kalmeringspilletje weg te slikken. 'Wat anderen van mij vinden interesseert me geen donder', aldus de manager die volkomen van de kaart raakt wanneer anderen zijn werk niet opmerken en de hemel inprijzen.

Figuur 7.1
De delen van onze persoon

Overgenomen uit J. Luft, 'The Johari Window', *Hum. Rel. Tr. News* 5, 1961, p. 6-7.

In onze groei naar volwassenheid werden wij allemaal beloond als wij een bepaald soort mens waren, en werden wij gestraft voor het zijn van een ander soort mens. Een groot deel van dit 'leren' wordt ons aangeleerd en weerspiegelt de culturele normen die gelden voor ons geslacht en voor onze sociale klasse. Een jongen leert doorgaans dat het best is om agressieve gevoelens te hebben, maar bepaald niet best om angst te hebben, of tedere gevoelens te hebben in het bijzin van andere jongens. Als gevolg hiervan begint een jongens tedere gevoelens te onderdrukken omdat ze niet bij hem horen. Hij onderdrukt die gevoelens of weigert ze, wanneer ze zich toch aandienen, als eigen te aanvaarden, ook al zijn ze voor anderen misschien heel goed zichtbaar. Hoe vaak hebben wij een norse, moeilijke man een echt heel teder persoon genoemd? Wij zien het tedere gevoel wel, maar de betrokkene kan zichzelf niet toestaan zijn eigen tedere kant te zien. Hij moet die blijven ontkennen door een norse buitenkant in stand te houden. Bij sommige mannen neemt de agressiviteit recht evenredig toe met de hoeveelheid tederheid die zij voelen jegens de mensen om hen heen.

Anderzijds leren veel jonge meisjes al heel vroeg dat bepaalde soorten agressieve gevoelens niet gepast zijn. Ook al voelen zij de agressie, zij leren toch dat gevoel te onderdrukken of te ontkennen. Wanneer een vrouw heeft geleerd dat agressief gedrag onaanvaardbaar is, wordt ze misschien angstvallig zorgzaam en teder, en dan recht evenredig met de hoeveelheid agressie die zij wel voelt maar tegenover zichzelf niet wil toegeven. Ieder van ons heeft gevoelens en eigenschappen die naar onze mening niet bij ons horen; wij zijn echter blind voor het feit dat wij een groot deel van die gevoelens wel naar anderen communiceren. Ze kunnen 'weglekken' en daardoor zichtbaar zijn voor anderen.

Kwadrant 4 is ons echte *onbewuste* zelf, dat door onszelf en door anderen niet wordt opgemerkt. Voorbeelden van dit zelf zijn sterk onderdrukte gevoelens, verborgen talenten of vaardigheden, en nog onbeproefde potenties. Voor ons doel is het belangrijk onderscheid te maken tussen drie terreinen van het onbewuste zelf:

1. *onderdrukte kennis of gevoelens* tengevolge van psychologische afweermechanismen;

2. *stilzwijgende kennis*, delen van ons onbewuste die wanneer wij er over nadenken gemakkelijk aan de oppervlakte kunnen worden gebracht (zoals culturele veronderstellingen waarop wij ons gedrag baseren);

3. *verborgen potenties*, terreinen van kennis, vaardigheden en gevoelens die latent aanwezig zijn doordat ze nog nooit nodig waren of doordat er nog nooit een beroep op is gedaan. Het bestaan van deze terreinen blijkt onder emotioneel extreme omstandigheden of wanneer wij onszelf toestaan echt creatief te worden.

Wanneer de adviseur tracht een cliënt zelf te laten ontdekken wat hij nu echt wil, is het voor de adviseur soms relevant de omstandigheden te creëren waaronder zulke verborgen terreinen kunnen worden blootgelegd. Wanneer wij het onbewuste gaan aanboren, moeten wij echter begrijpen dat wij daarbij privéterrein betreden waar wij vandaan moeten blijven tenzij wij klinisch zijn opgeleid en de cliënt zulke terreinen echt samen met de adviseur wil verkennen.

Belangrijk is te erkennen dat de boodschappen die wij al dan niet uitzenden evenzovele weerspiegelingen vormen van de complexe manier waarop wij psychologisch in elkaar zitten. Wij zijn niet alleen welbewust bezig met ons eigen gezichtsbehoud, maar laten ook boodschappen weglekken waarvan wij ons niet bewust zijn, en verbergen boodschappen die voor anderen relevant zouden zijn als wij ze aan hen bekend zouden maken. Voor onderzoek van deze processen kunnen wij de Johari-window gebruiken ter illustratie van wat in de persoonlijke interactie tussen twee mensen plaatsvindt (figuur 7.2).

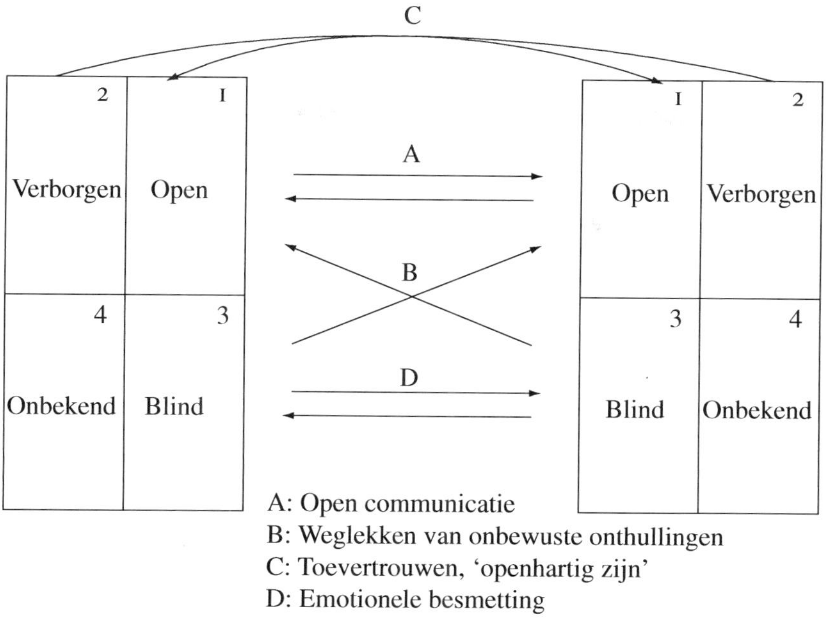

Figuur 7.2 Soorten boodschappen in de communicatie tussen twee personen

Wederkerige en interactieve communicatie-effecten

In het Johari-model zien wij vier soorten (niveaus) van communicatie tussen twee personen (zie figuur 7.2):

1. ***Open communicatie (pijl A).*** Het merendeel van de communicatie vindt plaats op het eerste niveau, tussen de beide open 'zelven'. De meeste populair geworden analyses van communicatie beperken zich tot dit niveau.

2. ***Ongewilde communicatie, lekkage (pijl B).*** Een tweede communicatieniveau wordt gevormd door de signalen of bedoelingen die wij ontlenen aan iemands 'blinde zelf', waarbij die persoon niet beseft dat hij een boodschap uitzendt. Wij kunnen deze communicatie beschouwen als 'lekkage'.

3. ***Toevertrouwen, openhartig zijn (pijl C).*** Een derde communicatieniveau treffen wij daar aan waar wij opzettelijk iets onthullen dat wij normaliter voor ons houden. Bij uitwisseling van reacties of gevoelens die voortvloeien uit iets wat zojuist is voorgevallen, hebben wij het doorgaans over 'toevertrouwen' of 'openhartig zijn'. Wanneer wij besluiten expliciete feedback te geven zeggen wij vaak: 'Wel, ik zal eens *openhartig tegen je zijn.*'

4. Emotionele besmetting (pijl D). Dit is een minder vaak voorkomend maar niet minder belangrijk communicatieniveau, dat het best 'emotionele besmetting' kan worden genoemd. De ene persoon beïnvloedt de gevoelens van de andere, zonder dat beiden zich van de oorsprong van hun gevoelens bewust zijn. Soms weerspiegelt het gevoel dat de ontvanger krijgt dat van de zender, zoals wanneer de spanning die door de zender wordt ontkend de ontvanger niettemin ook gespannen maakt. In andere gevallen gaat het om een ander gevoel, zoals wanneer de door de ene persoon ontkende maar wel uitgedrukte gevoelens bij de andere persoon tot spanning leiden, doordat hij niet weet of hij nu moet reageren op het manifeste communicatieniveau van het open zelf of op het latente niveau van het blinde zelf.

Mensen verschillen in de mate waarin de boodschappen die zij vanuit de verschillende delen van zichzelf verzenden onderling consistent en congruent zijn, wat ons brengt tot het oordeel dat sommige mensen 'eerlijker' of 'opener' zijn dan anderen. 'Congruentie' en 'openheid' hebben voor ons een positieve, en 'dubbele boodschappen verzenden' of 'gesloten zijn' een negatieve waarde, zoals wanneer wij zeggen 'Ik ga Joop een beetje uit de weg, want ik weet nooit wat hij denkt.' Anderzijds is het juist de dubbelzinnigheid van de communicatie die effectief gezichtsbehoud mogelijk maakt, doordat wij uit de communicatie datgene kunnen halen wat wij nodig hebben om ons 'zelf' in stand te kunnen houden. Wanneer wij, zoals in het sprookje over de nieuwe kleren van de keizer, in onze communicatie waarheidsgetrouw en open zijn, zouden wij elkaar voortdurend met onze naaktheid confronteren en zou er geen sociaal leven meer mogelijk zijn.

Bewuste feedback als weloverwogen leerproces

Tot dusverre heb ik de status quo, de 'normale' sociale betrekkingen, beschreven als ons opgelegd door de cultuur waarin wij zijn opgegroeid. Veronderstel echter dat het onze bedoeling is te leren, congruenter te worden, ons 'open zelf' te vergroten en vertrouwder te raken met gevoelens en reacties die wij geleerd hebben te onderdrukken en te ontkennen. Het door culturele regels voor beleefdheid en tact bepaalde normale communicatieproces zal geen feedback opleveren die voldoende duidelijk is om zulk leren mogelijk te maken. Misschien hebben wij behoefte aan een meer bewust, weloverwogen ontworpen proces om feedback te krijgen over de specifieke doelen die wij proberen te bereiken. Daarbij wordt dan ons blinde zelf betrokken. Wij moeten weten of wij signalen uitzenden die ons feitelijk beletten onze doelen te bereiken. Wij moeten weten of de situatie als volgt is: 'Wij hebben de vijand ontmoet, en wij zijn het zelf.' Ook moeten wij meer weten over ons onbewuste en over de stilzwijgende veronderstellingen die aan ons handelen ten grondslag liggen. Om op elk van deze terreinen te kunnen leren, moeten wij processen kunnen ontwerpen die zulk leren mogelijk maken; de adviseur speelt daarbij een cruciale rol doordat hij helpt zulke processen te ontwerpen en te creëren.

Feedback kan worden beschouwd als informatie die ons iets vertelt over onze voortgang op weg naar het doel dat wij trachten te bereiken. Daarom kan *elke* informatie die afkomstig is uit ons fysieke en interpersoonlijke milieu feedback zijn. Die benaming heeft echter de betekenis gekregen van iets wat meer gecontroleerd en opzettelijk geschiedt, zoals wanneer wij zeggen 'Geef mij eens wat meer feedback' of 'Laat mij je eens wat feedback geven'. Zonder deze meer gerichte feedback besteden wij een groot gedeelte van ons leven aan ofwel raden hoe anderen ons zien, of achter elkaars rug roddelen over percepties en reacties die wij een ander niet persoonlijk willen laten blijken. Zonder waarheidsgetrouwe, gerichte en bewuste interpersoonlijke feedback worden onze pogingen iets te leren gereduceerd tot iets wat uitsluitend op goed geluk met vallen en opstaan kan plaatsvinden.

Opzettelijke, gerichte feedback kan in het interpersoonlijk verkeer een krachtige bron van invloed zijn, vooral tussen superieuren en ondergeschikten in een beoordelingssituatie, of tussen leden van een team dat probeert effectiever te functioneren. De waarde van de Johari-window als vereenvoudigend model wordt nu duidelijk, in zoverre dat die laat zien hoe leren door middel van opzettelijk gegeven feedback berust op een 'geheime afspraak' tussen de partners in het leerproces. De ene persoon kan over zijn blinde vlekken geen accurate feedback krijgen zonder dat de andere persoon bereid is te onthullen wat hij in de regel verzwijgt: 'je hebt twee mensen nodig om er één te zien'. Met of zonder de steun van de adviseur moeten twee of meer mensen die elkaar opzettelijk feedback willen geven eerst een manier zien te vinden om *de culturele regels voor gezichtsbehoud buiten werking te stellen* om het mogelijk te maken *veilig* te kunnen zeggen wat wij normaliter voor ons houden. Zo'n bekendmaking of wederzijdse 'openhartigheid' is een gevaarlijke aangelegenheid. Ik kan bijvoorbeeld dingen te horen krijgen die echt bedreigend zijn voor mijn zelfbeeld. U zou mij ongewild vijandig of bestraffend kunnen bejegenen waardoor ik zou willen terugslaan, met een beschadigde relatie als gevolg. Teneinde het psychologisch veilig te maken elkaar opzettelijk feedback te geven, moeten wij nieuwe normen opstellen die het geoorloofd en goed maken dingen te zeggen die normaliter niet worden en niet behoren te worden gezegd. Een cruciale rol van de begeleider in zulke processen is, ervoor te zorgen dat zulke normen inderdaad worden opgesteld en nageleefd.

Vanuit het gezichtspunt van de feedback*ontvanger* is de cruciale vraag:

'Hoe kan ik er zeker van zijn dat wat u mij over mijzelf en de wijze waarop ik overkom wilt vertellen, *waarheidsgetrouw* is, geschiedt vanuit de *eerlijke motivatie* mij te helpen, en *relevant* is voor wat ik wil leren?'

De cruciale vraag vanuit het gezichtspunt van de feedback*gever* is:

'Hoe kan ik er zeker van zijn dat u *naar mij zult luisteren, serieus zult nemen* hetgeen ik u vertel, en mij blijft zien als *helpend* in plaats van als bestraffend?'

De gever wil niet de boodschapper zijn die wordt onthoofd als zijn boodschap niet wordt ervaren als een poging de ander te helpen. Met andere woorden, de twee partijen die aan een opzettelijk feedbackproces beginnen, moeten elkaar vertrouwen; zij moeten er beiden van overtuigd zijn dat de ander probeert te helpen, ook al is de inhoud van de boodschap pijnlijk in die zin dat ze een aanslag doet op het zelfbeeld van de ontvanger. Dit vertrouwen houdt niet alleen in dat de motieven van gever en ontvanger goed zijn, maar tevens dat zij *ook moeten beschikken over het vermogen om helder waar te nemen en te communiceren*. Ik heb weinig aan feedback van iemand die niet accuraat waarneemt hoe ik mij gedraag, en/of hetgeen hij waarneemt niet op mij kan overbrengen.

De adviseur/begeleider kan om dit soort *leren* te vergemakkelijken een belangrijke rol spelen door:

1. zijn cliënten te helpen de psychodynamica van het feedbackproces te begrijpen;

2. zijn cliënten te oefenen in het geven en ontvangen van feedback;

3. te functioneren als rolmodel voor de beheersing van dit proces op een manier die gezichtsverlies of bedreiging van het gevoel van eigenwaarde voorkomt.

De case aan het eind van dit hoofdstuk laat zien hoe zorgvuldig zo'n proces moet verlopen.

Een situatie creëren die bewuste feedback mogelijk maakt

Teneinde bewuste feedback mogelijk te maken moet een situatie worden gecreëerd waarin de deelnemers enkele culturele interactieregels buiten werking kunnen stellen. Hoewel dit kan geschieden door de deelnemers zelf, als zij beschikken over voldoende inzicht, is het gebruikelijker dat de adviseur/begeleider bij het creëren van zo'n situatie een actieve rol speelt. De eerste fase bestaat eruit dat de deelnemers vertrouwd worden gemaakt met het model van de Johari-window en worden gewezen op het culturele model dat benadrukt hoe de interactieregels zijn gekoppeld aan bepaalde situaties. Wanneer dit eenmaal in beginsel is begrepen, moeten de deelnemers 'op de tast' een weg zien te vinden naar een situatie waarin zij elkaar kunnen vertrouwen, en wel door met kleine stappen verder te gaan en het resultaat telkens te evalueren. De nieuwe normen ontstaan uit reeksen kleine successen.

De volgende fase is dat de begeleider enkele richtlijnen aanbeveelt en enige training aanbiedt om vaak voorkomende valkuilen te kunnen vermijden. Voor de doeleinden die wij hier voor ogen hebben is het nuttig, voornamelijk zulke valkuilen in de relatie tussen superieuren en ondergeschikten te analyseren, omdat die het moeilijkst effectief te managen zijn. Juist in de context van een beoordeling wordt bewuste feedback het delicaatst, omdat in deze situatie het meest op het spel staat. Niet alleen omdat wij aan onze eigen prestaties een hoge waarde toekennen, maar ook omdat een beoordeling door anderen van onze prestaties rechtstreekse gevolgen heeft voor onze financiële situatie. Wanneer superieuren, collega's of ondergeschikten ons functioneren beoordelen als minder goed dan verwacht of vereist is, wordt het voor ons van cruciaal belang te achterhalen wat er aan mankeert; dat wil zeggen, wij hebben valide, nuttige informatie nodig die ons in staat stelt verbeteringen aan te brengen. In zulke situaties is het de taak van de chef om als adviseur/begeleider op te treden, de juiste situatie te creëren en een sfeer te scheppen waarin de culturele normen veilig buiten werking kunnen worden gesteld. Evenzo echter is het de taak van de ondergeschikte, bij onduidelijke routinematig uitgezonden signalen om bewuste feedback te vragen. Indien *beiden* gemotiveerd zijn, bestaat enige mogelijkheid dat er een gesprek op gang komt waarin leren door bewuste feedback plaatsvindt.

Wanneer eenmaal de juiste situatie is gecreëerd, hebben wij nog steeds te maken met een aantal beginselen die er voor moeten zorgen dat de dreiging van gezichtsverlies zo gering mogelijk en de helderheid van de communicatie zo groot mogelijk is. Gezien de psychodynamica van het ORBI-proces en van alle filters die tijdens de communicatie functioneren, moet er door gever en ontvanger extra voor worden gezorgd dat de juiste boodschap over komt. De hieronder beschreven richtlijnen of beginselen zijn opgesteld om die helderheid te waarborgen. Ze zijn voornamelijk geformuleerd binnen het kader van de relatie tussen superieur en ondergeschikte, maar ze zijn in alle begeleidingsrelaties toepasbaar.

Principes en richtlijnen voor bewuste feedback

Principe 1: gever en ontvanger moeten het met elkaar eens zijn over hetgeen de ontvanger wil bereiken

Toegespitste feedback is informatie die de ontvanger laat weten dat hij ten aanzien van een bepaald *doel* dat hij wil bereiken op de goede weg is. Feedback impliceert altijd bepaalde doelen van de ontvanger. De eerste en belangrijkste valkuil die op beiden ligt te wachten is dan ook dat zij verzuimen overeenstemming te bereiken over de te bereiken doelen en de eisen die daarbij aan het resultaat moeten worden gesteld. Wanneer chef en ondergeschikte het niet met elkaar eens zijn over de doelen en de eisen die worden gesteld of als die onduidelijk zijn, kan corrigerende informatie van de chef door de ondergeschikte worden opgevat als niet ter zake doende kritiek.

Dit principe houdt in dat voordat ook maar enige bewuste feedback wordt gegeven, gever en ontvanger een gesprek moeten hebben over de doelen die de ontvanger tracht te bereiken. Om een voorbeeld te geven: ik heb er weinig aan wanneer een goedbedoelende collega mij vertelt dat mijn voordracht te lang en te gedetailleerd was, wanneer mijn doel was een voor twee lezingen bedoelde hoeveelheid stof in één voordracht te proppen. Om een voorbeeld uit de sport te noemen: ik heb er weinig aan als mijn tennisleraar wijst op de zwakke punten van mijn backhand, terwijl ik probeerde mijn beenwerk te verbeteren. Een goede coach zal alvorens corrigerende feedback te geven, zijn pupil in de regel vragen: 'Waar wil je vandaag aan werken?'

Dezelfde logica is van toepassing op de begeleidingsrelatie tussen adviseur en cliënt. Het is voor de adviseur erg verleidelijk eenzijdig te besluiten de cliënt bewuste feedback te geven. Dit is evenwel buitengewoon gevaarlijk, tenzij beide partijen het over de doelen van de cliënt eens zijn geworden. Als ik het gevoel heb dat ik enige cruciale feedback te geven heb, moet ik eerst de vraag aan de orde stellen wat het doel van het gesprek is en wat de cliënt probeert te bereiken. Alleen wanneer mijn feedback bij dat scenario past, kan ik daar rustig mee aankomen.

Principe 2: de gever moet de nadruk leggen op beschrijving en waardering

In feedback kan de nadruk liggen op:

1. *positieve* aspecten, op dingen die de ondergeschikte goed heeft gedaan;

2. op *beschrijvende en oordeelsvrije* informatie die alleen betrekking heeft op hetgeen de ondergeschikte deed;

3. op *negatieve* aspecten, op dingen die de ondergeschikte niet goed deed.

Het merendeel van de theorie heeft aangetoond dat deze drie soorten informatie verschillende gevolgen hebben. Van positieve feedback valt het gemakkelijkst te leren en die is ook het plezierigst, want ze richt het toekomstige gedrag op wat nu reeds effectief is. Positieve feedback en waardering voor dingen die goed zijn gedaan passen bij onze eigen behoefte aan een hoge zelfwaardering.

Beschrijvende, neutrale feedback kan effectief zijn als de ondergeschikte over duidelijke eigen normen beschikt en alleen hoeft te weten *wat* van zijn activiteiten is waargenomen. Op terreinen waar mensen heel gevoelig zijn en waarbij hun ego sterk is betrokken, kan dit de enige informatie zijn die zij kunnen aanvaarden. Tevens dwingt beschrijvende feedback de gever ertoe, te verduidelijken waarop zijn beoordelingen zijn gegrond en zich te concentreren op gedragingen die misschien meer te plooien zijn.

Negatieve feedback is vaak noodzakelijk om ervoor te zorgen dat bepaalde gedragingen zich niet zullen herhalen; het is echter tevens de moeilijkste vorm van feedback doordat hierbij de kans op afweer, ontkenning of andere vormen van afwijzing groot is. Bovendien verschaft negatieve feedback geen aanwijzingen over wat de betrokkene zou moeten doen en wordt daardoor geen positieve richting aangeduid waarin 'leren' zou moeten plaatsvinden.

Een vaak voorkomende valkuil in dit proces is een overmaat aan negatieve, en een tekort aan beschrijvende en positieve, waarderende feedback. Wij plegen verband te leggen tussen bewuste feedback en het begrip 'opbouwende *kritiek*', daarbij vergetend dat leren van hetgeen je goed doet nog belangrijker is. Waardering en positieve feedback zorgen er tevens voor dat de ontvanger zijn gezicht kan redden. Dit principe heeft geleid tot de 'sandwichtechniek' bij beoordelingen: beginnen en eindigen met iets positiefs, en de opbouwende kritiek daar als beleg tussen frommelen. Wat in deze techniek over het hoofd wordt gezien, is dat de positieve elementen vaak 'smakelijker' zijn dan de kritiek.

Principe 3: de feedback moet concreet en specifiek zijn

Feedback is een communicatieproces waarbij men in alle eerder genoemde communicatievalkuilen terecht kan komen. Een fundamenteel gebrek aan duidelijkheid in de feedbackboodschap dan wel (vooral waar het gaat om persoonlijkheidskenmerken) semantische verwarring, zijn daarom potentiële problemen. Hieronder volgen daarvan enkele voorbeelden.

‘Je bent te agressief’ (negatief, vaag, algemeen) tegenover ‘Ik heb gemerkt dat je anderen luidkeels de mond snoert wanneer die proberen hun eigen mening te geven’ (beschrijvend, precies en specifiek).

‘Je behandelt je mensen verkeerd’ (negatief, algemeen) tegenover ‘Je betrekt je ondergeschikten niet bij je besluitvorming, en je geeft hun niet de kans om hun eigen menig te geven’ (negatief, specifiek); of ‘Ik heb gemerkt dat je mensen productiever zijn wanneer je hen bij je besluitvorming betrekt en luistert naar hetgeen ze te zeggen hebben’ (positief, specifiek).

‘Je moet meer initiatief tonen’ (negatief, algemeen) tegenover ‘In plaats van te wachten tot ik ontdek dat je kosten te hoog oplopen, zou je een eigen systeem kunnen opzetten om daar achter te komen en er dan iets aan te doen voordat het uit de hand loopt’ (neutraal, specifiek).

Specifiek zijn is de sleutel tot semantische duidelijkheid. Hoe algemener de opmerkingen, hoe groter de kans dat ze, of ze nu positief of negatief zijn, verkeerd worden begrepen. Hoe meer de feedback kan worden gekoppeld aan gedrag *dat gever en ontvanger beiden hebben waargenomen*, hoe kleiner de kans is op verkeerde interpretaties. Anders gezegd, feedback moet in de eerste plaats betrekking hebben op *veranderbaar* gedrag, zodat de ontvanger met hetgeen hij te horen krijgt ook iets kan doen. Anderzijds kan het, wanneer enkele stabiele karaktereigenschappen van de betrokkene hem hetgeen hij wil bereiken beletten, bij gelegenheid noodzakelijk zijn hem dit te laten weten in plaats van hem te laten leven met illusies en onrealistische verwachtingen.

Principe 4: gever en ontvanger moeten constructieve motieven hebben

Een ander probleem dat zich bij bewuste feedback pleegt aan te dienen heeft te maken met de motivatie van gever en ontvanger zoals zij die beiden van elkaar waarnemen. Wanneer de ontvanger meent dat de gever hem echt wil helpen, is de kans dat hij aandachtig luistert groter dan wanneer hij de motieven van de gever betwijfelt of wantrouwt. Wij hebben allemaal wel eens meegemaakt dat wij kwaad op iemand waren en dan als een manier om onze boosheid te uiten zeiden: ‘Laat mij je eens wat feedback geven.’ Onnodig te zeggen dat de ontvanger in zo’n geval meteen aanvoelt dat hier alleen de behoeften van de gever mee worden gediend.

Gebrek aan helderheid over de motieven van de ontvanger is net zo’n potentieel probleem. Welke stimulans is er voor de gever om al die moeite te doen als hij meent dat de ontvanger niet luistert, alleen maar te horen wil krijgen dat hij goed is of op een of andere manier te kennen geeft dat hij onvoldoende gemotiveerd is om van de feedback te leren? Ook nu maken de hieronder gegeven voorbeelden duidelijk waar het om gaat.

> 'Je moet je ondergeschikten meer aanzetten tot kostenbeheersing, want we zijn dit kwartaal alweer boven onze begroting gegaan.' (De chef wil dat zijn ondergeschikte de resultaten van het niveau direct onder hem verbetert, maar de ondergeschikte meent dat zijn baas alleen maar aan zijn eigen financiële behoeften denkt.) Dit tegenover 'Op zichzelf beschouwd draait de zaak goed, maar ik blijf mij zorgen maken over het feit dat wij alweer onze begroting hebben overschreden. Heb jij zelf een voorstel om je ondergeschikten meer kostenbewust te maken?' (De chef stelt zich waarderend op, maakt zijn eigen gevoelens duidelijk en concentreert zich door middel van een gerichte vraag op een specifiek probleem.)

> 'Volgens mij moet jij leren beter met je klanten om te gaan.' (De chef ziet zijn ondergeschikte misschien als iemand met grote mogelijkheden met slechts één zwak punt waar hij iets aan moet doen, maar de ondergeschikte heeft misschien het idee dat hij in het algemeen niet deugt en stelt zich daardoor defensief op.) Dit in tegenstelling tot 'Je bent al heel effectief, en je kunt je eigen effectiviteit nog verder verbeteren door met name te leren beter met je klanten om te gaan.' (De baas maakt duidelijk wat zijn motief is om een reeds goede functievervulling nog te verbeteren.)

> 'Ik kan je dit jaar niet meer dan twee procent opslag geven, omdat het de onderneming in het algemeen momenteel niet zo voor de wind gaat.' (De chef probeert dicht bij de waarheid te blijven maar drukt zich vaag uit; de ondergeschikte zou hieruit kunnen concluderen dat hij gewoon niet meer dan gemiddeld functioneert en kan daardoor gedemoraliseerd raken.) Dit tegenover 'Je hebt dit jaar in het algemeen uitstekend gefunctioneerd, en ik zou willen dat ik daar financieel iets tegenover kon stellen; we staan er als onderneming dit jaar echter niet al te best voor, dus zit er voor niemand meer dan twee procent opslag in.' (De chef is specifiek, plaatst het functioneren van zijn ondergeschikte in de juiste context en geeft uitdrukking aan zijn waardering.)

Voor beide partijen is waarschijnlijk het moeilijkste aspect van het werken volgens dit beginsel, goed te weten wat de eigen motieven en gevoelens zijn. Zoals uit de ORBI-cyclus duidelijk naar voren komt, is het heel gemakkelijk op grond van een waarneming tot een oordeel te komen zonder op te merken welke gevoelens daarbij een rol spelen en welk motief uit die gevoelens kan zijn voortgekomen, laat staan daarover na te denken.

Principe 5: laat geen relevante negatieve feedback achterwege

Een groot probleem bij het geven van feedback is onze natuurlijke neiging geen kritiek te leveren, omdat zoiets vaak afweer en andere onplezierige reacties oproept. Kritische opmerkingen worden ontkend of helemaal niet gehoord, waardoor alle moeite om negatieve feedback te geven ogenschijnlijk neerkomt op tijdverspilling. Wanneer de chef in zo'n geval echter inderdaad een negatief oordeel heeft dat de wijze waarop hij met zijn ondergeschikte omgaat beïnvloedt, brengt hij hem in een positie waarin hij maar moet raden waarom er voor hem geen promotie, een behoorlijke salarisverhoging of een mooie functie in zit.

De oplossing is in dit geval, net als in de vorige scenario's, vage algemeenheden te vermijden en zich te concentreren op duidelijke, gedragsgebonden voorbeelden van wat tot deze negatieve beoordeling heeft geleid. Ik kan bijvoorbeeld kritiek aanvaarden op een bepaald soort gedrag in een specifieke situatie, maar ik kan veel moeilijker kritiek velen op karaktereigenschappen en mijn meer algemene eigenschappen. Wanneer mijn gedrag blootstaat aan kritiek kan ik voor mijzelf nagaan hoe veel daarvan te wijten is aan de omstandigheden van het moment en kan ik leren zulke situaties te vermijden; of ik kan, als ik tot de conclusie kom dat het te wijten is aan mijn persoonseigenschappen, proberen daar verandering in te brengen of concluderen dat die functie in wezen helemaal niet bij mij past. Maar dan moet dat wel *mijn* beslissing zijn, op grond van duidelijke feedback.

Wanneer de feedbackgever mijn karaktertrekken of mij persoonlijk bekritiseert, gaan mijn zelfbeeld en mijn zelfrespect een rol spelen en kan ik niet zomaar algemene aspecten van mijn persoon veranderen. Daarom zal ik zulke kritiek ontkennen of mij ertegen verzetten. Maar wanneer de negatieve feedback betrekking heeft op een bepaalde vorm van concreet gedrag waarvan zowel gever als ontvanger getuige zijn geweest, kan de gever uiting geven aan zijn eigen gevoelens over dit gedrag en zijn oordeel erover, en kan de ontvanger voorkomen dat zijn ego een deuk oploopt. Met andere woorden, wanneer mijn baas boos op *mij* is, vind ik dat misschien een probleem, maar als hij kwaad is over iets bepaalds wat ik *deed*, levert die feedback mij misschien nieuwe inzichten op. Hieronder volgen enkele voorbeelden van het leveren van negatieve kritiek aan de hand van deze richtlijnen.

> 'Wij hebben op de hogere niveaus van deze onderneming meer teamspelers nodig, en jouw functioneren tot dusverre heeft mij doen twijfelen of jij dat wel in voldoende mate kunt zijn' (negatief en algemeen geformuleerd, terwijl de ontvanger motieven en capaciteiten worden toegedicht) tegenover 'Als het er om gaat jou binnen de onderneming te zien opklimmen naar hogere niveaus, zit ik met het probleem of jij wel zou passen in

een groep die jij meteen zou willen overnemen, zoals bij de XYZ-commissie. En als je in de ABC-werkgroep zou zitten, zou die nooit maximaal kunnen functioneren doordat jouw loyaliteit aan je eigen afdeling de discussies zou doen ontaarden in debatten waar het alleen gaat om winnen of verliezen. Wanneer ik jou anderen zo de grond in zie boren maakt mij dat nijdig, en ik vraag mij dan ook met zorg af of jij wel voldoende nieuw gedrag kunt aanleren om in deze onderneming hogerop te kunnen komen' (negatief en beoordelend, maar zo specifiek dat duidelijk is waarom de chef kwaad is).

'Je vertoont onmiskenbaar gebrek aan initiatief; je bent voor dit soort werk gewoon onvoldoende agressief' (opmerkingen over algemene eigenschappen die misschien moeilijk te veranderen zijn en geen specifieke gegevens verschaffen over wat de baas bij initiatief of agressiviteit voor ogen staat), dit vergeleken met 'De wijze waarop je het afgelopen jaar hebt gefunctioneerd, heeft mij op verschillende punten zorgen gebaard. Toen wij met het ABC-project in de problemen kwamen, leek jij bereid de zaak op zijn beloop te laten in plaats van voorstellen te doen om het probleem uit de wereld te helpen en door te gaan. Toen andere divisies bezwaar maakten tegen de richting die jij insloeg, kroop je in je schulp in plaats van aan te tonen waarom jouw oplossing de juiste was. Ik heb die twee gedragspatronen ook bij andere projecten waargenomen en ik maak mij zorgen over het gebrek aan initiatief en agressiviteit dat uit zulk gedrag blijkt.' (Hier worden de algemene eigenschappen weliswaar niet verzwegen, maar worden de gedragsgegevens genoemd die leidden tot opmerkingen daarover.)

'Je hebt het bij de laatste verkoopbespreking echt verknald; de zaak was bijna in kannen en kruiken totdat jij opeens roet in het eten gooide waardoor de klant er toch maar van afzag' (beoordeling van de hele persoon op grond van één waarneming) tegenover 'Toen jij tijdens de laatste verkoopbespreking dat XYZ-probleem aansneed, dacht ik dat je het echt verknalde; wij hadden de order bijna in onze zak totdat jij met opmerkingen kwam die de klant leken af te schrikken' (de nadruk is hier verlegd naar het gedrag van de betrokken persoon, en de gever zwakt zijn beoordeling af door die te gieten in de vorm van een eigen mening in plaats van een absoluut oordeel te vellen).

In de hierboven genoemde voorbeelden maakte de feedbackgever weliswaar beoordelende opmerkingen, maar concentreerde die op specifieke gedragingen in plaats op algemene eigenschappen of de gehele persoon. Wanneer doelstellingen en normen duidelijk zijn en men het daarover eens is geworden, kunnen zulke beoordelingen nuttig zijn. Wanneer echter geen overeenstemming bestaat werkt beschrijvende feedback beter. Gever en ontvanger kunnen dan gezamenlijk het gedrag evalueren. In beide gevallen draait het om de specificiteit. Hoe algemener de beoordeling, hoe groter de kans op misverstanden, verzet, ontkenning en defensief gedrag.

Principe 6: de gever moet achter zijn eigen waarnemingen, gevoelens en oordelen kunnen staan

Dit beginsel heeft twee belangrijke implicaties. Wat de ORBI-cyclus betreft: hoe nauwer de feedback aansluit op de feitelijke waarneming, hoe groter de kans dat ze wordt gehoord en aanvaard, omdat mogelijk ook de ontvanger hetzelfde gedrag heeft opgemerkt. Bovendien wordt feedback over de emotionele reactie waarschijnlijk beter aanvaard dan feedback over het oordeel. Zeggen dat uw gedrag mij bevreesd en angstig maakt of mij ontmoedigt, maakt een grotere kans te worden gehoord dan de beoordeling dat uw gedrag 'ongepast' of 'slecht' was. Dezelfde logica gaat ook op voor positieve feedback. Zeggen dat een deel van uw gedrag mij plezier deed of trots maakte heeft voor het leerproces veel meer waarde dan alleen 'Goed gedaan'.

De tweede implicatie is dat de gever de waarneming, de emotionele reacties en de oordelen bewust moet herleiden tot hemzelf en ze niet moet laten ontaarden in vage algemeenheden. De implicaties zijn in zoverre subtiel dat zij geconcentreerd zijn op een klein verschil in feedbackgedrag. Zo kan ik zeggen 'Je bent geweldig' (of 'Je deugt voor geen cent'), wat mijn oordeel tot een allesomvattende uitspraak maakt, of '*Ik vind* jou geweldig' (of '*Ik vind* dat jij niet deugt'). Wanneer ik specifieker wil zijn, kan ik zeggen 'Door tegen de klant in te gaan verknalde je de transactie', of 'Toen jij tegen de klant in ging, *voelde ik mij razend worden* omdat hij zich toen leek terug te trekken; *ik kreeg echt het gevoel dat je op dat moment de zaak verknalde.*'

Het is voor de gever belangrijk dat hij zelf achter de feedback kan staan, om die zodoende bespreekbaar en tot een bron van potentieel leren te maken. Onpersoonlijke algemeenheden zijn vernederend omdat ze de rationalisatie wegnemen dat het misschien alleen maar gaat om de eigen reactie van de gever. Algemeenheden houden in dat de gever zich heeft gebonden aan een eindoordeel dat niet kan worden aangevochten of uitgediept. Een algemeen oordeel impliceert tevens dat het getoetst is aan andere oordelen en eerder een afsluitende conclusie is dan de onmiddellijke reactie van de gever.

Principe 7: feedback moet worden gegeven op het moment waarop zowel ontvanger als gever daar rijp voor zijn

Eerder reeds heb ik ten aanzien van effectieve interventies nadruk gelegd op het beginsel 'de timing is cruciaal'. De timing is eveneens van cruciaal belang waar het er om gaat bewuste feedback tot een effectief proces te maken. Welke criteria zijn voor ons bepalend om te weten of de tijd voor zulke feedback rijp is? Het veruit belangrijkste criterium daarvoor is *of de ontvanger gemotiveerd of in staat is te leren.* Is dat het geval, dan kan hij de gever heel goed laten weten wanneer hij het feedbackgesprek wil aangaan. Als de motivatie ontbreekt, bevindt de gever zich in de vervelende (maar soms onontkoombare) positie een zodanige situatie te moeten creëren dat bewuste feedback kan worden gegeven. De chef kan zeggen dat een feedbackgesprek over het functioneren binnen een bepaalde termijn noodzakelijk is, het daarbij aan de ondergeschikte overlatend wanneer en waar dat precies zal plaatsvinden.

Een tweede criterium is dat de *gever* er klaar voor moet zijn. Dat houdt doorgaans is dat ten aanzien van een specifiek gedragsniveau moet worden nagedacht over de reacties, de gevoelens en de oordelen van de gever, en dat hij zich daarna psychologisch moet voorbereiden om op een manier waar de ontvanger iets aan heeft nuttige informatie te verstrekken. Zo'n voorbereiding kan ook een training in het geven van bewuste feedback zijn en zorgvuldig nadenken over de verschillende beginselen die hierboven zijn genoemd. Het heeft waarschijnlijk geen effect als de ondergeschikte onaangekondigd binnenwandelt en feedback vraagt.

Een derde criterium is dat beide partijen *het eens moeten zijn geworden over de doelstellingen* en moeten hebben gewerkt aan de totstandkoming van enkele voorafgaande *normen om elkaar te kunnen vertrouwen.* De timing is dus afhankelijk van het scheppen van de juiste situatie, die op haar beurt afhankelijk is van een bepaalde mate van eerlijk nadenken over de motieven en capaciteiten door zowel gever als ontvanger. Zelfs wanneer de baas zonder meer bepaalt dat een beoordelingsgesprek noodzakelijk is, dan nog kan hij het gesprek beginnen door zijn ondergeschikte te vragen eens na te gaan wat voor de afgelopen weken of maanden zijn doelstellingen zijn geweest, en daarna het feedbackgesprek zo te sturen dat het met betrekking tot die doelstellingen relevantie krijgt. Mocht het zo zijn dat de doelstellingen van de ondergeschikte niet sporen met hetgeen de baas verwachtte, dan moeten voordat bewuste feedback kan worden gegeven beiden het over die doelstellingen eens zien te worden. Overeenstemming over te bereiken doelen is wel het minste wat nodig is om een relatie op te bouwen waarin men van elkaar op aan kan.

Een vierde timingcriterium is dat de feedback zo kort op de relevante onderwerpen moet volgen dat de ontvanger zich deze nog kan herinneren en op zichzelf kan terugvoeren. Komt de feedback te laat na de gebeurtenis dan herinnert de ontvanger zich het incident misschien niet eens meer en ontkent hij het dus. Volgt de feedback daarentegen te snel op de gebeurtenis, dan is de ontvanger misschien nog te geëmotioneerd en hoort hij de feedback als die negatief is misschien niet eens. Zo willen collega's mij soms vlak na een college feedback geven, omdat het gedrag dan het zichtbaarst is. Ik kan echter met zulke feedback doorgaans moeilijk iets aanvangen, omdat ik dan nog niet eens mijn eigen reacties op zo'n gebeurtenis heb verwerkt. Totdat ik zelf heb vastgesteld of ik mijn doelstellingen voor dat college al dan niet heb bereikt, kan ik echt geen nieuwe gegevens opnemen die een weergave vormen van andermans doelstellingen voor mijn college.

Samenvatting en conclusies

Deze zeven beginselen samenvattend, is het voor mij het belangrijkst op te merken dat ze bij het geven van bewuste feedback alle zeven gezamenlijk in beschouwing moeten worden genomen willen ze het leren kunnen bevorderen en vergemakkelijken. Doelstellingen moeten helder zijn en door beide partijen worden onderschreven, de nadruk moet liggen op beschrijving en waardering, de feedback moet zo concreet en specifiek mogelijk zijn, zowel gever als ontvanger moeten constructieve motieven hebben, kritiek mag niet uit de weg worden gegaan als ze specifiek is en op gedrag is gericht, de gever moet zijn eigen gevoelens en reacties laten blijken in plaats van terug te vallen op onpersoonlijke algemeenheden, en gever en ontvanger moeten beiden psychologisch klaar zijn voor een feedbackgesprek.

Recapitulerend: of wij nu te maken hebben met een beoordelingsgesprek tussen chef en ondergeschikte of met een adviseur die informeert naar de situatie waarin zijn cliënt verkeert, alles wat de begeleider doet, is ipso facto een interventie. De adviseur levert de hele tijd feedback, zelfs wanneer hij zwijgt. De keuze is dus, wanneer, hoe en in welke vorm het niveau daarvan te verhogen tot dat van de *bewuste* feedback. Wanneer en hoe is het gepast de 'normale' informatiestroom te onderbreken en een situatie te scheppen voor een ander communicatieniveau waarop enkele van onze normen voor gezichtsbehoud worden losgelaten? Anders gezegd en binnen het kader van de soorten informatieverwerving zoals besproken in hoofdstuk 3, wanneer is het gepast om van neutrale of diagnostische informatieverwerving over te gaan tot confronterende informatie, omdat dit een vorm is van bewuste feedback, zij het in dat geval minder geprononceerd?

Op deze vraag kan geen simpel en duidelijk antwoord worden gegeven. Naarmate de relatie tussen adviseur en cliënt zich verder ontwikkelt, moet de adviseur voor zichzelf voortdurend een diagnose van de situatie stellen en aan de hand daarvan bepalen in hoeverre zijn cliënt ontvankelijk is voor meer confronterende vormen van interventie. Een van de aanwijzingen daarvoor is natuurlijk wanneer de cliënt zelf duidelijk vraagt om een rechtstreeks oordeel. Een andere aanwijzing dat de tijd rijp is, bestaat eruit dat er als het ware voldoende gegevens op tafel liggen om de adviseur het vertrouwen te geven dat de cliënt zelf kan zien wat er aan de hand zou kunnen zijn. Hoe meer de adviseur de feedback kan koppelen aan gedrag dat *beiden* hebben waargenomen, hoe waarschijnlijker het is dat de feedback wordt aanvaard en dat ervan wordt geleerd. In beide gevallen moet men ervan uitgaan dat het gesprek tussen adviseur en cliënt een niveau heeft bereikt waarop een behoorlijk wederzijds begrip bestaat voor elkaars aannames en doelstellingen.

In het begin van dit hoofdstuk gaf ik een samenvatting van een model van tweezijdige communicatie waaruit blijkt waarom bewuste feedback noodzakelijk en tegelijk moeilijk is. Wij hebben zulke feedback nodig om enkele van onze blinde vlekken weg te werken, om te leren hoe wij bij anderen overkomen, en om te ontdekken welke signalen wij misschien onwetend uitzenden. Tegelijkertijd schrijven culturele regels voor dat de andere persoon zijn reacties op hetgeen wij uitzenden niet laat blijken. Het probleem bij het creëren van een bewuste-feedbacksituatie is dan ook dat beide partijen een manier moeten zien te vinden om de culturele normen voor gezichtsbehoud voldoende buiten werking te stellen dat wij iets kunnen prijsgeven van wat wij normaliter voor ons houden. Bewuste feedback is daarom een communicatievorm waarvan veel kan worden geleerd maar die zorgvuldig moet worden gemanaged.

Case 7.1 *Speciaal ontworpen feedbackprocessen voor de Billings Company*

Een feedbacksituatie creëren, is niet altijd een zorgvuldig gepland proces. Ik sprak regelmatig met het topmanagement van de Billings Company, in de regel een of twee dagen per maand, om hen te spreken over belangrijke strategische en operationele kwesties. Stone, oprichter en president-directeur van het bedrijf, domineerde doorgaans het verloop van deze bijeenkomsten door, ook al stonden ze niet op de officiële agenda, toch de onderwerpen ter sprake te brengen die hij behandeld wilde zien. Halverwege de eerste dag van een van deze vergaderingen kondigde hij aan het een goed idee te vinden, de acht leden van de groep elkaar feedback te laten geven over hun functievervulling en over de manier waarop zij daar verbetering in konden brengen.

Toen Stone dat zei, ging de spanning in de groep met sprongen omhoog, omdat ze allemaal begrepen dat hij ook feedback verwachtte. Gezien zijn persoonlijkheid en zijn emotionaliteit konden de groepsleden niet precies bepalen in hoeverre het voor hen veilig was überhaupt iets tegen hem te zeggen, laat staan kritiek op hem te leveren. Mijn eigen spanningsniveau steeg pijlsnel toen Stone zich tot mij wendde: 'Ed, jij hebt met groepstrainingen de nodige ervaring opgedaan. Waarom zou jij ons niet vertellen hoe wij elkaar feedback moeten geven?' Hij zei het op een toon die het niet gemakkelijk maakte te antwoorden dat zoiets nog maar even moest worden uitgesteld; ik kon dus niets anders meer doen iets te suggereren wat 'veilig' zou zijn.

Op ogenblikken als deze, wanneer de adviseur 'geen kant meer uit kan', moet hij maar hopen dat zijn intuïtie hem niet in de steek laat. Mijn grootste zorg was ervoor te zorgen dat de groep niet verviel in beschuldigingen over *vroeger* gedrag. Ik zei dus dat de beste manier om deze exercitie uit te voeren er uit bestond, ieder groepslid afzonderlijk aan de beurt te laten komen en te bespreken hoe zijn specifieke functie *in de toekomst*, bijvoorbeeld in het komende jaar, effectiever kon worden vervuld om het best aan te sluiten bij de totale ondernemingsstrategie. De redenering achter de aanbeveling voor 'toekomstig' gedrag was dat de kritiek op die manier impliciet kon blijven en daardoor gezichtsbehoud mogelijk maakte. Als de financieel directeur te horen zou krijgen 'Joe, wij hebben het idee dat je in het komende jaar nauwer zou moeten samenwerken met de productieafdelingen zodat ze daar hun voorraden beter kunnen managen', zouden dankzij zo'n formulering de anderen niet botweg hoeven zeggen wat zij voelden: 'Joe, je hebt ons het afgelopen jaar een echte rotstreek geleverd door het controlerapport over onze voorraadproblemen aan de grote klok te hangen voordat wij de kans hadden er iets aan te doen'. Joe had te veel politieagent gespeeld en onvoldoende hulp verleend, en de anderen hadden daar behoorlijk de smoor over in, maar Joe had zo'n rechtstreekse boodschap nooit kunnen aanvaarden.

Terwijl elk lid van de groep op zijn beurt 'de klos was' merkte ik hoe via aanbevelingen voor de toekomst de negatieve kritische opmerkingen zorgvuldig en met gevoel voor de ontvanger te berde werden gebracht. Dit proces speelde vooral een cruciale rol wanneer men zich tot Stone zelf wendde. Hij wenste per se in het proces te worden betrokken en luisterde zorgvuldig, vooral naar opmerkingen waarin werd gesuggereerd dat hij zich in de toekomst niet zo kritisch over ondergeschikten zou moeten uitlaten waar Jan en Alleman bij waren. Wij zagen kans verscheidene uren lang bezig te zijn met wat uiteindelijk een constructieve sessie bleek te zijn over 'rolonderhandelingen' waarin een enorme hoeveelheid persoonlijke feedback was ondergebracht, zonder dat het was uitgelopen op persoonlijke confrontaties met kritische opmerkingen.

Hoewel niet op elke situatie van toepassing, kon uit deze ervaring een belangrijke les worden getrokken, namelijk hoe veel nuttige feedback in een 'planningscontext' kan worden opgenomen. Je hoeft niet expliciet te zijn over het verleden. Soms is de boodschap gemakkelijker over het voetlicht te krijgen wanneer het om toekomstplannen gaat.

Oefening 7.1

Wat zit er in de vakjes van de Johari-window? (30 minuten)

Deze oefening kan het best worden uitgevoerd in een groepssessie met vijftien of meer deelnemers.

1. Vraag na een korte uitleg over de Johari-window elke deelnemer twee blanco vellen papier voor zich te leggen. De naam van de deelnemer komt niet op het papier.
2. Schrijf op het eerste vel één of meer dingen die u van uzelf weet maar welbewust voor anderen verborgen houdt. Schrijf, omdat het toch anoniem gebeurt, alles op wat u kwijt wilt (het verborgen zelf).

3. Schrijf op het tweede vel één of meer dingen die u bij anderen waarneemt maar waarvan u vrij zeker weet dat zij niet beseffen dat zij die communiceren (het blinde zelf).
4. Verzamel alle vellen, en zorg ervoor dat alle eerste en alle tweede vellen op afzonderlijke stapeltjes komen.
5. Schud elk stapeltje alsof het om een spel kaarten gaat, zodat de vellen niet kunnen worden geassocieerd met een bepaalde persoon.
6. Lees voor de hele groep hardop een selectie voor van wat men doorgaans voor elkaar verborgen houdt (het eerste vel). Bij voldoende voorbeelden kunt u ze op een flip-over schrijven en per onderwerp categoriseren. Stimuleer de groep samen met u de gegevens te analyseren, zodat men een idee krijgt van wat wij voor elkaar plegen te verbergen.
7. Lees voor de gehele groep hardop voor uit een steekproef van wat wij in de regel bij anderen waarnemen, terwijl die niet beseffen dat zij dat wel communiceren (het tweede vel). Classificeer ook deze items.
8. Analyseer het verband tussen de twee lijsten. Gaat het om volkomen verschillende soorten items? Zijn er gebieden waarvan wij denken dat wij ze verbergen maar waarvan feitelijk de gevoelens of de informatie 'weglekken' zodat anderen ze toch opmerken? Wat zouden de voors en tegens zijn van een meer open houding door bekend te maken wat wij voor ons houden of anderen feedback te geven over hun blinde vlekken?
9. Help de groep in te zien dat persoon 1 zijn blinde vlekken niet kan wegnemen zonder dat persoon 2 iets prijsgeeft dat normaliter verborgen blijft: 'er zijn twee mensen nodig om er één te zien'.

Oefening 7.2

Oefening in bewuste feedback

Vorm een paar samen met iemand met wie u bij voorkeur niet nauw hebt samengewerkt. De hieronder volgende onderdelen van de oefening mogen elk niet meer dan 10 minuten tot een kwartier in beslag nemen.

Deel 1 Praat vrijelijk met uw partner over enkele gebeurtenissen die u beiden bijvoorbeeld het afgelopen uur hebt meegemaakt. Stop het gesprek na vijf minuten, waarna u elkaar om de beurt op zuiver *beschrijvend* gedragsniveau bewuste feedback geeft. Wat heeft ieder van u bij de ander waargenomen? Tracht hierbij neutraal en beschrijvend te blijven en concentreer u zoveel mogelijk op details die het gedrag betreffen (niet langer dan vijf minuten per persoon).

Deel 2 Gebruik nu het gesprek van het afgelopen kwartier om elkaar bewuste feedback te geven over wat u in dat kwartier daarbij hebt ge-

voeld. Welke gevoelens heeft ieder van u bij zichzelf waargenomen? (Gebruik hiervoor niet meer dan 5 minuten per persoon.)

Deel 3 Gebruik nu de afgelopen 25 minuten als basis voor een gesprek waarin u elkaar nu bewuste feedback geeft over ieders *oordelen* en *evaluaties* tijdens de afgelopen 25 minuten. (Gebruik hiervoor niet meer dan vijf minuten per persoon.)

Deel 4 Bespreek gezamenlijk elkaars waarnemingen en reacties tijdens elk van de eerste drie delen. In welk opzicht verschilden de drie delen ten aanzien van wat u bij uzelf waarnam? Wat hebt u geleerd van de ervaring met bewuste feedback? Was u in staat reacties te laten blijken die in de regel voor u houdt? Wat maakte het mogelijk dit nu wél te doen? Hoe reageerde de ander op zulke onthullingen?

8 Faciliterende procesinterventies: taakprocessen in groepen

In dit hoofdstuk ontwikkelen wij het concept *faciliterende procesinterventie* ter aanvulling op de diverse diagnostische interventies die in de vorige hoofdstukken aan bod zijn gekomen. Thans verschuift de aandacht ook van de relatie tussen twee mensen naar die in grotere vergaderingen en in groepen, waarbij de adviseur met grotere cliëntsystemen te maken heeft. Het overkoepelende ontwerpcriterium voor interventies blijft hetzelfde, namelijk dat bij alle interventies het helpen voorop moet staan en dus faciliterend moet werken voor de cliënt. De toepassing van dit beginsel tijdens vergaderingen en in groepen wordt echter gecompliceerder. Diagnostisch informeren en bewuste feedback geven zouden duidelijk geschikt zijn als potentieel faciliterende interventies, maar er bestaat een heel spectrum van andere interventies die tijdens een gesprek of een vergadering spontaan plaatsvinden. Wij hebben daarom behoefte aan een typologie en enkele vereenvoudigende modellen om:

1. te kunnen besluiten waar wij ons in de veelheid van dingen die wij tijdens een vergadering kunnen waarnemen, op moeten richten;

2. te kunnen concluderen welke soorten interventie meer dan wel minder faciliterend zullen zijn.

De aandacht is in de eerste plaats gericht op het proces. Adviseurs/begeleiders moeten inzien dat het 'proces', dat wil zeggen *de wijze waarop* dingen worden gezegd en gedaan, even belangrijk is als de inhoud – *wat* er wordt gezegd of gedaan – en misschien wel belangrijker. Toch zijn de meesten van ons niet erg bekend met het proces als concept of aandachtsgebied. Wij plegen processen als vanzelfsprekend te aanvaarden, in plaats van ze te zien als iets wat moet worden gemanaged. Bovendien beschikken wij niet over het conceptuele instrumentarium dat nodig is om te kunnen beslissen hoe wij processen kunnen gebruiken als middelen voor de begeleiding en het leren. In dit hoofdstuk behandel ik voor het denken over processen eerst enkele algemene categorieën, noem ik vereenvoudigende modellen voor enkele van de opvallendste processen die in groepen zijn waar te nemen, en kom ik met aanbevelingen voor de wijze waarop de adviseur/begeleider zijn interventies op een constructieve manier kan richten als hulpmiddel om de cliënten te leren hun eigen processen beter te managen.

Wat is een 'proces'?

In de ruimste zin verwijst het woord 'proces' eerder naar de wijze waarop iets wordt gedaan dan naar wat er wordt gedaan. Wanneer ik de straat oversteek is dat *wat* ik doe; *hoe* ik oversteek is het proces: loop ik gewoon of ren ik, spring ik weg voor aanstormende auto's of vraag ik iemand mij te helpen oversteken omdat het mij duizelt? Wanneer ik tegen iemand spreek is dat *wat* ik doe, maar misschien kijk ik hem aan, kijk ik naar de grond, mompel ik of verhef ik mijn stem, maak ik gebaren of blijf ik stokstijf staan; dit alles is *hoe* ik praat. Omdat echter bij alles sprake is van een proces en zich overal processen afspelen, is het de vraag hoe wij ons daarvan en van de gevolgen van de verschillende soorten processen die wij misschien onbewust gebruiken, bewust worden. Hoe weet de adviseur/begeleider waarop hij zijn aandacht moet richten wanneer hij een interventie pleegt om een situatie te verbeteren en de cliënt tot leren aan te zetten? In de eerste hoofdstukken over begeleidingsrelaties en actieve informatieverwerving beschreven wij een verscheidenheid aan processen in situaties waarin sprake is van interpersoonlijke contacten. Wij moeten deze analyse thans uitbreiden naar de processen die zich afspelen wanneer de adviseur in diverse soorten vergaderingen en groepsbijeenkomsten met twee of meer personen tegelijk werkt.

Stel u voor dat u bent uitgenodigd voor een stafvergadering om te zien of u een bijdrage kunt leveren om de groep effectiever te laten functioneren. U bent misschien aangekondigd als 'facilitator', maar wat betekent dat voor de zaken waarop u zich met uw interventies moet richten, terwijl u zich al die tijd bewust bent van het feit dat gewoon aanwezig zijn, niets zeggen en alleen maar waarnemen ook reeds een interventie met de nodige consequenties is? Wanneer u de manager bent die deze vergadering heeft uitgeschreven, moet u zich eens voorstellen hoe u die vergadering zo effectief mogelijk kunt maken. Waar zou u aandacht aan moeten besteden en welke interventies zou u moeten overwegen, afgezien van de gebruikelijke aandacht voor de agenda en de inhoud van wat de leden zeggen? Tabel 8.1 bevat een aantal algemene categorieën waarneembare gebeurtenissen die voor de adviseur kunnen dienen als mogelijke aandachtspunten.

Tabel 8.1 Mogelijke aandachts- en waarnemingsgebieden

	Management van de groepsgrenzen	Taakvervulling door de groep	Groepsmanagement en management van de interpersoonlijke verhoudingen
Inhoud	(1) Wie hoort er wel en wie hoort er niet bij	(2) Agenda	(3) Gevoelens van de leden ten opzichte van elkaar
Proces	(4) Grensmanagement-processen	(5) Probleem-oplossing en besluitvorming	(6) Interpersoonlijke processen
Structuur	(7) Steeds weerkerende processen om de grenzen in stand te houden	(8) Steeds weerkerende taakprocessen, organisatiestructuur	(9) Formele regels in relatie tot gezag en intimiteit

De cellen in tabel 8.1 overlappen elkaar en in werkelijkheid zijn de verschillen niet zo scherp afgebakend als de beschrijving suggereert, maar wij hebben nu eenmaal vereenvoudigende modellen nodig om enigszins wijs te kunnen worden uit de veelheid van complexe gegevens waarmee wij in menselijke situaties doorgaans worden geconfronteerd. Alle groepen, waarbij ook een relatie tussen twee personen in deze definitie is inbegrepen, hebben altijd te maken met drie fundamentele vraagstukken:

1. hoe ze hun grenzen moeten managen, hoe ze moeten bepalen wie er wel en wie er niet bij hoort en hoe ze hun identiteit in stand kunnen houden;

2. hoe ze in hun externe omgeving kunnen overleven door hun functie of hun primaire taak te vervullen;

3. hoe ze zichzelf tot groep kunnen maken en zich als functionele entiteit kunnen handhaven door hun interpersoonlijke verhoudingen te managen.

Deze drie fundamentele vraagstukken zijn in de tabel boven de kolommen aangegeven.

Wanneer de groep of de relatie al enige tijd bestaat, zijn de hierboven genoemde vraagstukken te herkennen door waar te nemen hoe de groep op drie niveaus functioneert:

1. de *inhoud* waaraan wordt gewerkt;
2. welke soorten *processen* de groep gebruikt om haar zaken te regelen;
3. welke *structuren* aanwezig zijn in de vorm van stabiele, telkens terugkerende werkwijzen.

Deze drie aandachtsgebieden voor de waarneming staan in de tabel voor de rijen. De adviseur moet dus beslissen op welke procesvraagstukken hij zich moet concentreren en wanneer hij moet overschakelen naar inhoud of structuur. Met andere woorden, welke cellen zijn strategisch en tactisch de optimale plaats voor aandacht en interventies? In welk aandachtsgebied werkt een interventie waarschijnlijk het meest faciliterend? Wij beginnen met de aandacht op de *taak*, de middelste kolom dus, en met de *inhoud* aangezien die het waarschijnlijkst de reden vormde waarom de hulp van de adviseur werd ingeroepen.

Taakinhoud – agendamanagement (cel 2)

Het meest voor de hand liggende waarop wij ons in elke vergadering of bespreking moeten richten, is de vraag waarom de groep eigenlijk bestaat. Wat is haar primaire taak of functie? Wat is het doel van de vergadering? Waarom bestaat de groep eigenlijk? Elke groep of organisatie heeft een uiteindelijke functie, een bestaansreden, een missie, met doelen en taken die van die uiteindelijke functie zijn afgeleid. Een groep kan zich echter niet van haar uiteindelijke missie bewust zijn of de leden kunnen het oneens zijn over de doelstellingen. Een van de belangrijkste functies van de adviseur is misschien wel, de groep te helpen inzicht te krijgen in haar taak en haar functie.

Het duidelijkst waarneembare aspect van de taakinhoud is de feitelijke materie waar de groep over praat of aan werkt, dat wat in de regel haar officiële agenda wordt genoemd. Als de groep een secretariaat heeft en notulen laat opmaken, is hetgeen in de notulen komt te staan de inhoud van de discussie. De adviseur houdt de taakinhoud scherp in de gaten om ervoor te zorgen dat men 'bij de les blijft'. Zelf vraag ik vaak al in het begin van een bijeenkomst 'Wat proberen wij hier te doen?' of 'Wat is ons doel voor vandaag?' of 'Wat willen wij vandaag vóór de lunch (of vóór het tijdstip waarop de groep volgens schema uiteen gaat) afgerond hebben?' Soms stelt de adviseur zelf de agenda op; bijvoorbeeld wanneer hij al met de deelnemers heeft gesproken en het verzoek heeft gekregen samen te vatten wat de gezamenlijke ideeën zijn of, wanneer hem is gevraagd een educatieve interventie te plegen, enkele concepten te presenteren of met de groep een specifieke oefening te doen.

Het potentiële belang van agendamanagement werd mij duidelijk toen ik tijdens een van de eerste vergaderingen van de Billings Company een onbewuste interventie pleegde:

De groep werkte met een schriftelijke agenda, doorgaans bestaande uit tien of meer moeilijke punten, die tijdens de vergadering één voor één werden afgewerkt. Tegen het einde van de twee uur durende vergadering was in de regel op zijn hoogst de helft van de agenda afgewerkt, waarna men gefrustreerd raakte over het feit dat men niet verder was gekomen. Ook merkte ik op dat de volgorde van de items vaak niet zo zinvol was. Ik koos er voor de groep feedback te geven over wat ik waarnam of, zoals in dit geval, mijn onwetendheid bloot te leggen en eerlijk te vragen: 'Hoe wordt deze agenda opgesteld?'

De eerste reactie van het gezelschap was dat men enigszins verlegen om zich heen keek, alsof niemand het antwoord kende. De president-directeur antwoordde vervolgens dat zijn administratieve kracht de agenda opstelde en vóór elke vergadering gereed had. Martha werd binnengeroepen en vertelde dat men haar ofwel telefonisch de onderwerpen opgaf dan wel binnenwipte met het verzoek dit of dat op de agenda te zetten; zij rangschikte de onderwerpen dan in volgorde van binnenkomst.

Nauwelijks had het gezelschap dit gehoord of men besefte hoe absurd zoiets was en men besloot ter plaatse het systeem van Martha weliswaar aan te houden, maar bij de aanvang van elke vergadering de agendapunten die met elkaar te maken hadden te clusteren en ze daarna in volgorde van prioriteit te behandelen. Deze regeling maakte duidelijk dat er in wezen twee soorten agendapunten bestonden: de categorie 'brandjes blussen' – onderwerpen waarover meteen moest worden beslist – en planningsonderwerpen voor de langere termijn. Wij besloten gezamenlijk dat de te blussen brandjes door de gehele groep in volgorde van prioriteit moesten worden gezet, en dat men in een twee uur durende vergadering op vrijdag niet eens moest proberen de planningspunten te behandelen.

In plaats daarvan besloot de groep eens per maand met zijn allen ergens 'op de hei' te gaan zitten, om zich daar de hele dag over deze langetermijnonderwerpen te buigen. In de loop der jaren gingen deze externe vergaderingen een regelmatig patroon vormen en werden ze geïnstitutionaliseerd tot een normaal element in de leiding van de onderneming. Bij de opzet van deze langere vergaderingen kreeg ik op den duur de rol van expert te spelen, omdat ik met dit soort vergaderingen meer ervaring had dan de rest van het gezelschap. Ten slotte werden het kwartaal- of halfjaarlijkse vergaderingen van twee tot drie dagen; hierdoor kon de groep grondig ingaan op de strategische vraagstukken die met de groei van het bedrijf te maken hadden. En dit alles als gevolg van een argeloze vraag over de agenda.

Oppervlakkig gezien leek het dat de groep alleen maar leerde efficiënter te werken. In werkelijkheid dwong al dit praten over de agenda de groep ertoe onder ogen te zien wat haar primaire taak was, en hoe een vergaderpatroon te bedenken dat uitvoering van die primaire taak mogelijk maakte, namelijk het strategisch beleid voor de onderneming bepalen. Men zag in dat de stafvergaderingen op vrijdagmiddag daarin met geen mogelijkheid konden voorzien;

met hulp van mij kwam men op het idee van de externe vergaderingen als belangrijkste mogelijkheid voor strategische discussies.

Taakprocessen – efficiënt werken (cel 5)

Het terrein waarop ik vaakst actief ben, is de cel in het midden van tabel 8.1, de taakprocessen. Het taakproces wordt door cliënten vaak verkeerd gemanaged, en zulk mismanagement is er vaak de oorzaak van dat een groep zich improductief voelt. Of men luistert niet naar elkaar of men begrijpt elkaar verkeerd; men valt elkaar in de rede, er kunnen ruzies en conflicten ontstaan, de groep kan geen besluiten nemen of besteedt te veel tijd aan wat in wezen trivialiteiten zijn, er kunnen storende subgroepgesprekken ontstaan of andere soorten gedrag die een effectieve taakvervulling in de weg staan.

Wie zo het reilen en zeilen bij allerlei groepen ziet, merkt ook op dat verschillende groepen heel verschillend met dezelfde taak omgaan. In de ene groep vraagt de voorzitter de leden expliciet naar hun bijdrage; in een andere mag van de voorzitter iedereen die daar zin in heeft zijn mond open doen. In de ene groep zie je nijdasserige confrontaties en ruzies; in een andere bevraagt men elkaar op een formele en beleefde manier. In de ene groep worden consensusbesluiten genomen, in een andere wordt gestemd en in een derde groep worden besluiten door de manager genomen nadat deze de discussie enige tijd heeft aangehoord.

Taakprocessen zijn moeilijk grijpbaar. Ze zijn gemakkelijk te ervaren en waar te nemen, maar lastig te definiëren en al even moeilijk duidelijk te onderscheiden van de inhoud waaraan wordt gewerkt. Groepsleden kunnen leren dat zij de inhoudelijke resultaten gedeeltelijk kunnen sturen door het proces te beheersen, zoals volksvertegenwoordigers kunnen doen door ellenlange toespraken te houden, of zoals debaters die een argument van hun tegenstander de grond in boren door het belachelijk te maken, van onderwerp te veranderen of op andere manieren het proces af te leiden van hetgeen te berde was gebracht. Een van de lastigste opgaven voor de adviseur/begeleider is, zich niet te laten verleiden door de inhoud en zich niet zo in beslag te laten nemen door het probleem waar de groep op dat moment mee worstelt, dat hij geen aandacht meer besteedt aan de *manier waarop* ze functioneert.

Een groep die vorderingen wil maken met haar primaire taak moet eerst aan een aantal procesfuncties hebben voldaan. Deze functies hebben vaak te maken met het leiderschap van de groep of worden beschouwd als een verantwoordelijkheid van de voorzitter, maar in goed functionerende groepen worden ze op verschillende momenten door verschillende leden vervuld, en de belangrijkste rol van de adviseur is vaak, *de ontbrekende functies te onderkennen en te vervullen*. Een vereenvoudigend model van de belangrijkste taakfuncties is opgenomen in tabel 8.2

Tabel 8.2 Noodzakelijke functies voor de taakvervulling

Taakfuncties
Initiëren
Informatie vragen
Informatie verstrekken
Meningen vragen
Meningen geven
Verduidelijken
Uitwerken
Samenvatten
Overeenstemming toetsen

Wil de groep bij een taak vooruitgang boeken dan is *initiëren* onontbeerlijk. Iemand moet het doel of het probleem aan de orde stellen, voorstellen doen over de manier om daaraan te werken, en bepaalde termijnen of doelstellingen bepalen. Vaak valt deze functie toe aan de leider of degene die de groep bijeen heeft geroepen, maar naarmate een groep zich ontwikkelt en zelfvertrouwen krijgt, vervullen steeds meer leden een initiërende functie.

Om vooruitgang te boeken moeten over diverse kwesties die met die taak te maken hebben ook op een of andere manier *meningen worden gevraagd en gegeven*, en moet tevens *informatie worden gevraagd en gegeven*. De soorten informatie en meningen die een groep wenst om haar taak te kunnen vervullen, zijn vaak van cruciaal belang voor de kwaliteit van de gevonden oplossing. De adviseur moet de groep helpen zelf te bepalen of er voldoende tijd was uitgetrokken voor de informatie- en meningenfuncties. Ook is het belangrijk onderscheid te maken tussen het vragen om informatie en meningen en het geven daarvan. Groepen kampen vaak met problemen doordat te veel leden met een mening komen aanzetten nog voordat er voldoende informatie is gevraagd en gegeven, wat leidt tot vruchteloos gedebatteer in plaats van een constructieve dialoog. De adviseur kan daarbij helpen door te vragen welke soorten informatie nodig zouden zijn om het probleem te kunnen oplossen.

Verduidelijken en uitwerken zijn in een groep cruciale functies om juistheid en volledigheid van de informatie te toetsen en om creatievere en complexere ideeën van anderen nader uit te werken. Wanneer zulke activiteiten achterwege blijven, maakt de groep niet echt gebruik van haar constructieve vermogen. Een van de meest voorkomende en krachtigste interventies die de adviseur kan plegen, is te vragen om verduidelijking of door voort te borduren op ideeën van anderen, te controleren of hij wel goed heeft geluisterd.

Samenvatten is een belangrijke functie om er voor te zorgen dat ideeën niet als gevolg van de omvang van de groep of de lengte van de discussie verloren gaan. Effectief samenvatten behelst een overzicht van de punten die de groep reeds heeft besproken en van de verschillende ideeën die daarbij ter tafel zijn gekomen, opdat de groep op het moment van beslissen over voldoende informatie beschikt. Een vaak voorkomend probleem dat ik in commissies, taakgroepen en directies heb opgemerkt, is dat daarin meestal één idee per keer aan bod kwam en besproken werd, zonder dat ook maar een moment in de totaliteit van de discussie te plaatsen. Wat dan ontbreekt is de samenvattende functie. Die kan worden vervuld door iemand die de ideeën op een flip-over schrijft terwijl de groep verder discussieert, zodat de deelnemers altijd een overzicht voor ogen hebben. Ook kan een groepslid of de adviseur van tijd tot tijd simpelweg samenvatten wat hij heeft gehoord en op grond daarvan voorlopige generalisaties maken waar de groep zich over kan uitspreken.

Ten slotte heeft de groep behoefte aan iemand die periodiek toetst of men al dicht bij een besluit is gekomen of dat nog verder moet worden gepraat. *Toetsing van overeenstemming* kan geschieden door eenvoudigweg te vragen 'Zijn wij al aan een beslissing toe?' of een soort samenvatting te geven zoals: 'Het lijkt mij dat wij deze drie alternatieven hebben besproken en neigen tot alternatief twee; klopt dat?' De mate waarin deze functie er in slaagt de groep verder te helpen hangt grotendeels af van het invoelingsvermogen van de betrokken persoon om het juiste tijdstip te kiezen, hoewel zo'n toetsing ook als ze niet op het juiste moment plaatsvindt nog steeds nuttig is doordat ze de groep er aan herinnert dat er nog meer aan de orde is.

Binnen deze ruime structuur van taakfuncties kunnen wij een tweede vereenvoudigend model bedenken dat specifiek gericht is op de stadia van een probleemoplossing. De meeste vergaderingen hebben een doel, een functie en een bepaald probleem dat men probeert op te lossen.

Probleemoplossing en besluitvorming in groepen

Probleemoplossing als proces wordt vaak besproken maar weinig begrepen. Het hieronder voorgestelde vereenvoudigende model van dit proces lijkt op veel van zulke modellen in onze vakliteratuur en is gekozen omdat het zich vooral goed leent voor observatie en analyse. De stadia of fasen die ik beschrijf en analyseer zijn toepasbaar voor elk type probleemoplossend proces, of dit nu plaatsvindt in het brein van een manager, in een groep van twee personen, in een grote commissie of in de totale organisatie. Het basismodel van figuur 8.1 is een uitwerking van het oorspronkelijke model van Richard Wallen voor gebruik in sensitivity-trainingen.

Figuur 8.1
Model van de stadia van probleem-oplossing

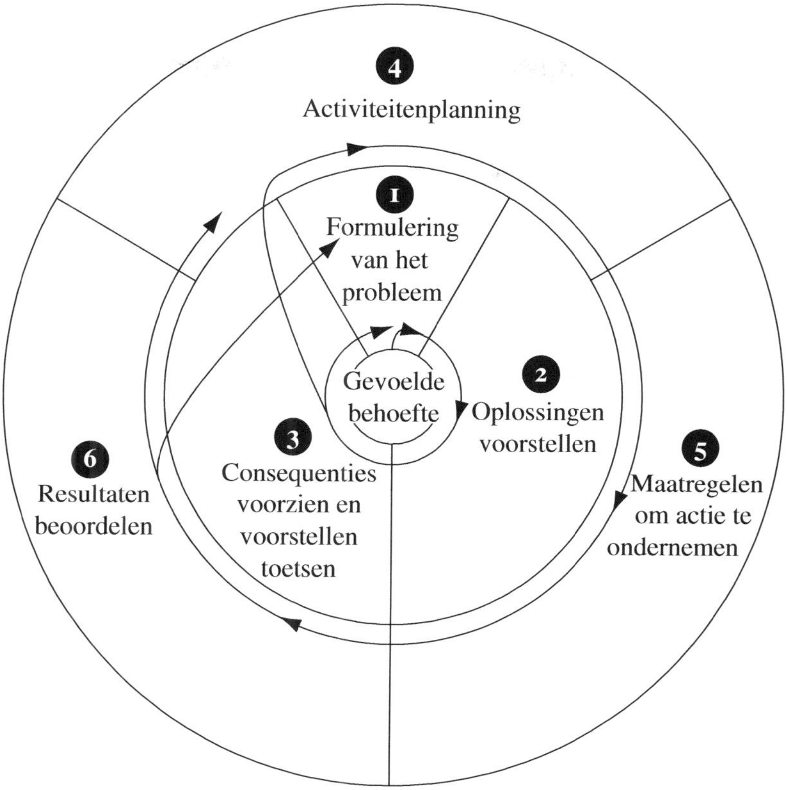

In dit model worden twee basiscycli van activiteiten onderscheiden: een cyclus voorafgaand aan beslissingen of acties, en een cyclus die plaatsvindt nadat een beslissing tot handelen is genomen. De eerste cyclus bestaat uit drie stadia:

1. formulering van het probleem,
2. oplossingen voorstellen,
3. voorzien van consequenties van de voorgestelde oplossingen of toetsing van voorgestelde oplossingen en conceptuele beoordeling ervan alvorens daadwerkelijk actie te ondernemen.

Deze cyclus eindigt wanneer de groep formeel heeft besloten wat ze zal doen. De tweede cyclus omvat dan:

4. activiteitenplanning,
5. maatregelen om actie te ondernemen,

6. beoordeling van de resultaten van de actiemaatregelen, waarna met een herdefiniëring van het probleem wordt teruggekeerd naar de eerste cyclus.

De fundamentele reden om het totale proces op te breken in afzonderlijke stadia is dat wanneer de oplossing van het probleem verkeerd uitpakt, dit in het algemeen blijkt te zijn veroorzaakt doordat een van de stadia verkeerd is gemanaged of zelfs helemaal is overgeslagen.

In elk stadium liggen vaak specifieke valkuilen op ons te wachten. Het besef van deze valkuilen kan de adviseur helpen zich te concentreren op de vraag wanneer en waar hij moet interveniëren. Of wij ons nu richten op een tweepersoonsgroep, zoals de cliënt en ik die een relatie trachten aan te gaan, of een taakgroepvergadering die mij heeft gevraagd aanwezig te zijn om bekend te raken met de cliëntorganisatie, altijd is er expliciet of impliciet een taak vastgesteld, altijd zijn er problemen die op een oplossing wachten, beslissingen die moeten worden genomen, en tijdsbeperkingen en inspanningen die moeten worden gemanaged. Hoe moet een groep dan te werk gaan bij het aanpakken en oplossen van problemen?

Cyclus nummer 1: Besluiten wat te doen

1. Formulering van het probleem. Veruit de moeilijkste fase bij het oplossen van een probleem is de definitie ervan. Deze moeilijkheid is gedeeltelijk het gevolg van een verwarring tussen *symptomen* en het *probleem*. Een manager begint een probleemoplossingsproces in de regel wanneer iemand een moeilijkheid onder zijn aandacht brengt of hij zelf ontdekt dat iets niet is wat het zou moeten zijn. De omzet is gedaald, een leveringsschema is niet nagekomen, er is een boze klant aan de telefoon, de productieafdeling ligt op haar achterste, een waardevolle ondergeschikte dreigt op te stappen, of er is in de fabriek brand uitgebroken. In de algemene leer- en veranderingstheorie kan dit worden beschouwd als een *ontregeling*: er is iets waargenomen wat niet was verwacht en dat ongewenst is.

Geen van de dingen die men heeft opgemerkt, vormen echter 'het probleem' waar iets aan moet worden gedaan, wel zijn het symptomen die moeten worden weggenomen. Alvorens de manager kan beginnen het probleem zelf op te lossen moet hij de oorzaken van de symptomen opsporen, en dat is vaak een moeizame aangelegenheid omdat daarvoor een nadere diagnose nodig kan zijn. Die brengt misschien niet één 'echte oorzaak' aan het licht, maar mogelijk meer oorzaken en systematisch met elkaar verweven oorzaken die wel of niet toegankelijk of veranderbaar zijn. Manager X heeft bijvoorbeeld zijn ondergeschikten bij elkaar geroepen om samen te praten over 'het probleem' van de dalende omzet. Als die manager geen gevoel heeft voor het reeds eerder naar voren gebrachte probleem raakt hij misschien binnen de kortste keren verwikkeld in een discussie over de vraag of het reclamebudget omhoog moet of dat er meer buitendienstverkopers moeten komen. Maar heeft hij daarmee het probleem gedefinieerd? Heeft hij zelfs maar vastgesteld welke andere omstandigheden er misschien toe hebben geleid dat er minder wordt verkocht, en heeft hij gekeken of die misschien met elkaar te maken hebben?

Dalende omzetten kunnen allerlei oorzaken hebben, zoals verkeerde verkoopprognoses – wat zou betekenen dat er niet iets aan de buitendienst moet worden gedaan maar dat naar de marketingafdeling moet worden gekeken – of dat plotseling een nieuwe concurrent op de markt is verschenen, de kwaliteit van het product is gedaald, twee belangrijke verkopers zijn opgestapt of dat de voorkeur van de consument is veranderd. Zonder enige voorafgaande diagnose – die overigens wel tijd en extra werk kost – weet de manager niet waar hij in werkelijkheid iets aan zou moeten doen. De adviseur kan in dit stadium vaak een sleutelrol spelen doordat hij waarschijnlijk minder dan de manager zal handelen onder invloed van de tijdsdruk en daardoor een grotere kans heeft verkeerde diagnoses en premature gedachtesprongen in de redeneringen op te merken. Zijn rol is in vele gevallen, de groep te helpen het tempo te vertragen en zich enige tijd te wijden aan een dialoog in plaats van aan een debat (zie hoofdstuk 10), waardoor men inziet dat men misschien wel te overhaast bezig is met een slecht omschreven probleem; bovendien kan dan worden duidelijk gemaakt dat de tijd die in de beginperiode wordt besteed aan het vaststellen wat het *eigenlijke* probleem is, zich later terugverdient door minder verspilling van tijd en moeite.

Vooral problemen die te maken hebben met interpersoonlijke verhoudingen zijn moeilijk te diagnostiseren. Zo kan een manager zeggen dat hij een 'probleem' heeft met de motivatie van een ondergeschikte, de coördinatie met een andere afdeling, de beïnvloeding van zijn chef, de integratie van het werk van verscheidene medewerkers, of met 'weerstand tegen verandering'. Vaak worden deze 'problemen' gevoeld als frustratie en spanningen, met een minimum aan duidelijk inzicht bij de manager van wat hem eigenlijk frustreert of zo gespannen maakt. Hij weet dat er iets niet in orde is, maar weet niet waar het feitelijke probleem schuilt – en daardoor ook niet wat hij daaraan zou moeten doen.

De meest faciliterende interventie is in zulke gevallen de cliënt te helpen zo concreet mogelijk te zijn bij het aangeven van de oorzaken van zijn frustratie, en wel door een periode van *exploratieve informatieverwerving* in te gaan (zie hoofdstuk 3). De adviseur kan bijvoorbeeld vragen: 'Wanneer hebt u dit "probleem" voor het laatst ervaren?', 'Wat gebeurde er?', 'Kunt u mij een paar voorbeelden geven van de perioden waarin u op het probleem stuitte?' Pas nadat een aantal voorbeelden is genoemd, mag de adviseur beginnen aan *diagnostische informatieverwerving* en aan een gezamenlijk onderzoek naar de mogelijke oorzaken. Door de gebeurtenissen zorgvuldig tot in de details door te nemen en te proberen er achter te komen welke gebeurtenis de frustratie feitelijk veroorzaakte, kan de adviseur de groep in vele gevallen helpen te onderkennen wat in feite het echte probleem is. De crux is in dit geval, over voldoende concrete incidenten te beschikken om daaruit min of meer te kunnen generaliseren naar het feitelijke probleem, en vervolgens te zoeken naar patronen waardoor die incidenten met elkaar zijn verbonden.

Dit proces is, zoals blijkt uit figuur 8.2, bij elke formulering van een probleem een noodzakelijke fase en juist deze fase wordt in zeer vele gevallen overgeslagen; wat dan leidt tot premature afsluiting van een mogelijk onjuiste diagnose van het probleem. In het voorbeeld van de dalende omzet zou de groep eerst exact moeten reconstrueren wanneer en waar alle voorbeelden van dalende verkopen zich hebben voorgedaan, om vervolgens te bepalen wat die gevallen met elkaar gemeen hebben en hoe de diverse inmiddels opgespoorde factoren op elkaar kunnen inwerken. Een van de schema's uit de systeemtheorie kan daarbij een zeer nuttige functie vervullen, vooral waar het de probleemoplossers ertoe dwingt te kijken naar de interactie van oorzakelijke factoren (Senge, 1990; Senge *et al.*, 1994).

Figuur 8.2
Noodzakelijke fasen in de aanvankelijke formulering van het probleem

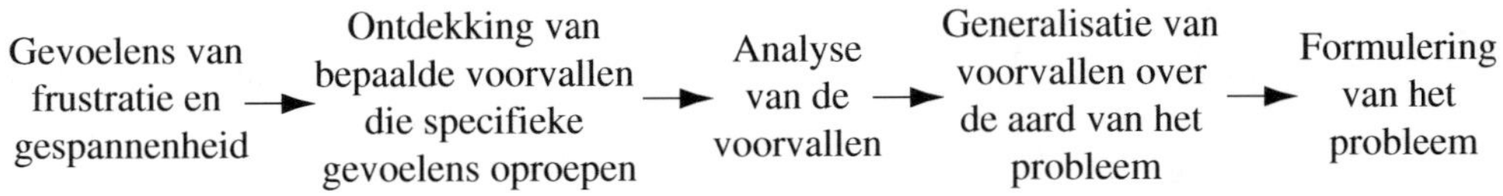

2. Oplossingen voorstellen. Is het probleem eenmaal behoorlijk geformuleerd, dan kan men zich vervolgens wijden aan het bedenken van ideeën of activiteiten om het probleem op te lossen of de situatie te verbeteren. In dit stadium is het waarschijnlijk het grootste gevaar dat voorstellen afzonderlijk en op zichzelf worden beoordeeld en dat men vervalt in gedebatteer in plaats van een dialoogmodel te hanteren. In zo'n geval verzuimt de groep een compleet spectrum van mogelijke oplossingen te beschouwen en krijgt ze nooit zicht op het probleem als zodanig.

De adviseur kan hier helpen door te wijzen op de gevolgen van premature beoordelingen; er is dan immers onvoldoende gelegenheid om ideeën in het juiste perspectief te beoordelen, aangezien ze niet kunnen worden vergeleken met andere ideeën en een premature beoordeling meestal zowel voor het idee zelf als voor de persoon die het inbracht bedreigend is. Groepsleden die hun idee al vroeg verworpen zien, konden zich wel eens minder geneigd voelen later nog eens met een suggestie te komen. De groep moet worden gestimuleerd dit stadium te beginnen met een of andere vorm van brainstorming: een aantal ideeën naar voren brengen en die eerst allemaal aan de groep voorleggen alvorens ze op hun waarde te toetsen. Brainstorming is gebaseerd op de regel dat in de periode waarin de ideeën naar voren worden gebracht geen enkel idee wordt beoordeeld; dit om de creativiteit te bevorderen die op dat moment noodzakelijk is en om ideeën te kunnen scheiden van de bedenkers ervan, zodat ze objectief kunnen worden beoordeeld. Zelf werk ik in zulke situaties vaak met een flip-over en bied ik aan daarop de ideeën te noteren. Dat maakt het tevens gemakkelijker om te zeggen 'Zijn er nog andere ideeën die wij hier bij zouden moeten zetten...?'

Wanneer de groep eenmaal een lijst met ideeën heeft samengesteld kan ik snel de overduidelijk onwerkbare exemplaren schrappen en verder gaan met de twee of drie ideeën die zo op het oog zouden kunnen werken. De adviseur moet op zo'n moment het systeemdenken stimuleren en de groep vragen na te gaan hoe de diverse ideeën elkaar beïnvloeden en verband met elkaar houden. Ook moet hij de groep opmerkzaam maken op het feit dat ideeën hebben nog geen garantie is dat het selectie- en besluitvormingsproces om er één over te houden waarmee men verder wil, gemakkelijk of snel zal verlopen. Mijn eigen ervaring is dat groepen zich tijdens het brainstormen in de regel onvoldoende tijd gunnen om de verschillende ideeën die ter tafel zijn gekomen te evalueren.

3. Consequenties voorzien en voorstellen toetsen. Heeft de groep eenmaal een aantal ideeën voor een oplossing geproduceerd, dan wordt het noodzakelijk de consequenties van een bepaalde oplossing te voorzien en te beoordelen. Dit proces is vaak zo moeilijk doordat *ofwel de criteria die de groep bij haar beoordelingen zou moeten hanteren niet duidelijk zijn, dan wel dat men het oneens is over de vraag welke die criteria zouden moeten zijn*. Zulke criteria kunnen onder andere zijn:

1. eigen ervaring,
2. meningen van experts,
3. het beeld dat oprijst uit bestaande gegevens of informatie,
4. geplande testen of onderzoek.

Eigen ervaring en meningen van experts zijn het makkelijkst om op terug te vallen, maar zijn tevens de minst valide criteria. Enquêtes, focusgroepen, interviews en andere meer formele onderzoeksprocedures hebben waarschijnlijk meer validiteit maar kosten ook meer tijd en geld. Een van de belangrijkste functies van de adviseur in dit stadium is, een scala van alternatieven aan te bieden en de groep in staat te stellen haar valideringsmethode goed te laten aansluiten op het idee dat men wil toetsen.

Wanneer de groep bijvoorbeeld een keuze probeert te maken uit twee te ontwikkelen producten, moet ze misschien wat marktonderzoek en proefmarketing doen. Gaat het erom te besluiten of overgehouden gelden moeten worden besteed aan kapitaaluitbreiding of aan investeringsprogramma's, dan moet ze advies vragen aan financiële experts. Probeert men een manier te bedenken om weerstand tegen een nieuwe wijze van leidinggeven in de organisatie te overwinnen, dan is het werken met focusgroepen aan de orde en moet om een idee te krijgen van hun toekomstige reacties ook de mening van toekomstige betrokkenen worden meegewogen. Het gebeurt maar al te vaak dat een groep ongeacht de vraag om welke ideeën het gaat, slechts één valideringsmethode gebruikt; en al even vaak is die methode eerder gebaseerd op iemands persoonlijke ervaring dan op enige formele methode van informatieverwerving.

In elk stadium van een probleemoplossing kunnen uit de discussie nieuwe aspecten naar voren komen die leiden tot een herformulering van het probleem. Zo kan beproeving van het idee dat er een andere reclamecampagne nodig is, bij onderzoek van de bestaande informatie aan het licht brengen dat de bestaande reclamecampagne perfect in elkaar zit. Deze ontdekking doet dan de vraag rijzen of de oorspronkelijke formulering van het verkoopprobleem, namelijk 'weerstand bij de consument' wel juist was. De adviseur moet de groep helpen inzien dat dit soort 'recycling' – van oorspronkelijke formulering via ideeënproductie en ideeënbeproeving tot herformulering van het probleem – een uitstekende manier is om verder te kunnen gaan, ook al kost zoiets misschien meer tijd en lijkt het aanvankelijk inefficiënt. Geruststelling door de adviseur is – aangezien men geneigd is te geloven dat voortdurende herformulering van het probleem alleen maar tijdverspilling is – in de regel noodzakelijk totdat een groep voldoende ervaring heeft opgedaan om gevoel te krijgen voor haar eigen probleemoplossende cyclus.

Cyclus 1 eindigt ermee dat de groep besluit met een bepaald actiepunt verder te gaan. Die beslissing kan bijvoorbeeld zijn eerst meer informatie te verzamelen, maar vereist in elk geval dat men buiten de groepsbijeenkomst treedt en iets meer doet dan alleen over alternatieven te praten. De volgende vraag is dan, hoe de groep feitelijk besluiten neemt en hoe goed het besluitvormingsproces aansluit op het soort besluit dat de groep bezig is te nemen. Hierbij moeten wij een aantal alternatieven nader bezien.

Besluitvormingsmethoden in groepen

In elk stadium van het probleemoplossingsproces moeten besluiten worden genomen, maar die zijn alleen heel duidelijk zichtbaar bij de overgang van cyclus 1 naar cyclus 2, waar de groep die het probleem moet oplossen zich ertoe verplicht een actievoorstel uit te proberen, of besluit meer informatie te verzamelen alvorens een bepaald voorstel voor een oplossing over te nemen. Hieraan voorafgaand moet de groep beslissen wanneer en waar ze bij elkaar komt, hoe zich te organiseren, hoe tijd vrij te maken, welke procedures of regels voor discussie te hanteren (bijvoorbeeld met of zonder officiële voorzitter, met of zonder de volgorderegels van Roberts), of hoe te concluderen dat een probleem voldoende adequaat is geformuleerd om te kunnen overgaan op de productie van ideeën. Vaak beseffen de groepsleden niet dat zij zo veel procesbesluiten hebben genomen en dat die reële gevolgen hebben voor de sfeer in de groep en de kwaliteit van de probleemoplossingen. De adviseur moet er daarom op zijn voorbereid – door middel van een 'educatieve interventie' waarin de hieronder beschreven keuzemogelijkheden zijn uiteengezet – de aandacht op de vele besluitvormingsmechanismen te vestigen.[1]

Bij de hierna volgende besluitvormingsmethoden is het belangrijk een bepaalde methode niet te snel als beter dan een andere te beschouwen. Voor elk ervan bestaat het juiste moment en elke methode heeft bepaalde gevolgen voor wat de groep daarna gaat doen. Waar het om gaat, is dat de groep deze gevolgen voldoende goed begrijpt om een besluitvormingsmethode te kunnen kiezen die past bij de hoeveelheid beschikbare tijd, het verleden van de groep, de soort taak waaraan wordt gewerkt, en de sfeer waarin de groep wil werken.

1. Besluitvorming door gebrek aan reacties ('Plop'). De meest gebruikelijke en misschien wel tevens de minst zichtbare besluitvormingsmethode in groepen is die waarbij iemand met een voorstel komt, en nog voordat iemand er iets over heeft gezegd, iemand anders ook een idee te berde brengt, etc., totdat de groep uiteindelijk stuit op een voorstel waar men mee verder wil. Over alle ideeën waaraan men voorbij is gegaan, is feitelijk een groepsbesluit genomen. Dat besluit is echter niet méér geweest dan een gemeenschappelijke beslissing er niets mee te doen, waardoor de indieners ervan het gevoel hebben gekregen dat hun suggesties met een zachte 'plop' als een zeepbel uiteen zijn gespat. De vloer van de meeste vergaderruimtes is als het ware bezaaid met 'plop'spetters. Merk op dat bij deze methode 'wie zwijgt stemt *niet* toe' de stilzwijgende veronderstelling is.

2. Besluitvorming door het formele gezag. Veel groepen komen tot een machtsstructuur of beginnen daar al mee, waaruit blijkt dat de voorzitter of iemand anders met gezag de besluiten neemt. De groep kan ideeën inbrengen en deze vrijelijk bespreken, maar op elk moment kan de voorzitter zeggen dat hij na de discussie te hebben aangehoord, heeft besloten dat het zus of zo gaat gebeuren. Deze methode is uiterst efficiënt. Of ze ook effectief is, hangt er voor een groot gedeelte van af of de voorzitter goed genoeg luistert om zijn besluit op de juiste informatie te kunnen baseren.

Bovendien leidt deze methode als de groep het volgende stadium moet ingaan dan wel het besluit moet implementeren, tot heel weinig betrokkenheid van de groep zelf en doet ze daardoor afbreuk aan de potentiële kwaliteit van de implementatie. Ik heb vaak genoeg vergaderingen bijgewoond waarin de voorzitter na de discussie enkele minuten te hebben aangehoord een besluit nam, maar dat de actie die uiteindelijk werd ondernomen niet helemaal bleek te zijn wat de voorzitter voor ogen had gestaan. Bij latere evaluatie bleek dat de groep het besluit verkeerd had begrepen of het er om te beginnen al niet mee eens was geweest, waardoor men niet in staat dan wel niet gemotiveerd was om het effectief uit te voeren.

3. Besluitvorming door automatische goedkeuring of door een minderheid. Een van de meest voorkomende klachten van groepsleden is dat zij zich bij sommige besluiten 'overvallen' voelen. In de regel komt dit doordat één, twee of drie aanwezigen door middel van een bepaalde tactiek een door hen gewenste activiteit erdoor weten te krijgen, waardoor in feite een besluit is genomen zonder dat de meerderheid daaraan te pas is gekomen. De stilzwijgende veronderstelling is in dit geval 'wie zwijgt stemt toe'.

Een van de versies van zo'n 'minderheidsregel' is 'automatische goedkeuring'. Wij spreken hier van automatische goedkeuring wanneer een groepslid met een actievoorstel komt, er geen andere voorstellen worden gedaan en ook niemand zich ertegen heeft uitgesproken, waardoor de groep het voorstel uitvoert. De gebruikelijkste versie van dit soort besluitvorming is wat Jerry Harvey (1974) de 'Abilene Paradox' noemt. Hij verwees hierbij naar een voorval in zijn gezin, waarbij men een onaangename rit naar Abilene maakte om daar te lunchen, om pas later op de dag tot de ontdekking te komen dat eigenlijk niemand daarheen had gewild. Iemand had dat als een mogelijkheid geopperd en niemand had verder iets gezegd. Degene die het had voorgesteld had, net als ieder ander, gemeend dat omdat niemand iets had gezegd iedereen het er mee eens was.

Naar mijn eigen ervaring komen dergelijke besluiten het vaakst voor en zijn ze op een gevaarlijke manier inadequaat wanneer het gaat om het *proces* dat de groep zal volgen. Iemand zegt dan 'Laten wij in de vergadering maar de volgorderegels van Roberts aanhouden'; wanneer, ook al is men het er niet mee eens niemand zich hiertegen verzet, zit het gezelschap opgescheept met een methode die niemand had gewild. Of iemand zegt 'De meerderheid beslist, oké?', en wanneer niemand daar dan iets tegenin brengt, komt men naderhand tot de ontdekking dat er met acht tegen zeven stemmen besluiten waren genomen die vervolgens slecht worden uitgevoerd. Wanneer een met automatische goedkeuring werkend voorstel ter tafel komt, is het belangrijk dat de adviseur tussenbeide komt met de vraag: 'Stemt de groep hiermee in? Is dit wat wij willen doen?'

Eén enkele persoon kan, vooral wanneer hij voorzitter is, door middel van een overvaltactiek waarbij hij eventuele oppositie in de kiem smoort, een besluit erdoor drukken. De voorzitter zegt dan: 'De beste manier om dit agendapunt te bespreken lijkt mij dat iedereen zegt wat hij er van vindt, zodat we ieders standpunt kennen. Mijn eigen standpunt is...' Nadat hij eenmaal zijn mening heeft geponeerd wendt hij zich tot de persoon rechts van hem met de woorden 'Wat vindt jij, Joan?' Nadat zij haar zegje heeft gedaan wijst hij naar de volgende persoon en werkt hij zo de hele groep af. In feite is dan de manier waarop het overleg zou moeten plaatsvinden gebaseerd op een beslissing waartoe de voorzitter zichzelf bevoegd heeft verklaard en die hij dus alvast had genomen. Een andere, soortgelijke tactiek is dat hij zegt: 'Wel, we lijken het dus met elkaar eens te zijn, dus laten we maar verder gaan op de manier die John had voorgesteld' – ook al heeft iemand die goed heeft opgelet misschien gemerkt dat alleen John, de voorzitter en misschien nog één andere aanwezige zich ten gunste van dat voorstel hadden uitgesproken. De anderen hadden hun mond gehouden. Wanneer je dan de indiener zou vragen hoe hij wist dat men het ermee eens was, is de kans groot dat het antwoord luidt: 'Wie zwijgt stemt toe, ja toch? Iedereen heeft toch de kans gehad om iets anders te zeggen?' Wanneer je dan later met de groepsleden spreekt, blijkt soms dat in feite de meerderheid tegen Johns voorstel was, maar dat iedereen aarzelde om zijn mond open te doen vanuit de overtuiging dat alle overigen die zwegen er vóór waren. Ook zij waren dus ten prooi gevallen aan de opvatting 'wie zwijgt stemt toe'.

Het vaakst voorkomende minderheidsbesluit is dat, waarbij twee of meer groepsleden het snel roerend met elkaar eens worden over een bepaalde aanpak, om daarna de groep te overvallen met een vlug: 'Iemand tegen?' waarna ze – wanneer niemand binnen twee seconden iets zegt – meteen doorgaan met: 'Mooi, aan de gang dus'. De valkuil bestaat ook hier weer uit de veronderstelling bij zowel de indieners van het voorstel als bij de tegenstanders die bang zijn in de minderheid te zijn, dat zwijgen gelijk staat met instemming. Wanneer de groep op deze wijze te werk gaat, is vaak sprake van wat wel 'pluralistic ignorance' wordt genoemd: iedereen veronderstelt bij de overige leden een bepaalde mening die echter door niemand was getoetst en achteraf heel anders bleek te luiden. Of we hebben in het extreme geval te maken met wat Janis (1982) 'group think' noemt, waarbij een besluit wordt genomen op grond van de vooronderstelling dat iedereen het er mee eens is, terwijl een aanzienlijke minderheid (of zelfs de meerderheid) er tegen was maar niets heeft gezegd.

De adviseur speelt bij dergelijke besluitvormingsmethoden een belangrijke rol, vooral omdat ze zelden als zodanig worden herkend en benoemd. Toch komen zeer veel groepsbesluiten, prioriteiten en dergelijke op zo'n nogal snelle manier tot stand. Wanneer een groepslid zich tegen zo'n werkwijze verzet met de opmerking: 'Toch zijn wij het niet echt met elkaar eens', wordt dit vaak als obstructie opgevat; groepsleden staan daarom onder sterke druk om maar niets te zeggen en de zaken op hun beloop te laten, al zijn ze er nog zo tegen gekant.

De adviseur moet om te beginnen de groep opmerkzaam maken op de besluiten die ze heeft genomen en de methoden die ze daarbij heeft toegepast. Vervolgens moet hij proberen de groepsleden te laten nagaan of deze methoden naar hun gevoel bij de situatie pasten. Zo kunnen de leden het er over eens zijn dat de voorzitter het besluit er weliswaar had doorgedrukt, maar dat het in dit geval vanwege de tijdsdruk terecht was en er toch iemand moest zijn die een snel besluit nam opdat de groep zich aan belangrijker zaken kon wijden. Anderzijds kan het gezelschap concluderen dat bijvoorbeeld een besluit om ieder op zijn beurt zijn mening te laten geven de groep opzadelt met een stuk formaliteit en een ritueel, dit ten nadele van haar vermogen om de reeds ingebrachte ideeën op een creatieve manier uit te werken. In zo'n geval zou de groep kunnen besluiten tot een andere manier van ideeënproductie. Het is belangrijk zulke procesdiscussies een legitieme basis te verschaffen en enkele waarnemingen achter de hand te hebben voor het geval dat de groep moeite heeft te begrijpen wat de adviseur nu precies bedoelt.

4. Besluitvorming via de meerderheidsregel: stemmen en/of meningen peilen. Wij komen nu toe aan bekendere besluitvormingsprocedures die, omdat ons politieke systeem op dezelfde manier werkt, worden beschouwd als toepasselijk voor elke groepssituatie. Een eenvoudige versie hiervan is dat na een periode van discussie ieders mening wordt gevraagd waarna, als zich een meerderheid aftekent, wordt aangenomen dat dit een besluit is. De andere methode heeft een formeler karakter; er wordt een voorstel ingediend, er komt een tweede voorstel of het alternatief wordt simpelweg nog eens duidelijk verwoord, en daarna wordt er gestemd: voor, tegen of onthouding.

Oppervlakkig gezien lijkt dit een volkomen juiste manier van werken, maar verrassend genoeg worden besluiten die op deze wijze tot stand zijn gekomen vaak niet goed geïmplementeerd, zelfs niet door de groep die het besluit had genomen. Wat klopt er dan niet? Wanneer men de groep zo ver kan krijgen dat ze het proces bespreekt, of wanneer men spreekt met vertegenwoordigers van een minderheidsstandpunt, blijkt dat in dergelijke gevallen een effectieve implementatie stuit op drie psychologische barrières:

1. De vertegenwoordigers van het minderheidsstandpunt onderschrijven in veel gevallen niet de stilzwijgend aangenomen meerderheidsregel, maar voelen zich ook niet in staat die ter discussie te stellen.

2. De minderheid is in vele gevallen van mening dat de discussie voor hen te kort was om hun standpunt goed over het voetlicht te brengen.

3. De minderheid heeft vaak het gevoel dat het houden van een stemming de groep heeft verdeeld in twee elkaar bestrijdende partijen met winnaars en verliezers. Hun partij heeft weliswaar de eerste ronde verloren, maar het is slechts een kwestie van tijd voordat ze zich heeft hersteld en wat extra steun heeft verworven, om dan bij een volgende stemming alsnog de overwinning te behalen.

Stemmen leidt dus tot coalitievorming, waarna de verliezende coalitie zich niet buigt over de vraag hoe ze het meerderheidsbesluit kan uitvoeren, maar zich bezig houdt met plannen om de volgende slag te kunnen winnen. Wanneer voor een stemming wordt gekozen moet de groep zeker weten dat er een sfeer is ontstaan waarin de leden het gevoel hebben tot hun recht te zijn gekomen, en waarin men zich verplicht voelt met het besluit van de meerderheid mee te gaan. Een van de essentiële functies die de adviseur in zulke gevallen heeft, is de groep duidelijk te wijzen op de valkuilen die bij iedere te kiezen methode op haar weg liggen, en de sfeer in de groep voldoende te laten bespreken om ervoor te zorgen dat men een op de situatie afgestemd besluitvormingsproces volgt.

5. ***Besluitvorming via consensus.*** Een van de effectiefste maar tevens meest tijdrovende besluitvormingsmethoden in een groep is het streven naar consensus. Consensus zoals ik die definieer is niet hetzelfde als unanimiteit. Het is eerder een toestand waarin de communicatie voldoende open en de sfeer in de groep voldoende ondersteunend is geweest, om alle leden het gevoel te geven dat ze een eerlijke kans hebben gekregen om het besluit te beïnvloeden. Vervolgens toetst iemand 'het gevoelen van de vergadering', daarbij formele procedures zoals stemmingen zorgvuldig vermijdend. Peilingen kunnen een effectieve manier vormen om tot consensus te komen, vooropgesteld dat de groep het principe heeft aanvaard dat een eenvoudige meerderheid niet genoeg is maar dat er een bredere basis voor het besluit moet komen.

Wanneer er een duidelijk alternatief is dat de voorkeur van de meeste leden geniet en de tegenstanders vinden dat zij de kans hebben gehad om het besluit te beïnvloeden, dan is er inderdaad sprake van consensus. De operationele definitie hiervan is dat de leden die het oneens zijn met het door de overgrote meerderheid aanvaarde alternatief, dit niettemin goed begrijpen en bereid zijn er hun steun aan te geven. Het is een psychologische toestand die moet worden getoetst en als volgt kan worden beschreven: 'Ik begrijp wat de meesten van jullie zouden willen. Zelf zou ik voor iets anders kiezen, maar ik heb het gevoel dat jullie begrijpen wat mijn alternatieven inhouden. Ik heb voldoende gelegenheid gekregen om jullie tot mijn standpunt over te halen, maar dat is mij kennelijk niet gelukt. Daarom ga ik mee met wat de meesten van jullie van plan zijn en zal ik mijn best doen om daar uitvoering aan te geven.'

Zo'n situatie kan alleen worden bereikt wanneer voldoende tijd wordt uitgetrokken om alle groepsleden gelegenheid te bieden hun tegenwerpingen kenbaar te maken, en wel zo volledig dat zij het gevoel krijgen door de overigen te worden begrepen. Dit is essentieel om te voorkomen dat zij later steeds opnieuw worden achtervolgd door de gedachte dat de anderen hun standpunt misschien hadden overgenomen als zij gewoon de kans hadden gehad om hun bedoelingen goed onder woorden te brengen. Zulke gevoelens kunnen slechts worden voorkomen door zorgvuldig te luisteren naar de tegenstanders – pas dan is een effectief groepsbesluit mogelijk.

De adviseur kan de groep helpen bepalen welke soorten besluiten consensus vereisen, dat wil zeggen welke besluiten zo belangrijk zijn dat zij de moeite daarvan rechtvaardigen. Bij wijze van richtlijn kan hij aanbevelen dat procedurebesluiten, die dus betrekking hebben op de *manier waarop* de groep te werk gaat, zo belangrijk zijn dat iedereen daar achter moet kunnen staan en die daarom waarschijnlijk bij consensus moeten worden genomen. De groep kan beslissen de voorzitter volledige bevoegdheden toe te kennen, de procedures op zeer informele wijze te bespreken dan wel over een aantal ideeën te brainstormen. Maar wat er ook wordt besloten, het moet voor iedereen volkomen duidelijk zijn en er mogen geen gevoelens blijven hangen dat men verkeerd is begrepen, evenmin als wensen om de groepsprocedure te saboteren.

6. Besluitvorming bij unanimiteit. De logisch perfecte maar minst haalbare vorm van besluitvorming is die waarbij iedereen het van harte eens is met wat er moet gebeuren. Unanimiteit is voor bepaalde besluiten misschien noodzakelijk, maar voor het merendeel van de belangrijkste beslissingen is consensus voldoende, mits die echt is. De adviseur kan de groep hierbij helpen door erop te wijzen dat ze in sommige gevallen misschien te strikte normen hanteert. Unanimiteit is niet altijd noodzakelijk en kan een uiterst inefficiënte wijze van besluitvorming zijn. Belangrijk is wel dat men enige tijd besteedt om tot overeenstemming te komen over de te volgen werkwijze, en voor welke taken en in welke situaties deze moet gelden.

Ten slotte nog dit: vaak is het de voorzitter die de groep simpelweg mededeelt hoe de besluitvorming zal geschieden. In dit geval moet de adviseur trachten vast te stellen of de groep zich daarin kan vinden en zo niet, dan moet hij een mogelijkheid bedenken om met de voorzitter te overleggen of de groep niet de gelegenheid moet krijgen om over de wijze van besluitvorming te praten. Mijn ervaring is dat voorzitters zich door zo'n discussie vaak bedreigd voelen, uit vrees de greep op de groep te verliezen met wanorde en chaos als resultaat. Ter geruststelling kan men hem er dan op wijzen dat verschillende manieren om tot een beslissing te komen niet automatisch leiden tot wanordelijke communicatie. Als de adviseur enkele haalbare alternatieven kan bieden, krijgt hij de voorzitter vaak zo ver dat hij verschillende methoden wil beproeven om daaruit dan zijn eigen conclusies te trekken.

Cyclus nummer 2: Handelen, beoordelen en herformuleren

De hele eerste cyclus omvat stadia in discussies; wat er moet gebeuren is daar inhoudelijk nog niet aan de orde, tenzij men besluit voor de beoordeling van een idee extra gegevens te verzamelen. Wanneer de groep een zekere mate van consensus heeft bereikt over een voorgestelde oplossing en besluit tot handelen over te gaan, komen wij terecht in de tweede cyclus, die van de te ondernemen acties. Het besluit tot actie over te gaan staat weliswaar niet in het schema, maar weerspiegelt zich in de overgang van cyclus 1 naar cyclus 2. Wanneer over een bepaald voorstel of idee voor een oplossing een besluit is genomen, is het besluitvormingsproces nog lang niet afgerond. De groep moet dan nog steeds een gedetailleerd actieplan opstellen, maatregelen nemen om de daaruit voortvloeiende activiteiten uit te voeren, en beschikken over een methode om te kunnen bepalen of die activiteiten het probleem al dan niet uit de wereld hebben geholpen. Over dit laatste stadium moet al vóór men tot actie overgaat zijn nagedacht: ‘Welke informatie hebben wij nodig om te kunnen bepalen of onze activiteiten de gewenste resultaten hebben opgeleverd?’

In elk van deze fasen is het wederom mogelijk de groep te laten ontdekken dat zij het probleem niet juist heeft geformuleerd en voor een nieuwe formulering, het indienen van nieuwe voorstellen en de toetsing daarvan, moet terugkeren naar de eerste cyclus. Zo’n recycling is zeer wenselijk en zeker geen tijdverspilling. Werken aan het verkeerde probleem en daar pas na een reeks kostbare activiteiten achter komen, is duurder dan meer tijd en moeite besteden aan een juiste definiëring van het probleem.

4 & 5. Activiteiten ondernemen. Het stadium waarin activiteiten worden gepland, kan worden beschouwd als een nieuw probleem dat daardoor een eigen formulering, ideeënproductie en ideeëntoetsing vereist. Wanneer deze substadia worden kortgesloten of overgeslagen, bestaat de mogelijkheid dat een goed voorstel niet goed wordt uitgevoerd en de groep ten onrechte concludeert dat het voorstel niet deugde, in plaats van de oorzaak ervan te zoeken bij een inadequate activiteitenplanning. Ook hier weer is het belangrijk dat de adviseur de groep afremt en haar ertoe aanzet beter te plannen alvorens tot actie over te gaan.

Een van de diepste valkuilen in dit stadium is dat men algemene plannen maakt zonder aan te geven welke groepsleden voor welke specifieke activiteiten verantwoordelijk zijn. Ik heb veel groepsbijeenkomsten bijgewoond waarin een besluit was genomen, de bijeenkomst werd verdaagd, en dat er in de tussentijd helemaal niets gebeurde doordat iedereen meende dat iemand anders nu iets zou doen. Duidelijk aangeven waar de verantwoordelijkheden voor de activiteiten liggen zorgt er niet alleen voor dat er inderdaad iets gebeurt, maar is tevens een test voor het besluit zelf, en wel in die zin dat degene die met de uitvoering is belast over het besluit nog vragen kan stellen waar men tot die tijd nog niet aan had gedacht.

Soms wordt de hele tweede cyclus gedelegeerd aan een andere persoon of groep. Nemen wij als voorbeeld dat het besluit van de groep die het probleem moest oplossen luidde: 'Intensivering van de reclamecampagne'. Na deze beslissing krijgt de reclameafdeling opdracht de reclame voor bepaalde producten op te voeren, waarna de groep achterover leunt om te kijken wat er met de omzetcijfers gebeurt. Is dit een goede aanpak? Het antwoord luidt in vele gevallen 'nee', want wanneer andere personen worden belast met cyclus 2, bestaat de kans dat zij het voorstel of de oplossing die iemand of de hele groep van cyclus 1 heeft bedacht, niet duidelijk voor ogen hebben staan of zich daar niet al te zeer aan gebonden voelen. Zij hebben namelijk niet met de probleemdefinitie geworsteld en ze hebben ook niet kunnen zien waarom de alternatieven die zij nu bedenken, waren verworpen. Ook kunnen zij van mening zijn dat de algemene opdracht die zij hebben gekregen te onduidelijk is om te kunnen worden uitgevoerd.

Al even problematisch is het wanneer een groep managers de formulering van het probleem (cyclus 1) overdraagt aan een taakgroep of een adviesbureau, om vervolgens te wachten op een diagnose en een schriftelijk actievoorstel. In negen van de tien gevallen zal de groep managers, als de groep die met het probleem kwam zich niet zelf bezig houdt met de formulering ervan en de taakgroep niet grondig heeft kunnen nadenken over de implementatie van de actie (cyclus 2), niets voor het voorstel voelen en een excuus bedenken om het in de archiefkast te stoppen. Gezien dit soort problemen is het wenselijk te zorgen voor een flinke overlap (of op zijn minst communicatie) tussen hen die met cyclus 1, en anderen die met cyclus 2 zijn belast. De ideale situatie is natuurlijk dat zij behoren tot dezelfde eenheid die het probleem moet oplossen. Als dat niet mogelijk is, moet cyclus 1 voorzien in een interimfase waarin cyclus 2 volledig mede betrokken wordt, en wel voordat de beide eenheden hun communicatie verbreken. Een van de manieren hiertoe is degene die met de uitvoering is belast zo vroeg mogelijk bij het probleemoplossende proces te betrekken, en op zijn minst alle stadia die de groep van cyclus 1 heeft doorlopen alvorens met een idee voor een oplossing te komen, samen met hem door te nemen.

Bij het opstellen van zo'n overzicht is het van groot belang dat de eenheid die met de implementatie is belast volledig aan haar trekken kan komen doordat ze zo veel kan vragen als ze wil over de redenen waarom andere mogelijkheden die haar beter voorkomen toch niet waren uitgekozen. Daar moeten bevredigende antwoorden op komen, anders moet de groep die de eerste cyclus heeft verzorgd nog eens gaan nadenken over de aanvullende alternatieven die de implementerende eenheid heeft aangedragen. De functie van de adviseur is in dit geval, de groep te helpen inzien hoe moeilijk het is een complex actievoorstel over te brengen op mensen die het moeten uitvoeren, en er vervolgens voor te zorgen dat dit inzicht voldoende vroeg in de probleemoplossende fase ontstaat om maatregelen te nemen die voorkomen dat het met de communicatie de verkeerde kant op gaat.

6. Beoordeling van de resultaten. De groep moet om zeker te kunnen zijn van een adequate beoordeling, overeenstemming bereiken over:

1. de beoordelingscriteria;
2. het tijdschema, namelijk wanneer de eerste resultaten mogen worden verwacht;
3. wie verantwoordelijk is voor de rapportage die tot een beoordeling moet leiden.

Zijn de resultaten eenmaal binnen, dan moet de groep psychologisch zijn voorbereid op een terugkeer naar de eerste cyclus voor een herformulering van het probleem, in plaats van overhaast nog meer mogelijke oplossingen te bedenken. De groep moet er altijd op zijn voorbereid opnieuw na te denken over wat ze als het probleem beschouwt, en de adviseur moet voortdurend de vraag opwerpen: ‘Met welk probleem zijn wij nu bezig?’

Samenvatting van probleemoplossing en besluitvorming

Problemen oplossen kan worden gezien als twee cycli; de ene bestaat voornamelijk uit discussie, en de tweede bestaat voornamelijk uit de uitvoering van activiteiten. De eerste cyclus bestaat uit de fasen opsporing en formulering van het probleem, het aandragen van ideeën voor een oplossing, en toetsing van ideeën of voorstellen door te proberen de consequenties te voorzien. Het moeilijkste stadium is dat van de opsporing en de formulering van het echte probleem, en in dit stadium is het vaak extra moeilijk om de gegevens te verzamelen die nodig zijn voordat het probleem duidelijk kan worden onderkend.

De tweede cyclus behelst planning van de te ondernemen actie, uitvoering van activiteiten en beoordeling van de resultaten. De grootste moeilijkheid die zich tijdens deze hele cyclus voordoet, treffen wij aan bij de overgang van cyclus 1 naar cyclus 2, wanneer daarbij verschillende partijen zijn betrokken. De personen die met de implementatie van het besluit zijn belast, moeten daar zo vroeg mogelijk bij worden betrokken.

Het besluitvormingsproces zelf kan plaatsvinden door:
1. gebrek aan reacties vanuit de groep,
2. gezagsuitoefening,
3. de minderheidsregel,
4. de meerderheidsregel,
5. consensus en/of
6. unanimiteit.

Het is belangrijk dat groepen zich van deze verschillende besluitvormingsmethoden bewust zijn, en dat zij leren daaruit een keuze te maken die past bij de soort taak of het type besluit dat aan de orde is.

De keuze van interventiefocus

Taakaspecten zoals de basisfuncties, de wijze waarop het probleemoplossingsproces wordt doorlopen, en de diverse wijzen van besluitvorming zijn voor het effectief functioneren van de groep zo overduidelijk relevant dat de adviseur de groep er doorgaans gemakkelijk toe krijgt op deze zaken te letten en ze te managen. Een van de grootste problemen van de adviseur is echter een interventiekeuze te maken, oftewel: op welk gedrag moet hij de aandacht van de groep richten?

De drie criteria voor het maken van een keuze uit een hele reeks van mogelijkheden zijn:

1. de mate waarin de procesaangelegenheid naar de mening van de adviseur te maken heeft met de effectiviteit van de groep;

2. de mate waarin de gegevens over de procesaangelegenheid voldoende duidelijk zijn, zodat wanneer de aandacht daarop wordt gevestigd de kans groot is dat de groepsleden hetzelfde waarnemen als de adviseur; en

3. de mogelijkheid of onmogelijkheid dat de adviseur een interventie kan bedenken die de voortgang van het proces bevordert in plaats van onderbreekt.

Vage verwijzingen naar procesaangelegenheden die niet duidelijk zichtbaar zijn zullen het leren door de groep niet verbeteren en dragen er evenmin toe bij dat de groep zich, wanneer ze onder tijdsdruk staat om een belangrijke beslissing te nemen, op haar werkwijze concentreert. De adviseur moet begrijpen wat de groep als haar primaire taak beschouwt en moet zich concentreren op interventies bij uitvoeringsprocessen die duidelijk met die primaire taak te maken hebben. Ter illustratie hiervan volgen nu de ervaringen die ik opdeed tijdens mijn vroegere werk voor Action Co.

Een van de opmerkelijke aspecten van de directievergaderingen van Action Co. was de mate waarin de deelnemers bezig waren met wat neerkwam op 'communicatie in het wilde weg'. Men viel elkaar herhaaldelijk in de rede, schreeuwde vaak over een weer alsof het om een wedstrijd ging, dwaalde af van het onderwerp en sprong van het ene agendapunt naar het andere, zonder enig duidelijk benul van men nu eigenlijk had besloten. Op grond van mijn kennis van groepsonderzoek en mijn ervaringen met groepstrainingen bij National Training Labs (waar ik tien jaar lang als trainer had gewerkt), stond mij duidelijk voor ogen hoe een groep zou moeten functioneren om effectief te kunnen zijn. Mijn eerste interventiepogingen deed ik dan ook vanuit mijn opvattingen als deskundig adviseur. Waar ik maar een mogelijkheid bespeurde vroeg ik de groep na te denken over de gevolgen van hun voortdurende interrupties, aldus duidelijk blijk gevend van mijn veronderstelling dat interrupties 'slecht' zijn en het effectief functioneren van een groep belemmeren. Ik wees erop hoe daardoor belangrijke inhoudelijke ideeën verloren gingen en bepaalde potentieel goede ideeën nooit goed van de grond kwamen.

De groep was het daar onveranderlijk mee eens en besloot haar leven te beteren, maar verviel binnen tien minuten weer in het oude patroon. Al nadenkend over deze disfunctionele cyclus drong tot mij door dat ik een ideaalmodel opdrong aan een groep die duidelijk een andere weg bewandelde, die nog het best kon worden begrepen aan de hand van de stilzwijgende veronderstellingen waar deze groep zich op baseerde. Zoals ik elders (Schein, 1985, 1992) gedetailleerd heb uiteengezet, probeerde de groep de 'waarheid' boven tafel te krijgen en ging zij daarbij uit van de veronderstelling dat dit alleen maar kon door elkaars ideeën tot de grond toe af te breken. Alleen een idee dat felle debatten overleefde was de moeite van het overnemen waard.

Toen ik deze fundamentele premisse eenmaal doorhad, vroeg ik mijzelf af wat in feite het best zou helpen en zag ik de relevantie van procesadvisering, vergeleken met die van expertise-advisering. Ik moest werken binnen de doelstellingen en veronderstellingen die het gedrag van de groep bepaalden, in plaats van de leden mijn modellen op te leggen. Ik moest leren dat de primaire taak van de groep zoals zij die zag, bestond uit het aandragen van ideeën die zo goed waren dat men er de onderneming aan durfde wagen. Ideeën naar voren brengen en beoordelen, waren daarom de twee cruciaalste doelen die zij vergadering na vergadering nastreefden.

Uit dit inzicht ontstonden twee soorten interventies. Ten eerste zag ik dat ideeën in feite verloren gingen doordat in hoog tempo een grote hoeveelheid informatie over tafel ging. Gedeeltelijk in mijn eigen belang en deels ook omdat ik meende dat het zou helpen, liep ik naar de flip-over en schreef ik de belangrijkste ideeën op zodra ze naar voren werden gebracht.

Ideeën of discussiepunten die onvoldoende waren uitgewerkt (doordat de spreker in de rede werd gevallen) leidden tot een tweede type interventie. In plaats van zoals ik eerder had gedaan de groep voor haar 'slechte' gedrag te straffen, zocht ik naar een gelegenheid om de geïnterrumpeerde spreker een nieuwe kans te geven, door bijvoorbeeld te zeggen: 'John, jij wilde iets naar voren brengen. Hebben wij daar alles van meegekregen?' Dit schiep een mogelijkheid het idee op tafel te krijgen zonder onnodige aandacht te vestigen op de oorzaak van het feit dat het de eerste maal niet over het voetlicht was gekomen. Dankzij de combinatie van deze twee soorten interventies concentreerde het gezelschap zich op de ideeën die nu op de flip-over stonden en kon men zich beter oriënteren. Ideeën die op het punt stonden de mist in te gaan kregen daardoor een nieuwe kans en konden worden opgeschreven.

De les was duidelijk. Pas toen ik doorkreeg wat de groep feitelijk probeerde te doen kon ik mijn aandacht richten op de juiste processen en wist ik hoe ik op een nuttige manier tussenbeide kon komen. Ik moest een idee hebben van hun primaire taak en begrijpen waarom de groep vastliep (onvolledige formulering van ideeën en overhaaste beoordeling daarvan), alvorens ik kon bepalen welke soort interventie 'faciliterend' zou werken.

De 'taakstructuur' (cel 8)

Wie een tijdlang let op wat er in een groep gebeurt, zal merken dat bepaalde patronen telkens terugkomen, dat bepaalde gebeurtenissen zich regelmatig herhalen, en dat andere dingen nooit voorkomen. Zo volgt de ene groep altijd een parlementaire procedure, terwijl een andere groep nergens over wenst te stemmen, ook al komt men erop een andere manier niet uit. De ene groep werkt altijd met een agenda waaraan onverkort wordt vastgehouden, en in een andere wordt pas bij het begin van de vergadering een lijst met onderwerpen opgesteld. Zulke regelmatigheden in de werkwijze van een groep kunnen het best worden beschouwd als de taakstructuur van een groep: een betrekkelijk *stabiel, telkens terugkerend* proces dat de groep helpt haar taken te vervullen.

In grote organisaties wordt de structuur gevormd door de officiële hiërarchie, de vastgestelde bevelslijnen, de informatie- en beheersingssystemen en door andere stabiele, telkens terugkerende processen die aan nieuwkomers worden verklaard als 'de gang van zaken hier'. Belangrijk is echter het inzicht dat het begrip structuur verwijst naar stabiele, telkens terugkerende processen die door de leden van de groep als hun 'structuur' worden omschreven.

Elke groep heeft die regelmatigheid en stabiliteit nodig om haar omgeving en haar werkwijzen voorspelbaar te maken en te kunnen managen. De veronderstellingen die uit de onderliggende premissen van die patronen ontstaan, kunnen worden beschouwd als onderdelen van de cultuur van de groep. Ze raken ingeburgerd en worden als vanzelfsprekend beschouwd, en de structuren die wij zien kunnen worden beschouwd als voortbrengselen of manifestaties van de groepscultuur (Schein, 1985, 1992). De cultuur zelf is niet meteen zichtbaar doordat ze het best kan worden opgevat als het geheel van de gemeenschappelijke, als vanzelfsprekend beschouwde, onderliggende en onbewuste veronderstellingen die tot stand zijn gekomen om te kunnen omgaan met de interne en externe vraagstukken waarmee de groep te maken krijgt. Wel weerspiegelt de cultuur zich in het gedrag en kan ze door gezamenlijk onderzoek van buitenstaanders en groepsleden aan het licht komen. In de meeste gevallen is het voldoende zich te concentreren op de manifeste uitingen, het zichtbare gedrag – altijd echter in het besef dat zij een weerspiegeling zijn van de onderliggende veronderstellingen die uiteindelijk moeten worden meegewogen. Totdat de groep er aan toe is naar haar eigen cultuur te kijken, is het voor de adviseur echter moeilijk zich daarop te concentreren.

De taakstructuur die in een groep tot stand komt, bestaat uit een aantal regelmatigheden die vooral betrekking hebben op het voortbestaan van de groep in haar externe milieu. Alle groepen kampen met ten minste vijf fundamentele overlevingsproblemen. Door zich daarvan bewust te zijn, kan de adviseur gericht waarnemen en een mentale checklist opstellen van zaken die aandacht behoeven.

1. Missie/primaire opdracht. Aan welke *fundamentele missie* of *primaire opdracht* ontleent de groep haar bestaansrecht? De structurele elementen die met deze vraag te maken hebben, zijn in de regel bedrijfsregels, uitspraken over de visie of de missie van het bedrijf, officiële taakverdelingen en andere manieren om het impliciete inzicht in de uiteindelijke functie van de groep vast te leggen.

2. Specifieke doelstellingen en strategieën. Deze zijn doorgaans afgeleid van de missie en komen tot uiting in de schriftelijke formulering van een doelstelling, in strategieën, officiële plannen, openlijk omschreven doelen, en in vastgestelde termijnen.

3. Middelen om de doelstellingen te bereiken. De structuren om doelstellingen te bereiken, zijn de officiële organisatie, de toegewezen taakfuncties, en telkens terugkerende processen voor het oplossen van problemen en het nemen van besluiten. Tot deze categorie behoren het organisatieschema, de bevelslijnen, de functiebeschrijvingen en de formele verantwoordelijkheden.

4. Metings- en bewakingssystemen. Elke groep moet weten of haar doelstellingen wel of niet worden bereikt. Daarvoor worden formele informatie- en controlesystemen ontworpen, en komen er officiële managementplannings-, begrotings- en evaluatieprocessen.

5. Systemen voor het oplossen van problemen en terugkeren naar de oorspronkelijke koers. Metingssystemen brengen in voorkomend geval aan het licht dat de groep uit koers is geraakt of haar doelstellingen niet bereikt. De groep heeft dan behoefte aan processen om zo'n situatie uit de wereld te helpen, problemen op te lossen of terug te keren naar haar oorspronkelijke koers. Vaak wordt ad hoc een oplossing bedacht, maar elke groep of organisatie moet oplossings- en herstelprocessen in regels kunnen vastleggen om ze daardoor in de structuur van de groep te kunnen opnemen.

In een pas beginnende groep zal de taakstructuur nog niet erg stabiel zijn, oftewel de groep is nog niet erg 'gestructureerd'. Naarmate de groep vordert, houdt ze de processen die blijven functioneren in stand en ontwikkelt ze veronderstellingen over de oorzaken van haar succes. Die processen worden dan zichtbaarder en kunnen formeel worden uitgedrukt in organisatieschema's, procedurehandleidingen, reglementen en andere uitingen van een zich ontwikkelende cultuur. Wanneer de stabiliteit van deze processen steeds meer toeneemt spreken wij van 'bureaucratie' en 'institutionalisering'.

Het antwoord op de vraag of de adviseur op constructieve wijze in de taakstructuur kan interveniëren, is afhankelijk van de mate waarin de groep zich bewust is van zowel die structuur als de noodzaak deze te veranderen. Naar mijn ervaring zijn de krachtigste interventies op dit terrein die, welke de groep in staat stellen inzicht te verwerven in haar eigen onbewuste veronderstellingen. De zichtbare externe structuren zijn gemakkelijk waarneembaar, maar de onderliggende veronderstellingen die deze structuren hebben gecreëerd zijn veel moeilijker te ontdekken. Zonder inzicht in die veronderstellingen kan een groep echter niet leren effectiever te functioneren.

De laatste vraag die hier aan de orde moet komen is dan ook, of de adviseur kan of moet worden betrokken bij interventies die gericht zijn op problemen die de structuur betreffen. Kijken naar wat er in de groep gebeurt en de leden ervan helpen hun eigen structuren onder ogen te zien is zeker een noodzakelijk soort interventie. Problematischer is de beantwoording van de vraag of de bemoeienis zich ook moet uitstrekken tot *verandering* van de structuur en de cultuur. Het belangrijkste criterium is en blijft dat de adviseur zich faciliterend en hulpvaardig moet opstellen. Wanneer een groep echt wil dat ik mij ga bezighouden met hun structuur en hun cultuur zal ik dat doen, vooropgesteld dat wij duidelijk begrijpen dat structuurveranderingen kunnen leiden tot veranderingsprocessen die zeer veel weerstand en angstgevoelens kunnen oproepen; de eenmaal tot stand gekomen structuren bieden de groepsleden immers voorspelbaarheid, zingeving en zekerheid. Een cultuur is ingebed in een structuur, waardoor elke structuurverandering bedreigend is voor de geaccepteerde culturele veronderstellingen.

Samenvatting en conclusies

In dit hoofdstuk ben ik begonnen met een overzicht van alle belangrijke interventiegebieden die voor de adviseur waarneembaar zijn en waarop hij zich kan voorbereiden. Het accent lag op de primaire taak van de groep en op de wijze waarop zij die taak definieert. Binnen dat gebied kan men zich richten op de inhoud, het proces of de structuur die naar eigen waarneming met die taak in verband staan. Ik besprak voor elk gebied enkele relevante waarnemingscategorieën en gaf een aantal aanbevelingen voor de nuttigste interventievormen waarvan de adviseur zich zou kunnen bedienen. Het merendeel daarvan betreft de taakprocessen, maar aan de inhoud of de structuur mogen wij niet voorbijgaan.

In het volgende hoofdstuk bespreek ik de interpersoonlijke aangelegenheden die gepaard gaan met alles wat met de taak te maken heeft: de wijze waarop de groep zichzelf definieert, hoe ze met haar grenzen omgaat, hoe ze zorgt voor werkbare interpersoonlijke verhoudingen die het functioneren als groep mogelijk maken en haar in staat stellen te groeien, zich verder te ontwikkelen en zichzelf in stand te houden. Het gaat er dus om, hoe en wanneer interventies te plegen die op deze vraagstukken zijn gericht, en hoe een evenwicht te bereiken tussen interventies voor taakprocessen en voor interpersoonlijke processen.

Ik geef hier geen specifieke oefeningen voor taakprocessen; de oefeningen aan het eind van hoofdstuk 9 betreffen zowel taakprocessen en groepsvorming als interpersoonlijke processen.

9 Faciliterende procesinterventies: interpersoonlijke processen

In het voorgaande hoofdstuk besprak ik de *taak*processen, omdat deze de waarschijnlijkste reden vormden om een adviseur binnen te halen. Zoals ik echter steeds heb betoogd, moet om een effectieve uitvoering van de taak mogelijk te maken, aandacht worden besteed aan de *interpersoonlijke* processen die te maken hebben met groeps- en relatievorming. In continu verlopende situaties spelen de taak- en de interpersoonlijke processen zich gelijktijdig af en zijn ze sterk met elkaar verweven, waardoor steeds opnieuw moet worden besloten waarop de aandacht moet worden gericht en wanneer bij interpersoonlijke aangelegenheden moet worden geïntervenieerd.

Interpersoonlijke en groeps*processen* kunnen worden verdeeld in twee ruime categorieën:

1. de wijze waarop een groep zichzelf vormt door de definiëring en handhaving van haar grenzen (de cellen 1, 4 en 7 van tabel 8.1);

2. de wijze waarop een groep zichzelf en interpersoonlijke relatiepatronen ontwikkelt (de cellen 3, 6 en 9 van tabel 8.1).

In dit hoofdstuk bespreek ik beide categorieën, bied ik enkele vereenvoudigende modellen aan en doe ik een aantal aanbevelingen voor de wijze waarop de adviseur op elk van deze terreinen zijn faciliterende en helpende bedoelingen het best tot hun recht kan laten komen. Ik zal mij voornamelijk bezighouden met procesvraagstukken, maar indien nodig tevens iets zeggen over inhoudelijke en structurele kwesties.

Processen in de vorming en instandhouding van groepen

Een van de opmerkelijkste fenomenen waarmee ik in mijn eerste contacten met een cliëntorganisatie te maken krijg, is dat de groepen waarmee ik moet werken zich allemaal in een ander stadium van ontwikkeling bevinden. De cliënten die mij voor een eventuele adviesrol benaderen hebben misschien nog niet eerder met elkaar gewerkt, waardoor zij misschien een splinternieuwe kleine groep vormen. De kennismakingsbijeenkomst waarvoor ik word uitgenodigd of die ik help opzetten kan een vergadering zijn van een groep die regelmatig wekelijks vergadert, maar het gebeurt ook wel dat dit de eerste maal is dat men bij elkaar komt om over het adviesproject te spreken. Onder de aanwezigen die door de cliënt voor het gesprek met mij waren uitgenodigd kunnen mensen zitten die intensief met elkaar hebben samengewerkt, terwijl anderen op die eerste bijeenkomst feitelijk vreemden voor elkaar zijn. Gezien deze verschillende situaties is het essentieel dat de adviseur beschikt over een vereenvoudigend model van de manier waarop een groep begint en zich ontwikkelt.

De theoretische premisse die hieraan ten grondslag ligt, is dat wanneer twee of meer mensen samen een werk- of taakgroep gaan vormen, men begint met een periode van in wezen *zelfgericht* gedrag dat een weerspiegeling is van de diverse vragen die naar verwachting bij elk nieuw groepslid kunnen rijzen. Wanneer dit zelfgerichte gedrag afneemt gaat men meer aandacht aan elkaar en aan de taak besteden. De soorten gedrag die de vorming en de instandhouding van de groep ondersteunen ontstaan gelijktijdig met gedragingen die zijn gericht op de vervulling van de taak die de groep heeft. Ik zal deze fasen chronologisch behandelen omdat zij zich min of meer na elkaar afspelen, ook al kunnen de verschillende fasen elkaar overlappen.

Emotionele problemen bij het lidmaatschap van een nieuwe groep – de oorzaken van zelfgericht gedrag

De problemen waarmee iedereen die een nieuwe groep binnenkomt mee te maken krijgt, vinden hun oorzaak in bepaalde onderliggende emotionele vragen die moeten zijn beantwoord alvorens men zich in een nieuwe situatie op zijn gemak kan voelen. Vier hiervan zijn aangegeven in de linkerkolom van figuur 9.1.

Identiteit en rol. Het eerste en belangrijkste probleem is de keuze van een rol of identiteit die zowel voor de betrokkene zelf als voor anderen aanvaardbaar

Figuur 9.1 Problemen die gepaard gaan met de entree in een nieuwe groep en die aanleiding geven tot zelfgericht gedrag

Problemen	*Resulterende gevoelens*	*(Zelfgerichte) reacties om tot een oplossing te komen*
1. *Identiteit* Wie moet ik hier zijn?		1. *'Harde' reacties* Vechten, het heft in handen nemen, verzet tegen gezag
2. *Macht en invloed* Zal ik greep hebben op anderen en hen kunnen beïnvloeden?	Frustratie	2. *'Zachte' reacties* Ondersteuning, begeleiding, alliantievorming, afhankelijkheid
3. *Behoeften en doelstellingen* Zullen de doelstellingen van de groep ook aan mijn eigen behoeften tegemoet komen?	Spanning	3. *Terugtrekkende of ontkennende reacties* Passiviteit, onverschilligheid, overmatig gebruik van 'logica en verstand'
4. *Aanvaarding en intimiteit* Zal de groep mij aardig vinden en accepteren? In welke mate zullen wij een hechte groep vormen?	Angst	

zal zijn, en die er tevens voor zorgt dat de betrokkene zelf aan zijn trekken komt. Met andere woorden, ieder nieuw lid moet, of het zich daar nu wel of niet van bewust is, een antwoord zien te vinden op de vraag 'Wie en wat zal ik in deze groep zijn?', 'Hoe veel waarde moet ik in deze groep voor mij zelf opeisen?', en 'Wat moet ik in deze situatie van mijzelf laten zien?'

Dit probleem vindt zijn oorzaak primair in het feit dat wij voor allerlei situaties allemaal beschikken over een uitgebreid repertoire van mogelijke rollen en wijzen van optreden. Moet ik de dominerende agressieve leider zijn, een gedragspatroon dat in bepaalde situaties mij misschien goed van pas is gekomen; moet ik de humoristische figuur zijn die de spanning vermindert, iets wat voor mij in andere situaties goed heeft gewerkt; of moet ik de stilzwijgende toehoorder spelen, iets waarvan ik in weer andere situaties voordeel heb gehad?

Wij zijn in andere situaties allemaal in verschillende mate ook andere mensen. Daarom hebben wij in nieuwe situaties altijd een zekere keuzevrijheid. In officiële commissies of werkgroepen wordt dit vraagstuk vaak gedeeltelijk opgelost door de verstrekte opdracht. Iemand krijgt te horen dat hij in een taakgroep 'het personeelsstandpunt' naar voren moet brengen, of een sterke voorzitter deelt de leden mee welke soorten rollen hij van hen verwacht. Zulke oplossingen werken in het gunstigste geval echter toch slechts gedeeltelijk, en wel vanwege de dan nog steeds bestaande grote verscheidenheid van gedragingen die iemand kan vertonen om enerzijds tegemoet te komen aan zijn eigen behoeften en anderzijds voor de overige groepsleden acceptabel te zijn. Zoals in figuur 9.1 is aangegeven, is dit zolang het emotionele probleem nog bestaat, bewust of onbewust een bron van spanning, waardoor de betrokken persoon voornamelijk in beslag wordt genomen door zijn eigen vragen en daardoor minder oog en oor heeft voor de overige leden of voor de taak van de groep.

Macht, invloed, greep op de gang van zaken. Een tweede vraagstuk dat elk nieuw groepslid moet zien op te lossen is dat van de verdeling van macht en invloed. Wij kunnen er met een gerust hart van uitgaan dat ieder lid van de groep een zekere behoefte heeft om greep op anderen te krijgen en hen te beïnvloeden, maar de grootte van deze behoefte en de wijze waarop ze tot uitdrukking wordt gebracht varieert van persoon tot persoon. De één wil misschien invloed uitoefenen op de eigenlijke taakvervulling, een ander gaat het misschien om invloed op de methoden of de procedures die de groep hanteert, een derde persoon wil misschien op alle terreinen een prominente rol in de groep spelen, en een vierde hoopt misschien alleen maar een bescheiden bijdrage te kunnen leveren.

In de beginperiode van een groep kampen alle leden met het probleem dat zij elkaars behoeften en gedragspatronen niet kennen en daardoor niet gemakkelijk kunnen bepalen wie invloed zal kunnen uitoefenen op wie, en waarover dan wel. Daarom zal de adviseur tijdens de eerste bijeenkomsten vaak getuige zijn van een hoop schermutselingen, van pogingen elkaar uit te proberen en van experimenten met verschillende manieren van beïnvloeding. De adviseur moet er zorgvuldig voor waken dit gedrag verkeerd te interpreteren. Oppervlakkig gezien lijkt het erop dat de groep zich volkomen afwendt van de taak waarvoor ze in het leven is geroepen. Onder die oppervlakte is men echter intensief bezig elkaar te leren kennen, elkaar een plaats te geven en met zichzelf in het reine te komen – iets wat alle leden nodig hebben om hun eigen zorgen te verlichten en zich op de taak te kunnen richten.

Wanneer degene die de groep bijeen heeft geroepen en deze doorgaans voorzit, vasthoudt aan een formeel schema dat dit uitproberen en kennismaken voorkomt, loopt hij het risico dat er ofwel oppervlakkige oplossingen te voorschijn komen (doordat de leden er nog niet aan toe zijn zich echt met de taak bezig te houden), of dat hij hen dwingt tot schermutselingen binnen de context van het werken aan de taak zelf – wat de voortgang vertraagt en de potentiële kwaliteit van de oplossing verlaagt. In zulke situaties moet de adviseur de voorzitter leren begrijpen welke functie dit aanvankelijke uitprobeergedrag voor de leden heeft, leren in te zien dat groepsvorming nu eenmaal een zekere tijd vereist, en leren te begrijpen dat goede communicatie pas mogelijk is nadat de leden de zorgen over hun eigen positie hebben verminderd.

Persoonlijke behoeften en groepsdoelstellingen. Een derde probleem waarmee ieder groepslid te maken krijgt, is zijn bezorgdheid over de vraag of de groepsdoelstellingen zoals die ontstaan misschien indruisen tegen zijn eigen behoeften en doelstellingen. Iemand die door deze vraag in beslag wordt genomen zal zich doorgaans afwachtend opstellen om te zien hoe de groep zich ontwikkelt, en niet al te veel in de groep investeren totdat hem duidelijk is geworden dat de ontwikkeling naar zijn wens verloopt en dat zijn behoeften daardoor worden gedekt. Het probleem voor de groep als geheel is, dat wanneer een aanzienlijk aantal leden de kat uit de boom blijft kijken het wel erg moeilijk wordt de groep als geheel tot enige actie te bewegen of een samenhangende groepsdoelstelling te ontwikkelen. In zo'n situatie wendt de groep zich in de regel tot een of andere beschikbare autoriteit, die dan de agenda moet bepalen, doelstellingen moet formuleren of een taak moet voorstellen. Wanneer degene die de groep bijeen heeft geroepen aan de druk toegeeft en zelf de doelstellingen bepaalt, lost hij weliswaar gedeeltelijk het probleem op, maar kan hij er nog steeds niet voor zorgen dat die doelstellingen ook alle leden voldoende aanspreken om zich op de taak te concentreren.

Een betere procedure is dan ook, de paradox rechtstreeks onder ogen te zien en de groepsleden te helpen begrijpen dat het, totdat zij hun behoeften in zekere mate aan elkaar kenbaar hebben gemaakt, onmogelijk is groepsdoelstellingen van enige waarde te ontwikkelen. Daarom moet in het begin voldoende tijd worden uitgetrokken om de leden de kans te geven bij zichzelf na te gaan welk resultaat zij zelf aan hun groepslidmaatschap willen overhouden. De taak van de adviseur in zo'n situatie is meestal, het tempo van de groep te matigen en de leden ervan te verzekeren dat de aanvankelijk zo moeizaam verlopende onderlinge communicatie een noodzakelijk en belangrijk onderdeel is van de groei die de groep moet doormaken. Ook kan het nuttig zijn een formele 'introductieronde' te houden, waarin iedereen wordt gevraagd aan te geven wat bij elk mogelijk vraagstuk dat ter discussie komt zijn eigen rol of positie is. Zoals wij in het volgende hoofdstuk (waarin de dialoogsessies aan de orde komen) zullen zien, speelt een formele introductieronde waarin ieder lid iets vertelt over de situatie waarin hij op dat moment verkeert, een belangrijke rol bij het scheppen van een sfeer waarin iedereen het gevoel heeft dat hij erbij hoort.

Aanvaarding en intimiteit. Deze twee zaken zijn samen gevoegd omdat zij te maken hebben met hetzelfde onderliggende probleem: zal men mij aardig vinden en zal ik door de overige groepsleden worden geaccepteerd, en hoe groot moeten de onderlinge betrokkenheid en de intimiteit zijn om een zodanig niveau van wederzijds respect en acceptatie te bereiken dat ik mij daar in thuis voel? Elke groep mensen moet in elke situatie normen opstellen die hen helpen deze vraagstukken op te lossen. Er bestaat geen optimaal of absoluut niveau van aanvaarding en intimiteit dat altijd en voor alle groepen voldoet. Het hangt af van de leden, van de taak die de groep heeft, van de hoeveelheid tijd die de groep is toegemeten en van nog een hele reeks andere factoren. Waar het echter om gaat, is dat er totdat men over functionerende normen beschikt altijd wel een bron van spanning zal bestaan.

Aanvankelijk zal dit probleem zich manifesteren in de wijze waarop men elkaar toespreekt en in de mate van hoffelijkheid waarmee men elkaar benadert. Naarmate men zich als groep ontwikkelt, zal het vooral gaan over het formele of informele karakter van de groepsprocedures. In een nog later stadium komt de vraag of de groepsdiscussie beperkt moet blijven tot de formele taak of dat ook meer persoonlijke discussies toelaatbaar en wenselijk zijn, centraal te staan. Zelfs wanneer de voorzitter de leden oproept zich 'open' op te stellen weten wij dat 'openheid' een uiterst vaag begrip is en eerder afhankelijk is van de hoeveelheid onderling vertrouwen die in de loop der tijd is ontstaan, dan van wat een of andere voorzitter vraagt of wenst. De groep kan proberen door middel van de volgorderegels van Roberts of soortgelijke methoden tot legitieme oplossingen te komen, maar door zulke procedures wordt het probleem eerder onder het tapijt geveegd dan opgelost. De functie van de adviseur kan zijn, de groep te helpen inzien dat het hier gaat om een legitiem probleem dat om een oplossing vraagt.

Probleemoplossend gedrag in nieuwe groepen

Alle onderliggende emotionele problemen waarmee nieuwe groepsleden te maken krijgen leiden tot spanning, frustratie en gerichtheid op de eigen zorgen. Wat doen mensen doorgaans om deze problemen en de daaruit voortvloeiende spanningen het hoofd te bieden? Zoals aangegeven in de rechterkolom van figuur 9.1 zien wij drie patronen van probleemoplossend gedrag:

1. in wezen hard, agressief oplossingsgericht gedrag dat berust op ontkenning van de eigen zachte behoefte om ergens bij te horen;

2. in wezen zacht, steunzoekend oplossingsgericht gedrag dat berust op ontkenning van de eigen behoeften aan agressiviteit en assertiviteit;

3. zoeken naar een oplossing door zich terug te trekken, gebaseerd op ontkenning van alle gevoelens en gepaard gaande met het terugvallen op 'logica' en 'structuur'.

De *harde, agressieve reactie* komt tot uiting in diverse manieren van strijd leveren, zoals kiften, andermans opmerkingen de grond in boren en belachelijk maken, anderen opzettelijk negeren, en snijdende en vijandige opmerkingen maken. Hoewel zulk gedrag binnen de regels voor een groepsdiscussie onder het mom van 'scherp debatteren' of 'door polariseren de verschillen duidelijk maken' legitiem kan zijn, moet de adviseur er goed op letten of de gevoelens die daarin tot uitdrukking komen, berusten op de zorg voor een betere taakvervulling of dat het hier in wezen gaat om het uitdagen en uitproberen van andere leden – uitvloeisels dus van pogingen de eigen emotionele problemen op te lossen.

De agressieve reactie komt eveneens tot uiting in pogingen om greep te krijgen op de overige leden door middel van automatische goedkeuringsprocedures (zie hoofdstuk 8), anderen ter verantwoording te roepen of te vertellen waar zij over behoren te spreken. Wat betreft het respect tegenover groepsleden die met enig gezag zijn bekleed, zoals de voorzitter, neemt zulk emotioneel gedrag om de eigen emotionele problemen op te lossen, de vorm aan van tegenafhankelijkheid. Tegenafhankelijkheid berust op gevoelens die te maken hebben met de wens zich tegen het gezag te verzetten: 'Eens kijken wat de voorzitter van ons wil, en het dan juist *niet* doen', of 'Gewoon doen wat wij zelf willen, niet wat hij wil'.

In de meeste officiële groepen is dergelijk gedrag waarschijnlijk heel subtiel van vorm, omdat beleefdheidsnormen en formele machtsverschillen een openlijk vertoon van tegenafhankelijkheid tegengaan. Toch is het voor de adviseur niet zo moeilijk zulk gedrag te onderkennen, de groep te helpen de legitimiteit ervan in te zien, en te helpen het emotionele probleemoplossingsgedrag te onderscheiden van een echte uitdrukking van meningsverschillen op taakniveau.

De *zachte, steunzoekende reactie* komt op allerlei verschillende manieren aan de oppervlakte. Zo'n groepslid zoekt dan naar iemand met wie hij het ogenschijnlijk eens is en probeert binnen de groep als geheel een ondersteunende alliantie of subgroep te vormen. Men probeert conflicten te vermijden, steunt standpunten van anderen, helpt elkaar en tracht in het algemeen agressieve en verdeeldheid zaaiende gevoelens te onderdrukken. Wat het gezag betreft, manifesteert dit gedrag zich als afhankelijkheid: men zoekt naar iemand op wie men kan leunen, van wie men leiding krijgt en tevens oplossingen voor de problemen die men bij zichzelf voelt.

Hoe kan de adviseur dergelijk gedrag onderscheiden van constructief probleemoplossend gedrag? Om te beginnen stelt hij vast wanneer in de geschiedenis van de groep zulk gedrag optreedt. Het op emoties berustende zelfgerichte gedrag manifesteert zich al vroeg in het bestaan van de groep, namelijk wanneer de leden ervan proberen zich daarin een plaats te verwerven. Later kan hetzelfde gedrag simpelweg een welgemeende bijdrage zijn aan de vervulling van de opdracht die de groep heeft. Een tweede criterium is het gevoel van de adviseur of de steun is gebaseerd op waarachtig onderling begrip of niet meer is dan een automatische reactie. Het hier beschreven emotioneel gebaseerde gedrag zien wij vaak wanneer leden allianties vormen zonder er echt blijk van te geven dat zij elkaars zienswijze inderdaad begrijpen. De adviseur moet de groep helpen onderscheid te maken tussen haastig zoeken naar steun, altijd en overal maar helpen, en inadequate afhankelijkheid enerzijds, en daarop lijkend gedrag later tijdens de teamvorming en het zoeken naar oplossingen voor problemen anderzijds.

De *zich terugtrekkende of ontkennende reactie* wordt gekenmerkt door onderdrukking van spanningen en gevoelens, vaak resulterend in tamelijk passieve, onverschillige en nietszeggende reacties. Het is dan alsof de betrokkene wil zeggen: 'Jullie gaan je gang maar, je vecht het maar uit en brengt de groep maar in beweging – ik zie het allemaal wel; het doet me allemaal echt niks, dus ik doe wel mee wanneer de zaak eenmaal goed loopt.' Een andere versie komen wij tegen wanneer zo iemand betoogt dat in de groepsdiscussie geen plaats is voor gevoelens, en dat die bij reglement moeten worden uitgesloten en tot elke prijs moeten worden onderdrukt. Wanneer er ruzie ontstaat zal die persoon zeggen: 'Alsjeblieft zeg, wij zijn toch allemaal beschaafde en volwassen mensen; wij moeten dit probleem toch wel op een logische en rustige manier kunnen oplossen. Wij moeten onze gevoelens niet de overhand laten krijgen; laten wij ons in vredesnaam tot de feiten bepalen.'

Wanneer deze persoon echt zo rationeel en logisch in elkaar zou zitten, zou hij beseffen dat in deze situatie gevoelens behoren tot de 'feiten' waarmee rekening moet worden gehouden. Ze kunnen worden onderdrukt en door formalisering van de groepsprocedures via regels buiten de orde worden geplaatst, maar ze kunnen niet worden weggepoetst en evenmin kan worden voorkomen dat ze invloed uitoefenen op het probleemoplossend gedrag van de individuele leden. Wanneer een groepslid te kampen heeft met spanningen en door zijn eigen problemen in beslag wordt genomen, zal hij niet luisteren naar wat de overige leden te zeggen hebben of zich serieus met hen bezig houden, en daardoor zal hij geen bijdrage kunnen leveren aan een effectieve oplossing van de problemen.

Ieder van ons kan, wanneer hij probeert een oplossing te vinden voor de emotionele problemen van de groep, als mens elk van deze basistypen van reacties vertonen. Welke reactievorm wij in de regel kiezen hangt af van onze persoonlijkheid, onze voorgeschiedenis in interpersoonlijke situaties, het gedrag van andere groepsleden, en van de structuur en het formele karakter van de situatie. Zo is de kans op terugtrekkende en ontkennende reacties, met als uiteindelijk resultaat onderlinge vervreemding en een geringe motivatie, veel groter in een formele en strak gestructureerde groep. Wanneer zo'n groep zoekt naar een oplossing voor een moeilijk probleem, is er geen garantie dat de leden ofwel voldoende gemotiveerd zijn om hun energie in het probleem te steken, of dat zij goed genoeg met elkaar kunnen communiceren om een echte groepsoplossing te kunnen bedenken. Wanneer het daarentegen toegestaan is de uitdrukking van gevoelens te onderzoeken zal dit weliswaar leiden tot een aanvankelijk onbehaaglijke sfeer, maar op den duur leiden tot betere communicatie en een sterkere, effectievere groep.

De oplossing van emotionele problemen en overgaan tot werken aan de taak

Ik heb zojuist vier soorten emotionele problemen besproken waarmee ieder die in een nieuwe groepssituatie terechtkomt te maken krijgt: het identiteitsprobleem, het machts- en invloedsprobleem, het probleem van behoeften en doelstellingen, en het aanvaardings- en intimiteitsprobleem. Voor de oplossing van deze problemen bedienen de leden zich van hard-agressieve, zachte, aansluiting zoekende, of terugtrekkende reactievormen; dit om elkaar te leren kennen en zichzelf in de groep op hun gemak te kunnen voelen. Totdat de leden hun eigen rol in de groep hebben gevonden en totdat de groep normen heeft ontwikkeld die te maken hebben met de doelstellingen, de invloed en de mate van intimiteit, zullen zij zich gespannen voelen en verschillende emotionele reacties vertonen. De prijs die door de groep voor zulk gedrag wordt betaald, is dat de leden in beslag worden genomen door hun eigen gevoelens en daardoor minder goed in staat zijn naar elkaar te luisteren en problemen op te lossen. Toch moet iedere groep, terwijl haar leden aan deze problemen werken en proberen zich een eigen plaats te verwerven, dergelijke 'puberteitsperikelen' doorstaan. Wanneer de formele structuur deze groeiperiode op weg naar de volwassenheid onmogelijk maakt, ontstaat er nooit een echte groep die een groepsinspanning kan leveren. Dan rest slechts een verzameling individuen die door een formele structuur bij elkaar worden gehouden.

Ook hebben wij allemaal een eigen, aangeleerde manier om met problemen om te gaan waar wij de voorkeur aan geven, en het is dan ook belangrijk om te weten welke stijl dat is: stel dat ik spanningen ervaar op interpersoonlijk terrein, ga ik dan doorgaans over tot vechten, zoek ik steun bij anderen, of trek ik mij dan gevoelsmatig terug? Welke consequenties zijn aan elk van die reacties verbonden? Aangezien mensen verschillen wat hun voorkeursstijl betreft, is voor een groep die met een taak bezig is één van de problemen dat de verschillende stijlen elkaar in de weg kunnen zitten. Wat de agressieve persoon wil is nu juist bedreigend voor de zachte, en omgekeerd geldt hetzelfde; en allebei zijn ze bedreigend voor degene die zich emotioneel wil terugtrekken. De groep kan pas effectief functioneren wanneer de leden de verschillen onderkennen en erkennen, en wat het belangrijkst is, ze aanvaarden als een bron van kracht voor de groep. Aan het eind van dit hoofdstuk is een oefening opgenomen om groepsleden te helpen adequaat met deze problemen om te gaan.

De adviseur kan de groep op verschillende manieren helpen deze emotionele problemen uit de wereld te helpen. Allereerst moet hij zich bewust zijn van wat er aan de hand is en zich niet benauwd maken over de aanvankelijke communicatieproblemen tussen de leden. Ten tweede moet hij de groep helpen beseffen dat ruzies, allianties en terugtrekkingsreacties in de beginfase pogingen van de leden zijn om elkaar te leren kennen, elkaar uit te proberen en zich een eigen plaats in de groep te verwerven. De adviseur kan dit doen door de groep naar zichzelf te laten kijken, en wel door middel van educatieve interventies in de vorm van afgeronde stukjes theorie uit dit boek. Hij kan blijk geven van zijn overtuiging dat de leden bezig zijn met een legitiem stukje groepsvorming en dus niet simpelweg hun tijd verdoen. Ten derde kan hij de groep helpen de verschillende emotionele stijlen te herkennen, en te begrijpen dat elke stijl in de groep een functie heeft.

De adviseur die in zulke gevallen hulp wil bieden, moet volledig begrijpen hoe groepen tot stand komen en hoe, naarmate het zelfgerichte gedrag van de individuele leden afneemt en de groep vorm begint te krijgen, de groep beter in staat zal zijn zowel haar externe relaties als haar interne functioneren te managen – wat nodig is om als groep te kunnen voortbestaan en haar primaire taak te kunnen vervullen. Zelf moet ik als adviseur cliëntmanagers helpen de realiteit in te zien van de investeringen die zij moeten doen in groepsvorming. Managers verwachten in de regel dat groepen experts meteen aan de slag gaan en ruimen geen tijd in voor groepsvorming. Wanneer de groep de problemen niet snel weet op te lossen worden de leden kwaad en gedesillusioneerd over het functioneren van de groep, en begrijpen zij in voorkomende gevallen de interpersoonlijke emotionele reacties niet. De adviseur moet die managers er dan toe aanzetten geduld te oefenen, de groep voldoende tijd te laten om haar tijdens haar bijeenkomsten te laten groeien, en hij moet hen tevens doen beseffen dat hun eigen boosheid en ongeduld een weerspiegeling vormen van dezelfde emotionele problemen waarmee de overige groepsleden te kampen hebben.

Ten slotte moet de adviseur vaardigheden bezitten om de leden nuttige en bruikbare feedback te geven over hun eigen gedrag. Een groot gedeelte van het gedrag dat de leden vertonen om met hun emotionele problemen te kunnen omgaan gebeurt naar alle waarschijnlijkheid zonder dat de groepsleden weten wat er gebeurt en waarom. Willen zij enig inzicht krijgen in dit gedrag en deskundiger worden op het terrein van de zelfdiagnose, dan moet de adviseur trachten elk groepslid inzicht te geven in zijn eigen probleemoplossingsgedrag.

Wanneer de leden eenmaal tot dit inzicht zijn gekomen, gaan aanvoelen hoe anderen zich voelen en reageren en beginnen te beseffen dat zij en hun potentiële bijdrage ook door de groep kunnen worden opgenomen, komen zij geleidelijk aan tot rust en neemt hun vermogen om aandacht te besteden aan anderen toe. Zodra dit gebeurt komt er verandering in de sfeer en de stemming van de groep. De gejaagdheid neemt af, er wordt meer naar elkaar geluisterd, men loopt niet meer zo snel weg voor het werk dat moet worden gedaan en men is meer bereid als totale groep samen te werken. Ook zien wij dan minder formalisme en wordt niet meer zo snel teruggegrepen op arbitraire regels; tevens neemt de zelfdiscipline toe, evenals de bereidheid om ten behoeve van de totale groepsresultaten de persoonlijke belangen even te laten voor wat ze zijn. Belangrijk is het besef dat zo'n situatie alleen kan worden bereikt wanneer de groep de kans krijgt haar interne en externe problemen uit te werken. Zoiets lukt niet met dwang of regelgeving.

Groepsvorming en interne onderhoudsfuncties

Oplossing van de emotionele problemen in de beginperiode van het groepslidmaatschap garandeert helaas nog niet dat de groep ook effectief zal functioneren. Zoals elk complex systeem moet een groep ook worden gevormd en moet er onderhoud aan worden gepleegd; ze bereikt geen hogere functioneringsniveaus tenzij bepaalde soorten interpersoonlijke functies op consistente wijze worden vervuld. Met andere woorden: wil de groep voortbestaan en als effectief instrument voor het oplossen van problemen in waarde toenemen, dan moeten de leden ervan zich bezighouden met het aangaan en onderhouden van goede relaties. In het ideale geval is de zorg daarvoor tijdens het gehele bestaan van de groep zichtbaar aanwezig, maar zoals wij reeds zagen in de eerste fasen van het groepsbestaan worden de leden inderdaad in beslag genomen door hun eigen behoeften, wat dus hun relatie met anderen kan schaden.

De groep kampt met het probleem hoe beschadigde relaties te herstellen en/of de kans op beschadiging zo klein mogelijk te maken. Een voorbeeld van een beschadigde relatie is bijvoorbeeld wanneer twee leden elkaar nijdig bejegenen omdat ze wat de taak betreft op een bepaald punt van mening verschillen, of wanneer leden weigeren elkaar te helpen omdat zij werden genegeerd of bij een stemming het onderspit delfden waardoor zij zich in de kou voelden staan; of wanneer leden oplossingen waartoe was besloten niet uitvoerden omdat zij zich verkeerd begrepen of aan de kant gezet voelden, dan wel wanneer leden een hekel hebben aan anderen omdat zij menen hun gezicht te hebben verloren of zich vernederd voelen. In al die gevallen wordt de betrokkene tijdelijk in beslag genomen door zijn eigen persoonlijke behoeften en gevoelens en is hij daardoor minder goed in staat tot een bijdrage aan het werk van de groep. Wanneer dan aan de groep geen onderhoud wordt gepleegd, wanneer men geen kans ziet het lid weer in harmonie met de groep te laten leven, is hij als bijdrage aan de groep verloren of wordt hij, wat nog erger is, een actieve saboteur van de inspanningen die de groep zich getroost. Teneinde deze negatieve gevolgen te vermijden moeten één of meer leden de groepsvormings- en onderhoudsfuncties van tabel 9.1 vervullen.

Tabel 9.1 Groepsvormings- en onderhoudsfuncties

Voor harmonie zorgen
Compromissen sluiten
Als poortwachter fungeren
Aanmoedigen
Diagnoses stellen
Normen opstellen
Normen toetsen

Voor harmonie zorgen houdt in dat leden pogingen doen om meningsverschillen en conflicten uit de wereld te helpen door 'olie op de golven te gooien' of door middel van humor een gespannen situatie ongevaarlijk te maken. Daar staat tegenover dat een echte poging om door middel van volledige blootlegging van elkaars gezichtspunten en de dieper liggende veronderstellingen waarop deze zijn gebaseerd tot overeenstemming en wederzijds begrip te komen, door zulke harmonisering blijft steken. Conflicten en meningsverschillen die worden ontkend of onder het karpet worden geveegd, herstellen misschien wel de harmonie tussen de groepsleden, maar kunnen ook een goede uitvoering van de opdracht in de weg staan. Harmonisering is daarom alleen nodig wanneer conflicten en meningsverschillen disfunctioneel zijn geworden en de leden zozeer met zichzelf bezig zijn dat zij geen oor meer voor elkaar hebben. Harmonisering moet duidelijk worden onderscheiden van *compromissen sluiten* en wel in die zin, dat bij harmonisering wordt getracht conflicten te ontkennen en te vermijden, en dat bij compromissen sluiten wordt geprobeerd ze te verminderen door één of meer leden bereid te vinden om ten behoeve van een werkbaar besluit wat water bij de wijn te doen.

Harmonie en compromissen tot stand brengen zijn eerder onderhoudsfuncties dan taakfuncties, omdat ze een nuttige rol spelen bij het terugdringen van destructieve soorten meningsverschillen tussen personen; het nut ervan voor het oplossen van taakproblemen is evenwel zeer beperkt. Dit punt is van cruciaal belang omdat adviseurs vanwege hun zorg voor de effectiviteit van de groep, waarschijnlijk worden beschouwd als mensen die te allen tijde de voorkeur geven aan harmonie en wrijvingloos functioneren van de groep. In feite kan het voor de groep wel eens zeer noodzakelijk zijn de confrontatie aan te gaan en moeilijke misverstanden om te werken tot een of andere integrale oplossing waar geen harmonie of compromis aan te pas is gekomen. De adviseur moet de groep vaak helpen kiezen voor een confronterende werkwijze en voor het uitdiepen van een probleem, ook al gaat de groep zelf zo'n situatie liever uit de weg door het sluiten van compromissen. Wanneer de communicatie echter volkomen is vastgelopen en verscheidene leden aan het ruziën zijn geslagen of zich om redenen van eigen belang – zoals handhaving van hun eigen status in de groep – hebben ingegraven, kan een onderhoudsmaatregel noodzakelijk zijn. Zo'n maatregel kan harmonie in het conflict brengen en ieder groepslid helpen zijn gedrag nog eens te overwegen, waardoor de goede communicatie kan worden hersteld zodat men zich weer aan de primaire taak kan wijden.

Sommige activiteiten van de leden kunnen het best worden beschouwd als preventief onderhoud. Zo zorgt de *poortwachters*functie er voor dat leden die een bijdrage kunnen leveren aan de oplossing van het probleem, daar ook de kans toe krijgen. De taak van de poortwachter omvat dus zowel vermindering van de interventies van overactieve leden als vergroting van de inbreng van al te passieve leden. Vaak zag ik in een groep dat iemand herhaaldelijk zijn mond open deed, en na één of twee woorden werd onderbroken door een agressievere deelnemer die hem opzij schoof en zijn eigen standpunt naar voren bracht. Na twee of drie pogingen geeft zo iemand het dan maar op, tenzij iemand anders in de gaten heeft wat er aan de hand is en de betrokkene in de gelegenheid stelt alsnog zijn visie naar voren te brengen. Het poortwachterswerk vereist echter een gecompliceerde tactiek. Men wil niet iemand de mond snoeren met het risico dat hij zijn gezicht verliest, en evenmin iemand uitnodigen ook iets te zeggen op het gevaar af dat dit een gebrek aan belangstelling of betrokkenheid aan het licht brengt.

Aanmoediging helpt iemand zijn standpunt naar voren te brengen, deels om de groep te laten profiteren van de inhoud ervan, maar ook om zowel de betrokkene zelf als de groep het gevoel te geven dat er een sfeer heerst waarin men elkaar accepteert. Aanmoediging heeft tevens de belangrijke functie dat iemand wordt geholpen een standpunt toe te lichten en te verduidelijken dat hij voordien niet helemaal goed onder woorden had kunnen brengen. Verduidelijking is daarom eerder een aan de taak gerelateerde functie, terwijl aanmoediging meer te maken heeft met vorming en onderhoud van de groep.

Diagnosticering, normen vaststellen en normen toetsen zijn, wanneer de relaties in zekere mate zijn verstoord, uiterst relevant als herstelmaatregelen. In zo'n situatie is het noodzakelijk dat de groep het werk aan de taak even laat rusten en:

1. eerst nog eens kijkt naar het proces, nagaat hoe de leden denken over de groep zelf, de normen en de werkwijze die ze volgt;

2. de problemen en de conflicten die mogelijk zijn ontstaan ter tafel brengt.

De meeste groepen gaan pas tot dit soort gedrag over wanneer er een adviseur bij is of wanneer een van de leden zich echt procesgericht opstelt. Toch zijn voor de meeste taakgroepen zulke herbeoordelings- en catharsisperioden absoluut noodzakelijk om effectief te kunnen blijven functioneren.

Wat het onderhoud betreft moet de adviseur vaak de ontbrekende functies vervullen. Naarmate een groep meer ervaring heeft opgedaan zullen de leden zelf merken wat er nodig is en zullen verschillende leden de noodzakelijke functies vervullen. Op een gegeven moment echter kan de adviseur de complete lijst met onderhoudsfuncties aan de orde stellen, bij wijze van educatieve interventie om de leden attent te maken op de rollen die zij zullen moeten spelen.

Grensmanagementfuncties

Elke groep heeft een of andere organisatorische of sociale omgeving. Een van de eerste taken is daarom het managen van haar relatie met die omgeving (Ancona, 1988). Aan dit proces komt een aantal verschillende functies te pas, waarvan sommige te maken hebben met het afbakenen van de grenzen, en andere met de handhaving en als de groep dat nodig vindt ook de versterking ervan. Enkele basisfuncties op dit terrein zijn opgenomen in tabel 9.2.

Tabel 9.2 Grensmanagementfuncties

Grensafbakening
Verkenning
Onderhandelen
Vertalen
Technologische poortwachtersfunctie
Wachtlopen
Entree- en vertrekmanagement

Grensafbakening, de vaststelling wie wel en niet tot de groep behoort, is wel een van de fundamenteelste functies op dit terrein, en de adviseur zal zien dat zowel bij de leiding als bij de leden een verscheidenheid van gedragingen bestaat die zowel aan leden als buitenstaanders duidelijk maken wie tot de groep behoren: ledenlijsten, bepaalde uniformen, een eigen manier van communiceren, geheime handdrukken, namen die de groep zichzelf geeft, en vergaderverslagen waarvan de verzendlijst duidelijk maakt wie er wel en wie er niet bij hoort.

Verkenning verwijst naar activiteiten die de groep informatie verschaffen die zij nodig heeft over haar omgeving. Zulke informatie kan betrekking hebben op wat daar gaande is, zodat de groep haar eigen toekomst kan voorspellen; over de beschikbare middelen; over wat sleutelfiguren in de omgeving van de groep vinden; en over eventuele hulpbronnen en bronnen van gevaar. De adviseur kan dankzij zijn grensoverschrijdende rol vooral nuttig zijn wanneer enkele cruciale verkenningsfuncties niet worden vervuld, en daardoor voorkomen dat de groep door onvoorziene gebeurtenissen in de omgeving in gevaar wordt gebracht.

Onderhandelen met de omgeving omvat een veelheid van activiteiten die er voor moeten zorgen dat de groep krijgt wat ze nodig heeft, goed omgaat met haar kansen en haar gevaar, en in het algemeen goede relaties onderhoudt met die personen in haar omgeving die het lot van de groep kunnen beïnvloeden. Daarom zal de groep van tijd tot tijd informatie verstrekken en 'ambassadeurs' benoemen die bij belangenconflicten moeten onderhandelen met belangrijke buitenstaanders, of indien noodzakelijk, moeten zorgen voor de communicatie met andere groepen.

Bij *vertalen* gaat het om alle functies die te maken hebben met het analyseren van wat boodschappen van anderen voor de groep betekenen, en met een zodanige formulering van boodschappen die de groep aan anderen wil verzenden dat ze door hen ook worden begrepen. Bij deze uitwisseling van informatie met de omgeving heeft de groep behoefte aan filtering, classificering en uitgebreide informatie, zodat ze intern wordt begrepen en extern geaccepteerd. Ook hier ligt voor de adviseur een bijzondere kans om al luisterend naar de groep te vragen hoe de verschillende bewoordingen door anderen zouden worden begrepen.

Een bijzonder belangrijke activiteit op dit terrein is de *technologische poortwachtersfunctie*, die er voor zorgt dat de groep kan beschikken over de specifieke informatie die zij voor haar taakvervulling nodig heeft (Allen, 1977). In technisch georiënteerde groepen zoals productontwikkelingsteams doorzoeken enkele leden het externe technische milieu op cruciale informatie die van belang is voor de specifieke taak die de groep heeft opgekregen. Elke groep heeft echter behoefte aan bepaalde soorten informatie zonder welke zij haar primaire taak niet goed kan vervullen, en daarom zal er iemand moeten zijn die daarvoor zorgt.

Wachtlopen of grenspatrouilles uitvoeren verwijst naar activiteiten die er voor zorgen dat niet wordt gezondigd tegen het integriteitsgevoel van de groep. Deze activiteiten hebben onder andere betrekking op: bepalen wie voor vergaderingen wordt uitgenodigd, welke informatie buitenstaanders mogen krijgen, welke afspraken tussen de leden worden gemaakt over de vertrouwelijkheid van informatie, de wijze waarop met ongenode gasten wordt omgegaan, en wat er moet gebeuren met leden die informatie lekken of de groep in verlegenheid brengen.

Bij *entree- en vertrekmanagement* moeten wij denken aan de wijze waarop de groep nieuwe leden (immigranten) binnenhaalt en omgaat met vertrekkende leden (emigranten dan wel uitgestotenen). Nieuwe leden krijgen dus te maken met socialisatieactiviteiten, indoctrinatie, opleiding en initiatieriten, terwijl voor vertrekkende leden – afhankelijk van de reden voor vertrek – afscheidsrituelen bestaan. Leden kunnen vertrekken omdat zij door promotie geen lid meer kunnen zijn, omdat zij door de groep met een bepaalde opdracht naar elders zijn gezonden, omdat zij niet in de groep blijken te passen, of omdat zij zich in de groep niet thuis voelen; een reden kan echter ook zijn dat zij gezondigd hebben tegen de normen die in de groep gelden en daarom worden uitgestoten. De afscheidsrituelen zullen dan ook verschillen, al naargelang de reden van vertrek.

Er zijn nog meer functies te bedenken, en mijn eigen lijsten vormen niet noodzakelijkerwijs de beste manier om al die verschillende activiteiten en rollen van groepsleden te classificeren. Voor de adviseur is het belangrijk in te zien dat elke groep haar eigen vorming moet managen, evenals haar interne en externe onderhoud. Door te kijken naar de wijze waarop de groep al deze verschillende activiteiten managet en daarbij te onderscheiden waar sprake is van een tekort of een teveel aan management, kan de adviseur voor ogen krijgen waar interventies het noodzakelijkst zijn.

Groepsvorming en de ontwikkeling van structuur en cultuur

Wanneer in een groep wordt samengewerkt en men te kampen krijgt met gemeenschappelijke problemen, ontwikkelt ze geleidelijk aan gemeenschappelijke veronderstellingen over zichzelf en komen ook gedragsnormen tot stand. Men leert dus als groep het hoofd te bieden aan problemen die te maken hebben met haar voortbestaan in het externe milieu en de interne processen te integreren. Het totaal-generaal van dit leerproces, opgenomen in een stelsel van gemeenschappelijk, impliciete veronderstellingen die vervolgens als vanzelfsprekend worden beschouwd, kan men zich voorstellen als de *cultuur* van die groep. Daarnaast kunnen wij de telkens terugkerende processen die de cultuur in stand houden, beschouwen als de interpersoonlijke structuur van de groep, te vergelijken met de organisatiestructuur waarin de telkens terugkerende taakfuncties zijn beschreven. Er zullen dan ook stabiele rolverhoudingen ontstaan, stabiele statuspatronen die worden ondersteund door daarbij passende rituelen voor het bewijzen van respect en het vertonen van gepast gedrag, evenals stabiele patronen die aangeven wie men mag, wie informeel omgaat met wie, etc.

Een van de toonaangevende aspecten van de cultuur bestaat uit de normen en regels die bepalend zijn voor het gangbare gedrag van de leden. Dit proces, waarin de normen en uiteindelijk ook de culturele veronderstellingen tot stand komen, kan worden waargenomen door te kijken naar *kritische voorvallen* in het bestaan van de groep en naar de wijze waarop ze daarmee omgaat (Schein, 1985, 1992). Als procesadviseur zie ik bijvoorbeeld vaak dat tijdens het oplossen van problemen momenten ontstaan waarin de manager of een ander invloedrijk persoon probeert zijn zin door te drukken, en één of meer leden daartegen bezwaar maken of weigeren daaraan mee te doen – een bepaalde vorm van 'insubordinatie' dus. Als de manager daarop reageert met een berisping en aangeeft te verwachten dat men zijn aanbevelingen als bevelen beschouwt, en de overige groepsleden dan niets meer terugzeggen en de berisping slikken, is een norm tot stand gekomen hoe gezag wordt uitgeoefend en aanvaard. Als dit een functioneel patroon is, in die zin dat het tot succes leidt bij het oplossen van taak- en interpersoonlijke problemen, wordt het versterkt – net zo lang totdat het patroon uiteindelijk tot een gemeenschappelijke stilzwijgende aanname over de te volgen werkwijze van de groep wordt. De stabiliteitstoets is dus: of een nieuw groepslid al dan niet te horen krijgt dat 'dit de manier is waarop wij in de groep de zaken regelen: wij doen wat er gezegd wordt'.

Om een ander voorbeeld te geven: hoe komen normen voor de verschillende vormen van 'open communicatie' tot stand? Een groepslid zegt bijvoorbeeld opeens tegen een ander: 'Ik denk dat jij het bij die klant verrekt slecht hebt aangepakt.' Door de wijze waarop de overige groepsleden en vooral leden die met enig gezag zijn bekleed op deze opmerking reageren, zal een norm ontstaan voor openheid en confrontatie. Ontstaat er een pijnlijke stilte, doet de baas alsof hij niets heeft gehoord en verandert hij van onderwerp, dan geeft hij daarmee een duidelijk signaal dat dit soort openheid niet gewenst is. Zegt hij daarentegen: 'John, ik begrijp hoe jij je voelt en ik zou toch wel iets meer willen horen over wat jou tot deze opmerking bracht', dan erkent hij niet alleen deze opmerking als legitiem, maar bevordert hij – door om nadere informatie te vragen – het gesprek daarover. Daarnaast begint hij misschien ook een norm tot stand te brengen, namelijk dat oordelen alleen legitiem zijn wanneer ze worden ondersteund door voorbeelden, feiten en cijfers.

Normen en culturele veronderstellingen zijn in groepsprocessen niet gemakkelijk te definiëren of te identificeren, en toch zijn ze zeer bepalend voor het gedrag, de percepties en de gevoelens van de leden. Die invloed vloeit gedeeltelijk voort uit het feit dat ze onzichtbaar functioneren, namelijk doordat iedereen ze als mentale richtlijnen met zich meedraagt. Belangrijker nog is het feit dat wanneer normen en veronderstellingen eenmaal gemeengoed zijn geworden, het lidmaatschap van de groep tot uiting komt in de wijze waarop men zich eraan houdt en ze gebruikt. Wanneer normen of veronderstellingen eenmaal door iedereen worden gedeeld, zijn ze moeilijk te veranderen zonder dat daarbij de hele groep wordt betrokken; ieder lid zal zich immers, als een manier om zijn lidmaatschap in stand te houden, tegen zo'n verandering verzetten.

Sommige voor een bepaalde groep kenmerkende normen kunnen bijvoorbeeld zijn:

'In onze groep wordt niet gevloekt en ook geen gore taal gebruikt.'
'Wij moeten op tijd voor de vergadering verschijnen.'
'Wij spreken de voorzitter niet tegen en plaatsen ook geen vraagtekens bij hetgeen hij zegt.'
'Bij ons gaan wij informeel met elkaar om en tutoyeren wij elkaar.'
'Iedereen in de groep moet meedoen.'
'Wij moeten tot overeenstemming zien te komen en niet onze toevlucht nemen tot stemmen.'
'Vergaderingen beginnen bij ons pas als iedereen aanwezig is.'

Normen die openbaar zijn gemaakt, zijn verwoord of zelfs schriftelijk vastgelegd, fungeren voor de groep als regel en reglementen en kunnen daarom *expliciete* normen worden genoemd. Onuitgesproken normen zijn *impliciete* of stilzwijgende normen. Hun aanwezigheid zien wij aan de reacties van de leden wanneer iemand ze overtreedt, zoals pijnlijke stiltes, reprimandes en strafpredikaties. Wanneer normen herhaaldelijk worden overtreden, worden de leden op diverse manieren gestraft en als hun gedrag op cruciale punten afwijkt uiteindelijk uitgestoten.

Een van de belangrijke functies van de adviseur is, te pogen een groep zich bewust te maken van haar normen en gemeenschappelijke veronderstellingen en al doende na te gaan hoe groot op bepaalde punten de overeenstemming is. In de voorgaande bespreking van de groepsfuncties werd deze activiteit omschreven als het vaststellen en toetsen van normen. Een van de destructiefste aspecten van groepsgedrag is het gevolg van gebrek aan overeenstemming over cruciale groepsprocessen: wanneer de leden ervan uitgaan dat er een norm voor bestaat terwijl die in feite ontbreekt. Waardevolle ideeën en aanbevelingen worden van tafel geveegd omdat de leden ervan uitgaan dat ze niet acceptabel zouden zijn, wat ertoe leidt dat de groep soms iets doet wat ze eigenlijk helemaal niet wil: de eerder genoemde Abilene Paradox dus.

De adviseur kan de groep in zulke gevallen tot steun zijn door scherp te kijken hoe cruciale voorvallen worden behandeld, en door te trachten daaruit de normen af te leiden die de groep soms onbewust vaststelt. De adviseur kan vragen wat de gevolgen zullen zijn van de wijze waarop de groep met zo'n incident is omgegaan of hij kan, door tijdens perioden van overdenking en analyse te verwijzen naar enkele cruciale voorvallen, de groep helpen enkele van haar normen te identificeren en nog eens tegen het licht te houden. Dan kan de groep zelf toetsen of die normen nuttig zijn of haar effectief functioneren belemmeren. Zo kan een groep tot de ontdekking komen dat ze een norm heeft ontwikkeld die aangeeft dat de leden alleen hun mond mogen opendoen wanneer hun rechtstreeks een mening of informatie wordt gevraagd. De groep kan van mening zijn dat zo'n formele werkwijze het aandragen van goede ideeën in de weg staat. Nadat de groep de norm heeft ontdekt kan ze, door hem expliciet met hun gevoelens in overeenstemming te brengen, beginnen aan verandering ervan.

Ook kan de groep tot de ontdekking komen dat expliciete en impliciete normen elkaar soms tegenwerken. Er kan bijvoorbeeld een expliciete norm bestaan die zegt dat iedereen precies moet zeggen wat hij denkt, maar dan wel naast een impliciete norm die zegt dat niemand bepaalde machtige leden mag tegenspreken. Aan de andere kant kan er ook een expliciete norm bestaan dat alle leden van de groep gelijk zijn en in discussies evenveel hebben in te brengen, terwijl de impliciete norm is dat leden met een hogere status eerst aan het woord komen en de overigen dan geacht worden hun standpunt te onderschrijven. Groepen geven vaak expliciet aan dat de leden open op elkaar behoren te reageren, terwijl de regels voor gezichtsbehoud zulke openheid tegenwerken en iedereen begrijpt waarom niemand zich aan de expliciete regel houdt. Normen kunnen zeer subtiel functioneren en de adviseur moet, om de groep te leren de gevolgen van hun normen in te zien, concrete voorbeelden kunnen aangeven.

Wanneer de normen zich verder ontwikkelen en met elkaar verweven raken, kunnen wij gaan denken aan een 'groepscultuur'. Een groepscultuur is moeilijk te veranderen, onder meer doordat wanneer de normen elkaar gaan ondersteunen men het gehele normenstelsel moet wijzigen in plaats van de één of twee die daarvoor in aanmerking zouden komen. Nemen wij bijvoorbeeld aan dat in een groep de norm is ontstaan dat de leden voor belangrijke besluiten altijd naar consensus toe moeten werken, en dat deze norm wordt ondersteund door andere normen zoals 'Je moet altijd je mond opendoen als je het met een besluit niet eens bent', 'Je moet in een taakgerichte discussie altijd open zijn en eerlijk zeggen hoe je er over denkt', of 'Je mag pas iets ondernemen wanneer iedereen in de groep het met die actie eens is'. Veronderstel nu dat de groep met deze open werkwijze successen heeft geboekt. Er verschijnt een nieuwe voorzitter en de groep komt onder druk te staan om sneller te werken. De voorzitter besluit dat hij de beslissingen neemt en verwacht van de leden dat zij zich daarbij neerleggen. Een verandering van de besluitvormings*norm* in 'Je moet altijd doen wat de voorzitter wil' is echter waarschijnlijk onmogelijk als de leden niet tevens hun attitude ten opzichte van participatie veranderen, evenals hun dieper liggende veronderstellingen over wat een goed besluitvormingsproces en een betrouwbare implementatie is. De adviseur moet de groep dan helpen deze onderlinge verwevenheid te zien, zodat veranderingsprocessen op een realistische manier worden benaderd.

Verborgen en onbespreekbare agenda's

Een belangrijk groepsfenomeen dat zich bij taak- en interpersoonlijke problemen pleegt voor te doen is dat van de 'verborgen agenda's' of, daaraan verwant, de 'onbespreekbare agenda's'. Aangezien de culturele interactieregels en de onderlinge 'gezichtsbescherming' sterke krachten vormen, houden de groepsleden dingen die zij voor de groepsdiscussie als gevaarlijk en inhoudelijk ongepast beschouwen, in vele gevallen voor zich. Een van de categorieën van zulke verborgen zaken is die van de persoonlijke doelstellingen die leden kunnen nastreven maar waarvan zij menen dat die publiekelijk niet acceptabel zijn – vandaar 'verborgen agenda's'. De meest voorkomende versie hiervan is waarschijnlijk het idee dat een voorzitter reeds van tevoren beslist heeft waar de groep bij een bepaald agendapunt op uit moet komen. De leden voelen vaak aan dat hij ondanks zijn verzoek om participatie zijn besluit al heeft genomen en dat alleen nog maar geratificeerd wil zien.

Een andere categorie onbespreekbare agenda-aspecten heeft te maken met zaken die iedereen weet maar niemand hardop wil verwoorden omdat dit voor de groep pijnlijk zou zijn of haar in verlegenheid zou brengen, of omdat iedereen meent dat de overige leden het geen acceptabel onderwerp zouden vinden. De 'beelden' die deze categorie oproept vertellen wat er aan de hand is:

> 'Gaan we nu een lijk uit de kast halen?'
> 'Laten we onze handen daar nou niet aan vuil maken.'
> 'Wat vegen we onder het karpet?'
> 'Hang nou de vuile was niet buiten.'
> 'Dat kon weleens een te heet hangijzer zijn.'

Merk op dat het onbespreekbare altijd smerig, vies, te heet of te onplezierig is om onder ogen te zien. Wij weten altijd dat het er is, en toch kiezen we ervoor om er niet naar te kijken of het bestaan ervan te erkennen. De positie van de adviseur is wat deze onderwerpen, feiten of problemen betreft al even netelig, omdat hij vaak niet weet waarom zo'n punt onbespreekbaar is of wie er in verlegenheid zou worden gebracht door het bestaan ervan te erkennen en het op tafel te leggen (zie de case aan het einde van dit hoofdstuk). Het uiterste waartoe ik wanneer ik zoiets bespeur wil gaan is te vragen: 'Is hier iets aan de hand wat we niet ter sprake brengen?' Ik verpak het zo dat de groep het desgewenst kan blijven ontkennen. Een manier om te kijken naar de vorming en ontwikkeling van een groep is te zien hoe de groep geleidelijk aan voor zichzelf psychologische veiligheid weet in te bouwen of in de bewoordingen van Isaacs (1993) een 'container' construeert die het mogelijk maakt zaken te behandelen zonder dat er iets over de rand loopt waaraan mensen zich kunnen 'branden'.

Interpersoonlijke inhoud en structuur (cellen 1, 3, 7 en 9)

Elke groep of organisatie moet stabiele, telkens terugkerende processen ontwikkelen om haar interne zaken te regelen, de leden in staat te stellen met elkaar samen te werken en zich als groep veilig te voelen. Telkens terugkerende en stabiele processen zijn noodzakelijk om het interne groepsmilieu veilig en voorspelbaar te maken, zodat de leden voldoende ontspannen zijn om hun emotionele energie te kunnen gebruiken voor het werken aan de taken die nodig zijn om in het externe milieu te kunnen overleven. Welke interne problemen vereisen zo'n stabiliteit? Hoe ziet de 'inhoud' of de agenda van interpersoonlijke processen eruit? Elke groep moet om te kunnen functioneren een stabiele oplossing bedenken voor elk van de volgende problemen. De lezer zal zien dat deze zaken sterk lijken op de problemen die wij zagen bij de binnenkomst in een nieuwe groep. Terwijl die problemen echter werden beschouwd vanuit het proces dat een individueel lid bij zijn binnenkomst in de groep doormaakt, gaat het bij de onderstaande zaken om meer generieke problemen die zich in elke groep of organisatie voordoen.

1. Zorgen voor een gemeenschappelijke taal en gemeenschappelijke conceptuele categorieën. De waarneembare structuur bestaat uit het feitelijke taalgebruik dat zich in de groep tijdens de samenwerking ontwikkelt: een speciale terminologie, specifieke betekenissen van bepaalde woorden en begrippen, en specifieke symbolen die alleen door insiders worden begrepen.

2. Afbakening van de grenzen van de groep, en criteria voor opname en uitsluiting. De waarneembare structuur bestaat hier uit het beleid en de werkwijzen voor de aanname van nieuwe leden, de vraag wie er lidmaatschapssymbolen krijgen zoals uniformen of insignes, het beleid ten aanzien van het opnieuw aannemen van leden die eerder waren vertrokken, het beleid ten aanzien van tijdelijke leden of contractwerkers, en regels die voorschrijven aan wie dingen moeten worden medegedeeld, voor wie ze geheim moeten worden gehouden, etc.

3. De verdeling van macht en status. Elke groep moet criteria ontwikkelen die aangeven wie, en op welk terrein, invloed mag uitoefenen op welke andere persoon. Vaak is hier een groot verschil waarneembaar tussen de formele structuur en de gang van zaken in de praktijk. Je kunt wel organisatieschema's ophangen en regels opstellen voor het volgen van de hiërarchische weg, maar waarnemers merken vaak dat zulke regels zelfs stelselmatig worden genegeerd en dat er alternatieve structuren ontstaan die vaak de naam van 'informele structuur' opgeplakt krijgen. Op een dieper liggend niveau heeft dit stelsel van normen en regels te maken met agressiemanagement en kan de groep functioneren door destructief agressief gedrag in sociaal aanvaardbare kanalen te leiden.

4. De ontwikkeling van normen voor intimiteit en vriendschap. Elke groep moet criteria ontwikkelen voor openheid en intimiteit, evenals adequate niveaus van samenwerking en onderlinge wedijver. Wij hebben hier te maken met een aspect dat vaak het minst gestructureerd is en dat daardoor bij nieuwe leden, die de impliciete spelregels nog niet doorhebben, veel angstgevoelens oproept. Bij indoctrinatieprogramma's of begeleidingsgesprekken blijkt dat de structuur tot uitdrukking komt in opmerkingen als: 'Bij ons draait het om teamwerk', 'Laat je nooit betrappen op politieke spelletjes', 'Wij spreken hier de baas altijd aan met zijn functiebenaming', 'Het gaat er hier erg formeel aan toe en wij tutoyeren elkaar', 'Het beste is altijd precies te zeggen wat je denkt, ook al kom je daardoor voor je gevoel in de problemen', of 'Je moet er altijd voor oppassen de baas publiekelijk tegen te spreken'. Zulke regels worden, anders dan hun explicietere tegenhangers, niet opgenomen in de zichtbare formele structuur, maar zijn in de cultuur altijd aanwezig (Van Maanen, 1979). Op een dieper liggend niveau hebben deze normen en regels te maken met beheersing van de behoefte aan liefde en de behoefte ergens bij te horen. Zoals bij de agressieve gevoelens moeten sterke behoeften aan aansluiting bij anderen en sterke seksuele gevoelens zo worden gekanaliseerd dat zij tot gepast gedrag leiden. Wanneer zulke kanalen de veiligheid van de betrokkenen niet kunnen garanderen ontstaat ernstige sociale schade, zoals bij seksuele intimidatie.

5. Vaststelling van straffen en beloningen, en de toekenning daarvan. Het officiële beloningssysteem, het prestatiebeoordelingssysteem, het disciplineringssysteem, de beoordelingen op potentieel en de feitelijke, steeds terugkerende procedures voor bevorderingen en andere belonings- en bestraffingssystemen zijn doorgaans waarneembaar. Net echter als bij punt 4 komen de structuren die deel uitmaken van beleids- en proceduredocumenten niet altijd overeen met de telkens terugkerende regelmatigheden zoals wij die kunnen waarnemen: het informele beloningssysteem.

6. Verklaring van het onverklaarbare en onvoorspelbare, en de wijze waarop daarmee wordt omgegaan. Dit aspect vertoont naar alle waarschijnlijkheid de minste structuur hoewel elke groep rituelen en procedures zal ontwikkelen voor de omgang met onvoorspelbare en stress veroorzakende gebeurtenissen waar men niet zo gemakkelijk greep op heeft. En zo kunnen vormen van bijgeloof, mythen of symbolische rituelen zoals 'regendansen' ontstaan. Dergelijke processen kunnen stabiel worden in die zin dat de leden ze van generatie op generatie leren en aan elkaar doorgeven.

Bij het toenemen van de interactie ontwikkelen zich in de groep voor elk van de hiervoor genoemde aspecten en terreinen stabiele percepties en relaties, die geleidelijk aan uitgroeien tot veronderstellingen over de groep zelf en een belangrijk onderdeel van de groepscultuur gaan vormen. Ook in dit geval zijn de onderliggende veronderstellingen niet te zien aan de openlijke werkwijze van de groep, maar bespeurt de adviseur de gevolgen ervan in de politieke allianties, de communicatiepatronen, de telkens weer zichtbaar wordende patronen waarin de leden blijk geven van hun wederzijdse gevoelens, en in het respect en het gedrag dat zij jegens elkaar aan de dag leggen.

Interventies zullen hier in de eerste plaats gericht moeten zijn op de zichtbare dynamische processen, omdat de leden daarbij hetzelfde kunnen waarnemen als de adviseur. Uiteindelijk kunnen, wanneer de groep haar eigen processen beter kan analyseren, de minder zichtbare structurele en culturele elementen steeds meer in het centrum van de interventies komen te staan. Wanneer de groep te kennen geeft een beter inzicht in haar cultuur te willen krijgen, kan een educatieve interventie op haar plaats zijn die specifiek is gericht op de evaluatie van een cultuur.

Volwassenheid van groepen

Er bestaat geen enkelvoudig criterium voor universele toetsing van de volwassenheid van een groep, maar er bestaan wel enkele dimensies die een groep kan gebruiken om te bepalen op welk punt en in hoeverre ze is gegroeid, en of die ontwikkeling misschien nog niet ten einde is. Deze dimensies kunnen worden ondergebracht in een simpele zelfbeoordelingsvragenlijst die de leden periodiek kunnen invullen om vast te stellen hoe zij over een bepaalde dimensie denken en hoe dit denken in de loop van de tijd verandert. Een voorbeeld van zo'n vragenlijst is opgenomen in oefening 9.2, maar de dimensies die wij daarvoor hebben uitgekozen, hebben geen absolute waarde.

De dimensies weerspiegelen enkele basiscriteria voor volwassenheid die waren ontwikkeld voor de beoordeling van de volwassenheid van personen. Soortgelijke criteria lenen zich voor groepen:

1. Is de groep in staat realistisch om te gaan met haar omgeving, en is ze optimaal onafhankelijk van haar omgeving?

2. Bestaat binnen de groep in fundamentele zin overeenstemming over haar missie, doelstellingen en uiteindelijke waarden?

3. Is de groep in staat tot zelfinzicht? Begrijpt de groep wat zij doet en waarom zij dat doet?

4. Worden de beschikbare middelen door de groep optimaal benut?

5. Zijn de interne processen van de groep, zoals communicatie, besluitvorming, en verdeling van gezag en invloed, optimaal geïntegreerd?

6. Kan de groep leren van haar ervaringen? Kan zij nieuwe informatie in zich opnemen en daar flexibel op reageren?

Geen enkele groep bereikt op al deze niveaus de volmaaktheid. Het belangrijkste nut van deze criteria is dat zij het de groep mogelijk maken haar eigen vorderingen in de loop van de tijd te bezien en zwakke plekken in haar werkwijze op te sporen. Dit impliceert een vermogen tot leren en benadrukt vooral punt 6 van het lijstje.

Deze criteria kunnen nader worden uitgewerkt door vaststelling van wat kan worden beschouwd als een gezonde leer- of probleemoplossingscyclus voor groepen en organisatie: fasen die met succes moeten worden doorlopen als de groep tenminste van haar eigen ervaringen wil leren (Schein, 1980):

1. een verandering in de interne of externe omgeving aanvoelen;

2. de daarvoor relevante informatie binnenhalen voor die groep of organisatie die er iets mee kan doen, en die informatie in zich opnemen in plaats van haar te ontkennen of te ontwijken;

3. de interne processen veranderen in overeenstemming met de verkregen informatie, en tegelijkertijd de ongewenste neveneffecten van de ingevoerde verandering verminderen of beheersen;

4. naar buiten toe met nieuw gedrag of 'producten' komen in reactie op ongeacht welke omgevingsverandering die men had opgemerkt;

5. feedback krijgen over de mate waarin de nieuwe reacties succesvol aansluiten op de veranderingen in de omgeving.

De adviseur kan hierbij een cruciale rol spelen, in die zin dat hij de groep helpt deze stappen in het probleemoplossingsproces te onderkennen en na te gaan in welke fases zij juist hebben gehandeld en in welke verkeerd. Het is voor de groep vooral belangrijk dat men die terreinen ziet waarop zij goed functioneert en duidelijke blijken van groei heeft laten zien; het gebeurt immers zo vaak dat de leden alleen maar de disfunctionele aspecten van hun handelen zien. Als gevolg hiervan laten zij wat hun gezamenlijke werk betreft dan al in een vroeg stadium de moed zakken.

Interventies plegen op taakniveau of op interpersoonlijk niveau? Of op inhoudelijk, proces- of structureel niveau?

In deze laatste twee hoofdstukken heb ik de belangrijkste elementen besproken waar men in een relatie of in een groepssituatie op zou moeten letten. De inhoud van hetgeen zich daarin afspeelt, is het zichtbaarst en tastbaarst, maar daarom nog niet automatisch ook het belangrijkst waar het gaat om de gevolgen ervan voor het functioneren van de groep. De structuur legt als het erop aankomt de meeste beperkingen op en bepaalt het sterkst wat er gebeurt – maar is tevens het moeilijkst te onderkennen en te veranderen. Het zijn de procesdimensies die naar alle waarschijnlijkheid het meeste nut opleveren voor observatie, analyse en interventie. Het zijn deze processen ook die het grootste potentieel voor begeleiding in zich dragen. De vraag is echter welke processen: taakprocessen, grenzenmanagement of interpersoonlijke processen? Van mijn standpunt uit bezien zijn het duidelijk de processen die te maken hebben met de primaire taak van de groep.

De primaire taak als belangrijkste focus voor de interventie

Het belangrijkste criterium voor de beslissing waarnaar te kijken en waar te interveniëren is, wat in de ogen van de adviseur de primaire taak van de groep is. Met de primaire taak bedoel ik hier het stelsel van doelstellingen dat het bestaansrecht van de groep vormt; de reden waarom zij is ingesteld, haar fundamentele missie, de percepties die de groep verbinden met haar externe milieu en die uiteindelijk bepalend zullen zijn voor haar voortbestaan als groep. De primaire taak zal niet altijd meteen duidelijk zijn, maar kan in het algemeen worden afgeleid en anders kan men er nog altijd naar vragen. Wanneer deze vraag te vroeg wordt gesteld, krijgt men misschien niet altijd een juist antwoord, zodat nadere observatie en controle misschien vereist zijn; in elk geval echter is de groep ermee geholpen wanneer ze wordt gedwongen expliciet te zijn over haar primaire taak.

Het veiligst en waarschijnlijk ook het productiefst in een nieuwe relatie met een individuele cliënt of bij het managen van een nieuwe groep, is dat de adviseur zich richt op zijn eigen primaire taak of doelstelling, namelijk die van begeleider of manager. Wat tracht u of uw cliënt of wat proberen zijn ondergeschikten te doen? Wanneer wilt u wat hebben bereikt? Welke volgende stadia zijn in dat licht het zinvolst? In veel adviseringsmodellen wordt wat dit betreft vaak gesproken van 'een contract met de cliënt sluiten'. Wat mij betreft is dat meestal niet de juiste formulering, omdat in dit geval zowel begeleider als cliënt worden geacht te gissen naar een onbekende toekomst. Beter is het zich te richten op de onmiddellijke doelstellingen, om zodoende reeds vanaf het begin effectief te kunnen interveniëren en te proberen vanaf het moment waarop het contact ontstaat de cliënt of zijn ondergeschikten te kunnen helpen.

Het is belangrijk het interpersoonlijk proces *waar te nemen*, omdat de resultaten die een groep bereikt het gevolg zijn van een complexe interactie op taak- en interpersoonlijk niveau; het is evenwel niet noodzakelijk op grond van die waarnemingen ook te *interveniëren*, tenzij de groep expliciet heeft besloten zich met interpersoonlijke problemen bezig te houden. Een van de moeilijkste keuzen voor de adviseur betreft het tijdstip waarop hij in interpersoonlijke processen zou moeten interveniëren, en of hij ze al dan niet slechts moet opmerken en het proces zijn gang zou moeten laten gaan. Ook hier weer zijn de criteria: in welke mate interfereert het interpersoonlijk proces feitelijk met de uitvoering van de taak, en hoe zichtbaar is het proces voor alle leden van de groep? Case 9.1 aan het eind van het hoofdstuk illustreert dit dilemma.

Samenvatting en conclusies

In dit hoofdstuk lag het accent op het interpersoonlijke proces, de inhoud en de structuur die in alle relaties en groepen zijn waar te nemen. Een belangrijk onderwerp voor waarneming en inzicht is de wijze waarop mensen een groep binnentreden, de interpersoonlijke processen waarmee zij te maken krijgen, de wijze waarop zij het hoofd bieden aan problemen, en de verschillende stijlen die zij hanteren. Groepen moeten worden gevormd en onderhouden – een proces dat bestaat uit een samenstel van vele functies die alle moeten worden vervuld. Enkele daarvan hebben te maken met het management van de gevoelens die binnen de groep ontstaan, andere hebben te maken met de relaties met de buitenwereld en met de wijze waarop de groep haar grenzen, haar identiteit en haar integriteit in stand houdt.

In mijn bespreking van de vele structurele aangelegenheden waarmee een groep bij het managen van haar interne relaties te maken krijgt, heb ik opgemerkt dat naarmate de verschillende processen gaan behoren tot de dagelijkse gang van zaken in de groep, zij kunnen worden beschouwd als structuren om te kunnen communiceren, grenzen af te bakenen, macht en status te verdelen, beloningen uit te delen, de gang van zaken te beheersen, leden te bestraffen, normen voor informele verhoudingen vast te stellen, en voor het management van de minder voorspelbare en minder beheersbare gebeurtenissen waarmee de groep wordt geconfronteerd.

De gemeenschappelijke, als vanzelfsprekend ervaren veronderstellingen die aan deze structuren ten grondslag liggen en die bepalen hoe de uiteindelijke verhouding tussen de groep en haar externe milieu zal zijn, hoe ze haar primaire taak en haar interne verhoudingen zal managen, vormen samen de cultuur van de groep.

Bij zijn keuze voor een interventie moet de adviseur waken voor overreactie op de levendige maar mogelijk irrelevante interpersoonlijke gebeurtenissen die hij misschien waarneemt. Zijn interventies moeten gericht blijven op de taakprocessen. Interpersoonlijke gebeurtenissen worden alleen onderwerp van interventie wanneer er een duidelijk bewijs voor is dat zij de effectiviteit van de groep schaden, en wanneer duidelijk is dat de groep eraan toe is – en er tevens toe in staat is – de interpersoonlijke problemen aan te pakken.

Case 9.1 *Een disfunctioneel gevolg van een interventie bij een interpersoonlijk proces*

Het hoofd van een productiegroep verzocht mij de regelmatige veertiendaagse vergaderingen van zijn acht medewerkers bij te wonen. Mijn primaire cliënt, het hoofd van de fabricageafdeling, wilde dat ik zou kijken naar de groep en naar zijn eigen optreden als leider ervan, dit om zowel hemzelf als de groep effectiever te laten functioneren. Ik zou de regelmatig gehouden werkbijeenkomsten bijwonen en wanneer mij dit gepast voorkwam tussenbeide komen. Ik maakte kennis met de groep als geheel, werd welkom geheten en woonde als gewoon deelnemer de vergaderingen bij.

Na ongeveer vijf vergaderingen ontdekte ik een verontrustend maar regelmatig opduikend patroon. Een van de leden, laten we hem maar Jos noemen, werd wanneer hij een opmerking wilde maken systematisch genegeerd. Hij was een normaal lid van de groep en alles wat ik zag, wees erop dat hij een volledig functionerend lid was, maar hij werd door de groep zo te zien onbeleefd en zelfs op het onbehoorlijke af behandeld. Ik had dit patroon nu tijdens voldoende bijeenkomsten waargenomen om te kunnen concluderen dat het inderdaad zo was en dat ik er zeker van kon zijn dat ook andere leden hadden gezien wat er gebeurde. Ik besloot dan ook daar een punt van te maken met de woorden: 'Ik vraag mij af wat er in de groep met de deelname van Jos aan de hand is. Het lijkt mij dat hij probeert een bijdrage te leveren, maar dat de groep hem consequent links laat liggen.'

Ik was nauwelijks uitgesproken of er viel een ijzige stilte, en zonder er ook maar in het minst op in te gaan deed mijn cliënt, die als voorzitter optrad, alsof ik niets had gezegd en begon hij nadrukkelijk aan een ander agendapunt. Ik besefte dat ik in een mijnenveld terecht was gekomen maar had niet het flauwste benul van wat er aan de hand was, totdat de cliënt mij na de vergadering even apart nam. Hij legde uit dat Jos een technische goeroe was die – eerder in zijn loopbaan – verscheidene belangrijke producten had bedacht waar de onderneming veel succes mee had geboekt. Naarmate Jos ouder werd raakte hij echter steeds meer 'verouderd' en kon hij geen nuttige bijdrage meer leveren. De directie had besloten Jos niet de laan uit te sturen of te dwingen met vervroegd pensioen te gaan, en had zelfs bij verscheidene groepen geprobeerd hem daar 'onder dak te brengen' op een plaats waar hij niet al te veel kwaad kon.

Mijn cliënt had zich bereid verklaard hem in zijn groep op te nemen en de groep verzocht voor hem zo aardig te zijn als onder de gegeven omstandigheden mogelijk was; iedereen wist echter dat zijn bijdragen niet echt relevant waren voor de taak die de groep te vervullen had. Mijn technische onwetendheid had verhinderd dat ik de irrelevantie van Jos opmerkingen had onderkend, en bovendien leek het hem helemaal niet te kunnen schelen. Hij was allang blij ergens bij te horen en het gevoel te hebben mee te doen, en voorzover iedereen wist, merkte hij de grofheid van de groep niet eens op (of deed die hem niets).

Mijn interventie, waardoor ik 'de kat uit de zak liet', bracht iedereen in verlegenheid; niemand had die kat willen zien om niet het risico te lopen dat Jos zou merken dat hij steeds voor schut stond. Ik had een interpersoonlijke gebeurtenis aan de orde willen stellen, zonder over voldoende gegevens te beschikken om te kunnen oordelen of ik daardoor in feite niet de effectiviteit van de groep in gevaar bracht. Het was de eerste van vele lessen waaruit je kunt leren dat je, totdat je echt weet wat er aan de hand is, je beter kunt bepalen tot taak*problemen en wat er op interpersoonlijk niveau gebeurt alleen moet registreren voor eventueel later gebruik.*

Oefening 9.1

Een groep helpen iets over zichzelf te leren

Stel tijdens de volgende bijeenkomst van uw groep voor, tegen het einde van de vergadering een kwartiertje uit te trekken om 'terug te kijken op de genomen besluiten en op de processen die daartoe hebben geleid'.

Het idee hierachter is een inventarisatie te krijgen van de gevoelens die de leden koesteren over de wijze waarop de bijeenkomst is verlopen. Die gevoelens kunnen op een open manier worden verzameld, dan wel met behulp van een diagnostisch instrument zoals dat hieronder is opgenomen. Deze specifieke vragen zijn gericht op de interne verhoudingen maar zijn, als u meent dat de groep op dit terrein hulp nodig heeft, evenzeer bruikbaar voor een vragenlijst over het management van de buitengrenzen.

Bij gebruik van een vragenlijst moet wat meer tijd worden uitgetrokken voor de analyse ervan. Wanneer de groep sceptisch staat tegenover de waarde van welke diagnose dan ook, kan men beter beginnen met korte perioden van open discussie, en de vragenlijst in reserve houden totdat de groep de waarde van zulke discussies heeft leren kennen en bereid is daar meer tijd aan te besteden. U kunt, wanneer u meent dat er bepaalde problemen zijn ontstaan, de discussie altijd beginnen met slechts één of twee van de vragen.

Oefening 9.2

Beoordeling van de effectiviteit van de groep

Ieder lid moet voor elk van de hierna volgende dimensies een kort oordeel uitspreken over de groepsbijeenkomst. Schrijf de dimensies op een flip-over en laat ieder lid zijn oordeel over die dimensie uitspreken. Bespreek nadat de verdeling over de groep zichtbaar is gemaakt, elke dimensie en ga daarbij vooral nader in op gevallen waarin één of meer leden afweken van het gemiddelde. Welke gebeurtenissen of processen brachten de leden tot hun beoordelingen?

A. Doelstellingen

1 2 3 4 5 6 7

Verward, tegenstrijdig — Duidelijk, gemeenschappelijk

B. Deelname

1 2 3 4 5 6 7

Dominantie van enkelen, slecht luisteren — Algehele deelname, goed luisteren

C. Uitdrukking van gevoelens

1 2 3 4 5 6 7

Genegeerd, niet uitgedrukt — Vrijelijk uitgedrukt

D. Diagnose van groepsproblemen

1 2 3 4 5 6 7

Overhaast conclusies trekken — Oorzaken zoeken alvorens te handelen

E. Besluitvormingsproces

1 2 3 4 5 6 7

Automatische goedkeuring, minderheidsregel — Consensus

F. Wijze van leiding geven

1 2 3 4 5 6 7

Autocratisch, centraal — Gespreid over groot aantal leden

G. Mate van vertrouwen

1 2 3 4 5 6 7

Men vertrouwt elkaar niet — Groot onderling vertrouwen

Oefening 9.3

Stilzwijgende observatie, en feedback

Een derde en veeleisender oefening is erop gericht de groepsleden ervan te overtuigen dat het nuttig is een van hen aan te wijzen als stilzwijgende proceswaarnemer en hem indien hij dat nodig vindt feedback te laten geven. Deze functie wordt soms gecombineerd met die van facilitator. In dit geval moet de groep tegen het eind van de bijeenkomst een half uur uittrekken om de stilzwijgende waarnemer gelegenheid te geven enkele opmerkingen te maken en de leden hun eigen waarnemingen en reacties te laten analyseren.

De functie van de 'adviseur' (de stille waarnemer) tijdens die diagnostische perioden aan het eind van de bijeenkomst moet zorgvuldig worden gemanaged. De verleiding is groot, zodra de groep de deur daarvoor heeft geopend meteen van start te gaan met alle sappige observaties die de adviseur in de afgelopen uren heeft kunnen doen. Die verleiding daartoe wordt vaak nog versterkt doordat de groep zelf de adviseur vraagt te vertellen wat hij zoal heeft waargenomen:'Hoe hebben we het in deze vergadering naar uw idee gedaan?','U hebt ons nu een paar uur lang kunnen observeren; hoe denkt u daarover?'

Op zo'n moment moet de adviseur beseffen wat zijn fundamentele opdracht ook weer was: de groep bij de diagnose betrekken en helpen haar eigen processen te diagnosticeren. Wanneer hij voor de druk of de verleiding bezwijkt en zelf begint met te zeggen hoe hij er tegenaan kijkt, is het gevaar groot dat de groep zich van haar eigen diagnostische verantwoordelijkheid ontslagen acht. Bovendien komt de adviseur wanneer hij met observaties komt waarmee enkele leden het oneens zijn, al snel in een positie waarin hij geneutraliseerd wordt. Ten slotte vergeet de adviseur wanneer hij als eerste met zijn waarnemingen op de proppen komt, de werking van zijn eigen filters en vertelt hij misschien dingen die relatief niet zo belangrijk zijn of zijn eigen vooringenomenheden weergeven.

Heeft de groep eenmaal een terrein afgebakend waarover de leden zelf iets hebben op te merken, dan is het volkomen gepast dat de adviseur daaraan zijn eigen waarnemingen toevoegt en de gelegenheid aangrijpt om door middel van een beetje groepstheorie en observaties de inzichten van de groep te verdiepen. De groep moet echter het voortouw nemen en de adviseur moet zich beperken tot de terreinen die de groep als relevant heeft aangegeven. Als de groep er bij de adviseur op aandringt dit voor haar te doen, moet hij dit beleefd weigeren en erop aandringen dat de groep zelfstandig met een diagnose komt.

Oefening 9.4

Meting van de volwassenheid van een groep

Wanneer men een groep helpt zelf haar 'volwassenheid' of groei te beoordelen, is het nuttig enkele dimensies daarvan aan te bieden in de vorm van een vragenlijst; het is immers onwaarschijnlijk dat de groep tijdens een ongestructureerde procesanalyse deze dimensies zelf zou kunnen bedenken. De onderstaande vragenlijst kan daarvoor als beginpunt dienen.

Een volwassen groep bezit (beoordeel elke dimensie op de daaronder staande schaal):

1. Adequate mechanismen om feedback te krijgen:
Slecht — Uitmuntend
1 2 3 4 5 6

2. Adequate besluitvormingsprocedures:
Slecht — Zeer adequaat
1 2 3 4 5 6

3. Optimale samenhang:
Gering — Optimaal
1 2 3 4 5 6

4. Flexibele organisatie en procedures:
Star — Zeer flexibel
1 2 3 4 5 6

5. Maximaal gebruik van wat de leden te bieden hebben:
Slecht — Uitmuntend
1 2 3 4 5 6

6. Duidelijke communicatie:
Onduidelijk — Zeer duidelijk
1 2 3 4 5 6

7. Duidelijke, door de leden aanvaarde doelstellingen:
Duidelijk en aanvaard — Onduidelijk, niet aanvaard
1 2 3 4 5 6

8. Wederzijdse relatie met gezagsdragers:
Gering — Sterk
1 2 3 4 5 6

9. Juiste verdeling van leidinggevende functies:
Gering — Zeer veel
1 2 3 4 5 6

10. Creativiteits- en groeivermogen:
Gering — Zeer groot
1 2 3 4 5 6

11. Voeg hieraan nog dimensies toe die relevant kunnen zijn

10 Faciliterende procesinterventies: de dialoog

Alle menselijke relaties ontwikkelen zich uit een of andere vorm van gesprek. De adviseur gaat via een gesprek een relatie aan met een cliënt. Diagnostisch informeren is een vorm van gesprek, evenals informatieverstrekking, overreding, confrontatie en welbewuste, opzettelijke feedback. De interactie tijdens een groepsbijeenkomst is een aaneenschakeling van gesprekken. Vanuit bepaalde gezichtspunten bestaat het hele leven uit reeksen gesprekken tussen spelers van allerlei rollen. Het is ons vermogen gesprekken te voeren dat ons in feite zo specifiek menselijk maakt.

Zoals wij echter allemaal weten, schenkt de ene vorm van gesprek ons meer bevrediging dan de andere. Sommige gesprekken hebben een grotere kans op leren dan de andere en geven de cliënten ook meer steun bij het oplossen van hun problemen en het bereiken van hun doelstellingen en idealen. Gesprekken kunnen volkomen spontaan tot stand komen of worden gemanaged in overeenstemming met de bedoelingen van de deelnemers eraan. In hoofdstuk 7 wees ik erop, hoe bewust gegeven, opzettelijke feedback in feite zo'n 'gemanagede' gespreksvorm is, bedoeld om de cliënten te helpen beter aan te voelen hoe zij overkomen op anderen, hoe hun optreden door anderen wordt beoordeeld en wat hun blinde vlekken zijn. Een andere vorm van zo'n 'gemanagede' conversatie is de dialoog.[1]

De dialoog kunnen wij ons voorstellen als een gespreksvorm die het mogelijk en zelfs waarschijnlijk maakt dat de deelnemers zich bewust worden van enkele van hun verborgen en stilzwijgende veronderstellingen die het gevolg zijn van ons culturele leerproces, van onze taal en van de wijze waarop wij psychologisch in elkaar zitten. De gang van zaken in gewone of spontane gesprekken wordt bepaald door alle eerder beschreven culturele regels en is onderworpen aan alle psychologische vooringenomenheden en filters die tijdens de analyse van de ORBI-cyclus aan de orde zijn gekomen. Om in ons dagelijks leven te kunnen functioneren moeten wij aannemen dat wij elkaar begrijpen en dat wij uitgaan van overeenkomstige veronderstellingen. Pas wanneer de communicatie stokt vragen wij ons af wat er aan de hand is, en dan wijten wij de breuk in de communicatie vaak aan bepaalde motieven of het onvermogen van onze gesprekspartners. Wanneer het uitloopt op ruzies en conflicten met anderen schrijven wij het probleem wederom toe aan motieven en bedoelingen, en kost het ons moeite te overwegen dat wij misschien echt uitgaan van verschillende premissen en veronderstellingen. Een van de belangrijkste uitdagingen voor iemand die bij onderhandelingen als facilitator optreedt, is de partijen de mogelijkheid te laten zien dat, als zij elkaar echt goed begrijpen, hun doelstellingen misschien helemaal niet zo tegenstrijdig blijken te zijn.

De dialoog als gespreksvorm begint met de aanname dat iedereen van andere veronderstellingen uitgaat en dat wederzijds begrip in de meeste gevallen een illusie is. Alvorens een begin te kunnen maken met het soort leren dat door opzettelijke feedback mogelijk wordt, moeten wij ons dus meer bewust worden van onze eigen stilzwijgende veronderstellingen en moeten wij erkennen dat onze gesprekspartners misschien van andere veronderstellingen uitgaan. De dialoog maakt het niet alleen mogelijk een sfeer te scheppen waarin effectiever interpersoonlijk leren kan plaatsvinden, maar is misschien tevens de *enige* manier om interpersoonlijke conflicten die het gevolg zijn van andere stilzwijgende veronderstellingen en andere semantische definities, uit de wereld te helpen.

In dit hoofdstuk behandel ik een meer formele analyse van de dialoog als gespreksvorm, maar wij moeten in onze normale menselijke aangelegenheden natuurlijk altijd al streven naar zinvolle gesprekken die als echte dialogen aandoen. Adviseurs proberen met hun cliënten een zinvolle dialoog aan te gaan zonder zo'n gesprek officieel als zodanig te betitelen. Wij kunnen ons allemaal vele gevallen voor de geest halen van een vruchtbaar gesprek vol wederzijds begrip. Wat wij moeten begrijpen is, wat zulk wederzijds begrip mogelijk maakt en hoe wij een gesprek zo kunnen structureren dat de kans op een dialoog daarbij toeneemt.

Dialoog versus sensitivity-training

De beste manier om het dialoogconcept te onderzoeken is het als gespreks- en communicatievorm te vergelijken met andere vormen waarmee wij beter bekend zijn, vooral met de gespreksvorm die is ontstaan uit het concept en de werkwijze van sensitivity-trainingsgroepen, voortgekomen uit de Bethel Human Relations Training (Schein & Bennis, 1965; Bradford *et al.*, 1964). Ik zal, om af te rekenen met mystiek rond zowel de dialoog als de sensitivity-training, een beschrijving geven van mijn eigen ervaringen in beide soorten groepen. Als je sommige voorstanders hoort is de dialoog een uiterst esoterische belevenis en de sensitivity-training een enorme persoonlijke therapeutische ervaring. In mijn ogen zijn beide stereotypen, wanneer het gaat om de wijze waarop deze leerprocessen in de praktijk doorgaans plaatsvinden, onjuist. Wat beide methoden verbindt en tegelijkertijd scherp van elkaar onderscheidt, heeft eerder te maken met de ontwikkeling van bepaalde elementen van het 'luisteren'.

In de meeste workshops over communicatie en relaties tussen mensen ligt de nadruk op 'actief' luisteren, waarmee wordt bedoeld dat we aandacht moeten besteden aan alle communicatiekanalen: het gesproken woord, lichaamstaal, intonatie en emotionele inhoud. Wij moeten dan leren ons eerst te richten op wat de ander zegt, in plaats van op onze eigen geplande reactie. In de dialoog daarentegen ligt in de beginfase het accent op luisteren naar wat we zelf zeggen, en op het contact met de innerlijke veronderstellingen die 'automatisch' bepalen wanneer wij iets willen zeggen en wat dan wel. In de sensitivity-training wordt meer nadruk gelegd op het luisteren naar de *gevoelens* van anderen en op het afspeuren van alle communicatiekanalen; in de dialoog gaat het meer om het *denk*proces en op de wijze waarop onze percepties en cognities door onze ervaringen uit het verleden zijn voorgevormd.

De veronderstelling die aan de dialoog ten grondslag ligt is dat wij, door ons meer bewust te worden van de werkwijze van onze denkprocessen, meer oog zullen hebben voor de inherente complexiteit van communicatie en wederzijds begrip; en dat wij geleidelijk aan voldoende gemeenschappelijk inzicht zullen hebben verworven om het collectieve denkproces de overhand te laten krijgen op het persoonlijke denkproces. Een belangrijk doel van de dialoog is, *de groep* door middel van een geleidelijk aan groter wordende hoeveelheid gemeenschappelijke betekenissen en een 'gemeenschappelijk' denkproces, een hoger bewustzijns- en creativiteitsniveau te laten bereiken. Hoewel het accent vaak ligt op de wijze waarop grotere groepen tot dit gemeenschappelijke denken komen, is het concept evenzeer van toepassing op de tweepersoonsgroep van adviseur en cliënt. Echte hulp kan alleen worden geboden wanneer zowel adviseur als cliënt uitgaan van een gemeenschappelijk geheel van veronderstellingen en een zekere gemeenschappelijke taal hebben ontwikkeld.

Actief luisteren naar anderen speelt in het dialoogproces weliswaar een rol, maar is in het begin niet het doel ervan en staat ook niet in het centrum van de aandacht. In feite ben ik tot de ontdekking gekomen dat ik in dialooggroepen heel wat meer tijd besteedde aan *zelfonderzoek*, waarbij ik probeerde *mijn eigen veronderstellingen* te leren kennen en betrekkelijk weinig was gericht op het actief luisteren naar anderen. Uiteindelijk is bij de deelnemers weliswaar sprake van 'actief luisteren' naar elkaar, maar is de weg daarheen volkomen anders.

In de gebruikelijke sensitivity-trainingen onderzoeken de deelnemers hun relaties door 'zich open te stellen' en elkaar te laten delen in hun gevoelens en ideeën, door opzettelijke feedback te geven en te ontvangen, en door alle *emotionele* problemen van de communicatie te onderzoeken. In de dialoog onderzoeken de deelnemers alle complexe aspecten van *taal en denken*. Wij ontdekken hoe arbitrair onze basiscategorieën zijn, waardoor wij ons bewust worden van de onvolmaaktheden of vooringenomenheden van onze fundamentele *cognitieve* processen. Fred Kofman, een van voormalige MIT-collega's, gaf een goed voorbeeld van zo'n vooringenomenheid door ons te wijzen op het verhaal van de platypus. Toen dit schepsel was ontdekt zaten de wetenschappers opgescheept met een grote controverse: was het een zoogdier, een vogel of een reptiel? De automatische veronderstelling was dat de categorieën 'zoogdieren', 'vogels' en 'reptielen' *de werkelijkheid zijn* waarin dit nieuwe schepsel moest worden ondergebracht. Wij zijn geneigd te vergeten dat deze categorieën waren bedacht om de werkelijkheid *voor te stellen* en te *categoriseren*. Fred wees ons erop dat de platypus een platypus was. Het is niet noodzakelijk de platypus in een bepaalde categorie te persen, dat doen we alleen maar voor ons gemak. Het is zelfs zo dat wij, door dingen met alle geweld ergens in te willen persen, de kans verminderen om iets te leren van de feitelijke werkelijkheid buiten ons.

Het dialoogproces maakt ons ervan bewust hoe het denkproces, teneinde perceptie en het maken van onderscheid mogelijk te maken, is gebaseerd op *fragmentatie* van de wereld in een aantal handige categorieën. Deze categorieën worden ons via de taal die wij leren spreken en verstaan al vroeg in ons bestaan geleerd. Wij zijn echter vergeten dat deze categorieën arbitrair zijn en, omdat ze zo handig in het gebruik waren, met de cultuur zijn meeontwikkeld zodat wij gemakkelijker konden omgaan met die aspecten van de externe realiteit die voor ons voortbestaan van belang zijn. Naarmate wij in een dialooggroep steeds meer over onszelf gaan nadenken, beginnen wij zicht te krijgen op enkele van de arbitraire manieren waarop wij de externe werkelijkheid bezien, en beseffen wij dat andere groepsleden hun externe werkelijkheid misschien heel anders indelen. Wij worden ons ervan bewust dat de werkelijkheid een continuüm is en dat ons denkproces dat in stukjes hakt: in concepten en categorieën.

In sensitivity-trainingen gaat het erom het groepsproces te gebruiken voor de ontwikkeling van onze *persoonlijke* interpersoonlijke vaardigheden, terwijl de dialoog is bedoeld om een groep te vormen die vruchtbaar, creatief en – het belangrijkste van al – *gezamenlijk* kan denken. Wanneer de dialoog functioneert, kan de groep een hoger niveau bereiken dan de creatieve vermogens van de afzonderlijke leden mogelijk maken, een creativiteitsniveau dat niemand in het begin voor haalbaar had gehouden. De dialoog is dus een potentieel middel voor creatieve opsporing en oplossing van problemen. In de relatie tussen adviseur en cliënt kan de dialoog leiden tot diagnostische inzichten en ideeën voor nadere interventies die uitstijgen boven wat de adviseur of de cliënt zelf hadden kunnen bedenken.

In sensitivity-trainingen ligt bij het leren sterke nadruk op het leren geven en ontvangen van bewuste feedback, een proces dat vanwege onze behoefte aan gezichtsbehoud tegen de cultuur indruist en daardoor sterke emoties en angst oproept. Dit proces belooft ons nieuwe inzichten te verschaffen, ons de eigen blinde vlekken te laten zien en de mogelijkheid te bieden onszelf te zien zoals anderen ons zien. Voor velen is dit niet alleen nieuw maar ook potentieel desastreus, ook al zou het misschien uiteindelijk noodzakelijk kunnen zijn om tot zelfverbetering te komen. Opzettelijke feedback ontvangen houdt in dat wij onze illusies over onszelf op het spel zetten; bewust feedback geven houdt het gevaar in dat de ontvanger zich beledigd voelt en dat dit vijandige gevoelens teweeg brengt.

In de dialoog daarentegen ligt de nadruk op een natuurlijk verloop van het gesprek. Feitelijk worden daarin (zij het naar mijn ervaring enigszins impliciet) opzettelijke feedback en rechtstreekse persoonlijke confrontaties tegengegaan. In de dialoog is de hele groep het leerobject en de leden beleven gezamenlijk de potentiële opwinding die gepaard gaat met het collectief bedenken van ideeën waar ze ieder voor zich misschien niet op zouden zijn gekomen. Er kan wel feedback plaatsvinden, vooral ten aanzien van persoonlijk gedrag dat het natuurlijke verloop van het gesprek belemmert, maar feedback wordt niet gestimuleerd als doel van het groepsproces.

De dialoog werk vaak het best wanneer de groepsleden in een kring gaan zitten en tegen het 'kampvuur' praten in plaats van tegen elkaar. Een algemene eigenschap van de groep bestaat niet uit een aantal opmerkingen die bepaalde personen tegen elkaar maken en door anderen ook worden gehoord, maar uit wat wij *allemaal* te zeggen hebben. De dialoog nodigt dus uit tot overtreding van enkele culturele 'regels', zoals de norm dat je antwoord moet geven op een vraag, dat je iemand moet aankijken wanneer je tegen hem spreekt, en dat iedereen evenveel tijd moet kunnen krijgen om iets te zeggen. In de ogen van velen doet het natuurlijke verloop van het gesprek aan als vertragend, als afdwalen van het onderwerp en als verlies van zorg voor de voltooiing van de taak of de noodzaak tot een conclusie te komen. Een van de meest dramatische illustraties van deze norm'bijstelling' was de opmerking die een deelnemer na afloop van een twee uur durende dialoogsessie maakte: hij had zich voor het eerst sinds twee jaar '*bevoegd* gevoeld om zijn mond te houden'.

Een van de belangrijkste verschillen tussen dialoog en andere 'communicatieverbeteraars' is, dat bij de dialoog de groepsgrootte niet arbitrair wordt beperkt. Terwijl een sensitivity-training alleen effectief is met groepjes van tien tot vijftien deelnemers, heb ik dialooggroepen meegemaakt van wel zestig leden en is mij verteld dat de dialoog zelfs met meer dan honderd deelnemers succesvol heeft gefunctioneerd. De opvatting dat zulke grote groepen alles kunnen bereiken, gaat in tegen onze intuïtie. Grote groepen bestaan echter uit individuen die al eerder in kleine groepen dialoogervaring hadden opgedaan.

In een grote groep hebben deze mensen minder hoge aanvankelijke verwachtingen en veronderstellingen over de noodzaak om iedereen een flinke tijd aan het woord te laten komen. Aan de andere kant blijkt de dialoog volkomen geschikt voor een tweepersoonsgroepje en is ze, zoals ik reeds heb betoogd, noodzakelijk als onderdeel van het relatievormingsproces tussen adviseur en cliënt.

In een sensitivity-training wordt iedereen geacht te leren en aan het leerproces deel te nemen. In de dialoog wordt de functie van de individuele bijdrage enigszins afgezwakt door het doel: als groep een hoger communicatieniveau bereiken. Aangezien een groot gedeelte van het individuele werk, namelijk het onderzoek van de eigen aannames, zich intern afspeelt wordt de behoefte aan concurrentie voor een eigen aandeel in de conversatie sterk verminderd. Wat lengte en frequentie van de bijeenkomsten betreft kunnen dialoogsessies flexibeler, gevarieerder en minder intensief zijn.

Hoe begint een dialoog?

In alle groepen waaraan ik heb deelgenomen, begon de voorzitter met een opstelling die zoveel mogelijk een *cirkel* benaderde en vervolgens met een *beschrijving* van het dialoogconcept. In alle gevallen begreep de groep de essentie voldoende om met het gesprek te kunnen beginnen. Voor dit inzicht is het van cruciaal belang de dialoog te koppelen aan andere ervaringen die naar ons gevoel echte communicatie inhielden. Een van de manieren om te beginnen is, de deelnemers te vragen terug te denken aan die momenten waarin zij naar hun gevoel echt goede communicatie hadden met iemand anders, en hen dan daarover te laten vertellen om daaruit gemeenschappelijke thema's te kunnen afleiden. Dit proces is uiteengezet in tabel 10.1.

De theorie achter zo'n begin is volkomen in overeenstemming met hetgeen wij inmiddels weten over groepsdynamica, en omvat verscheidene belangrijke veronderstellingen over nieuwe groepen:

1. De groep functioneert het best wanneer de leden zich zo veel mogelijk gelijken voelen. (Ondanks eventuele rang- of statusverschillen moet iedereen in een kring plaatsnemen.)

2. De groep functioneert het best wanneer alle leden het gevoel hebben dat zij om hun identiteit in de groep te vestigen een gegarandeerde periode 'in de lucht kunnen komen'. De vraag in het begin van de bijeenkomst aan iedereen om tijdens de 'introductieronde' enkele dingen te zeggen, zorgt ervoor dat iedereen op zijn beurt de ruimte krijgt. In grotere groepen zal misschien niet iedereen iets zeggen, maar de norm is dat iedereen gelegenheid krijgt om desgewenst zijn mond open te doen en dat de

groep de daarvoor noodzakelijke tijd wil uittrekken. Die noodzakelijke introductieronde kan ook worden gehouden door gewoon de kring rond te gaan en iedereen te vragen zijn naam te noemen en enkele dingen te zeggen. Belangrijk is dat iedereen iets heeft gezegd.

3. In de begintijd van de groep zullen de leden voornamelijk met zichzelf en hun eigen gevoelens bezig zijn; daarom is legitimering van eigen ervaringen en daarop voortborduren een goede manier om te beginnen.

Tabel 10.1 De rol van de voorzitter/facilitator bij het begin van een dialoogsessie

- Zorg voor een opstelling die de cirkelvorm zo dicht mogelijk benadert. Of men al dan niet aan tafeltjes of een (ronde) tafel zit, is minder belangrijk dan het gevoel van gelijkheid dat een cirkelvormige opstelling geeft.
- Begin met een uiteenzetting van het centrale concept, en vraag vervolgens iedereen te denken aan een dialoogervaring die hem in het verleden een 'goed communicatiegevoel' heeft bezorgd.
- Vraag de aanwezigen hun buurman te vertellen welke ervaring dat was, en na te denken over de kenmerken van die ervaring (dit werkt doordat het hier niet gaat om abstracte concepten, maar om zeer concrete ervaringen).
- Vraag de groepsleden de gehele groep te vertellen wat in die ervaringen de communicatie zo goed maakte, en schrijf deze kenmerken op een flipover.
- Vraag de groep over deze kenmerken na te denken, door ieder lid zelf over zijn eigen reacties te laten praten.
- Laat, nadat iedereen het zijne heeft gezegd, het gesprek zijn natuurlijke verloop volgen. (Dit duurt anderhalf tot twee uur, en misschien zelfs langer.)
- Kom indien noodzakelijk tussenbeide met een verduidelijking of toelichting; gebruik daarvoor concepten en gegevens die illustratief zijn voor communicatieproblemen (enkele van deze concepten staan hieronder).
- Sluit de bijeenkomst af door iedere aanwezige te vragen op zijn eigen wijze te zeggen wat hij op zijn hart heeft.

De tijdsduur en de frequentie van de bijeenkomsten zijn afhankelijk van de omvang van de groep, de redenen waarom men bij elkaar is gekomen en de beperkingen waaraan de leden zijn onderworpen. De meeste groepen waarmee ik heb gewerkt, kwamen een tot twee uur bijeen, maar naar mijn idee kan het ook langer of korter duren. In workshops – waarin ik in een periode van enkele dagen het idee ingevoerd probeer te krijgen – heb ik daaraan met succes dagelijkse sessies van 20 minuten gewijd. Wanneer een groep vaker dan eenmaal bijeenkomt, verlopen de tweede en volgende bijeenkomsten tamelijk routinematig, vooropgesteld dat elke bijeenkomst begint met een of andere formele introductieronde – al worden daarin maar in één of twee woorden de gevoelens van het moment uitgedrukt. Ook hier is het belangrijk voor iedereen een legitieme hoeveelheid tijd in te ruimen, met daarbij de stilzwijgende implicatie dat iedereen een bijdrage zou moeten leveren om de bijeenkomst op gang te brengen, ook al kan die bijdrage over vrijwel van alles en nog wat gaan. Het ligt voor de hand dat dit proces zal verschillen met de omvang van de groep, maar het belangrijke principe dat hierdoor moet worden gecommuniceerd is: 'Wij zitten hier allemaal op basis van gelijkheid bij elkaar.'

De voorzitter/facilitator kan kiezen hoe groot zijn theoretische bijdrage zal zijn, en bij de aanvang of tijdens het verloop van het proces. Als de groep er echt behoefte aan heeft, moeten concepten worden aangedragen, maar als dat op het verkeerde moment gebeurt kan dit het groepsproces verstoren.

Mogelijke concepten voor de introductie van de dialoog

Wanneer een groep niet bekend is met het dialoogmodel, kunnen een korte beschrijving ter introductie en enige informatie over de conceptuele grondslag ervan een nuttige functie vervullen. Zoiets is vooral nuttig om de deelnemers te laten zien wat het verschil is tussen de dialoog en andere vormen van gesprek. Ik heb zelf plezier gehad van het schema in figuur 10.1, gebaseerd op het basismodel van Isaacs (1993). Door de verschillende gespreksvormen onder te brengen in twee basisvarianten komt het essentiële concept dat aan de dialoog ten grondslag ligt duidelijk naar voren: de ontdekking van het eigen interne proces waarin een keuze wordt gemaakt over wat en wanneer men iets zal gaan zeggen.

Opschorting. In de loop van het gesprek breekt onvermijdelijk het moment aan waarop wij bespeuren dat onze inbreng niet aanslaat; dat wij het idee krijgen dat onze opmerking niet werd begrepen, dat wij aanleiding geven tot onenigheid, of tot aanvallen op wat wij hebben gezegd. Op zulke ogenblikken reageren wij met gevoelens van angst of kwaadheid, ook zijn wij ons daarvan misschien nauwelijks bewust. Het eerste punt waarop wij een keuze moeten maken is dan ook, of wij op die gevoelens kunnen vertrouwen en of wij ze

Figuur 10.1 Verschillende manieren om met elkaar te praten

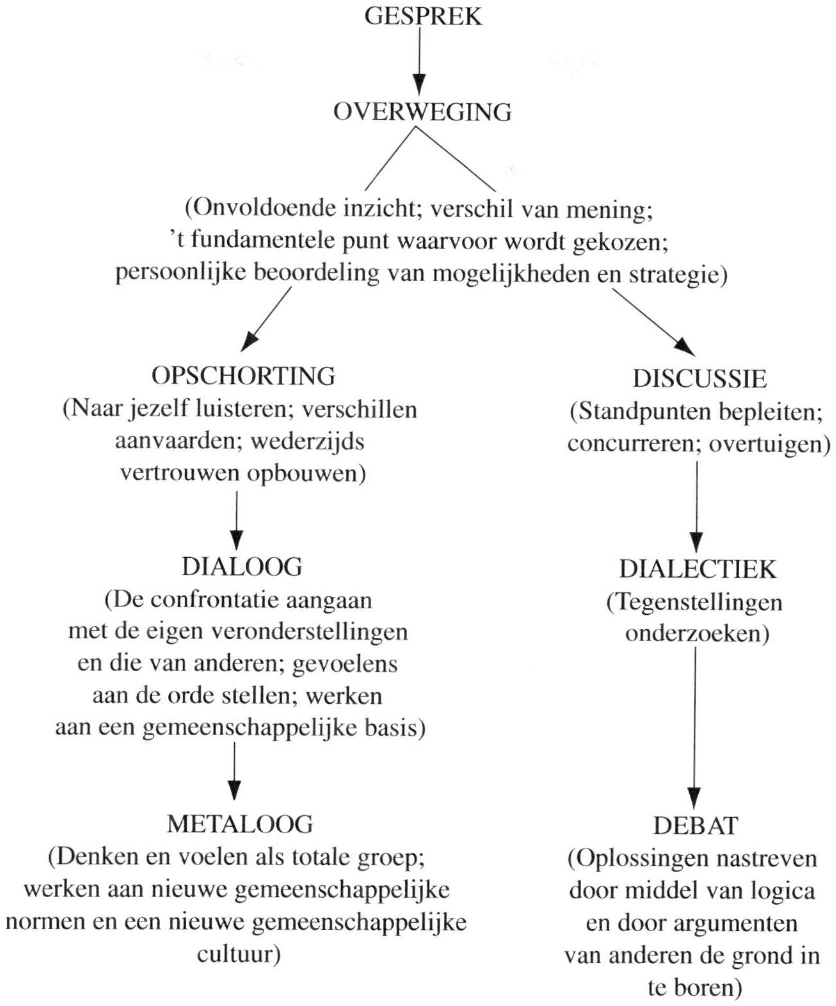

Bron: 'On Dialogue, Culture, and Organizational Learning,' *Organizational Dynamics,* najaar 1993, deel 22, nummer 2.

naar buiten moeten brengen. Wij ervaren dit in de regel niet als een keuze – totdat wij meer nadenkend zijn geworden en wij ons bewust zijn geworden van onze eigen gevoelens. Wij hebben echter duidelijk de keus tegenover elkaar al dan niet openlijk blijk te geven van onze gevoelens.

Wanneer wij ons meer van deze keuzen bewust worden, beseffen wij ook de mogelijkheid dat die gevoelens werden losgemaakt door onze perceptie van wat de overige groepsleden deden, *en dat deze percepties weleens onjuist kon-*

den zijn. Zoals reeds eerder uiteengezet is nauwkeurig waarnemen het moeilijkste gedeelte van de ORBI-cyclus. Wij moeten dus, alvorens aan onze gevoelens van angst of boosheid toe te geven, eerst vaststellen of het voorgevallene wel juist was waargenomen en geïnterpreteerd. Werden wij wel uitgedaagd, aangevallen of wat dan ook?

Dit moment is van cruciaal belang. Naarmate wij beter gaan waarnemen en nadenken dringt ook tot ons door hoe veel van onze aanvankelijke perceptie kan worden gekleurd door verwachtingen die zijn gebaseerd op ons culturele leren en onze vroegere leerervaringen. Wat wij waarnemen, is vaak gebaseerd op onze behoeften, verwachtingen, projecties, psychologische afweer en, het meest van al, op onze cultureel aangeleerde verwachtingen en mentale categorieën. Het hiervoor genoemde reflectieproces doet ons beseffen dat bij het luisteren naar anderen ons eerste probleem is, de vertekeningen en vooronderstellingen die onze eigen cognitieve processen filteren, op het spoor te komen. *Wij moeten om anderen echt te kunnen begrijpen, eerst leren naar onszelf te luisteren*. Dit interne luisteren is vooral moeilijk wanneer wij ons middenin een taakgerichte discussie bevinden. Bovendien is er in ons culturele leren misschien helemaal niets dat zulke introspectie ondersteunt.

Nadat wij eenmaal tot het fundamentele besef zijn gekomen dat onze perceptie zelf misschien niet zuiver is, krijgen wij te maken met een tweede, meer fundamentele keuze: die perceptie wel of niet actief controleren door het punt aan de orde te stellen, de betrokken persoon te vragen wat hij nu eigenlijk bedoelde, zelf nog een toelichting te geven, of op andere wijze ons specifiek richten tot degene die aanleiding tot de onenigheid was. Zoals wij uit de waarneming van groepsprocessen weten, kan een keuze voor rechtstreekse confrontatie (bijvoorbeeld door iemand te vragen duidelijk te maken wat hij met een bepaalde opmerking bedoelde) de conversatie al snel polariseren rond slechts enkele personen en problemen.

Een andere keuze is 'opschorting'. Opschorting houdt in dat wij het probleem – van onze percepties, gevoelens, oordelen en impulsen – tijdens zo'n opschorting eventjes laten rusten om te zien wat er vanuit onszelf en vanuit anderen nog meer naar boven kan komen. Operationeel gezien betekent dit tijdens het gesprek (iets wat ik telkens weer heb ervaren) dat ik, wanneer ik van streek raak door wat iemand heeft gezegd, echt kan kiezen tussen:

1. mijn reactie laten blijken, en
2. de zaak te laten rusten (en daarbij mijn eigen reactie op te schorten).

Opschorting is vooral moeilijk wanneer ik het idee heb dat mijn eerdere punt niet goed was begrepen of verkeerd was geïnterpreteerd. Niettemin heb ik herhaaldelijk ondervonden dat ik door mijn reacties op te schorten tot de ontdekking kom dat al pratende duidelijker wordt wat er feitelijk aan de hand was en dat mijn eigen interpretatie daarvan terecht wordt bevonden of wordt veranderd zonder dat ik actief tussenbeide hoefde te komen.

Wanneer een aantal groepsleden gaat inzien dat opschorting van hun reacties een zekere waarde heeft, begint de groep aan het dialoogtraject van figuur 10.1. Wanneer een aantal leden echter reageert met onmiddellijke tegenwerpingen, nadere verklaringen, vraagtekens en zich op andere manieren concentreert op een bepaalde aanleiding tot een onproductief debat, volgt de groep het discussietraject en loopt ze uiteindelijk vast in het moeras. Opschorting schept een mogelijkheid tot nadenken die sterk lijkt op de nadruk die in de groepsdynamica wordt gelegd op waarneming van het 'hier en nu'. Isaacs (1993) merkt evenwel terecht op dat reflectieve aandacht neerkomt op kijken naar het verleden. Hij stelt, dat wij in plaats daarvan 'proprioceptie' nodig hebben: aandacht voor en leven in het huidige ogenblik.

Uiteindelijk proberen wij in de dialoog een toestand te bereiken waarin wij onze gedachten herkennen zodra ze opdoemen. Of proprioceptie in deze zin psychologisch mogelijk is, is nog maar de vraag, maar het fundamentele idee is de interne feedbacklus zo kort mogelijk te maken. Wanneer dat lukt, kunnen wij in contact komen met wat er in het hier en nu gaande is en worden wij ons ervan bewust hoe veel van onze gedachten en percepties een functie zijn van zowel ons vroegere leren als van de momentane gebeurtenissen die er aanleiding toe waren. Dit leren is voorzichtig uitgedrukt moeilijk, maar neemt in het vermogen de dialoog aan te gaan niettemin een centrale plaats in.

Dialoog versus discussie. Hoe weten wij of een discussie en/of debat meer of minder wenselijk is dan een dialoog? Moeten wij altijd het dialoogtraject volgen? Ik zou willen zeggen dat een discussie of debat een waardevol probleemoplossings- en besluitvormingsproces is, *maar alleen wanneer wij ervan uit mogen gaan dat de groepsleden elkaar voldoende goed begrijpen om 'dezelfde taal te kunnen spreken'*. Paradoxaal genoeg kan zo'n toestand waarin men gemeenschappelijke categorieën hanteert pas worden bereikt wanneer ergens in het verleden van de groep reeds een zekere dialoog heeft plaatsgevonden. Het gevaar van een premature discussie is dat de groep een 'valse' consensus bereikt, waarbij de leden aannemen dat zij met dezelfde bewoordingen ook hetzelfde bedoelen – om pas later tot de ontdekking te komen dat subtiele verschillen in betekenis ingrijpende gevolgen hebben voor de actie waartoe men had besloten en voor de implementatie daarvan.

De dialoog is daarentegen een fundamenteel proces waarin een gemeenschappelijk inzicht tot stand komt, in die zin dat men daardoor de verborgen betekenissen van woorden in de communicatie gaat zien. Door opschorting en door het verschil van inzicht even te laten liggen, worden de betekenissen duidelijker en ontstaat in de groep geleidelijk aan een gemeenschappelijk geheel van betekenissen dat veel hogere niveaus van wederzijds begrip en creatief denken mogelijk maakt. Wanneer wij tijdens iets wat meer op een onsamenhangend dan gewoon gesprek lijkt eerst naar onszelf en naar anderen luisteren, gaan wij de vooringenomenheden en subtiliteiten zien in de wijze waarop ieder lid denkt en uitdrukking geeft aan zijn bedoelingen. Tijdens dit proces trachten wij niet elkaar te overtuigen, maar werken wij eerder aan een gemeenschappelijke ervaringsbasis voor collectief leren. Hoe meer de groep tot zo'n collectief inzicht is gekomen, hoe gemakkelijker zij tot beslissingen komt en hoe groter de kans wordt dat het besluit wordt uitgevoerd op de manier zoals de groep die had bedoeld.

Groepsdynamica. Het 'groepsvormingsproces' gaat gelijk op met het dialoogproces. Kwesties van identiteit, rol, invloed, groepsdoelstellingen, openheids- en intimiteitsnormen moeten allemaal, evenals gezagskwesties, worden opgelost – hoewel een groot gedeelte hiervan eerder impliciet dan expliciet plaatsvindt (zoals in een human relations of groepsdynamica-workshop). De groep zal jegens de facilitator alle klassieke problemen vertonen die te maken hebben met gezag. Zal de facilitator ons vertellen wat ons te doen staat? Zullen we dat ook doen, ook al zegt hij dat het moet? Beschikt de facilitator over antwoorden en houdt hij ze achter de hand, of gaat hij er samen met ons naar zoeken? Op welk moment kunnen wij ook zonder facilitator functioneren?

Wanneer er problemen opdoemen rond de omvang en de ontwikkeling van de groep, moeten die worden aangepakt wanneer ze het dialoogproces belemmeren of daarin verwarring stichten.

Daarom moet de facilitator tevens bekwaam zijn in de facilitering van groepsprocessen, zodat de problemen die zich in de groep voordoen op de juiste wijze kunnen worden ondergebracht in twee categorieën: problemen die te maken hebben met de ontwikkeling van de dialoog, en problemen die van doen hebben met de ontwikkeling van de groep tot groep. Uit mijn eigen ervaringen blijkt dat het dialoogproces de ontwikkeling van de groep versnelt en daarom in elke bijeenkomst de primaire energieleverancier moet zijn. Een belangrijke oorzaak van deze 'versnelling' is het feit dat de dialoog een psychologisch veilige sfeer creëert en daardoor zowel voor het individu als voor de groep de mogelijkheid tot verandering schept, ervan uitgaande dat men reeds tot verandering gemotiveerd is. Een dialoog kan geen behoefte aan verandering teweeg brengen, maar wel het veranderingsproces vergemakkelijken.

Wel moet er een zekere initiële motivatie bestaan om een dialoog aan te gaan. Aangezien het proces aanvankelijk zeer 'inefficiënt' aandoet, zal een groep zich niet zo gauw vrijwillig voor een dialoog aanmelden, tenzij op sommige andere punten reeds een zekere bereidheid is ontstaan. Dat kan bijvoorbeeld het geval zijn wanneer groepsleden zich niet serieus genomen voelen (zich gekwetst voelen), of met schuld- of angstgevoelens zitten en moeten zien die gevoelens de baas te worden om met hun werk verder te kunnen. De kerntaak of het centrale probleem is dan waarschijnlijk, de reeds langer bestaande reden waarom de groep eigenlijk bijeen wil komen.

De kans bestaat dat de groep de dialoog in het begin ervaart als afdwalen of het vertragen van oplossingen voor de bestaande problemen. Echte veranderingen zijn echter pas mogelijk wanneer mensen zich psychologisch veilig voelen, en de impliciete of expliciete normen die in een dialoogsessie tot uitdrukking komen verschaffen die veiligheid; ze geven de deelnemers namelijk zowel een gevoel van richting als een gevoel dat de gevaarlijke aspecten van de interactie binnen de perken worden gehouden. Wanneer de groep met behulp van het dialoogmodel aan haar taak of probleem kan werken, moet ze veel sneller een deugdelijk communicatieniveau kunnen bereiken.

Inperking. Isaacs wijst nadrukkelijk op de noodzaak, in de dialoog een *inperking* op te nemen, om zodoende een sfeer en een stelsel van expliciete en impliciete normen te creëren dat mensen in staat stelt 'hete hangijzers' aan te pakken zonder zich daaraan 'de vingers te branden'. De adviseur/facilitator moet aan dit alles bijdragen door te fungeren als gedragsmodel; en wel door zich te onthouden van oordelen en blijk te geven zijn eigen categoriseringen en oordelen te kunnen opschorten. Deze vaardigheid wordt vooral relevant in groepssituaties waarin conflicten zo hoog oplopen dat ze de perken te buiten dreigen te gaan. Op zo'n moment kan de facilitator de situatie eenvoudigweg legitimeren en het conflict erkennen als een reëel gegeven en als iets wat door alle leden in het hier en nu moet worden bezien; dit zonder te oordelen of te beschuldigen of zelfs zonder de behoefte te voelen er iets aan te doen. Ook conflicten kunnen worden opgeschort.

De belangrijkste eigenschap van de dialoog die bijdraagt aan de inperking van gevoelens is echter, dat het accent meer ligt op het denkproces dan op emoties. De deelnemers kunnen gaan inzien hoe emoties ontstaan als uitvloeisel van de manier waarop denkprocessen functioneren, in plaats van emoties te aanvaarden als het stukje werkelijkheid dat het eerst moet worden aangepakt. Gevoelens moeten wel worden begrepen, maar hoeven niet noodzakelijkerwijs ook te worden geuit. En als zij wel worden geuit hoeft daar nog niet reflexmatig op te worden gereageerd. De groepsleden kunnen trachten te begrijpen waar gevoelens vandaan komen en wat de gevolgen ervan zijn. Door emoties te intellectualiseren kunnen de groepsleden ze in bedwang houden.

Taak versus proces: een dialoog over wat? Wanneer men een dialoog voorstelt, volgt vaak de vraag: 'Waar moeten we dan over praten?' Naar mijn ervaring is het antwoord daarop afhankelijk van de situatie. Soms is het voldoende om te praten over de dialoog als zodanig. Op andere momenten zijn er dringende taakproblemen die moeten worden besproken, maar dan op een meer beschouwende 'dialoog'manier. Soms kan de facilitator zelf een onderwerp aan de orde stellen, maar vaak genoeg ontstaat een onderwerp gewoon uit hetgeen is gezegd tijdens de introductieronde.

Wanneer een groep eenmaal met de dialoog kennis heeft gemaakt, houdt het proces zichzelf meestal in stand. Ik heb deelgenomen aan groepen die liever in een kring bleven zitten en zelfs wanneer zij met ander werk bezig waren de dialoogmethode bleven hanteren. De inzichten in de waarde van een introductieronde, het toenemende vermogen van de leden om hun gevoelens op te schorten, het gemeenschappelijke inzicht in de wijze waarop onze gedachten de externe werkelijkheid op arbitraire wijze fragmenteren en de gevoeligheid voor onze eigen veronderstellingen en die van anderen gaan over op de taakwerkzaamheden.

De dialoog is per definitie een proces dat alleen in een groep betekenis heeft. Wil een dialoog tot stand komen dan zullen twee of meer mensen moeten samenwerken. Deze samenwerking berust echter op een persoonlijke keuze, die gebaseerd is op een houding die erop is gericht uit een gesprek alles te halen wat mogelijk is, en op bepaalde vaardigheden die te maken hebben met nadenken en opschorten van gevoelens. Heeft de groep zich eenmaal zulke attitudes en vaardigheden collectief eigen gemaakt, dan kunnen zelfs probleemoplossende vergaderingen waar zeer veel haast geboden is, volgens het dialoogmodel verlopen.

Zoals reeds eerder aangeduid hebben de meeste mensen wel een algemeen idee van wat een dialoog behelst en hebben zij daar binnen vorige relaties ervaringen mee opgedaan. Daarom kan zelfs in een probleemoplossende vergadering de facilitator de groep voorstellen te experimenteren met een dialoog. Naar mijn eigen ervaring kan men dan het best reeds in het begin een korte uiteenzetting geven van de gedachte dat achter onze opmerkingen en percepties altijd veronderstellingen schuilgaan en dat ons probleemoplossingsproces beter verloopt als wij onze eigen en andermans veronderstellingen leren kennen. Daarom kan ik wanneer het gesprek te veel gaat lijken op een discussie of een debat, met recht en reden de vraag stellen of de onenigheid is gebaseerd op verschillende veronderstellingen, en daarna die veronderstellingen expliciet onder de loep nemen. De centrale functie van de adviseur is vanuit dit gezichtspunt bezien, de aandacht van de groep voortdurend te vestigen op de cognitieve categorieën en veronderstellingen die aan het gesprek ten grondslag liggen.

Conclusies en implicaties voor de procesadvisering

De dialoog kan worden beschouwd als 'goede' communicatie. Wij beschouwen de dialoog als een gesprek waarin wij elkaar hebben begrepen en op zinvolle wijze zienswijzen hebben uitgewisseld. In deze zin komt het tot stand brengen van een begeleidingsrelatie tussen cliënt en adviseur overeen met het bereiken van een gespreksniveau dat iedereen ervaart als een dialoog in plaats van als een discussie of een debat. Een dialoog is daarom in de persoonlijke interactie een voorwaarde voor welke begeleidingsrelatie ook. Analyse van de aard van de dialoog op het niveau van grotere groepen helpt klaarheid te scheppen in enkele essentiële zaken die aan de communicatie ten grondslag liggen, maar die spelen in tweepersoonssituaties een even grote rol als in grotere groepen.

Wat rest als vraagstuk voor de procesadvisering is dan ook hoe een gesprek zo te managen dat het meer op een dialoog gaat lijken. Hoe kan de adviseur zo interveniëren dat de communicatie met de cliënt erdoor wordt verbeterd? Het eerste beginsel voor de adviseur is duidelijk: inzicht hebben in de verschillen en weten wanneer en hoe hij tot veronderstellingen komt, hoe zijn denkproces de wereld opsplitst in arbitraire taalkundige categorieën, en in hoeverre zijn veronderstellingen over de aard van de werkelijkheid misschien afwijken van die van de cliënt. De adviseur moet in zijn eigen communicatiegedrag laten blijken dat hij in staat is tot opschorting, tot controle van zijn veronderstellingen en dat hij de cliënt kan helpen zijn eigen veronderstellingen onder ogen te zien.

Een van de beste interventies die de adviseur kan plegen om dit waar te maken is, zijn antwoord op enkele vragen bewust op te schorten. Ik word vaak door een cliënt onder druk gezet om te zeggen wat ik zelf zou doen of om te zeggen wat er nu moet gebeuren. Op zo'n moment sta ik voor een keuze die tegen onze cultuur indruist maar wel effectief is. Ik kan afwachtend blijven zwijgen (dus mijn eigen reactie opschorten). Het is vaak verrassend om te zien hoe vaak die stilte wordt opgevuld met nog meer gegevens van de cliënt, met eigen antwoorden en met verder- en diepergaande vragen. Door mijn eigen reactie op te schorten heb ik tevens gefunctioneerd als rolmodel, waarbij ik de cliënt liet zien dat je op een vraag niet altijd antwoord hoeft te geven. Met het vermogen tot opschorting begint de ontwikkeling van de vaardigheid in het overwegend, bespiegelend denken; het is deze vaardigheid die de adviseur zijn cliënt wil leren, omdat nieuwe inzichten in de situatie van de cliënt allen kunnen ontstaan door een grotere vaardigheid in waarnemen en intern gericht, bespiegelend nadenken.

Naarmate de relatie tussen adviseur en cliënt zich ontwikkelt, zal ze uiteindelijk gaan in de richting van een dialoog, maar naarmate beide partijen daar beter in worden zullen zij zich ook niet meer realiseren waar zij mee bezig zijn. Het is voor hen dan ook waarschijnlijk nuttig van tijd tot tijd de aard van hun gesprek te analyseren en te beoordelen in hoeverre het een effectieve dialoog is geworden. Zo'n analyse helpt de cliënt meer inzicht te krijgen in de dynamiek van een gesprek en zal hem in staat stellen zijn collega's zo te trainen dat hun gesprekstechniek verbetert. En zoals wij allemaal wel weten, wordt het vermogen een dialoog aan te gaan van cruciaal belang wanneer de gesprekspartners afkomstig zijn uit verschillende culturele of subculturele groeperingen. De hiernavolgende cases zijn bedoeld om enkele van deze algemene punten te illustreren; de oefeningen kunnen de lezer helpen een gevoel te ontwikkelen voor wat er bij komt kijken.

Case 10.1 *Tegen de cultuur indruisende elementen van een dialoog*

Als onderdeel van een vijfdaagse trainingsworkshop over procesadvisering en cultuur splitste ik de ongeveer honderd deelnemers op in groepjes van acht, met het verzoek te leren hoe de dialoog een half uur per dag als gespreksvorm te hanteren. Ik gaf een algemene beschrijving en bevorderde een meer op bespiegelend nadenken gerichte attitude door de deelnemers te vragen verscheidene gespreksregels buiten werking te stellen:

1. Doe net alsof je aan het kampvuur zit en alles wat je te zeggen hebt uitspreekt in de richting van het vuur, kijk elkaar niet aan.
2. Voel je niet verplicht anderen om verduidelijking te vragen, ook al heb je ze niet begrepen.
3. Voel je niet verplicht antwoord te geven op vragen die rechtstreeks aan je worden gesteld.

Na het eerste halfuur vroeg ik om vragen en opmerkingen. De sterkste reactie was dat men het vrijwel onmogelijk vonden om te breken met de culturele regels voor oogcontact, verduidelijking en antwoord geven op vragen. De meeste deelnemers voelden zich uiterst onbehaaglijk en lieten de regels simpelweg voor wat ze waren, anderen probeerden niet naar elkaar te kijken en vonden dat erg moeilijk, en bijna iedereen was het er over eens dat opschorting tegen alle regels indruiste. Bij de tweede of derde halfuursessie had echter geen enkele groep meer moeite met vermijding van oogcontact en kon men praten zonder gepolariseerde verduidelijkings- of vraag-en-antwoorddiscussies. Bij het luisteren naar de groep was het opmerkelijk hoe sterk na een aantal halfuursessies het aantal decibelen in de ruimte was gedaald.

Case 10.2 *De norm van gelijke inbreng terzijde schuiven*

Als onderdeel van een tweedaagse workshop over procesadvisering leidde ik op verzoek een twee uur durende dialoogsessie. De twintig deelnemers waren allen professionele adviseurs, waardoor ik weinig aanwijzingen hoefde te geven. Wij begonnen met een introductieronde waarin iedereen zei wie hij was en in enkele zinnen vertelde wat hij van deze sessie hoopte mee te nemen. Tijdens de sessie werd betrekkelijk gemakkelijk van het ene onderwerp naar het andere overgegaan en ik kon zien hoe de deelnemers zich steeds beschouwender opstelden.

Tegen het einde van de bijeenkomst vroeg ik ieder lid bij wijze van afsluiting persoonlijk in enkele zinnen zijn reactie op deze dialoogsessie te geven. Een van de opmerkelijkste en meest onthullende commentaren was dat van een deelnemer die aangaf dat hij zich voor het eerst in vele jaren 'bevoegd had gevoeld zijn mond te houden'. Hij en ook anderen merkten op dat het in de meeste groepen norm is dat iedereen niet alleen het recht had op een zekere spreektijd, maar zelfs in zekere zin verplicht was iets te zeggen. Zwijgen was een slechte zaak, en vaak werden mensen die hun mond hielden door de voorzitter gemaand hun gedachten onder woorden te brengen, vaak op grond van de onjuiste veronderstelling dat deze mensen hulp nodig hadden om 'in de ether te komen'. Deze deelnemer wees ons er nog eens op hoe zinvol stilzwijgend nadenken kan zijn en hoe belangrijk het is in groepsbijeenkomsten het recht daarop te erkennen.

Case 10.3 *Introductie van de dialoog binnen een taakprobleem*

Als onderdeel van mijn werk voor de exploratie- en productiedivisie (E&P) van een grote oliemaatschappij probeerde ik te achterhalen hoe de subcultuur van dit specifieke bedrijfsonderdeel eruit zag. De leden van deze organisatie moesten weten wat hun subcultuur was, omdat de onderneming zich afvroeg of deze divisie al dan niet zou moeten worden opgeheven en hoe de resultaten ervan konden worden gemeten. Tijdens een culturele analyse samen met de veertig topfunctionarissen van de divisie bleek dat er in feite twee sterke subculturen bestonden, die een weerspiegeling vormden van de kerntechnologieën en primaire taken van respectievelijk de exploratie- en de productiedivisie. De culturele analyse leverde weliswaar een zeker inzicht op, maar verschafte geen duidelijkheid over de vraag of de divisie terecht zou moeten blijven bestaan en hoe de productiviteit ervan moest worden gemeten. Er bestonden wel voor de hand liggende indicatoren zoals de opgespoorde hoeveelheden olie en gas en de efficiëntie van de productie, maar de groep kon het nergens echt over eens worden.

Samen met de twaalf hoogste managers van de E&P-groep vormde ik een taakgroep voor de ontwikkeling van het meetsysteem, waarbij in verscheidene opeenvolgende vergaderingen bleek dat men maar bleef debatteren over de verschillende mogelijkheden. Bij een van deze gelegenheden werd mij duidelijk dat er binnen E&P niet alleen twee verschillende concepten voor meting werden gehanteerd, maar dat de twaalf leden er nog veel meer, stilzwijgende, veronderstellingen over de aard van de metingen op na hielden. Ik stelde voor dat onze volgende bijeenkomst geen vergadering zou zijn maar een drie uur of langer durende dialoogsessie.

Wij trokken er een avond voor uit, gingen in een grote kring zitten en begonnen met een algemene oriëntatie. Na een korte introductieronde stelde ik voor dat wij de rij deelnemers zouden afwerken door ieder de kans te geven op zijn gemak te vertellen wat 'meting' voor hem inhield en hoe hij of zij dat graag zag uitgevoerd. Daarbij hanteerden wij de regel dat er geen vragen of vraagtekens zouden worden gesteld maar dat er alleen maar iets zou worden gezegd. Ieders idee werd door mij op een flip-over genoteerd.

Het kostte ruim een uur voordat iedereen zijn zegje had gedaan, maar tegen het eind daarvan was er volgens alle deelnemers echte vooruitgang geboekt in die zin, dat men nu begreep hoe complex het terrein van de metingen feitelijk was en waarom het zo moeilijk was geweest om in de vorige bijeenkomsten tot overeenstemming te komen. In de volgende uren concentreerde men zich op de taak, bereikte consensus over de noodzaak de managementlaag boven hen ervan te overtuigen dat exploratie en productie verschillend moesten worden gemeten, en het senior management kreeg voor elk van de systemen gedetailleerde voorstellen aangeboden. In dit geval was de dialoogperiode een omweg die noodzakelijk was om tot werkbare overeenstemming over de taak te komen.

Dit geval maakt duidelijk dat de dialoog als vorm van gemanaged gesprek een noodzakelijk onderdeel vormde van het probleemoplossingsproces. Wel bleek het voor de groep erg moeilijk zonder hulp van buiten, zonder enkele concepten en zonder een methode om gesprekken zo te leiden dat er iets van kon worden geleerd, zelf zo'n gemanagede omweg te maken. Ik moest een sfeer creëren waarin men zijn eigen opvattingen kon ventileren zonder daarbij een gevoel van onveiligheid te krijgen, en de sfeer die de dialoog tot stand bracht voorkwam gezichtsverlies in die zin, dat deze groep van actieve probleemoplossers de omweg kon beschouwen als een experiment in plaats van als een blijk van hun eigen onvermogen om tot overeenstemming te komen.

De noodzakelijke werkwijze om de kring rond te gaan en daarbij ieder groepslid spreektijd te garanderen creëerde zo'n veilige sfeer, doordat de groep gewend was aan een debatmodel waarin veeleer een vechtmentaliteit overheerste. Merk op dat voor de structuur van de dialoog zowel perioden van noodzakelijke interactie vereist zijn om te garanderen dat iedereen het gevoel heeft 'in dezelfde boot te zitten', als perioden waarin niets zeggen legitiem is om de leden de kans te geven in veiligheid na te denken. In de E&P-groep veranderde de deelname, nadat men eenmaal ieders persoonlijke visie had aangehoord, drastisch zonder dat ook maar iemand zich daar onprettig bij voelde.

Oefening 10.1

Korte dialoogoefening (30 minuten)

1. Vraag zes of zeven mensen mee te doen en vorm een kring.
2. Beschouw uw groep als een 'raad van ouden' rond het kampvuur.
3. Een van de aanwezigen begint de introductieronde door te zeggen hoe hij heet en in enkele zinnen te zeggen wat zijn percepties, gevoelens en gedachten zijn. Wanneer hij daarmee klaar zegt hij: 'Ik ben er nu' en richt hij zich tot de volgende persoon. Dit gaat net zo lang door totdat iedereen zijn entree heeft gemaakt.
4. Las nadat iedereen aan de beurt is geweest een periode van stilte in, en laat dan gedurende 20 minuten iedereen tegen het kampvuur zeggen wat hem in gedachten komt.
5. Organiseer vervolgens een 'afscheidsronde', waarin iedereen in een paar zinnen vertelt hoe hij er na afloop van de bijeenkomst voor staat.

Oefening 10.2

Nagaan aan welke voorwaarden een dialoog moet voldoen

1. Werk met iemand samen.
2. Vertel elkaar over één of twee perioden uit uw verleden waaraan u het gevoel hebt overgehouden met iemand anders een echt goed, zinvol gesprek te hebben gehad.
3. Analyseer om beurten dat gesprek: welke kenmerken vertoonde de ander in dat gesprek, onder welke omstandigheden vond het plaats, hoe lang duurde het, waar ging het over, en wat was er nog meer relevant?
4. Analyseer gezamenlijk wat die beide gesprekken gemeen hadden. Hoe kun je daaruit generaliserende conclusies trekken over de noodzakelijke voorwaarden voor een goed en zinvol gesprek? Welke conclusies kun je trekken voor de wijze waarop je die voorwaarden in een groep zou kunnen realiseren?

Deel IV

Procesadvisering in de praktijk

De basisfilosofie van procesadvisering is nu beschreven en geïllustreerd. De soorten beginselen die de adviseur moet hanteren en de soorten interventies die hij in de loop van het gesprek kan plegen om welbewuste feedback te geven en een groep te helpen beter te functioneren of een betere dialoog aan te gaan, zijn gedetailleerd behandeld. De verborgen krachten die de communicatie en de menselijke verhoudingen verstoren, zijn geanalyseerd. Rest ons slechts te laten zien hoe dit alles in sommige projecten die een bepaalde tijd duren, op elkaar inwerkt.

Voor de lezer is het belangrijk te begrijpen dat tussen de drie fundamentele functies van (1) 'expert'-informatie verschaffen, (2) vanuit 'artsen'-standpunt een diagnose stellen en een recept aanreiken, en (3) procesadvisering, een permanente wisselwerking bestaat. Iedere adviseur of begeleider zal bij elke verandering van werkelijkheid afwisselend deze rollen moeten spelen en opgeven. Daarom kunnen wij ons procesadvisering beter voorstellen als een voor elke begeleider onmisbare vaardigheid, in plaats van als fulltime beroep zoals 'procesadviseur'. Paradoxaal genoeg echter kan de begeleider, om te kunnen weten wanneer hij welk adviesmodel moet hanteren, niet zonder de meeste vaardigheden die met procesadvisering te maken hebben: het vermogen onmiddellijk een diagnose te kunnen stellen, en het vermogen zijn eigen gedrag aan te passen aan de werkelijkheid, met de stroom mee te zwemmen en de kans van het moment te benutten.

Adviseringsprojecten volgen een ingewikkeld traject. Daarin is het niet echt goed mogelijk simpele, opeenvolgende patronen te onderkennen zoals 'oriënteren', 'binnenkomen', 'een contract sluiten', 'een diagnose stellen' en 'interveniëren'. In plaats daarvan blijkt dat je voortdurend intervenieert bij contactcliënten, vervolgens bij betrokken cliënten en daarna bij primaire cliënten die je weer kunnen betrekken bij een geheel nieuw project met daarbij behorende contact- en primaire cliënten – terwijl je er al die tijd voor moet zorgen dat de belangen van de uiteindelijke en onwetende cliënten niet worden veronachtzaamd of gemarginaliseerd. De adviseur moet in elke relatie voortdurend diagnosticerend te werk gaan en zijn interventies zorgvuldig afstemmen op de totstandkoming en instandhouding van een begeleidingsrelatie. En aangezien het merendeel hiervan in een gesprek tot stand komt, is het van essentieel belang de aandacht gericht te houden op de communicatieprocessen en de dynamiek van het gesprek.

Hoe dit in de loop van de tijd uitwerkt, wordt aan de hand van cases en analytisch commentaar geïllustreerd in het hierna volgende hoofdstuk. In hoofdstuk 12, het laatste hoofdstuk van dit boek, volgen een samenvatting en recapitulatie van de essentiële visie op de totstandkoming van een begeleidingsrelatie in het algemeen.

11 Advisering in de praktijk: entree, situaties, methoden en het psychologisch contract

Tot dusverre heeft bij de totstandkoming van een begeleidingsrelatie de meeste nadruk gelegen op de relatie tussen adviseur en cliënt in een situatie waarin naast de adviseur slechts één andere persoon of een kleine groep was betrokken. Het meeste advieswerk geschiedt echter in de context van een meeromvattend leer- of veranderingsproject voor een gehele organisatie. De toepassing van procesadvisering in die grotere projecten is nu juist bepalend voor de kenmerken van wat in die context 'organisatieontwikkeling' wordt genoemd. De wisselwerking tussen het procesadviseringsmodel, het expertisemodel en het doktersmodel, maakt organisatieontwikkeling tot een relevanter proces wanneer bij organisatieverandering menselijke factoren een rol spelen – wat altijd het geval is. Het spreekt vanzelf dat zelfs bij de meest technische problemen ook menselijke factoren in het spel zijn; het vermogen om een begeleidingsrelatie tot stand te brengen, om wanneer dit nodig is het procesadviseringsmodel te kunnen hanteren, is voor goed advieswerk bepalend.

In dit hoofdstuk werk ik dit punt nader uit door een centrale plaats in te ruimen voor de organisatorische context. Hoe komt de adviseur voor het eerst een organisatie binnen, hoe brengt hij een relatie met de diverse onderdelen van het zich ontwikkelende cliëntsysteem tot stand, hoe kiest hij een situatie en een methode om met de cliënt te werken, en hoe sluit hij naarmate het project zich ontwikkelt haalbare psychologische contracten?

Een groot deel van de cases is gebaseerd op de Billings Company.[1] Billings is voor mij vooral belangrijk omdat ik daar, dankzij mijn vele ervaringen met die organisatie, de essentie van procesadvisering heb leren kennen. Mijn werk als adviseur van deze organisatie duurde van 1966 tot 1993, en ik had het geluk de normale werkbesprekingen te mogen bijwonen. Hoewel dus Billings vooral centraal zal staan, zal ik voor contrast- en vergelijkingsdoeleinden ook vanuit andere ondernemingen gegevens aandragen.

Eerste contact en entree

Het eerste contact komt tot stand wanneer iemand vanuit de cliëntorganisatie mij telefonisch of schriftelijk benadert over een probleem dat hij in een bepaald deel van de organisatie waarneemt of tegenkomt. De contactcliënt geeft in het eerste telefonische of schriftelijke contact aan dat hij een probleem heeft opgemerkt dat niet via het normale organisatieproces kan worden opgelost, of hij ziet een leemte die niet met de huidige middelen kan worden gevuld. Vaak wordt gevraagd om een 'educatieve interventie': een voordracht voor een groep managers over een onderwerp dat naar de mening van de contactcliënt te maken heeft met de problemen die hij in de organisatie heeft waargenomen. Zo'n verzoek heeft in de meeste gevallen te maken met iets waarover ik in die periode artikelen of boeken heb geschreven: managementontwikkeling, loopbaanontwikkeling, communicatie en groepsdynamica, sociale verhoudingen in de organisatie en – het meest recent – cultuur, cultuurverandering en leren in en door organisaties.

De Billings Manufacturing Company

Bij mijn eerste contact met Billings in 1966 was dit een kleine high-tech manufacturing company onder leiding van drie oprichters met een technische visie die zij verwezenlijkt wilden zien. Het waren van huis uit elektrotechnisch ingenieurs met een productidee met volgens hen commerciële mogelijkheden, waarvoor zij van een kleine plaatselijke handelsbank een klein startkapitaal hadden gekregen.

Het contact begon met een telefoontje van een kennis die bij het MIT had gewerkt en op dat moment vlak onder de oprichter/president-directeur leiding gaf aan de productie en die de president-directeur tevens administratief terzijde stond. Charles, de contactcliënt, gaf aan dat communicatieproblemen bestonden als gevolg van een recente reorganisatie binnen het topmanagement. Aangezien de onderneming voor de komende tien jaar een snelle groei verwachtte, meende de directie dat men die problemen ter voorbereiding daarop moest aanpakken. Charles wist dat mijn belangstelling uitging naar human-relationsproblemen van organisaties en dat ik kon bogen op een aanzienlijke hoeveelheid trainingen in groepsprocessen. Op grond van zijn kennis overtuigde hij president-directeur en voornaamste oprichter John Stone ervan dat hij via het topmanagement een adviseur binnen moest halen. Hij kreeg toestemming om mij te bellen en, mocht ik geïnteresseerd zijn, voor mij een afspraak met de president-directeur te maken.

Definiëring van de relatie: het oriënterend gesprek

In de eerste hoofdstukken ben ik uitgebreid ingegaan op de vraag, hoe op het eerste verzoek zo te reageren dat het als nuttig wordt ervaren. Wanneer dat eerste gesprek of telefoontje inderdaad als zodanig wordt ervaren en ik geïnteresseerd ben en meen inderdaad iets aan de genoemde problemen te kunnen doen, nemen de contactcliënt en ik *samen* een besluit over de volgende stap, wat altijd een *oriënterend gesprek* is. Wie daarbij aanwezig zijn, waar het zal plaatsvinden, hoe lang het zal gaan duren en of de cliënt er een declaratie voor krijgt, moet samen met de contactcliënt worden afgesproken. De filosofie waarop de procesadvisering berust, vereist dat elke interventie een zaak is van adviseur en cliënt samen; de eerste taak die moet worden verricht, is dus een probleemoplossingsproces te ontwerpen dat leidt tot een juiste beslissing over de aard van het oriënterende gesprek. In dat gesprek maak ik waarschijnlijk kennis met andere leden van het cliëntsysteem, maar weet ik nog niet of dat betrokken of primaire cliënten zijn.

De doelstellingen van zo'n oriënterend gesprek zijn:

1. Vaststellen wat het probleem is.

2. Beoordelen of mijn verdere betrokkenheid de organisatie naar alle waarschijnlijkheid van nut zal zijn.

3. Beoordelen of het probleem voor mij interessant is.

4. Uitproberen of het tussen mij en de cliënten zal 'klikken'.

5. Als de punten 1, 2, 3 en 4 positief uitvallen, samen met de cliënt vaststellen wat vervolgens zal moeten gebeuren.

Voor de organisatie van de bijeenkomst met de cliënt is de belangrijkste vraag: wie moet(en) daarbij aanwezig zijn? Wanneer ik de kans heb op die beslissing invloed uit te oefenen, hanteer ik daarbij de volgende criteria:

1. Iemand die in de organisatie 'hoog' genoeg is om, wanneer hij nieuwe inzichten opdoet, invloed te kunnen uitoefenen op anderen.

2. Iemand die in het algemeen vertrouwd is met het idee bij organisatieproblemen een adviseur in de arm te nemen.

3. Iemand die een bepaald aantal problemen of symptomen waarneemt die aandacht behoeven, of iemand die bepaalde doelstellingen en idealen heeft die niet worden verwezenlijkt.

4. Iemand die bekend is met gedragswetenschappelijke adviseurs en met de algemene opvatting dat de cliënt in het adviseringsproces een actieve rol moet blijven spelen.

Vermeden moet worden dat bij deze gesprekken lieden aanwezig zijn die zich afwijzend of sceptisch opstellen over wat de adviseur te bieden heeft dan wel er helemaal niets van afweten. Wanneer zo iemand daarbij aanwezig is en mij vraagt *te bewijzen* dat ik hen kan helpen, zijn wij niet meer bezig met *na te gaan wat het probleem is*. In plaats daarvan kom ik dan in de verleiding de rol van *verkoper* op mij te nemen, en als ik voor die verleiding bezwijk, zondig ik al meteen tegen datgene waarop procesadvisering berust: anderen zo te helpen dat zij zichzelf kunnen helpen. Begint het contact daarentegen met leden van het cliëntsysteem die bereid zijn een samenwerkingsmodel te proberen, dan is het in een later stadium vaak mogelijk bijeenkomsten te organiseren waarin anderen die er afwijzend tegenover staan constructief tegemoet kunnen worden getreden en waarin conflicten kunnen worden opgelost.

Het oriënterende gesprek vindt doorgaans plaats tijdens een lange lunch of een bijeenkomst die een halve dag in beslag neemt. In de regel zeg ik tegen de contactcliënt dat de onderneming erop moet rekenen voor deze bijeenkomst te moeten betalen, omdat het begeleidingsproces feitelijk reeds begint bij het eerste contact. De soorten diagnostische vragen die ik stel, het referentiekader van waaruit ik het probleem benader, de soorten dingen waar ik naar kijk en op reageer, zijn allemaal eerste interventies die in zekere zin invloed hebben op de wijze waarop de cliënt zijn eigen problemen beziet. Na verscheidene uren lang zijn eigen problemen onder de loep te hebben genomen, heeft de cliënt daar een andere kijk op gekregen en beschikt hij over nieuwe inzichten. Tegelijkertijd heb ik daar dan mijn meest schaarse bedrijfsmiddel aan besteed: tijd.

Bij de Billings Company vond een eerste oriënterend gesprek plaats met alleen de contactcliënt. Charles toonde zich openlijk bezorgd over het feit dat de president-directeur hulp nodig had bij de omgang met bepaalde sleutelfunctionarissen, dat de president-directeur en zijn belangrijkste ondergeschikten slecht met elkaar communiceerden, en hij wees erop dat het recente verleden van de onderneming vroeg om een of andere stabiliserende factor in de organisatie. Ik vroeg Charles of Stone wist dat hij mij had benaderd en wat Stone zou vinden van het aantrekken van een adviseur. Charles gaf aan dat zowel Stone als de overige sleutelfunctionarissen er allemaal voor waren dat er iemand bij werd gehaald om met hen samen te werken. Iedereen zag wel in dat er hulp van buitenaf aan te pas moest komen.

Ons tweegesprek eindigde met het besluit de voelhorens wat verder uit te steken door een van de reguliere directievergaderingen bij te wonen, bij welke gelegenheid ik tevens zou spreken met oprichter en president-directeur Stone, om te kijken of wij samen door één deur zouden kunnen. Dit was noodzakelijk omdat Stone een zeer uitgesproken persoonlijkheid was, en ik nauw met hem en zijn rechtstreekse ondergeschikten zou moeten samenwerken.

In de meeste gevallen kan ik niet op grond van het eerste contact uitmaken wat het eigenlijke doel van de advisering is, en kan ik daarom niet verder gaan dan af te spreken de zaak in een oriënterend gesprek verder uit te diepen. Wanneer ik nog enige adviestijd over heb, maak ik op korte termijn een afspraak voor zo'n gesprek. Heb ik geen tijd of ben ik niet geïnteresseerd, dan vraag ik of het probleem kan wachten of beveel ik iemand anders aan die misschien zou kunnen helpen. Een enkele keer ga ik dan toch akkoord met een oriënterend gesprek, op voorwaarde dat als dat iets oplevert het eigenlijke werk later of door iemand anders wordt gedaan. Eén van de speciale diensten die je in een oriënterend gesprek kunt verlenen is in feite, de cliënt te helpen uitzoeken wat voor hulp hij eigenlijk nodig heeft, zonder dat dit inhoudt dat de eerste adviseur tevens de uit te voeren projecten voor zijn rekening neemt. Soms beveel ik de contactcliënt aan dat het beste gebruik dat men van mijn diensten kan maken bestaat uit één of twee gesprekken om te achterhalen waar de cliënt behoefte aan heeft – zonder dat één van beide partijen zich verplicht tot een langdurig project. In dit stadium functioneert de adviseur eerder als een soort huisarts, die helpt bij de beslissing welke specialist voor de patiënt verder het beste zou zijn.

Tijdens het gesprek stel ik informatieve vragen die bedoeld zijn om:

1. de aspecten van het probleem dat men heeft aangedragen scherper en helderder voor ogen te krijgen;

2. te toetsen hoe open en vrijmoedig de contactcliënt bereid is te zijn;

3. zo veel mogelijk duidelijk te maken welke stijl ik zal hanteren.

Als ik het gevoel heb dat de cliënt zich wil indekken, niet bereid is kritisch tegenover zijn eigen organisatie te staan, verward is over zijn eigen motieven en/of over mijn potentiële rol als adviseur, ben ik op mijn hoede. Dan laat ik weten dat we zonder verdere oriëntatie beter niets kunnen beslissen, of maak ik wanneer ik pessimistisch ben over de mogelijkheid een goede relatie tot stand te brengen, een einde aan het contact. Wanneer de contactcliënt er al te zeker van lijkt te zijn dat hij al weet wat er mis is, als hij mij ten onrechte drukt in de rol van expert op een terrein waarin ik niet deskundig ben, of wanneer hij duidelijk een verkeerd beeld heeft van wat een adviseur met een organisatiepsychologische achtergrond te bieden heeft, aarzel ik wegens het gevaar van tijdverspilling zelfs met een voorstel voor niet meer dan een vervolggesprek. Ik voel er weinig voor om door te gaan als de contactcliënt alleen maar uit is op een soort goedkeuring voor maatregelen die hij al heeft genomen of een snelle oplossing zoekt voor een oppervlakkig probleem.

Ter illustratie van een ongunstig resultaat het volgende voorbeeld. De directeur P&O van de Etna Production Co. vroeg mij om een gesprek met hemzelf en twee van zijn belangrijkste personeelsfunctionarissen, voor een evaluatie van een nieuw prestatiebeoordelingssysteem dat men voor de gehele onderneming wilde invoeren. Ik ging akkoord met een oriënterend gesprek van een dag aan het MIT, waarbij de vertegenwoordigers van de onderneming het nieuwe programma uiteen zouden zetten. Een half uur na het begin van de presentatie stelde ik vragen over een aantal punten die elkaar volgens mij tegenspraken, om toen tot de ontdekking te komen dat de cliënt zich openlijk defensief opstelde. Hoe langer de discussie duurde, hoe duidelijker het werd dat de cliënt aan dit programma al helemaal vast zat en van mij alleen maar wilde horen dat het zo goed was. Tevens werd mij uit de manier waarop hij op vragen en kritiek reageerde duidelijk dat hij niet bereid was ook maar enig deel van het programma nog eens opnieuw te bekijken. Hij wilde eigenlijk helemaal geen evaluatie. Daarom maakte ik aan het eind van de dag een eind aan de relatie, en zei dat ik naar mijn mening geen andere hulp kon bieden dan door de vragen die ik inmiddels had gesteld.

Zoals blijkt is het managen van de relatie met de contactcliënt die moet leiden tot een oriënterend gesprek een complexe aangelegenheid die, indien niet duidelijk doordacht en uitgewerkt, vol voetangels en klemmen is. De beste richtlijn die ik hiervoor kan hanteren is, voor ogen te houden dat ik probeer te helpen en dat alles wat ik doe een interventie is. Ook merk tijdens gevalsbesprekingen met collega's dat, wanneer er iets lijkt te zijn misgelopen, de 'fouten' die de adviseur maakte zich vrijwel altijd *helemaal in het begin* van de relatie voordeden.

Situaties en werkwijzen

Een belangrijk vraagstuk waarmee wij al zeer vroeg, en soms al vóór het oriënterende gesprek, in de relatie te maken krijgen betreft de keuze van de werksituatie, de vaststelling van een tijdschema, een beschrijving van de te hanteren methode, en een bepaling vooraf van de te bereiken doelstellingen. Dit zijn cruciale beslissingen, omdat ze mede bepalen met welk onmiddellijk cliëntsysteem de adviseur in eerste instantie een relatie zal aangaan, en tevens bepalend zijn voor de wederzijdse verwachtingen van cliënt en adviseur.

De situaties. Voor een besluit over de situatie ga ik uit van een aantal algemene principes:

1. De keuze van plaats en tijd voor nader contact met leden van het cliëntsysteem moet geschieden in overleg met contact- en betrokken cliënten. De adviseur moet vermijden dat men zich het beeld vormt van een psycholoog met röntgen-ogen, die bij zijn rondgang door de organisatie opmerkingen maakt over alles wat hem opvalt en naar zijn idee aandacht

behoeft. Als de cliënt een bezoek van mij zeer op prijs stelt is dat een wenselijke volgende stap. Ik breng pas een bezoek aan de cliëntorganisatie wanneer ik meer weet over het probleem en de politieke situatie eromheen. Ik heb meer dan eens in de situatie verkeerd waarin contact- of betrokken cliënten mij in politiek opzicht 'gebruikten' door mij een voordracht te laten houden of mij in vergaderingen te laten verschijnen, alleen maar om hun collega's te laten voelen dat zij uiteindelijk de dienst uitmaakten. De adviseur moet zich uitsluitend begeven in situaties waarin zowel cliënt als adviseur zich op hun gemak voelen en kunnen ingaan op de problemen of vraagstukken die de primaire aanleiding tot het contact vormden.

2. In de gekozen werksituatie moeten zo hoog mogelijke functionarissen aanwezig zijn, want hoe hoger het niveau hoe waarschijnlijker de basisnormen, de waarden, en de doelstellingen daar kunnen worden waargenomen waar ze ook werkzaam zijn. De hogere niveaus bepalen de sfeer in de organisatie en uiteindelijk ook de criteria voor het effectief functioneren van de organisatie. Wanneer de adviseur met deze niveaus geen nauw contact heeft, kan hij niet vaststellen welke die uiteindelijke normen, doelstellingen en criteria zijn; en als hij daarvan niet op de hoogte is, komt hij zijn eigen ethische verantwoordelijkheid niet na.

   Alleen als die normen, doelstellingen en criteria van de organisatie voor de adviseur persoonlijk acceptabel zijn, kan hij met een gerust hart de organisatie helpen ze te verwezenlijken. Heeft de adviseur het gevoel dat de doelstellingen van de organisatie onethisch, immoreel of om een of andere reden voor hem persoonlijk onaanvaardbaar zijn, dan kan hij trachten ze veranderd te krijgen of de relatie beëindigen; dit is echter een keuze die bewust moet worden gemaakt. De adviseur mag zijn werk niet verrichten in volslagen onwetendheid van wat de gezagsdragers in de organisatie proberen te bereiken.

   Ten tweede: hoe hoger het niveau, hoe beter het resultaat van elke verandering die wordt doorgevoerd. Met andere woorden, als de adviseur de president-directeur zo ver kan krijgen dat hij meer leert over organisatieprocessen en zijn gedrag daarmee in overeenstemming brengt, heeft deze verandering invloed op zijn rechtstreekse ondergeschikten, wat een kettingreactie van beïnvloeding op gang brengt. De meer algemene manier om dit duidelijk te maken is te zeggen dat de adviseur moet zoeken naar de situatie of de groep deelnemers die naar zijn idee potentieel de grootste invloed heeft op de rest van de organisatie. Doorgaans blijkt dit het hoogste directieniveau te zijn.

3. De gekozen situatie moet goede mogelijkheden bieden om probleemoplossingen, interpersoonlijke en groepsprocessen waar te nemen. Vaak blijkt dit een wekelijkse of maandelijkse stafvergadering te zijn, of een andere regelmatig geagendeerde activiteit waarin twee of meer leden van de belangrijkste cliëntgroep samen zakelijk bezig zijn. Het is belangrijk waar te nemen hoe dit proces tussen de leden onderling, en niet alleen dat tussen individuele leden en de adviseur, verloopt. Daarom is de enquête- of de interviewmethode niet meer dan een stoplap. Uiteindelijk moet de adviseur toegang hebben tot een situatie waarin de leden van de organisatie op de gebruikelijke manier in interactie zijn.

4. De gekozen situatie moet er een zijn waarin het *echte* werk aan de orde is. De adviseur moet situaties vermijden waarin een groep aanvankelijk instemt met zijn aanwezigheid, alleen maar om te praten over hun interpersoonlijke verhoudingen of naar een voordracht te luisteren. Zo'n bijeenkomst kan op zijn plaats zijn nadat tussen de groep en de adviseur reeds een relatie tot stand is gekomen, maar zou voor die tijd prematuur zijn. De groep kan dan nog niet voldoende vertrouwen in de adviseur hebben om over interpersoonlijke verhoudingen een echt open gesprek te hebben, en de adviseur beschikt nog niet over voldoende gegevens om de groep in zo'n gesprek te kunnen helpen. Bovendien kan de adviseur niet weten of de interpersoonlijke verhoudingen al dan niet van invloed zijn op zaken die het werk betreffen. Regelmatige commissie- of werkgroepvergaderingen zijn ideale gelegenheden, omdat de adviseur dan niet alleen de leden van de organisatie in een meer natuurlijke rol ziet, maar ook omdat hij daardoor te weten komt naar wat voor soort werk de zorg van de leden uitgaat.

Deze beginselen kunnen in de regel, terwijl men bezig is met de keuze van een situatie waar beiden achter kunnen staan, met de contactcliënt worden besproken. Door ze in dit gesprek aan de orde te stellen begint de adviseur tevens de cliënt iets te leren over de wijze waarop geplande veranderingen tot stand komen en over de wijze waarop over organisatieprocessen en de dynamiek daarvan moet worden gedacht.

De werkwijzen. De gekozen werkwijze moet zo sterk mogelijk overeenkomen met de principes en de waarden van het onderliggende adviseringsproces. De adviseur moet voor interactie zo zichtbaar en beschikbaar mogelijk zijn. De werkwijze moet zo zijn dat de adviseur niet de indruk wekt een diagnostisch expert te zijn, die met gebruik van een geheimzinnig instrumentarium voor de cliënt onbegrijpelijke conclusies trekt. Daarom is het wenselijk gebruik te maken van *waarneming, informele gesprekken* en *groepsdiscussies*, dit ter versterking van het uitgangspunt dat de adviseur niet altijd kant-en-klare antwoorden of gestandaardiseerde 'expert'-conclusies paraat heeft, en dat hij maximaal beschikbaar is voor vragen en tweezijdige communicatie. De vragen moeten relevant zijn en te maken hebben met de context van wat de cliënt heeft gevraagd. Vaak begin ik een adviesprocedure met enkele bescheiden vragen, om zo een relatie tot stand te brengen met ieder lid van het cliëntsysteem met wie ik ga samenwerken of die ik tijdens groepsbijeenkomsten bij mijn waarnemingen betrek. Het gesprek is zo opgezet dat ik laat zien wie en wat ik ben, en tevens iets over mijn gesprekspartner te weten kom.

Ik voer *niet*, zoals in veel adviesmodellen wordt bepleit, als normaal onderdeel van elk project gesprekken met iedereen die deel uitmaakt van het initiële cliëntsysteem. Soms wordt uit het oriënterende gesprek al duidelijk dat er leden van het cliëntsysteem zijn die niet openlijk durven zeggen wat zij denken, maar dat alleen willen doen onder vier ogen of in een latere bijeenkomst die zo is ingericht dat daarin de bijdragen van diverse groepsleden aan bod komen. In zulke gevallen plannen de contactcliënt en ik een aantal persoonlijke gesprekken. Het besluit tot het voeren van gesprekken en de redenen daarvoor moet echter door de contact- of betrokken cliënten worden gesteund. Ze mogen geen deel uitmaken van de routine-'methode' van de adviseur, omdat de adviseur hierdoor automatisch terecht komt in de expert-rol: hij beschikt dan immers over de informatie die hij heeft verzameld, terwijl op dat moment niemand anders daarover beschikt.

Wanneer de adviseur werkt met *vragenlijsten*, *enquêtes* of *tests* dan wel zich rijkelijk van jargon bedient, blijft hij voor de respondent een onbekende grootheid en laat hij tegelijkertijd weten te beschikken over mysterieuze en esoterische kennis over het verzamelen van gegevens en stellen van diagnoses. Zo lang hij wordt beschouwd als een expert met mysterieuze vaardigheden en als persoon onbekend blijft, kan de respondent hem niet echt vertrouwen en daarom zijn vragen niet volkomen openhartig beantwoorden. Daarom gebruik ik dergelijke instrumenten liever niet, tenzij ze in een bepaalde situatie duidelijk op hun plaats zijn en door het cliëntsysteem zijn aanvaard.

Ter illustratie van de wijze waarop dergelijke processen zich ontwikkelen, bespreek ik hier verscheidene gevallen waarin verschillende aspecten van de betrokkenheid bij de cliëntsystemen aan de dag treden.

Bij de Billings Company fungeerde een van de regelmatige directievergaderingen als oriënterende bespreking. In die vergadering zou ik oprichter en president-directeur Stone en de overige topdirecteuren ontmoeten, om met hen verder te praten over wat er zou kunnen en moeten worden gedaan. Wij zaten in de vergaderruimte naast de kamer van Stone, aan een grote niervormige tafel met daarboven een mobiel, bestaande uit zes afzonderlijke vrij rondzwevende handen met de wijsvinger recht naar voren. Wanneer de handen door de luchtstroming bewogen wezen de wijsvingers allemaal in een andere richting. Het deed denken aan willekeurig 'naar elkaar wijzen', waardoor ik mij afvroeg welke sfeer ik in deze organisatie zou tegenkomen.

Tijdens de vergadering bleek een levendige belangstelling voor het idee een buitenstaander erbij te halen om de groep te helpen effectiever te functioneren. Tevens merkte ik dat de groep bereid was tot een relatie waaruit van alles zou kunnen voortkomen. Ik legde uit wat mijn begeleidingsfilosofie was, namelijk door waar te nemen wat er gebeurt en indien gepast procesinterventies te plegen; daarnaast stelde ik dat een goede manier om nader met elkaar kennis te maken ten slotte zou bestaan uit een reeks persoonlijke gesprekken met elk lid van het gezelschap. Tevens beval ik aan, mij toe te laten tot de regelmatige veertiendaagse directievergaderingen die een halve dag in beslag namen. De gesprekken konden dan plaatsvinden na afloop van zulke vergaderingen. Met deze opzet werd ingestemd.

Na de eerste bijeenkomst van de groep kon ik een aantal belangrijke voorvallen noteren. Zo was Stone weliswaar zeer informeel maar ook zeer machtig. Ik kreeg in het begin de (later bevestigde) indruk dat de relatie tussen alle groepsleden enerzijds en de president-directeur anderzijds de hoofdmoot zou vormen en dat de onderlinge relaties tussen de overigen relatief minder belangrijk waren. Ook kreeg ik de indruk dat Stone een zelfverzekerde figuur was die mijn aanwezigheid alleen zou tolereren zolang hij meende daar iets aan te hebben. Zodra hij de indruk kreeg dat mijn aanwezigheid wat hem betrof geen waarde meer had, zou hij niet aarzelen mij dat in mijn gezicht te zeggen en de relatie te beëindigen.

Wat ook indruk op mij maakte, was dat Stone – en dat bleek indicatief voor zijn stijl van leiding geven – geen behoefte voelde om mij alleen te spreken. Hij vond het van begin af aan best als groepslid met mij van doen te hebben. Tegen het einde van de eerste bijeenkomst vroeg ik hem om een gesprek onder vier ogen, om mijzelf ervan te verzekeren dat wij een goed inzicht hadden in het psychologisch contract dat wij nu zouden sluiten. Verrassend genoeg zinde zo'n persoonlijke relatie hem allesbehalve, er was weinig dat hij mij wenste mede te delen en hij toonde weinig belangstelling voor mijn visie op de relatie. Ik wilde dat persoonlijke gesprek om te zien hoe hij zou reageren op een beetje persoonlijke feedback over zijn eigen gedrag in het verdere verloop van het adviseringsproces. Hij zei daar graag iets over te horen en gaf aan zich daar weinig of geen zorgen over te maken. Zoals ik later te weten kwam, was zijn reactie een weerspiegeling van zijn zeer sterk ontwikkelde gevoel van macht en identiteit. Hij meende zichzelf zeer goed te kennen en voelde zich door feedback niet in het minst bedreigd.

Stone maakte tevens heel duidelijk, te verwachten dat ik zelf wel zou uitzoeken wat er moest gebeuren en dat hij een verbetering wilde van hun functioneren als totale groep, en niet op zoek was naar oplossingen voor bepaalde problemen. Ik was door zijn openheid op een plezierige manier verrast, evenals door zijn bereidheid mij de normale werkvergaderingen te laten bijwonen. Wat de 'definiëring van cliënten' betreft, was nu wel duidelijk dat Stone en zijn groep de primaire cliënt vormden. Ik zou beginnen met een directievergadering bij te wonen en mijn inspanningen te richten op een effectiever functioneren van de groep.

Bij de *Boyd Consumer Goods Company* begon de advisering in wezen op dezelfde manier. Tijdens het oriënterend gesprek met de president-directeur vroeg ik of hij regelmatig vergaderde met zijn directe ondergeschikten. Dat bleek wekelijks te zijn, en aangezien het hier om een lokaal bedrijf ging, kwamen wij overeen dat ik zou beginnen met deze vergaderingen bij te wonen. De president-directeur legde het gezelschap uit dat hij mij had gevraagd erbij te komen om de groep te helpen effectiever te functioneren en vroeg mij vervolgens aan te geven hoe ik mijn eigen rol zag. Ik gaf een uiteenzetting van wat procesadvisering was en van het soort zaken waar ik naar zou kijken, en ik zei erbij dat ik mij niet zeer actief zou opstellen maar de groep liever haar normale gang liet gaan, en dat ik op momenten waarop mij dat nuttig leek wel de nodige opmerkingen zou maken. Na enkele vergaderingen werd besloten dat ik met ieder lid van de zeven man tellende groep een persoonlijk gesprek zou hebben, om meer over het bedrijf te weten te komen en te helpen vast te stellen welke zaken zouden moeten veranderen om de groep effectiever te maken.

Bij de *Central Chemical Company* was het patroon volkomen anders, aangezien dit bedrijf een heel eind uit de buurt lag en ik verscheidene maanden later slechts één week bij hen zou doorbrengen. Tevens is dit een illustratie van een geval waarin werd begonnen met een educatieve interventie, in dit geval een workshop over het managen van veranderingen.

De contactcliënt was iemand uit de afdeling organisatieontwikkeling, die zeer goed op de hoogte was van het mogelijke gebruik dat hij van een adviseur kon maken. Alvorens met mij contact op te nemen had hij gesproken met Dick Beckhard, een van mijn collega's, om te zien hoe ik het best van nut zou kunnen zijn. Zij concludeerden dat een workshop om lijnmanagers te helpen verbetering te brengen in hun diagnoses en actieplannen voor veranderingsprojecten die zij wilden implementeren, daarvoor het beste zou zijn. Dick vroeg mij toen hoe ik er over dacht om zo'n workshop in Engeland te houden. Pas nadat ik daarop ja had gezegd, hoorde ik van de contactcliënt de details van wat men had bedacht.[2]

Nadat wij het over de workshop schriftelijk eens waren geworden, zette ik mij samen met een collega aan het programma voor die week. Wij besloten het plan totdat ik 's avonds vóór de workshop ter plaatse was het plan nog niet als volkomen vaststaand te beschouwen. Wel hadden wij het vaste besluit genomen alleen die managers uit te nodigen die belang hadden bij verandering van een bepaald aspect van hun rechtstreekse werksituatie, en elke manager de workshop te laten bezoeken met een lid van zijn eigen personeelsafdeling, om er voor te zorgen dat veranderingsproblemen door teams werden bekeken.

Na mijn aankomst in de vestiging van de Central Chemical Company enkele maanden later, ontmoette ik daar mijn contactcliënt, de 'interne' adviseur, zijn chef (de directeur personeel), en één of twee andere personeelsfunctionarissen met belangstelling voor het project. Wij bespraken de doelstellingen en het programma van die week, besloten ons flexibel op te stellen totdat wij van de deelnemers meer over hun veranderingsdoelstellingen hadden gehoord, en besloten dat de interne adviseur bij de uitvoering van het programma met mij zou samenwerken. De workshop zou worden gehouden in het opleidingscentrum van de onderneming, op een afgelegen plek ergens in het noorden van Engeland. Alle teams (in totaal achttien personen) kwamen voor de workshop elke dag naar het opleidingscentrum toe. Alle basisregelingen waren een zaak van de contactcliënt, zij het met een inbreng van mij.

Bij Billings en bij Boyd kwam ik meteen in een werkgroep terecht. Bij Central Co. leidde ik een workshop om managers te helpen bij een deel van hun takenpakket betere resultaten te boeken. Een derde patroon vormt een combinatie van deze beide situaties, en wel in de vorm van een bijeenkomst ter oplossing van een bepaald organisatieprobleem. De adviseur leidt weliswaar de bijeenkomst, maar het werk dat de deelnemers verrichten is echt problemen oplossen.

Dit project werd in de jaren zestig uitgevoerd bij de *Internal Revenue Service*, de Amerikaanse belastingdienst. Enkele leden van de afdeling opleidingen van de IRS had verscheidene jaren daarvoor een sensitivity-training ondergaan, die was opgenomen in de vormingsprogramma's voor hun midden- en hogere management, en zij waren behoorlijk thuis geraakt in het analyseren van organisatieprocessen. Het was een aantal van hen duidelijk geworden dat een van de grote problemen van de organisatie bestond uit het conflict tussen het hoofdkantoor en de diverse bijkantoren: conflicten over de gewenste mate van decentralisatie en beslissingsbevoegdheid, over de mate waarin het systeem voldeed aan eerder gemaakte afspraken over decentralisering, en conflicten over de gezagsverhoudingen.

De organisatie had in het hoofdkantoor sterke directeuren van functiegebieden die vaak in botsing kwamen met de regionale en districtsdirecteuren die ter plaatse het IRS-werk deden. Wanneer het hoofdkantoor nieuwe financiële en marketingprogramma's opstelde om het werk van de IRS en het imago ervan te verbeteren, placht men daarbij de officiële lijnorganisatie te passeren en zich in plaats daarvan rechtstreeks te wenden tot de financiële en marketingfunctionarissen 'in het veld'. Dit leidde in zowel het hoofdkantoor als bij het regionale management tot ongenoegen en woede.

De centrale opleidingsgroep wist dat alle managers op sleutelposities, zowel uit het hoofdkantoor als uit het veld, jaarlijks bijeen kwamen; het waren er in totaal vijftien. Een van de leden van deze groep belde mij met de vraag of het mogelijk was een van deze vergaderingen zo in te richten dat de gehele groep zich met dat organisatieprobleem zou kunnen bezighouden, en of ik kon helpen zo'n vergadering voor te bereiden en te leiden.

Ik voerde met verscheidene leden van de opleidingsafdeling een oriënterend gesprek en vernam bij die gelegenheid dat men er niet zeker van was hoe de hoogste baas en zijn rechtstreekse ondergeschikten op het idee zouden reageren, omdat men nog nooit met een externe adviseur te maken had gehad. Na de mening te hebben gevraagd van een aantal regiodirecteuren die eerder aan sensitivity-trainingen hadden deelgenomen en daar iets hadden geleerd over het potentiële nut van de aanwezigheid van een 'gedragswetenschappelijk georiënteerd adviseur', voelde men zich echter voldoende gesterkt om het met zo'n bijeenkomst te proberen.

Een kerngroep, bestaande uit de directeur opleidingen, twee sleutelfunctionarissen uit zijn staf en een enthousiaste regiodirecteur vergaderden samen met mij een dag lang om de te volgen strategie vast te stellen. Wij concludeerden dat, wilde zo'n programma ook werken, een aanzienlijk aantal toekomstige deelnemers ook zou moeten worden betrokken bij de planning voor de bijeenkomst en de opzet ervan. Daarom werd een planningsgroep gevormd, bestaande uit evenveel managers uit het hoofdkantoor als uit de regionale kantoren. De opdracht van deze groep was in twee dagen tijds de gehele bijeenkomst te plannen. Dit plan zou vervolgens ter goedkeuring worden voorgelegd aan de directeur en zijn naaste medewerkers.[3]

Mijn rol als adviseur was in twee fasen van dit project van cruciaal belang. Ten eerste moest ik de planningsgroep tijdens de twee dagen durende vergadering zien af te houden van een traditioneel model, namelijk dat ik voordrachten zou houden over problemen tussen hoofdkantoren en bijkantoren, die dan door het gezelschap zouden worden besproken. Ten tweede moest ik enige verantwoordelijkheid aanvaarden voor het succes van het uiteindelijk gekozen model, en voor mijzelf een rol bedenken waardoor dat model zou kunnen werken.

Het plan dat van deze twee dagen het resultaat was, zag er als volgt uit:

1. De drie dagen durende bijeenkomst zou worden gefactureerd als onderzoek naar organisatorische problemen in de top van de organisatie, met als doel verbetering van de verhoudingen binnen de organisatie.
2. De bijeenkomst zou worden voorgezeten door mij, en niet door de directeur; dit om aan te geven dat het hoofdkantoor noch de regio's de discussie zouden domineren.
3. De agenda voor de bijeenkomst zou worden vastgesteld volgens een door Dick Beckhard aanbevolen procedure, waarin ieder lid van de vijftien personen tellende groep het verzoek kreeg mij op mijn huisadres een brief te schrijven met daarin wat hij beschouwde als het grootste organisatorische probleem waarmee de groep te maken had. Ik zou dan de informatie uit die vijftien brieven verwerken tot centrale thema's en vraagstukken. Deze thema's en vraagstukken zou ik tijdens de eerste sessie aan de groep voorleggen, en ze zouden voor de komende drie dagen de agenda vormen.

Het eerste doel van de brieven was, iedereen gelegenheid te geven volkomen open tegen mij te zijn zonder daardoor de wraak van zijn chef of andere groepsleden over zich af te roepen. Ten tweede was het een mooie gelegenheid om reeds voor de aanvang van de bijeenkomst van alle leden een aantal gegevens op tafel te krijgen. Ten derde werd ieder lid hierdoor betrokken bij het opstellen van de agenda. Dat was een aanzienlijk verschil met voorgaande bijeenkomsten, waarvoor de directeur samen met zijn staf de agenda bepaalde. Daarom mocht worden verwacht dat alle leden zich al vanaf het begin meer bij de bijeenkomst betrokken zouden voelen.

Aan die brievenschrijverij zaten overigens twee problemen vast: (1) het deed een beetje aan als een foefje, en (2) het was moeilijk uit te maken hoe iemand die mij nog niet had ontmoet daarop zou reageren. Zou hij aan een hem onbekende professor over nogal gevoelige organisatieproblemen wel een openhartige brief schrijven? Wij besloten dat wij het risico van geen of weinig reacties maar moesten aanvaarden, maar dat wij dit zo klein mogelijk konden maken door de leden van de planningsgroep te laten praten met mensen die zij kenden en een persoonlijk beroep op hen te doen een brief te schrijven waarin niets werd achterhouden.

De procedure werd goedgekeurd en voorgelegd aan de directeur, werd enthousiast ontvangen en kon daardoor dienen als plan voor de bijeenkomst. Ik wees de planningsgroep erop dat de directeur en zijn plaatsvervanger voorzichtig zouden moeten zijn met de wijze waarop zij hun rol speelden. Als zij te snel terugvielen op hun machtspositie en niet meer meehielpen bij het diagnosticeren van organisatorische problemen, zou de groep stilvallen en bleven de problemen onopgelost. Uit het gesprek dat ik met hen beiden had, concludeerde ik dat zij de risico's begrepen, bereid waren die te accepteren, en beschikten over de persoonlijkheid om zich in dit enigszins afwijkende vergadermodel te kunnen schikken.

Na het besluit door te gaan besloot de groep dat de plaatsvervangend directeur een brief zou schrijven waarin hij de opzet van de vergadering uiteen zou zetten en verzocht om brieven waarin men zijn eigen diagnose kon geven. De leden van de planningsgroep zouden daarna de districten bezoeken om er zeker van te zijn dat iedereen begreep wat het plan was en ook dat het afkomstig was van eigen leden van de organisatie – ook al had ik voor een groot deel van de afzonderlijke elementen ervan de nodige aanbevelingen gedaan.

Deze nogal tijdrovende procedure was essentieel om in een procesgerichte vergadering de betrokkenheid van de deelnemers te verkrijgen. Ook al waren de ideeën oorspronkelijk afkomstig van de afdeling opleidingen en van mij, het concept sprak de regionale managers en die van het hoofdkantoor toch duidelijk aan. Als zij zich er niet voor hadden willen inzetten, was zo'n bijeenkomst gewoonweg onmogelijk geweest.

De brieven bevatten een schat aan openhartige beoordelingen van de huidige situatie, wat het gemakkelijk maakte een agenda op te stellen die naar de mening van de groep uiterst relevant was. Mijn rol bestond eruit, deze beoordelingen onder te brengen in een redelijk aantal organisatorische vraagstukken waar de vergadering mee uit de voeten kon. Ik kon zonder dat ook maar iemand zich bedreigd zou voelen deze problemen aanscherpen, omdat op de agenda alleen kwesties stonden die door verscheidene leden waren aangedragen. Ik zat de vergadering voor en leidde die zo dat bij verscheidene kwesties consensus ontstond over de wijze waarop de deelnemers de relatie tussen het hoofdkantoor en het werkveld in de toekomst gestructureerd wilden zien. De directeur en zijn plaatsvervanger namen aan de groepsdiscussies deel zonder daarin te domineren.

Dankzij zorgvuldige planning van het begeleidingsproces konden wij moeilijke kwesties die al jaren voor de nodige spanningen hadden gezorgd, openlijk ter discussie stellen, neutraliseren en loskoppelen van bepaalde personen. Daarnaast schiepen wij een sfeer waarin de groep op een constructieve manier met moeilijke problemen kon omgaan en men elkaar kon aanspreken zonder daarin te worden gehinderd door moeilijk te nemen hiërarchische barrières. Van deze ervaring leerde ik tevens hoezeer het resultaat afhangt van de samenwerking bij onderzoek en interventies, tussen mijzelf als buitenstaander en diverse insiders.

Ik heb getracht via deze cases op de lezer over te brengen dat de werkwijze uiterst variabel kan zijn en sterk afhankelijk is van de werkelijkheden die in de eerste contacten en oriënterende gesprekken aan de oppervlakte verschijnen. Waar vooral de nadruk op moet liggen is, dat ik het gezelschap niet benader met een 'standaardmethode', maar dat ik probeer de cliënt te betrekken bij de beslissing wat het best zal werken om vooruitgang te kunnen boeken. Tegelijkertijd ben ik bereid tegengas te geven wanneer de cliënt komt aanzetten met een methode waar ik mij niet prettig bij voel. Als bijvoorbeeld de cliënt zou voorstellen de groepsleden voor de aanvang van de vergadering een aantal psychologische tests af te nemen, zou ik trachten hem van de onwenselijkheid daarvan te overtuigen. In zo'n gesprek zouden dan mijn eigen principes van procesadvisering aan de orde moeten komen en getoetst moeten worden. Zou de cliënt dan toch volhouden, dan moet ik overwegen mij terug te trekken, daarbij duidelijk aangevend dat de cliënt een fout zou maken door zo'n werkwijze toch door te zetten. Merk ook op dat 'foefjes' zoals de deelnemers mij een persoonlijke brief laten schrijven, altijd zo zijn ontworpen dat de cliënt van begin af aan maximaal bij het gehele probleemoplossingsproces wordt betrokken. Laat men dit achterwege, dan verschijnen de deelnemers in een passieve en afhankelijke positie op de vergadering, wachtend totdat een officiële voorzitter de agenda bekend maakt. Al deze overwegingen hebben te maken met het begrip 'psychologisch contract'.

Het psychologisch contract

Het psychologisch contract is het geheel van onuitgesproken verwachtingen bij adviseur en cliënt over wat beide partijen, afgezien van de basisafspraken over tijdstip, tijdsduur en honorering, in de hierboven beschreven relatie zullen geven en ontvangen. In veel adviseringstheorieën wordt ervoor gepleit zulke onuitgesproken verwachtingen van begin af aan zo expliciet mogelijk te maken en zo veel mogelijk te formaliseren. Naar mijn eigen ervaring is te proberen al meteen expliciet te worden over wat je hoopt en verwacht niet erg haalbaar of vruchtbaar, omdat beide partijen in dat stadium nog onvoldoende weten over de zich ontwikkelende werkelijkheid van de situatie om goed te kunnen inschatten wat zij zullen geven en wat zij mogen verwachten te ontvangen. Vaak genoeg blijken zelfs de formele afspraken die wij hebben gemaakt niet werkbaar te zijn. Het is weliswaar zinvol in elk stadium open te zijn over wat men verwacht, maar die openheid houdt tevens in dat ik niet zeker weet waar wij naar toe gaan, hoe de zaken zich zullen ontwikkelen, en of er misschien al dan niet nog bepaalde kwesties in het verschiet liggen.

Bij Billings was het psychologisch contract tussen Stone en mij buitengewoon vaag. Wij bedoelden het allebei goed, maar wisten aanvankelijk geen van beiden hoe mijn deelname aan de vergaderingen zou uitwerken en hoe de relatie zich vanaf dat moment zou ontwikkelen. Wat ik toen nog niet wist en wat Stone mij ook niet had kunnen vertellen, was dat zijn vaagheid niet slechts iets tijdelijks was, maar inderdaad een weerspiegeling was van zijn eigen stijl. Zoals hij jaren later opmerkte over mijn bijdrage aan de gang van zaken in de onderneming: 'Als ik ergens in de organisatie, bijvoorbeeld in de technische afdeling, een probleem tegenkom, vraag ik Ed Schein om met de lui daar te praten – en dan verwacht ik dat het probleem verdwijnt.'

Stone verwachtte van mij dat ik tussenbeide kwam om problemen uit de wereld te helpen, en voelde geen enkele behoefte om zich er zelf mee te bemoeien of zelfs maar te kijken naar wat ik nu eigenlijk aan het doen was. Het was zelfs zo dat hij, wanneer ik hem een enkele keer wilde vertellen waar ik mee bezig was, vaak uiting gaf aan zijn verveling en overduidelijk geen belangstelling meer voor de kwestie had. Hij verwachtte niet mijn optreden te moeten controleren, en liet zich alleen ergens bij betrekken wanneer ik hem ervan had overtuigd dat zijn gedrag moest veranderen vanwege iets wat ik had waargenomen of ontdekt.

Ook kwam ik er achter dat Stone onder andere een sterke behoefte had aan een relatie met een neutrale buitenstaander met wie hij hardop kon gaan denken. Ik heb vele uren in zijn kantoor doorgebracht, alleen maar luisterend naar wat in hem omging ten aanzien van de onderneming, zijn ondergeschikten, zijn frustraties, zijn managementvisie, en wat er verder nog in hem opkwam. Wij hadden voor zo'n gesprek wel vaak een agenda, maar die lieten wij vaak al binnen enkele minuten vallen om een uur of nog langer te praten over wat Stone die dag bezighield. Ik moest leren volkomen flexibel te reageren, van enerzijds alleen maar luisteren tot anderzijds zijn opvattingen ter discussie stellen. Stone had behoefte aan anderen die hem hielpen denken, en wanneer hij onder druk stond om een beslissing te nemen zei hij vaak: 'Zelf ben ik niet zo slim, maar wanneer ik praat met een stel andere slimmerikken in een groep, word ik dat wel heel snel.'

Ook tijdens de stafvergaderingen was ik op mijzelf aangewezen. Stone en zijn ondergeschikten vonden het best dat ik er bij zat en mijn best deed, maar er werd niet gesproken over wat ik zou doen of wanneer ik het zou doen – tenzij ik eigener beweging aangaf hoe ik mijn eigen rol zag. Ik denk dat de groep verwachtte dat mijn aanwezigheid van nut zou zijn, maar totdat ik iets specifieks deed hadden zij geen idee van de vorm die mijn hulp zou aannemen. Bovendien leken zij geen behoefte aan rolverduidelijking te hebben, wat – zoals bleek in de Billings-cultuur – een belangrijk thema was. Functies en verantwoordelijkheden waren in het algemeen vaag en de groep had met deze vaagheid geen enkele moeite. Een meer formeel contract zou gewoonweg niet hebben gewerkt.

Mijn declaraties, met een specificatie van tijd en werkzaamheden, gingen naar de directeur Human Resources, die naarmate de zaken zich ontwikkelden een van mijn interne informanten werd. Samen bespraken wij vele uren lang wat er met Stone aan de hand was en hoe wij het best konden omgaan met de agenda die hij had opgesteld. Soortgelijke gesprekken waren er ook met andere leden van de groep, zodat ik in zekere zin zowel persoonlijk adviseur van iedereen werd als adviseur van de groep als geheel.

Een vaag psychologisch contract zoals hier beschreven, is vaak typerend voor de gang van zaken. In feite verzet de hele gedachtegang waarop de procesadvisering berust zich tegen het formaliseren van adviesovereenkomsten, omdat de cliënt noch de adviseur kunnen voorspellen met welke werkelijkheid zij van dag tot dag te maken zullen krijgen. De enige zaken die kunnen worden geformaliseerd zijn de hoeveelheid tijd die de cliënt denkt nodig te hebben, de hoeveelheid die de adviseur ter beschikking heeft, en de hoogte van het honorarium. Maar zelfs wat de tijdsplanning betreft vind ik het nuttiger dat open te laten in die zin, dat wel een *maximum* tijd wordt genoemd, maar dat niet wordt verwacht dat die helemaal zal worden opgebruikt. Het allesoverheersende criterium moet zijn, wat zinvol is en wat gezien de nieuwe werkelijkheden waarmee de cliënt te maken krijgt het nuttigst zal zijn.

Ik verbind mij tot een bepaald aantal dagen per maand, tegen een vast uur-en/of dagtarief. Ik wil echter niet dat de cliëntorganisatie zich officieel vastlegt op een voorschot of een vooraf omlijnd contract van een bepaalde omvang, en zelf wil ik niet beloven dat de relatie blijvend zal zijn – en zo'n toezegging doe ik dan ook niet. Beide partijen moeten zich vrij voelen de relatie te verbreken op het moment dat die naar hun gevoel niet meer bevredigend of nuttig is. Deze wederzijdse vrijheid om er mee te stoppen is belangrijk om er voor te zorgen dat de relatie berust op de feitelijke waarde die ze oplevert, en niet op het nakomen van een of andere verplichting.

Anderzijds moeten zowel de adviseur als de cliënt bereid zijn zo veel tijd in het project te steken als men wederzijds wenselijk heeft bevonden. Wanneer ik slechts een dag per maand beschikbaar heb en het probleem van zodanige aard is dat de cliënt misschien meer tijd nodig heeft, moet ik duidelijk niet eens aan advisering beginnen. Ik probeer een redelijk goede schatting te maken van de hoeveelheid tijd die een bepaald project als alles naar wens verloopt zal vragen, en er voor zorgen dat ik op zijn minst die tijd beschikbaar heb. De cliënt moet van zijn kant zijn kosten zodanig begroten dat hij, als er meer dagen nodig zijn, het geld heeft om daarvoor te kunnen betalen. In geen enkel geval is ook maar iets hiervan ooit formeel op papier gezet, afgezien dan van een algemene brief van de cliënt waarin hij aangeeft de advisering op prijs te stellen. Wanneer wij eenmaal een dagtarief hebben afgesproken, houd ik zelf bij hoeveel tijd het mij heeft gekost en stuur ik de cliënt maandelijks een declaratie.

Ik probeer zo vroeg mogelijk in de relatie op de hoogte te komen van alle verwachtingen die de cliënt bewust of onbewust heeft achtergehouden en die van mijn kant acties zouden vragen waartoe ik niet bereid ben. Zo kan de cliënt willen dat ik hem, naast mijn werk aan het probleem dat hij op tafel heeft gelegd, ook nog op allerlei andere manieren van dienst zal zijn, zoals bij de beoordeling van zijn ondergeschikten, de omgang met 'probleemfiguren' in zijn organisatie en verder deskundig advies geven over de behandeling van bepaalde managementproblemen, enkele van zijn beslissingen ondersteunen en helpen die aan anderen te 'verkopen', te functioneren als communicatiekanaal tussen hemzelf en mensen met wie hij moeilijk communiceert en bemiddelen bij conflicten. Zulke verwachtingen moeten zo veel mogelijk reeds in het begin aan de oppervlakte komen, om te voorkomen dat ze later niet gaan functioneren als valkuil of oorzaak van teleurstelling als ik weiger iets te doen wat de cliënt eigenlijk van mij had verwacht. Anderzijds kan ik, wanneer de cliënt bepaalde motieven voor zich wenst te houden, niet meer doen dan wat de diagnose betreft goed uitkijken en valkuilen vermijden.

Zelf moet ik van mijn kant zo duidelijk zijn als maar mogelijk is over wat ik in mijn functie van adviseur van het cliëntsysteem en van mijzelf verwacht. Zo verwacht ik zelf bereid te zijn tot onderzoek, tot het in beschouwing nemen van zaken die met het probleem te maken hebben, en verwacht ik voldoende tijd uit te trekken om te achterhalen wat er echt aan de hand is. Ik verwacht te worden gesteund bij mijn procesoriëntatie en ook dat de leden van de organisatie bereid zijn zich mede verantwoordelijk te voelen voor de diagnostische en andere interventies. Ik zal duidelijk moeten stellen dat ik niet zal optreden als bron van expertise waar het gaat om menselijke problemen die uniek zijn voor de organisatie en haar cultuur, maar wel dat ik, door alternatieven aan te dragen en te helpen nadenken over de gevolgen van verschillende alternatieven, zal proberen de cliënt te helpen zijn eigen problemen op te lossen. Ik zal erop moeten wijzen dat ik informatie verzamel door observatie van mensen terwijl ze gewoon bezig zijn, door met hen gesprekken te voeren, en op enige andere wijze waar wij het samen over eens zijn geworden. Ten slotte moet ik duidelijk maken dat ik mij tijdens het bijwonen van vergaderingen of bijeenkomsten niet erg actief zal opstellen, maar commentaar zal leveren op wat er gebeurt of feedback geven, maar dan wel alleen als ik het gevoel heb dat de groep daar voor haar taakvervulling iets aan heeft. Het feit dat ik betrekkelijk inactief blijf is voor de groep vaak een probleem, doordat men had verwacht na eenmaal een adviseur te hebben ingehuurd gerechtigd te zijn achterover te leunen en alleen maar te hoeven aanhoren wat hij te zeggen heeft. Te ervaren dat de adviseur vervolgens urenlang in de groep zit zonder veel te zeggen, druist niet alleen in tegen deze verwachting, maar schept ook een zeker angstig gevoel over wat hij allemaal waarneemt. Hoe meer ik de groep er al in het begin van kan verzekeren dat ik geen potentieel schadelijke persoonlijke gegevens verzamel, hoe soepeler de waarnemingen daarna zullen verlopen.

Ik moet uitgebreid ingaan op de opvatting dat mijn cliënt niet alléén de contactpersoon of de hoogste in rang is, maar dat dat de gehele groep waarmee ik werk is en daardoor ook de gehele organisatie en de menselijke gemeenschap daaromheen. Met andere woorden, ik steun geen beslissingen die naar mijn overtuiging een bepaalde groep zouden schaden, zoals werknemers, klanten of leveranciers, ook al heb nooit ook maar enig contact met hen gehad. Dit concept van de onwetende en uiteindelijke cliënten is een van de meest riskante en niettemin belangrijkste aspecten van de procesadvisering. Kijkend naar wat andere adviseurs doen in een organisatie waarin ik heb gewerkt, zag ik dat velen van hen in wezen de hoogste manager, doorgaans de president-directeur, als hun primaire cliënt beschouwen, hem overtuigen van de interventie die naar hun mening de oplossing zou moeten brengen, en vervolgens doorgaan met hem te helpen die interventie aan de man te brengen en uit te voeren, ook al kan dit schadelijk zijn voor andere leden van de organisatie.

Zelf merk ik daarentegen dat ik het effectiefst functioneer wanneer ik het vertrouwen kan winnen van alle belangrijke partijen waarmee ik moet werken, zodat niemand ook maar één moment kan denken dat ik probeer hem andermans ideeën op te dringen. De facilitator- of katalysatormetafoor is voor dit soort begeleiding toepasselijker dan die van 'change agent'. Wanneer eenmaal een bepaald vertrouwensniveau tot stand is gebracht, is het heel goed mogelijk bij het werk dwars door alle organisatieniveaus heen te gaan.

Na maandenlang met Stone en zijn zes sleutelfunctionarissen te hebben samengewerkt, kwam bij Billings het moment waarop iedereen mij beschouwde als een potentieel nuttig communicatiekanaal. Mijn primaire taak lag duidelijk bij deze groep en de vergaderingen ervan, maar ik had de maanden daarna met hen allen een persoonlijk gesprek om iedereen de kans te geven mij te vertellen wat naar hij hoopte voor hem het resultaat van mijn aanwezigheid in die vergaderingen zou zijn. Toen ik hen beter leerde kennen, vroegen zij mij heel oprecht wanneer ik iets te weten kwam wat voor hen van belang was, te vertellen wat anderen vonden of hoe hun reacties waren. Zij wilden vooral weten hoe Stone over bepaalde zaken dacht en wilden mij aan Stone laten doorgeven hoe zij zelf over bepaalde zaken dachten. Zij waren tegenover mij heel open zowel over elkaar als over Stone, wetende dat de kans groot was dat ik hun reacties of opvattingen wel zou doorgeven. Zij wilden niet dat ik alles wat zij tegen mij zeiden als vertrouwelijk behandelde, omdat zij zowel mij als elkaar voldoende vertrouwden en mijn contact met iedereen beschouwden als een handig extra communicatiekanaal.

Deze ontwikkeling interesseerde mij hogelijk vanwege mijn aanvankelijke gevoelens dat functioneren als koerier voor dit soort informatie mij niet bepaald lag en bovendien een blijk was van hun eigen onvoldoende vermogen om elkaar rechtstreeks ergens op aan te spreken. Daarom ging ik op twee manieren te werk. Om te beginnen probeerde ik hen er allemaal zo veel mogelijk in te trainen andere groepsleden rechtstreeks te zeggen wat hun gevoelens waren. Tegelijkertijd kwam ik in dit proces rechtstreeks tussenbeide door, wanneer ik meende dat dit nuttig zou zijn voor het bereiken van hun taakdoelstellingen, zo nu en dan informatie en meningen door te geven die zij elkaar niet konden vertellen.

Een simpel maar niettemin cruciaal voorval illustreert wat ik hiermee bedoel. Tussen Pete en Joe, twee leden van de groep, verliep de communicatie niet altijd even soepel, deels doordat zij enige rivaliteit bespeurden. Pete had een onderzoek afgesloten met een rapport dat door de hele groep moest worden besproken. Drie dagen voordat het aan de orde zou komen, stapte ik het kantoor van Pete binnen om het rapport met hem te bespreken en te vragen hoe de zaken liepen. Allemaal prima, zei hij, maar hij vroeg zich eerlijk gezegd wel af waarom Joe niet bij hem was gekomen om te kijken naar een paar extra gegevens die met Joe's functiegebied te maken hadden. Pete voelde dit als het zoveelste bewijs dat Joe in werkelijkheid niet bepaald respecteerde.

Ongeveer een uur later zat ik toevallig bij Joe en bracht ik het rapport ter sprake (van mij een eenzijdige beslissing om tussenbeide te komen, omdat ik meende dat dit nuttig zou zijn). Joe en zijn medewerkers waren druk bezig met zich voor te bereiden op de vergadering, maar niemand zei iets over kijken naar de extra gegevens die bij Pete lagen. Joe zei er zeker van te zijn dat het om persoonlijke gegevens ging die door Pete niet zouden worden vrijgegeven. Joe wilde ze maar al te graag zien, maar was er zeker van dat Pete ze welbewust niet had verstrekt.

Ik concludeerde dat het nuttig zou zijn te laten weten wat ik wist van Pete's bereidheid die gegevens wel degelijk te verstrekken. Joe bleek uiterst verbaasd en stapte later die middag naar Pete, die hem hartelijk verwelkomde en hem drie pakken gegevens overhandigde die Joe graag had willen zien en Pete even graag had willen geven. Ik moest heel zorgvuldig bij mijzelf nagaan of ik door Pete's gevoelens prijs te geven Pete of Joe niet zou kwetsen, maar besloot toen dat, zoals later ook bleek, de potentiële voordelen duidelijk zouden opwegen tegen de risico's.

Het psychologisch contract tussen mij en de diverse leden van de Billings-directie was duidelijk uitgegroeid tot een situatie die niemand van ons had kunnen voorspellen of noodzakelijkerwijs had willen bereiken. In plaats daarvan ontwikkelde het zich in reactie op de werkelijkheden van de situatie, en die werkelijkheden zullen in elke adviessituatie waarschijnlijk anders zijn.

Samenvatting en conclusies

Het proces van contact en binnenkomst, de keuze van een werksituatie en een werkmethode, en de ontwikkeling van het psychologisch contract zijn stuk voor stuk aan veranderingen onderhevig. Het is belangrijk dat zowel de werksituatie als de werkprocedure door de adviseur en de contactcliëntgroep gezamenlijk worden vastgesteld. Welke besluiten er ook worden genomen, ze moeten in overeenstemming zijn met de algemene veronderstellingen die aan de procesadvisering ten grondslag liggen, zodat alles wat het cliëntsysteem leert zichzelf in stand kan houden. De adviseur moet deskundig zijn in het stante pede bedenken van interventies die nuttig zijn en tegelijkertijd nieuwe werkelijkheden aan het licht brengen. De wijze waarop de adviseur reageert, moet altijd worden beschouwd als zowel een interventie als een bron van nieuwe gegevens.

Het moeilijkst te bevatten in dit alles is het idee dat diagnose en interventie een en hetzelfde proces zijn. Ik moet altijd open staan voor werkelijkheden zoals die zichzelf aandienen, en ik moet tegelijkertijd beseffen dat of ik nu verbaal reageer, alleen maar verbaasd kijk, blijf zwijgen, iets betoog of een andere vraag stel, zoiets een onmiddellijke interventie is die gevolgen heeft. Ik moet op zo'n moment in een flits al deze consequenties overdenken. Ik kan mij geen 'time out' permitteren om na te denken over wat ik nu weer eens zal gaan doen. Alles wat ik doe is een interventie.

12 Procesadvisering en de begeleidingsrelatie in perspectief

In dit hoofdstuk wil ik het voorgaande samenvatten, becommentariëren en aan een beschouwing onderwerpen. Enkele vragen die ik wil behandelen waren voortgekomen uit de gedetailleerde feedback van mijn collega Otto Scharmer en zijn vrouw Katryn, die het manuscript zorgvuldig en gedegen hebben doorgelezen. Ik ben hen dankbaar voor hun suggesties. Ook heb ik zeer veel voordeel gehad van de beoordelingen van vier collega's: Dick Beckhard, Warner Burke, Michael Brimm en David Coghlan. Hun meningen en aanbevelingen zijn in dit boek verwerkt en hebben het aanzienlijk sterker gemaakt.

Wat moet er in een afsluitend hoofdstuk dan nog worden gezegd? Ten eerste wil ik nog eens terugkeren naar de tien beginselen van procesadvisering, omdat ik die steeds nuttiger vind worden als diagnostisch instrument om, wanneer de zaken niet zo verlopen als ik had verwacht, na te gaan waar ik ben uitgegleden. Daarna wil ik nog enkele resterende vraagstukken aan de orde stellen, die vooral te maken hebben met het onderwijs in procesadvisering.

Tien essentiële beginselen van procesadvisering

Al nadenkend over procesadvisering en het tot stand brengen van een 'begeleidingsrelatie' rijst de vraag: wat is de essentie die deze begeleidingsfilosofie zo 'anders' maakt? Waarom is het interessant al deze materie te bestuderen? Terugkijkend op ongeveer veertig jaar eigen praktijkervaring met 'die troep' ben ik tot de conclusie gekomen dat de essentie is gelegen in het woord *relatie*. Kort en goed: ik ben tot de overtuiging gekomen dat *als het er om gaat of in menselijke situaties waarin persoonlijkheid, groepsprocessen en cultuur een rol spelen wel of geen hulp wordt geboden, de doorslaggevende factor de* ***relatie*** *is tussen de begeleider enerzijds en de persoon, de groep of de organisatie die hulp nodig heeft anderzijds.* Vanuit dat standpunt bezien moet elke actie die ik onderneem, te beginnen met het eerste contact met de cliënt, een interventie zijn die het de cliënt en mijzelf mogelijk maakt een diagnose te stellen van wat er aan schort, en tegelijkertijd tussen ons een relatie doet ontstaan. Wanneer alles is gezegd en gedaan meet ik in elk contact mijn succes af aan mijn eigen gevoel of de relatie al dan niet nuttig is geweest, en of de cliënt wel of niet het gevoel heeft te zijn geholpen.

Voorts blijven vanuit dat gezichtspunt de principes of beginselen, richtlijnen, praktische tips, noem ze zoals u wilt, over als het soort zaken waaraan ik tijdens mijn pogingen om zo'n begeleidingsrelatie tot stand te brengen, mijzelf voortdurend moet herinneren. Laten wij vanuit dat gezichtspunt die principes nog eens nalopen.

1. Stel u altijd helpend op.
Het ligt voor de hand dat het, als ik niet van plan ben te helpen en daaraan te werken, onwaarschijnlijk is dat dit tot een begeleidingsrelatie leidt. In het algemeen ben ik tot de conclusie gekomen dat de intentie om te helpen de beste garantie is voor een relatie die zowel bevredigend is als het wederzijds leren bevordert.

2. Houd altijd voeling met de huidige werkelijkheid.
Ik kan geen hulp bieden als ik er niet uit kan komen wat er in mijzelf en in de cliënt omgaat, en wat zich in de situatie afspeelt.

3. Leg uw onwetendheid bloot.
De enige manier waarop ik mijn innerlijke werkelijkheid kan leren kennen, is te leren onderscheid te maken tussen wat ik weet en wat ik veronderstel te weten, en wat ik echt niet weet. De ervaring heeft mij geleerd dat het in het algemeen uiterst nuttig is, te werken aan die gebieden waarvan ik echt niets weet. Het gaat er om daar toegang toe te krijgen in die zin, dat ik er onderhand achter ben gekomen dat ik om mijn verwachtingen en veronderstellingen de baas te worden moeite moet doen om binnen mijzelf te kunnen aanwijzen wat ik echt niet weet en waar ik naar moet vragen. Het komt erop neer dat ik mijn eigen innerlijke gegevensbestand moet doorzoeken en de leemten daarin moet opsporen. Als ik het antwoord echt niet weet, kom ik eerlijker en consistenter over wanneer ik er iets over vraag.

4. Alles wat u doet is een interventie.
Precies zoals elke interactie diagnostische informatie oplevert, zo ook heeft elke interactie gevolgen voor zowel mij als de cliënt. Daarom moet ik kunnen staan achter alles wat ik doe, en de consequenties ervan vaststellen om er zeker van te zijn dat ze passen bij mijn doelstelling een begeleidingsrelatie tot stand te brengen.

5. De cliënt is eigenaar van het probleem en van de oplossing ervoor.
Mijn taak is het, een relatie tot stand te brengen waarin de cliënt kan worden geholpen. Het is niet mijn taak het probleem van de cliënt op mijn eigen schouders te nemen, en evenmin om adviezen te geven en oplossingen aan te dragen voor een situatie waarin ik niet zelf verkeer.

6. Zwem met de stroom mee.
Voorzover ik niet bekend ben met de werkelijkheid van de cliënt, moet ik het natuurlijke verloop van die werkelijkheid zo veel mogelijk respecteren, en niet in een mij onbekende situatie mijn eigen idee van het verloop op willen dringen. Wanneer in de relatie het vertrouwen eenmaal een bepaald niveau heeft bereikt en cliënt en begeleider op hetgeen er aan de hand is een gemeenschappelijke visie hebben ontwikkeld, wordt het verloop op zich voor beiden eenzelfde proces.

7. De timing is van cruciaal belang.
Telkens weer ben ik tot de ontdekking gekomen dat de introductie van mijn eigen zienswijze, het stellen van vragen ter verduidelijking, het aandragen van alternatieven, of wat ik vanuit mijn gezichtspunt nog meer te berde zou willen brengen, moet geschieden op die momenten waarop de cliënt daar ontvankelijk voor is. Een en dezelfde opmerking kan, gemaakt op twee verschillende tijdstippen, tot volkomen andere resultaten leiden.

8. Wees constructief opportunistisch met confronterende interventies.
Wanneer de cliënt een moment van openheid aangeeft, een moment waarop hij aandacht voor een nieuwe inbreng lijkt te hebben, grijp ik die aan en probeer ik die zo veel mogelijk uit te buiten. Bij het luisteren naar zulke momenten vind ik het uiterst belangrijk te zoeken naar gebieden waar ik kan voortbouwen op de sterke punten en de positieve motivatie van de cliënt. Die momenten doen zich ook voor wanneer de cliënt enige gegevens heeft prijsgegeven waaruit blijkt dat hij bereid is aandacht te schenken aan een nieuw gezichtspunt.

9. Alles levert gegevens op; fouten zijn onvermijdelijk – leer ervan.
Hoe goed ik de voorgaande beginselen ook in acht neem, ik zal dingen blijven zeggen en doen die bij de cliënt tot onverwachte en ongewenste reacties leiden. Ik moet daarvan leren en tegen elke prijs afweer, schaamte of schuldgevoelens vermijden. Ik zal van de werkelijkheid van de cliënt nooit genoeg kunnen weten om vergissingen uit te sluiten, maar elke vergissing roept reacties op waarvan ik heel veel kan leren over de werkelijkheid van mijzelf en die van de cliënt.

10. Stel bij twijfel het probleem aan de orde.
Er zullen zich in de relatie onvermijdelijk momenten voordoen waarop ik aan het eind van mijn Latijn ben, niet meer weet hoe ik verder moet, mij gefrustreerd voel en op de een of andere manier verlamd ben geraakt. Ik ben er inmiddels achter dat ik er in zulke situaties nog het meest mee was geholpen mijn 'probleem' met de cliënt te bespreken. Waarom moet ik er van uitgaan dat ik altijd weet wat mij het volgende ogenblik te doen staat? Voorzover wij te maken hebben met het probleem en de werkelijkheid van de cliënt, is het volkomen gepast de cliënt in te schakelen bij mijn eigen pogingen te helpen.

Deze principes vertellen mij niet wat ik moet doen. Wel geven zij aan hoe ik moet denken over de situatie waarin ik verkeer. Zij fungeren als wegwijzers in enigszins onduidelijke situaties. Tevens herinneren zij mij aan de essentie van wat ik probeer te doen.

Kunnen wij een bruikbare typologie van interventies opstellen?

In eerdere edities van dit boek probeerde ik de interventies in te delen in categorieën. Al nadenkend over mogelijke manieren om dit te doen, ben ik tot de slotsom gekomen dat zulke categorieën niet echt bruikbaar zijn, omdat ze de aandacht afleiden van het meer fundamentele vraagstuk, namelijk uitzoeken wat in de zich ontwikkelende relatie op een gegeven ogenblik nuttig zou zijn. Ik geef de voorkeur aan het algemene begrip *faciliterende interventie*, dat inhoudt dat de adviseur altijd zal moeten kiezen welke interventie – gezien alles wat hij over de totale situatie weet – op een gegeven ogenblik nuttig zal zijn. Natuurlijk moet de adviseur bekend zijn met een verscheidenheid aan vragen, oefeningen, enquête- en feedbacktechnieken, en andere interventievormen waarvan in de voorgaande hoofdstukken een groot aantal illustraties is gegeven en die in andere boeken over organisatieontwikkeling goed zijn uiteengezet.

Kennis van verschillende soorten interventies is evenwel geen substituut voor de knowhow waardoor je aanvoelt wat op een gegeven moment nodig is om de relatie vooruit te helpen. Een stapel interventietechnieken 'op de plank hebben liggen' maakt het in feite zelfs moeilijker in de werkelijkheid van het moment te kunnen blijven, omdat je dan voortdurend uitkijkt naar een gelegenheid om datgene te gebruiken waar je goed in bent. Als je alleen maar een hamer hebt, ga je alles om je heen zien als iets wat wel een mep kan gebruiken. Over welke *essentiële* vaardigheid hebben wij het dan?

Formele kennis, vaardigheid of impliciete knowhow?

Wanneer ik een workshop over procesadvisering leid, krijg ik vaak te horen dat veel van wat ik jeugdige adviseurs aanraad gezien mijn ervaring en status misschien wel voor *mij* werkt, maar bij hen niet zal werken. Dit roept twee vragen op: Wat heb ik dat zij menen niet te hebben? En hoe veel van wat relevant is om een begeleidingsrelatie tot stand te brengen is expliciete en formele kennis, tijdens een officiële training verworven vaardigheid, of op ervaring gebaseerde impliciete vakkennis? De lezer zal hebben opgemerkt dat ik tussen deze drie kennisniveaus tot dusverre geen onderscheid heb gemaakt; en wel omdat ze alle drie relevant zijn om een begeleidingsrelatie tot stand te brengen. Formele kennis, zoals de vereenvoudigende modellen uit diverse hoofdstukken, is van essentieel belang. Ze is vooral belangrijk voor de beginnende adviseur, om zo veel mogelijk inzicht te krijgen in psychologie, groepsdynamica en organisatieprocessen. Formele kennis alleen is echter duidelijk onvoldoende. Door middel van workshoptrainingen, meelopen met ervaren adviseurs, en leren met vallen en opstaan in de praktijk, ontwikkelen zich de vaardigheden en – het belangrijkste van al – de vakkennis of knowhow die geleidelijk aan een impliciet en automatisch karakter krijgt. Wat deze laatste twee kenniscategorieën betreft, ben ik duidelijk in het voordeel tegenover nieuwkomers in dit vak, maar ik wijs er altijd op dat als omgaan met de werkelijkheid een essentieel onderdeel is van de filosofie, de nieuwkomer dus moet werken vanuit zijn eigen werkelijkheid, hoe die er ook uit moge zien.

Een voorbeeld: wanneer ik bezig ben met een manager die mijn werk kent, weet ik dat hij ervan uitgaat dat ik in deze vorm van advisering geacht word deskundigheid te bezitten. Ik moet die perceptie begrijpen en mijn interventies daarop afstemmen. Wanneer een jongere, pas beginnende adviseur naar diezelfde manager gaat, weet hij dat deze manager betrekkelijk weinig bekend is met de ervaring en vaardigheden van de adviseur, en dat hij in zijn werk daarom van die werkelijkheid moet uitgaan. Wij zullen dus geheel verschillende interventies plegen, maar wij zouden beiden proberen een begeleidingsrelatie tot stand te brengen en daar alle twee in kunnen slagen. De relatie kan zich verschillend ontwikkelen, maar er is in de ervaringen van ons beiden niets dat automatisch zou bepalen dat ik meer succes zou boeken dan de nieuwkomer.

Wanneer ik in deze situaties pas beginnende collega's aan het werk zag, bleek dat hun gebrek aan succes onveranderlijk te maken had met het feit dat zij zich niet aan de principes hielden, probeerden te vroeg de expert uit te hangen, of adviezen gaven waar niemand om had gevraagd. Natuurlijk zijn dergelijke fouten op zichzelf het gevolg van gebrek aan ervaring, maar dat doet niets af aan de waarde van de principes. Als de beginneling zijn rol van begeleider blijft spelen en zijn aandacht gericht houdt op wat in dit boek is beschreven, zal hij in dezelfde situaties evenveel succes kunnen boeken als ik.

Ik heb dit telkens weer kunnen waarnemen in mijn colleges over het managen van geplande veranderingen, waarbij projectgroepen van tijd tot tijd proberen elkaar bij hun projecten te helpen. Wanneer ik de rol van adviseur speel, kan ik hulp bieden, maar – belangrijker nog – wanneer ik medestudenten ertoe aanzet om zelf eens te proberen te helpen, blijken degenen die zich aan deze principes houden evenveel of nog meer hulp te kunnen bieden dan ik had kunnen doen. Hun inzicht, en niet de lengte van hun ervaringen, is van cruciaal belang. Cruciaal is hun bereidheid de rol van expert te laten schieten en zich bezig te houden met huidige werkelijkheid, niet het aantal praktijkuren dat zij achter de rug hebben.

Ook moet worden erkend dat een begeleidingsrelatie het product is van twee persoonlijke stijlen. Twee even ervaren adviseurs kunnen twee volkomen verschillende relaties tot stand brengen, die elk op zich nuttig kunnen zijn. Het is niet toevallig dat een aantal van mijn cliënten niet uitsluitend wilde afgaan op wat de contactcliënten over mij hadden verteld. Zij wilden mij zelf zien en daarbij uitproberen of het tussen ons tweeën zou 'klikken'. Vanuit dat gezichtspunt bezien zou een beginnend adviseur bij de juiste persoonlijke verhoudingen het in elke relatie even goed of zelfs beter kunnen doen dan een ervaren adviseur waarbij het niet goed 'klikt'.

Als afsluiting kunnen wij dus stellen dat vaardigheden en impliciete kennis belangrijk zijn, maar dat zelfs een beginnend adviseur kan putten uit enige, in zijn verleden opgedane ervaringen met andere mensen. Gebrek aan ervaring geeft een aanzienlijk kleinere kans op problemen dan gebrek aan inzicht in wat het betekent iemand te helpen, en gebrek aan inspanning om je te houden aan de daarvoor geldende principes.

Een persoonlijke opmerking tot besluit

Ik vraag mij wel eens af waarom ik dit alles toch zo hartstochtelijk wil verkondigen. Mijn ervaring heeft mij een aantal lessen geleerd, en ik wil dat mijn lezers die begrijpen. Wanneer ik kijk naar mijn eigen pogingen om hulp te bieden, en vooral naar de pogingen die anderen daartoe ondernemen, kom ik iedere keer opnieuw dezelfde waarheden tegen. Wij hebben over deze waarheden veel geleerd in vakgebieden die daarmee verband houden, zoals psychotherapie, maatschappelijk werk, onderwijs en het optreden als begeleider. Toch blijven wij organisatieadvisering maar behandelen als iets heel anders. Ik krijg steeds opnieuw van adviseurs te horen hoe belangrijk het is een formele diagnose te stellen, rapporten te schrijven, en specifieke aanbevelingen te doen –

want anders hebben zij het gevoel hun werk niet te hebben gedaan. Ik kan er maar niet echt achter komen waarom alles wat wij hebben geleerd in andere vakgebieden waarbij helpen een rol speelt – over de betrokkenheid van de cliënt, over het feit dat mensen in hun eigen tempo moeten leren, over cliënten helpen inzicht in hun problemen te krijgen en te leren die zelf op te lossen – niet meer is geëxtrapoleerd naar management en organisatieadvisering.

Als ik het cynisch bekijk, denk ik dat het gemakkelijker is producten, programma's, diagnoses en een stelletje aanbevelingen te verkopen dan een helpende attitude. Adviesbureaus zijn ondernemingen, en die moeten het financieel zien te redden, waardoor ze onvermijdelijk onder grote druk staan om producten en diensten te bieden waar de klant geld voor over heeft. Maar wanneer het geven van adviezen ondernemen wordt, houdt het op *advisering* te zijn in de zin zoals ik het bedoel. Dan verandert het in de verkoop van 'expert'-diensten. Adviesbureaus verkopen informatie, ideeën en aanbevelingen. Maar verkopen ze ook hulp? Voor mij is dat een moeilijk te beantwoorden vraag.

Ook begeleiders moeten leven en zich dus voor hun diensten laten betalen. Toch definiëren therapeuten en maatschappelijk werkers hetgeen zij doen niet van meet af aan als lange-termijnprojecten met formele diagnostische procedures en formele therapieprogramma's. Zij beginnen met het opbouwen van een relatie en suggereren pas nadat zij samen met hun cliënt hebben vastgesteld dat er iets anders moet gebeuren, andere soorten diensten. Wat naar mijn mening in zo veel management- en organisatieadvieswerk ontbreekt, is het in de beginperiode tot stand brengen van een relatie; een relatie die de cliënten in staat stelt zich hun problemen eigen te maken en verstandige beslissingen te nemen over het al of niet houden van een enquête, een confronterende bijeenkomst 'op de hei', of een twee jaar durend officieel veranderingsprogramma onder leiding van een of ander adviesbureau.

De intensiteit van mijn gevoelens over de noodzaak eerst een relatie op te bouwen, is het gevolg van mijn ervaringen met organisaties die voordien hadden blootgestaan aan deskundige adviseurs met formele programma's die moesten worden uitgevoerd. Maar al te vaak ontdek ik dan dat slechts heel weinig van wat de cliënt wilde was bereikt, en dat ondanks de grote hoeveelheid geld die er tegenaan was gegooid. Daarom moet ik weer terugkeren naar mijn eigen werkelijkheid, namelijk dat er geen sprake kan zijn van hulp totdat wij met de diverse niveaus van cliënten met wie we eventueel moeten werken de juiste relatie tot stand hebben gebracht; en dat de totstandkoming van zo'n relatie tijd vraagt en een bepaalde attitude van de begeleider vereist. Als het erop aankomt, is dit boek dan ook een poging om te benadrukken waar het in die attitude feitelijk allemaal om gaat.

Noten

Hoofdstuk 1

[1] Het zal de lezer duidelijk zijn dat voor 'hij' in voorkomende gevallen ook 'zij' kan worden gelezen.

[2] Het meeste materiaal over organisatiecultuur en leiderschap is ontleend aan mijn boek over dit onderwerp en aan de daaraan verwante literatuur die in de diverse hoofdstukken wordt genoemd (Schein, 1985, 1992).

[3] Deze leerterminologie is ontleend aan Batesons concept van *deutero-leren*, en aan de beschrijving die Argyris & Schön geven van 'single- en double-loop leren'. De grondigste behandeling hiervan is misschien wel die van Michael in 'Learning to Plan and Planning to Learn'. Het onderscheid tussen adaptief en generatief leren is uitgewerkt door Senge in de context van leren in en door organisaties als middel tot *capaciteitsverwerving* (Argyris & Schön, 1996; Bateson, 1972; Michael, 1973, 1997; Senge, 1990).

[4] Heifetz definieert in *Leadership without Easy Answers* (1994) *adaptief werk* als iets wat leider en volgeling samen moeten doen wanneer het probleem en de oplossing ervoor niet helder zijn. Een vergelijking tussen procesconsultatie en een vorm van leiding geven lijkt volkomen gepast naarmate de situaties complexer worden. 'Wat kan gezag nog doen wanneer het gezag het antwoord schuldig moet blijven? In zulke situaties kan het gezag aanzetten tot leren door indringende vragen te stellen en door de verwachtingen van de mensen zodanig om te vormen dat zij hun vermogen vergroten om zelf antwoorden te bedenken ... de acties van het gezag stellen niets voor als ze niet deskundig zijn, maar ze zijn wel deskundig waar het gaat om het management van processen waardoor mensen met een probleem dit zelf kunnen oplossen.' (p. 84-85, Heifetz, 1994).

[5] Ten aanzien van dit punt ben ik beïnvloed door de Gestalt-beweging. Mijn eerste opleider was wijlen Richard Wallen, die mij heel veel leerde over de waarneming van wat er in mijzelf omging. Vervolgens werd ik sterk beïnvloed door Ed Nevis, die de Gestalt-beginselen toepaste op de organisatieadvisering (Nevis, 1987). Tijdens mijn doctoraalstudie en in het begin van mijn loopbaan werd ik sterk beïnvloed door het werk van Kurt Lewin en dat van Gestalt-psychologen zoals Koehler en Koffka.

Hoofdstuk 2

[1] Dit onderwerp heeft zeer veel belangstelling gewekt bij de meer psychoanalytisch georiënteerde adviseurs, en er is dan ook uitgebreid over gepubliceerd. Het werk van Hirschhorn (1988, 1991) is op dit terrein uiterst nuttig. Een uitstekende samenvatting vanuit de psychoanalytische hoek is het stuk van Jean Neumann in de *Proceedings of the International Consulting Conference*, 1994.

Hoofdstuk 3

[1] Het begrip 'container' werd door Isaacs bedacht in samenhang met het creëren van de geschikte omstandigheden voor een dialoog (*Dialogue*, Isaacs, 1993). De begeleidingsrelatie kan men zich voorstellen als een soort dialoog. Hoe zoiets zich ontwikkelt en welke processen in een dialoog een rol spelen, wordt uiteengezet in hoofdstuk 10.

[2] Fritz, 1991.

[3] Don Michael wees er al lang geleden in zijn baanbrekende *Learning to Plan en Planning to Learn* (1973, 1997) op dat vergissingen behoren te worden 'omhelsd' als kansen om iets te kunnen leren, in plaats van te worden ontkend en betreurd. Gelukkig, omdat de toepasbaarheid van hetgeen er in staat groter is dan ooit, is dit belangrijke boek over leren in en door organisaties opnieuw uitgegeven, met een nieuw voorwoord en met een epiloog.

[4] Borwick, 1983

[5] Cooperrider, Bushe, Srivastva, Barrett et al., 1987).

[6] Dit onderscheid is afkomstig van Senge (1990) en is gebaseerd op het door vele schrijvers genoemde verschil tussen 'first-order' en 'second-order learning', oftewel leren hoe je moet leren (bijvoorbeeld Bateson, 1972; Argyris en Schön, 1974, 1996).

[7] Dit schema is overgenomen van Barrett en Cooperrider, 1990.

[8] Marshak, 1993.

[9] De hier genoemde categorieën vormen een herziening en een nadere uitwerking van een soortgelijke verzameling, voor het eerst beschreven door Marshak, 1993.

[10] Voordracht tijdens de bijeenkomst van de American Academy of Management op 12 augustus 1996 in Cincinnati.

Hoofdstuk 4

[1] Verscheidene ideeën die in dit hoofdstuk worden behandeld, werden aangedragen door Otto Scharmer; zijn hulp en feedback waren van onschatbare waarde voor het schrijven van dit en de voorgaande hoofdstukken.

[2] Een uitstekende bespreking van zulke interventies is gepubliceerd door Alban en Bunker, 1996.

[3] 'The Natural Step' is een programma van K.H. Robert, bedoeld om de samenleving op alle niveaus bewust te maken van het mondiale milieuprobleem en van de mogelijkheden die ieder van ons heeft om daar iets aan te doen (Eriksson en Robert, 1991).

Hoofdstuk 5

[1] Er bestaan veel soortgelijke modellen die op verschillende manieren betrekking hebben op de leercyclus of op cycli van probleemoplossingen. Het hier gepresenteerde model bevat iets wat bij veel modellen ontbreekt: de rol van gevoelens in het totale proces.

[2] Goede beschrijvingen van 'leren te zien' zijn te vinden bij Frank, 1973 en Edwards, 1979.

[3] Bijvoorbeeld Gallway, 1974.

[4] Elliot Jaques (1976, 1982) merkte op dat een van de manieren waarop verschillende managementniveaus van elkaar kunnen worden onderscheiden, bestaat uit de termijn waarvoor wordt gepland en door de termijn waarvoor men bevoegd is. Zo kunnen werknemers op de werkvloer zelfstandig beslissen over termijnen van minuten, uren of dagen, en managers op lagere niveaus over

dagen of weken. Hogere managers plannen voor maanden of jaren en kunnen dat zelfstandig doen.

[5] Simon, 1960; Tversky en Kahneman, 1974; Nisbett en Ross, 1980; J. Caroll en J.W. Payne (red.), 1976.

[6] Goede voorbeelden hiervan zijn te vinden bij Hall (1959, 1966, 1976 en 1983) en Schein (1992).

Hoofdstuk 6

[1] Zie voor een uitstekende bespreking van deze regels Erving Goffman (1956, 1967) en John Van Maanen (1979).

[2] Het is geen toeval dat een van de beroemdste adviseurs uit de geschiedenis, Richard Beckhard, zijn carrière is begonnen als toneelregisseur.

[3] Een goede bespreking van dit proces is te vinden bij Van Maanen en Kunda, 1986.

[4] Zie Schein (1961, 1978) en Van Maanen en Schein (1979). Opzettelijke vernietiging van het zelf vindt ook plaats in bepaalde therapievormen en in de 'hersenspoelingen' zoals die plaatsvonden bij krijgsgevangenen en burgergedetineerden tijdens de Chinese communistische revolutie (Schein, 1961).

Hoofdstuk 7

[1] Deze analyse is gebaseerd op het oorspronkelijke model van Joe Luft en Harry Ingram, vandaar de naam 'Johari-window'.

Hoofdstuk 8

[1] Het 'Plop to Consensus'-model is begin jaren vijftig in NTL-workshops ontwikkeld door Robert Blake en anderen.

Hoofdstuk 10

[1] Ons vakgebied telt wereldwijd een groot aantal dialoogversies. De specifieke vorm die ik hier bespreek, is gebaseerd op het werk van David Bohm (1989) en is thans ontwikkeld door William Isaacs (1993).

Hoofdstuk 11

[1] De Billings Company waarnaar hier wordt verwezen, is dezelfde onderneming als Action Co. in mijn boek over cultuur (Schein, 1992).

[2] Dick Beckhard en ik hadden voor de National Training Labs een workshop ontwikkeld, waarin het accent lag op manieren in een organisatie om geplande veranderingsprojecten van de grond te krijgen. Een groot gedeelte van de visie die aan deze benadering van veranderingen ten grondslag ligt, is ontleend aan het werk van Beckhard, en in drie van zijn boeken gedetailleerd uiteengezet (Beckhard & Harris, 1987; Beckhard & Pritchard, 1992; en Beckhard, 1997).

[3] Opmerking van de vertaler: de 'Commissioner' van de Amerikaanse (inkomsten)belastingdienst is niet zonder meer te vertalen met 'inspecteur' of 'hoofdinspecteur', want de Amerikaanse belastingdienst is heel anders georganiseerd dan de Nederlandse. De 'baas' van de belastinginspecteurs is in Nederland een politieke figuur: de staatssecretaris; inspecteurs kunnen binnen de wet en eventuele aanwijzingen van de staatssecretaris een eigen aanslagenbeleid en processen daarover voeren. Daarom is hij hier voor de duidelijkheid gewoon de 'directeur' genoemd. Om dezelfde reden is aan 'Internal Revenue Service' toegevoegd dat het om de 'Amerikaanse' belastingdienst gaat.

Literatuur

Allen, T.J. (1977) *Managing the flow of technology*. Cambridge, MA: MIT Press.

Ancona, D.G. (1988) 'Groups in organizations: Extending laboratory models.' In C. Hendrick (red.) *Annual Review of Personality and Social Psychology: Group and Intergroup Processes*. Beverly Hills, CA: Sage.

Argyris, C & Schön, D.A. (1996) *Organizational Learning ii*, Reading, MA: Addison-Wesley. (Oorspronkelijke uitgave 1974.)

Barrett, F.J. & Cooperrider, D.L. (1990) 'Generative metaphor intervention: A new approach for working with systems divided by conflict and caught in defensive perception.' *Journal of Applied Behavioral Science*, 26, nummer 2, p. 219-239.

Bateson, G. (1972) *Steps to an ecology of mind*. New York: Ballantine.

Beckhard, R. (1967) The confrontation meeting. *Harvard Business Review*, 45, maart-april, p.149-155.

Beckhard, R. & Pritchard, W. (1992) *Changing the essence: The art of creating fundamental change in organizations*. San Francisco: Jossey-Bass.

Beckhard, R. (1997) *Agent of change*. San Francisco: Jossey-Bass.

Beckhard, R. & Harris, R.T. (1987) *Organizational transitions: Managing complex change (tweede druk). Reading, ma: Addison-Wesley.*

Blake, R.R., & Mouton, J.S. (1969) *Building a dynamic organization through grid organization development*. Reading, MA: Addison-Wesley.

Balke, R.R., Mouton, J.S. & McCanse, A.A. (1989) *Change by design*. Reading, MA: Addison-Wesley.

Bohm, D. (1989) *On Dialogue*. Ojai, CA: Ojai Seminars.

Bradford, L.P., Gibb, J.R. & Benne, K.D. (red.) (1964) *T-group theory and laboratory method*. New York: Wiley.

Bunker, B.B. & Alban, B.T. (1997) *Large group interventions*. San Francisco: Jossey-Bass.

Carroll, J.S. & Payne, J.W. (red.) (1976) *Cognition and Social Behavior*. Hillsdale, NJ: Lawrence Erlbaum.

Chisholm, R.F. (1998) *Developing network organizations*. Reading, MA: Addison-Wesley.

Coghlan, D. (1997) *Renewing Apostolic Religious Life*. Dublin: The Columba Press.

Cooperrider, D.L. & Srivastva, S. (1987) 'Appreciative inquiry into organizational life.' In R.W. Woodman & W.A. Pasmore (red.) *Research in organizational change and development, deel 1*. Greenwich, CN: JAI Press, p. 129-169.

Cooperrider, D.L. (1990) 'Positive image, positive action: The affirmative basis of organizing.' In S. Srivastva & D.L. Cooperrider (red.) *Appreciative management and leadership*. San Francisco: Jossey-Bas, p. 91-125.

Dyer, W.G. (1995) *Team building: Current issues and new alternatives*. Reading, MA: Addison-Wesley.

Edwards, (1979) *Drawing on the right side of the brain*. Los Angeles: Tarcher.

Eriksson, K.E. & Robert, K.H. (1991) 'From the big bang to sustainable societies.' *Reviews in Oncology*, 4, nummer 2, p. 3-14.

Frank, F. (1973) *The zen of seeing*. Garden City, New York: Doubleday.

Fritz, R. (1991) *Creating*. New York: Fawcett Columbine.

Gallway, W.T. (1974) *The inner game of tennis*. New York: Random House.

Goffman, E. (1959) *The presentation of self in everyday Life*. New York: Doubleday.

Goffman, E. (1961) *Asylums*. New York: Doubleday Anchor Books.

Goffman, E. (1967) *Interaction ritual*. New York: Aldine.

Hall, E.T. (1959) *The silent language*. New York: Doubleday.

Hall, E.T. (1966) *The hidden dimension*. New York: Doubleday.

Hall, E.T. (1976) *Beyond culture*. New York: Doubleday.

Hall, E.T. (1983) *The dance of life*. New York: Doubleday.

Harvey, J. (1974) 'The Abilene Paradox: The management of agreement.' *Organization Dynamics*, 17, p. 16-43.

Heifetz, R.A. (1994) *Leadership without easy answers*. Cambridge, MA: Belknap Press of Harvard University Press.

Heron, J. (1990) *Helping the client*. Londen: Sage.

Hirschhorn, L. (1988) *The workplace within*. Cambridge, MA: MIT Press.

Hirschhorn, L. (1991) *Managing in the new team environment*. Reading, MA: Addison-Wesley.

Isaacs, W.N. (1993) 'Taking flight: Dialogue, collective thinking, and organizational learning.' *Organizational Dynamics*, winter, p. 24-39.

Jaques, E. (1982) *The forms of time*. Londen: Heinemann.

Janis, I. (1982) *Group think (tweede herziene druk)*. Boston: Houghton Mifflin.

Likert, R. (1961) *New patterns of management*. New York: McGraw-Hill.

Luft, J. (1961) 'The Johari Window.' *Human Relations Training News*, 5, p. 6-7.

March, J. & Simon, H.A. (1958) *Organizations*. New York: Wiley.

Marshak, R.J. (1993) 'Managing the metaphors of change.' *Organizational Dynamics*, zomer.

Michael, D.N. (1973) *On learning to plan and planning to learn*. San Francisco: Jossey-Bass.

Michael, D.N. (1997) *Learning to plan and planning to learn (tweede druk)*. Alexandria, VA: Miles River Press.

Nadler, D.A. (1977) *Feedback and organization development*. Reading, MA: Addison-Wesley.

Neumann, J. (1994) 'Difficult beginnings: Confrontation between client and consultant.' In Casemore, R., et al. (red.) *What makes consultancy work: Understanding the dynamics*. Londen: Southbank Univerisity Press, p. 13-47.

Nevis, E.C. (1987) *Organizational consulting: The Gestalt approach*. Cleveland: The Gestalt Institute Press.

Rashford, N.S. & Coghlan, D. (1994) *The dynamics of organizational levels*. Reading, MA: Addison-Wesley.
Schein, E.H., Inge Schneier en C.H. Barker (1961a) *Coercive persuasion*. New York: Norton.
Schein, E.H. (1961b) 'Management development as a process of influence.' *Industrial Management Review*, 2, p. 59-77.
Schein, E.H. (1966) 'The problem of moral education for the business manager.' *Industrial Management Review*, 8, nummer 1, p. 3-14.
Schein, E.H. (1978) *Career dynamics: Matching individual and organizational needs*. Reading, MA: Addison-Wesley.
Schein, E.H. (1980) *Organizational psychology (derde druk)*. Englewood Cliffs, NJ: Prentice-Hall.
Schein, E.H. (1985) *Organizational culture and leadership*. Jossey-Bass; tweede druk 1992.
Schein, E.H. (1990) *Career anchors (tweede, herziene druk)*. San Diego, CA: Pfeiffer, Inc.
Schein, E.H. & Bennis, W.G. (1965) *Personal and organizational change through group methods: The laboratory approach*. New York: Wiley.
Senge, P. (1990) *The fifth discipline*. New York: Doubleday Currency.
Senge, P., Roberts, C., Ross, R.B., Smith, B.J. & Kleiner, A. (1994) *The fifth discipline field book*. New York: Doubleday Currency.
Simon, H.A. (1953) *Models of Man*. New York: Wiley.
Simon, H. (1960) *The new science of management decisions*. New York: Harper.
Tversky, A. & Kahneman, D. (1974) 'Judgment under uncertainty: Heuristics and biases.' *Science*, 1985, p. 1124-1131.
Van Maanen, J. (1979) 'The self, the situation, and the rules of interpersonal relations.' In Bennis, W., Van Maanen, J., Schein, E.H. & Steele, F. (red.) *Essays in Interpersonal Dynamics*. Homewood, IL: Dorsey.
Van Maanen, J. & Kunda, G. (1989) 'Real feelings: Emotional expression and organizational culture.' In B. Staw (red.) *Research in Organizational Behavior, deel 11*. Greenwich, CT: JAI Press.
Van Maanen, J. & Schein, E.H. (1979) 'Toward a theory of organizational socialization.' In M.B. Staw & L.L. Cummings (red.) *Research in Organizational Behavior, deel 1*. Greenwich, CT: JAI Press.
Weisbord, M.R. & Janoff, S. (1995) *Future Search*. San Francisco: Berrett-Koehler.
Worley, C.G., Hitchin, D.E. & Ross, W.L. (1996) *Integrated strategic change*. Reading, MA: Addison-Wesley.

Index